Franchising als wettbewerbs- und verbraucherrechtliche Regelungsaufgabe in Europa und Südafrika

Saarbrücker Studien
zum Privat- und Wirtschaftsrecht

Herausgegeben von Johann Paul Bauer,
Michael Martinek (geschäftsführender Herausgeber)
und Helmut Rüßmann

Band 88

PL ACADEMIC RESEARCH

Birgit Schmeyer

Franchising als wettbewerbs- und verbraucherrechtliche Regelungsaufgabe in Europa und Südafrika

PL ACADEMIC RESEARCH

Bibliografische Information der Deutschen Nationalbibliothek
Die Deutsche Nationalbibliothek verzeichnet diese Publikation in der Deutschen Nationalbibliografie; detaillierte bibliografische Daten sind im Internet über http://dnb.d-nb.de abrufbar.

Zugl.: Saarbrücken, Univ., Diss., 2015

D 291
ISSN 1433-8866
ISBN 978-3-631-67004-0 (Print)
E-ISBN 978-3-653-06154-3 (E-Book)
DOI 10.3726/978-3-653-06154-3

PL Academic Research ist ein Imprint der Peter Lang GmbH.

Peter Lang – Frankfurt am Main · Bern · Bruxelles · New York · Oxford · Warszawa · Wien

Diese Publikation wurde begutachtet.

www.peterlang.com

Vorwort

Die vorliegende rechtsvergleichende Arbeit widmet sich dem Franchiserecht in Europa und Südafrika. Sie wurde im Wintersemester 2014/2015 von der Rechts- und Wirtschaftswissenschaftlichen Fakultät der Universität des Saarlandes als Dissertation angenommen. Rechtsprechung und Literatur wurden bis Anfang Januar 2015 berücksichtigt.

Besonderer Dank gebührt an allererster Stelle meinem Doktorvater Prof. Dr. Dr. Dr. h.c. mult. Michael Martinek für seine konstante Unterstützung während meiner Doktorarbeit, aber auch während meines Magisterstudiums in Südafrika. Er war es, der mich auf die Idee gebracht hat, mein Studium in diesem wundervollen Land weiterzuführen. Er hat mir zudem bei der Bearbeitung des Themas sämtliche wünschenswerte Freiheiten gewährt und damit maßgeblich zum Gelingen der Arbeit beigetragen. Durch die Einbindung an seinem Lehrstuhl hat er mir den wissenschaftlichen Rahmen, aber auch die finanziellen Möglichkeiten gegeben, diese Promotion zu verwirklichen. Mein Dank gilt auch Prof. Dr. Johann Paul Bauer für die zügige Erstellung des Zweitgutachtens.

Auch der University of Johannesburg, insbesondere Prof. Jan Neels, gebührt Dank dafür, dass sie mir einen Forschungsaufenthalt, wertvolle Erfahrungen und eine wundervolle Zeit in der *City of Gold* ermöglicht haben. Prof. Wim Albers möchte ich für den thematischen Anstoß zu dieser Arbeit danken. Auch danke ich Prof. Tanya Woker von der University of KwaZulu-Natal für den Einblick in das materielle Franchiserecht, aber auch die praktische Wirklichkeit des Franchisings in Südafrika.

Großen Dank schulde ich auch Sabrina Homrich, die mir bei der Korrektur dieser Arbeit von größter Hilfe war und Annika Ruppert für die anregenden Diskussionen und aufmunternden Worte. Beide haben mich in den letzten Jahren in jeder Hinsicht unterstützt und motiviert. Ohne euch wäre ich nicht der Mensch, der ich heute bin!

Mein Dank gilt auch Dominik Schmidt für das Nerven raubende Formatieren der Endfassung und insbesondere meinen Eltern für die mühevollen Stunden, in denen sie die Arbeit Korrektur gelesen haben. Vielen Dank für eure Unterstützung!

Last but not least, I would like to extend my gratitude to my South African friends, namely Joslyn Sithole, Jané van Reenen, Sumayah Nabee and the “Frenchie” Léonie Prely. Your support and constructive criticism has been much appreciated!

Gliederung

Inhaltsverzeichnis

Abkürzungsverzeichnis[1]

a. A.	anderer Ansicht
Abl.	Amtsblatt
Abl. EG.	Amtsblatt der europäischen Gemeinschaften
ABl. EU	Amtsblatt der Europäischen Union
Abs.	Absatz
a. F.	alte Fassung
AEUV	Vertrag über die Arbeitsweise der Europäischen Union
AG	Die Aktiengesellschaft
Alt.	Alternative
Am. Econ. Rev.	The American Economic Review
Anh.	Anhang
Antitrust Bull.	The Antritrust Bulletin
Antitrust L.J.	Antitrust Law Journal
Art.	Artikel
AT	Allgemeiner Teil
Aufl.	Auflage
Az.	Aktenzeichen
BAG	Bundesarbeitsgericht
BAGE	Entscheidungen des Bundesarbeitsgerichts
BB	Betriebs-Berater (Zeitschrift)
Bd.	Band
BEE	Black Economic Empowerment
Berkeley Tech. LJ	Berkeley Technology Law Journal
BGH	Bundesgerichtshof
BGHZ	Entscheidungen des Bundesgerichtshofs in Zivilsachen
BKartA	Bundeskartellamt
BT	Besonderer Teil
BVerfG	Bundesverfassungsgericht
BVerfGE	Entscheidungen des Bundesverfassungsgerichts
Bzw.	beziehungsweise

1 Siehe soweit auch Kirchner (Begr.), Abkürzungsverzeichnis der Rechtssprache, 7. Aufl., Berlin 2013.

ca.	cirka
CILSA	Comparative and International Law Journal of Southern Africa
CMLR	Common Market Law Review
Colum. L. Rev.	Columbia Law Review
Conn. L. Rev.	Connecticut Law Review
CPA	Consumer Protection Act
DB	Der Betrieb (Zeitschrift)
ders.	derselbe
DFV	Deutscher Franchise-Verband
d. h.	das heißt
DStR	Deutsches Steuerrecht (Zeitschrift)
dt.	deutsch
DZWiR	Deutsche Zeitschrift für Wirtschaftsrecht
ECLR	European Competition Law Review
EFF	European Franchise Federation
EEC	European Economic Community
EG	Europäische Gemeinschaften
EGKS	Europäische Gemeinschaft für Kohle und Stahl
EGV	Vertrag zur Gründung der Europäischen Gemeinschaft (früherer Vertrag zur Gründung der Europäischen Wirtschaftsgemeinschaft (EWGV))
Einl.	Einleitung
ELR	European Law Review
endg.	endgültig
etc.	et cetera
EU	Europäische Union
EuG	Gericht erster Instanz der Europäischen Gemeinschaften
EuGH	Gerichtshof der Europäischen Union
eur.	europäisch
Eur. Competition J.	European Competition Journal
EUV	Vertrag über die Europäische Union (Maastricht-Vertrag)
EuZW	Zeitschrift für Europäisches Wirtschaftsrecht
EWG	Europäische Wirtschaftsgemeinschaft
EWiR	Entscheidungen zum Wirtschaftsrecht
EWS	Europäisches Wirtschafts- und Steuerrecht (Zeitschrift)

f.	folgende
FASA	Franchise Association of South Africa
ff.	fortfolgende
FKVO	Fusionskontrollverordnung
Fn.	Fußnote
Franchise L. J.	Franchise Law Journal
FS	Festschrift
gem.	gemäß
GenN	General Notice (Südafrika)
Geo. L. J.	The Georgetown Law Journal
GG	Government Gazette (Südafrika)
ggf.	gegebenenfalls
GN	Government Notice (Südafrika)
GRUR	Gewerblicher Rechtsschutz und Urheberrecht (Zeitschrift)
GRUR Int.	Gewerblicher Rechtsschutz und Urheberrecht – Auslands- und internationaler Teil (Zeitschrift)
GVO	Gruppenfreistellungsverordnung
GWB	Gesetz gegen Wettbewerbsbeschränkungen
Harv. L. Rev.	Harvard Law Review
h. M.	herrschende Meinung
Hrsg.	Herausgeber
Hs.	Halbsatz
IIC	International Review of Intellectual Property and Competition Law
insbes.	insbesondere
J	Judge
J. L. and Econ.	The Journal of Law and Economics
JA	Juristische Arbeitsblätter (Zeitschrift)/ Judge of Appeal
Juta's Bus. L.	Juta's Business Law (südafrikanische Zeitschrift)
JZ	Juristen-Zeitung
Kap.	Kapitel
Kartellrecht	KartellR
KartVO	Kartellverordnung
KFZ	Kraftfahrzeug
KMU	Kleine und mittlere Unternehmen
KOME	Entscheidung der Europäischen Kommission
Komm.	Kommentar

LAWSA	The Law of South Africa (Sammelband)
LG	Landgericht
LL	Leitlinien
L. Rev.	Law Review
MBL	Modern Business Law/Moderne Besigheidsreg (südafrikanische Zeitschrift)
Mich. L. Rev.	Michigan Law Review
Mio.	Million
Mitt. Komm.	Mitteilung der Kommission
Mrd.	Milliarde
NJW	Neue Juristische Wochenschrift (Zeitschrift)
NJW-RR	NJW-Rechtsprechungs-Report Zivilrecht (Zeitschrift)
No.	Number
OECD	Organization for Economique Cooperation and Development/Organisation für Wirtschaftliche Zusammenarbeit und Entwicklung
OGH	Oberste Gerichtshof (Österreich)
OLG	Oberlandesgericht
RabelsZ	Rabels Zeitschrift für ausländisches und internationales Privatrecht
Rand J. Econ.	The Rand Journal of Economics
RG	Reichsgericht
RGZ	Entscheidungen des Reichsgerichts in Zivilsachen
RIW	Recht der internationalen Wirtschaft (Zeitschrift)
Rn.	Randnummer
Rs.	Rechtssache
S.	Seite
SA	South Africa
SALJ	South African Law Journal
SA Merc LJ	South African Mercantile Law Journal/SA Tydskrif vir Handelsreg
Sec.	Section
Slg.	Sammlung der Rechtsprechung des Gerichtshofes der Europäischen Union
sog.	sogenannt
Sup. Ct. Rev.	The Supreme Court Review
SW. U. L. Rev.	South Western University Law Review
Tex. L. Rev.	Texas Law Review

THRHR	Tydskrif vir Hedendaagse Romeins-Hollandse Reg/Journal of Contemporary Roman-Dutch Law
TSAR	Tydskrif vir die Suid-Afrikaanse Reg/Journal of South African Law
U.S.	United States/Vereinigte Staaten
U. Chic. L. Rev	The University of Chicago Law Review
U. Pa. L. Rev.	University of Pennsylvania Law Review
Urt.	Urteil
US/USA	United States of America/Vereinigte Staaten von Amerika
vert.	vertikal
vgl.	vergleiche
VO	Verordnung
Vol.	Volume
WettbewerbsR	Wettbewerbsrecht
WiB	Wirtschaftsrechtliche Beratung (Zeitschrift)
WiR	Wirtschaftsrecht (Zeitschrift)
WM	Wertpapiermitteilungen (Zeitschrift)
WRP	Wettbewerb in Recht und Praxis (Zeitschrift)
WuW	Wirtschaft und Wettbewerb (Zeitschrift)
YLLPR	Yale Law and Policy Review
Yale L. J.	The Yale Law Journal
ZAP	Zeitschrift für Anwaltspraxis
z. B.	zum Beispiel
ZfB	Zeitschrift für Betriebswirtschaft/ Journal of Business Economics
ZgS	Zeitschrift für die gesamte Staatswissenschaft/ Journal of Institutional and Theoretical Economics
ZHR	Zeitschrift für das gesamte Handels- und Wirtschaftsrecht
Ziff.	Ziffer
ZIP	Zeitschrift für Wirtschaftsrecht
zit.	zitiert
ZVertriebsR	Zeitschrift für Vertriebsrecht
ZVglRWiss	Zeitschrift für vergleichende Rechtswissenschaft
ZWeR	Zeitschrift für Wettbewerbsrecht

Kapitel 1 Herkunft und Entwicklung des Franchisings und des Wettbewerbsrechts

In der modernen Wohlstandsgesellschaft wächst die Nachfrage nach Dienstleistungen und Waren, die nur in einem Gesamtpaket angeboten werden. Die Nachfrage richtet sich weniger auf Angebote, als vielmehr auf Systemangebote. Franchising hat sich als eines der wichtigsten Instrumente herausgebildet, diese Nachfrage zu erfüllen.[1] Daher ist es nicht verwunderlich, dass Franchising international in den letzten Jahren kontinuierlich gewachsen ist.[2] Auch die Weltwirtschaftskrise konnte diesem Trend nichts anhaben.[3]

Die Europäische Union ist einer der wichtigsten Handelspartner von Südafrika. Aber auch umgekehrt ist Südafrika als Handelspartner für EU-Länder interessant. Südafrika ist ein aufstrebendes Land und bietet den größten Markt südlich der Sahara. Es wird nicht zu Unrecht auch als Tor zu Afrika bezeichnet.[4] Wirtschaftlich ist Südafrika schwer einzuordnen. Es wird zwar als Schwellenland und Land mittleren Einkommens bezeichnet,[5] unterscheidet sich jedoch von anderen Ländern dieser Gruppe und weist Elemente einer modernen Wirtschaft auf. Südafrika hat zwei Gesichter. Auf der einen Seite stehen eine zu weiten Teilen gut entwickelte Marktwirtschaft sowie eine reiche Minderheit mit einem Lebensstandard vergleichbar dem in Industrienationen. Die öffentliche Infrastruktur des Landes ist in vielen Bereichen gut ausgebaut und entwickelt. Die Börse gehört zu den zehn größten weltweit. Auf der anderen Seite profitiert der Großteil der Bevölkerung noch nicht von diesem Wohlstand. Die Einkommensungleichheit ist etwa doppelt so hoch wie in den meisten OECD-Mitgliedsstaaten.[6] Die Arbeitslosigkeit in den schwarzen Townships ist

1 Skaupy, in: Metzlaff (Hrsg.), Praxishandbuch Franchising, § 1 Rn. 1.

2 Ahlert/Ahlert/Wetter/Woisetschläger, Franchising – Erfolgsgarant für Existenzgründungen?, 1.

3 Siehe die Statistik des EFF, abrufbar unter: www.eff-franchise.com/IMG/pdf/Stats_Franchise_Europe_10092010-2.pdf (20.08.2014).

4 Parker/Illetschko, Pioneering changes in the franchise sector of South Africa, 16.

5 Siehe die DAC-Liste gültig für 2011–2014, abrufbar auf der Seite des Bundesministerium für wirtschaftliche Zusammenarbeit und Entwicklung, unter: http://www.bmz.de/de/ministerium/zahlen_fakten/DAC_Laenderliste_Berichtsjahre_2011_2013.pdf. Die Weltbank ordnet Südafrika in die obere Gruppe der Länder mit mittleren Einkommen ein, siehe: http://data.worldbank.org/country/south-africa (02.10.2014).

6 OECD ist die Organisation für wirtschaftliche Zusammenarbeit und Entwicklung (englisch: *Organisation for Economic Co-operation and Development*, OECD). Die meisten OECD-Mitgliedsstaaten sind entwickelte Länder mit einem hohen Pro-Kopf-Einkommen.

noch wesentlich höher als die schon hohe nationale Arbeitslosenquote von 30 %.[7] Auch weist Südafrika eine hohe Analphabetenquote auf.[8]

Die Wirtschaft Südafrikas wurde stark von der Apartheidpolitik beeinflusst. Diese führte nicht nur zu einem politischen System weit entfernt von demokratischen Grundsätzen, sondern sie stand auch im direkten Widerspruch zu den fundamentalen Prinzipien einer freien Marktwirtschaft.[9] Ein komplexes Labyrinth von Gesetzen und Vorschriften be- und verhinderte die Teilnahme eines Großteils der Bevölkerung am Wirtschaftsleben. Niedrige Lohnkosten, die Einschränkung der Berufsfreiheit der nichtweißen Bevölkerung und die Umverteilung des Landes auf die weiße Bevölkerung waren die Folge. Nicht nur wurden Händler gezwungen, aus bestimmten Geschäftsvierteln wegzuziehen, auch der Besitz von Unternehmensanteilen war eingeschränkt. Diese Gesetze trugen maßgeblich zu einer verzerrten und von Natur aus nicht auf Wettbewerb ausgerichteten Wirtschaft bei.[10]

Die wirtschaftliche Struktur Südafrikas wurde außerdem beeinflusst durch wirtschaftliche Sanktionen westlicher Nationen und die Zurückhaltung bzw. den Rückzug vieler ausländischer Investoren als Folge der Apartheidpolitik und den damit einhergehenden Verletzungen von Grund- und Menschenrechten. Ebenso spielten eine strenge Währungskontrolle und die starke Zentralverwaltungswirtschaft der südafrikanischen Regierung eine große Rolle.[11]

Südafrikas Aufschwung begann mit der Entdeckung von Gold und Diamanten in der zweiten Hälfte des 19. Jahrhunderts. Um eine Diversifizierung der Wirtschaft weg von der reinen Rohstoffgewinnung zu ermöglichen, förderte der Staat den Agrar- und Produktionssektor. Dies führte dazu, dass der Produktionssektor in den 30er Jahren des letzten Jahrhunderts von staatlichen Unternehmen dominiert wurde. Auch in der Zeit nach dem Zweiten Weltkrieg nahm die Rolle des Staates in der Wirtschaft nicht ab. In den 70er Jahren war beinahe 40 % des Produktivvermögens in staatlicher Hand. Staatliche Unternehmen gab es in den unterschiedlichsten Industriebereichen.[12] Die 80er Jahre waren geprägt von Importsubstituierungen und

---

7 Siehe hierzu insgesamt: OECD Studie, Competition Law and Policy in South Africa, 10 f.; CUTS, Competition Policy and Law in South Africa, 2.

8 Laut offiziellen Angaben liegt die Alphabetisierungsquote in Südafrika bei 93 %, siehe diesbezüglich *General Household Survey* des *Statistics South Africa* S. 15: http://www.statssa.gov.za/publications/P0318/P0318August2012.pdf (02.10.2014). Danach sind 99,8 % der Weißen, jedoch nur 91,3 % der Schwarzen alphabetisiert. Starke Unterschiede gibt es auch zwischen den einzelnen Regionen. Inoffizielle wird teilweise auch von einer Analphabetenquote von 18 % ausgegangen. Siehe hierzu: http://www.southafrica.info/about/education/education.htm (02.10.2014).

9 Carim, 35 TIPS 2005, 10 [10]; Brooks, 34 CILSA 2001, 295 [297].

10 Brooks, 34 CILSA 2001, 295 [297].

11 OECD Studie, Competition Law and Policy in South Africa, 9 f.

12 Stahl, Textilien, Zellstoff, Papier, Öl, Waffe, Düngemittel, Chemikalien.

Autarkie der Wirtschaft, hervorgerufen durch wirtschaftliche Sanktionen der USA und Europa.[13]

Die Wirtschaft Südafrikas ist von hoher Marktkonzentration geprägt, die auf die in den Jahren um 1900 erteilten Monopolkonzessionen in einigen Sektoren sowie auf die Größe des Marktes zurückzuführen ist.[14] Südafrika ist zwar der größte Markt Afrikas südlich der Sahara, allerdings hat es nur einen kleinen Inlandsmarkt. Auch die geografisch isolierte Lage und die bestehende Importsubstituierung erschweren ausländische Investitionen.[15] Nachteilig wirkt sich des Weiteren aus, dass die Wirtschaft von einer kleinen Gruppe beherrscht wird. Anfang der 90er Jahre waren 43 % der gesamten Marktkapitalisierung der südafrikanischen Börse in der Hand nur eines einzigen Investmentkonglomerats.[16] Insgesamt 84 % der gesamten Marktkapitalisierung verteilte sich auf lediglich fünf Investmentkonglomerate.[17]

Das Ende der Apartheid-Ära in den 90er Jahren führte auch zu Änderungen in der Wirtschaftspolitik. Privatisierungen von staatlichen Unternehmen stand man nun nicht mehr ablehnend gegenüber.[18] Ziel dieser neuen Regierung unter Führung des *African National Congress* (ANC)[19] war es, die südafrikanische Wirtschaft zu restrukturieren um historisch bedingte Ungleichheiten entgegenzuwirken. Ein wichtiges Element der friedlichen Revolution und des sozialen Umschwungs war ein neues stärkeres Wettbewerbsgesetz.[20]

Aber nicht nur das Wettbewerbsrecht sollte überarbeitet werden, gleichzeitig sollten auch Kleinunternehmer stärker gefördert werden. Maßnahmen wurden ergriffen, die die Förderung von kleinen und mittleren Unternehmen (KMU) vorantreiben sollten. Dies geschah in der Erwartung, dass die KMUs nicht nur der Ankurbelung der Wirtschaft und des Wettbewerbs dienen würden, sondern auch

---

13 OECD Studie, Competition Law and Policy in South Africa, 9 f.

14 OECD Studie, Competition Law and Policy in South Africa, 10; Neethling/Rutherford, in: Joubert/Faris (Hrsg.), LAWSA 2/2, Rn. 234; CUTS, Competition Policy and Law in South Africa, 3; Roberts, The Role for Competition Policy in Economic Development?, 1.

15 Kampel, 35 TIPS 2005, 20 [20]; OECD Studie, Competition Law and Policy in South Africa, 10; Competition Commission/Competition Tribunal, Unleashing Rivalry, 1.

16 Der Anglo American Corporation. 2009 hatte sie dagegen nur noch einen Anteil von knapp 11 %. Siehe Competition Commission/Competition Tribunal, Unleashing Rivalry, 1 f.

17 OECD Studie, Competition Law and Policy in South Africa, 10; Competition Commission/Competition Tribunal, Unleashing Rivalry, 1.

18 Siehe hierzu: CUTS, Competition Policy and Law in South Africa, 7. Vor allem im Bereich: Transport, Telekommunikation und Elektrizität wurde Staatseigentum neu verteilt.

19 Der ANC ist eine südafrikanische Organisation, die die führende Kraft in der Anti-Apartheidsbewegung war. Prominentestes Mitglied war Nelson Mandela. Seit den ersten demokratischen Wahlen im Jahr 1994 stellt sie die Regierung.

20 OECD Studie, Competition Law and Policy in South Africa, 11; Ruiters, in: Competition Commission/Competition Tribunal (Hrsg.), Unleashing Rivalry, 8 [8].

erlauben würden, in nationale oder auch internationale Nischenmärkte vorzudringen.[21] Des Weiteren steigern sie die Produktivität und fördern den technischen Wandel, was letztlich die wirtschaftliche Entwicklung anregt.[22] Die mittelständische Wirtschaft wird außerdem als ein wichtiger Arbeitgeber angesehen. Die Maßnahmen beinhalteten finanzielle Unterstützung (Darlehen oder Darlehenssicherungen), „skill support schemes" und Technologietransfers mit anderen Unternehmen.[23]

Gerade Franchising wird von der südafrikanischen Politik als wichtiges Mittel zur Entwicklung von kleinen Unternehmen gesehen und dementsprechend auch beworben. Auch erlaubt es die Förderung von *Black Economic Empowerment* (BEE), das heißt die Unterstützung der unter der jahrzehntelangen Apartheidpolitik benachteiligten Teile der Bevölkerung.[24] Hierzu zählen nicht nur der schwarze Teil der Bevölkerung, sondern auch Inder, Chinesen, andere Asiaten sowie Mischlinge der verschiedenen Ethnien. 43 % der Franchisegeschäfte sind in der Hand von während der Apartheid-Ära benachteiligten Bevölkerungsgruppen.[25] Franchising soll nicht nur Arbeitsstellen schaffen, sondern letztlich für eine gerechtere Einkommensverteilung sorgen.[26]

Beim Franchising handelt es sich um eine Form der Kooperation zwischen Franchisegeber und einer Vielzahl von Franchisenehmern. Dieser Kooperation liegt eine Arbeitsteilung zugrunde, aufgrund derer eine Konzentration auf die Kernkompetenzen möglich wird. Dem Franchisegeber, als Systemkopf, obliegt das Kostenmanagement sowie die Aufgaben, bei denen die Bündelung zu Einsparungen aufgrund von Größen- oder Verbundvorteilen führt. Der Franchisenehmer hingegen wirkt direkt am Markt, wobei ihm die Motivation aufgrund seiner unternehmerischen Selbstständigkeit und seiner Kenntnisse des lokalen Marktes zugutekommen.[27]

Franchising schafft eine sogenannte *Win-Win*-Situation, denn es hat für beide Seiten Vorteile. Dem Franchisenehmer wird der Einstieg in die Selbstständigkeit als Existenzgründer durch ein bekanntes und erprobtes Konzept erleichtert, zudem erfährt er konstante Unterstützung durch seinen Franchisegeber. Außerdem sind in einem Franchisenetzwerk Größenvorteile in Produktion und Vertrieb möglich, die

21 Hartzenberg, Competition Policy Review, 7; Chabane, An Evaluation of the Influence of BEE on the Application of Competition Policy in South Africa, § 1.

22 Chabane, An Evaluation of the Influence of BEE on the Application of Competition Policy in South Africa, § 1.

23 Hartzenberg, Competition Policy Review, 7.

24 Chabane, An Evaluation of the Influence of BEE on the Application of Competition Policy in South Africa, § 1.

25 Woker, 18 SA Merc LJ 2006, 107 [119].

26 Chabane, An Evaluation of the Influence of BEE on the Application of Competition Policy in South Africa, § 1.

27 Duong Dinh/Gehrmann/Ahlert, in: Ahlert/Ahlert (Hrsg.), Hdb. Franchising und Cooperation, 29 [30]; Woker, The Franchise Relationship, 12; Ahlert/Evanschitzky, Dienstleistungsnetzwerke, 326; Ellger, in: Immenga/Mestmäcker (Hrsg.), Wettbewerbsrecht Kommentar Bd. 1 EU/Teil 1, Einl. Vertikal-GVO, Rn. 4.

besonders kleineren Unternehmen erlauben, gegenüber Großunternehmen wettbewerbsfähig zu werden. Dem Franchisegeber erlaubt das Franchisekonzept mit verhältnismäßig geringen Kosten schnell zu expandieren.[28]

Franchising weist eine hohe Innovationsquote auf. Das hängt damit zusammen, dass sowohl der Systemkopf als auch die Franchisenehmer an einer Verbesserung des Systems interessiert sind. Der Franchisegeber versucht durch stete Forschung und Entwicklung sein Franchisekonzept auf dem neuesten Stand zu halten und gegebenenfalls anzupassen. Der Franchisenehmer, als selbstständiger Unternehmer hat auch ein Interesse daran, die Prozesse in seinem Betrieb möglichst effizient zu gestalten und sie stetig an die lokalen Gegebenheiten anzupassen. Hinzu kommt, dass im Franchisenetzwerk ein reger Austausch der Franchisenehmer untereinander besteht.[29]

Auch in Europa wird Franchising von Seiten der Politik und der Wirtschaftsverbände als ein mögliches Mittel gegen Arbeitslosigkeit angesehen. Franchising weist eine geringe Misserfolgsquote auf und stellt daher einen verhältnismäßig sicheren Weg der Existenzgründung dar.[30] Franchising expandiert auch in westlichen Industrienationen stetig.[31] Dabei wird der Aufschwung als sensationell gewertet.[32] Die letzten Jahre ist Franchising stärker ins Blickfeld der Rechtswissenschaft gerückt. Seit Ende der 90er Jahre hat die Anzahl der Urteile stetig zugenommen.[33] In vielen europäischen Ländern ist das Franchising keiner selbstständigen Regelung unterworfen. Vielmehr finden Vorschriften aus den verschiedensten Bereichen Anwendung. Neben dem allgemeinen Zivilrecht sind das insbesondere, das Kartellrecht, das Patent- und Markenrecht, das Urheberrecht und teilweise auch arbeitsrechtliche Bestimmungen.[34]

In Südafrika ist im Jahr 2011 das erste franchisespezifische Gesetz erlassen worden. Der Gesetzgeber hat sich entschieden, Franchisenehmer zum Schutz vor Ausbeutung

---

28 Ellger, in: Immenga/Mestmäcker (Hrsg.), Wettbewerbsrecht Kommentar Bd. 1 EU/Teil 1, Einl. Vertikal-GVO, Rn. 4; Duong Dinh/Gehrmann/Ahlert, in: Ahlert/Ahlert (Hrsg.), Hdb. Franchising und Cooperation, 29 [30].

29 Duong Dinh/Gehrmann/Ahlert, in: Ahlert/Ahlert (Hrsg.), Hdb. Franchising und Cooperation, 29 [43]; Sorensen/Søensen, Strategic Management Journal 2001, 713 [715 f.]; Combs/Michael/Castrogiovanni, 30 Journal of Management 2004, 907 [918].

30 Ahlert/Ahlert/Wetter/Woisetschläger, Franchising – Erfolgsgarant für Existenzgründungen?, 2; Combs/Michael/Castrogiovanni, 30 Journal of Management 2004, 907 [918].

31 Martinek/Habermeier, in: Martinek/Semler/Habermeier/Flohr (Hrsg.), Vertriebsrecht, § 26, Rn. 1.

32 Martinek/Habermeier, in: Martinek/Semler/Habermeier/Flohr (Hrsg.), Vertriebsrecht, § 26, Rn. 1; Skaupy, Franchising, 208 ff.; Siehe auch: Tietz, Handbuch Franchising, 729 ff.

33 Giesler/Nauschütt, in: Giesler/Nauschütt (Hrsg.), Franchiserecht, Einl., Rn. 8 f.

34 Siehe hierzu auch: Giesler/Nauschütt, in: Giesler/Nauschütt (Hrsg.), Franchiserecht, Einl., Rn. 10.

durch ihren Franchisegeber dem Verbraucher gleichzustellen. Das neue südafrikanische Verbraucherschutzgesetz, der *Consumer Protection Act 68 of 2008*[35] (abgekürzt: CPA), wird daher in weiten Teilen auch auf Franchisenehmer angewandt.

Die neuen Rechte der Franchisenehmer in Südafrika sollen in dieser Arbeit unter Bezugnahme auf Regelungen in europäischen Ländern kritisch untersucht werden. Insbesondere auf die neue Betrachtung von Kopplungsbindungen wird dabei näher eingegangen werden, die auch unter wettbewerbsbeschränkungsrechtlichen Gesichtspunkten interessant ist.

Franchising stellt die intensivste Form der Zusammenarbeit zwischen Unternehmen verschiedener Wirtschaftsstufen dar und steht damit an der Spitze der Intensitätsskala von Verhaltensabstimmungen.[36] Ein Franchisevertrag enthält zwangsläufig Klauseln, welche die wirtschaftliche Betätigungsfreiheit des Franchisenehmers, des Franchisegebers oder beider Vertragspartner einschränken.[37] Das Kartellrecht, im Sinne des Wettbewerbsbeschränkungsrechts, ist folglich mit dem Vertriebsrecht und damit auch mit dem Franchiserecht eng verbunden. Die Behandlung von vertikalen Beschränkungen war häufig Änderungen unterzogen. Wie der U.S. Autor *Hovenkamp* sagte: „few areas of antitrust law have provoked more reconsideration of established rules, or more disagreement between courts and commentators than vertical arrangements."[38] Erst im Jahr 2007 hat der *U.S. Supreme Court* in der viel beachteten *Leegin*-Entscheidung[39] einen Paradigmenwechsel vollzogen und die bislang *per se* verbotenen Preisbindungen der zweiten Hand der *rule of reason* unterworfen.

Das südafrikanische Wettbewerbsrecht ist noch in der Entwicklung. Die Rechtsprechung orientiert sich bei ihrer Urteilsfindung vielfach an den Entscheidungen der U.S.-amerikanischen Gerichte und der europäischen Rechtsprechung. Wie auch beim Franchiserecht gibt es in diesem Bereich kaum wissenschaftliche Kommentierungen. Die Regelungen in Südafrika sollen im Folgenden daher durch einen Vergleich mit Europäischen Recht, aber auch teilweise mit U.S.-Recht, näher untersucht werden. Um die Regelungen eines Landes besser zu verstehen, müssen auch die politischen, sozialen und wirtschaftlichen Hintergründe beachtet werden. Auch diese sollen daher näher beleuchtet werden.

1. Teil: Die Geschichte des Franchisings

A. Die Entstehung des Franchisings

Der Begriff „Franchise" ist französischen Ursprungs und wird vom französischen Verb „franchir" (befreien) abgeleitet. Zunächst wurde er verwendet, um die Befreiung von

35 GG Nr. 32186, vom 29. April 2009.
36 Staudinger-Martinek (2006) § 675, Rn. B 227.
37 Gerstner, in: Giesler/Nauschütt (Hrsg.), Franchiserecht, 2. Kap., Rn. 1.
38 Hovenkamp, Federal Antitrust Policy, 441.
39 *Leegin Creative Leather Products, Inc. v. PSKS, Inc., DBA Kay's Klose.... Kay's Shoes,* 551 U.S. 877 (2007).

Steuern und Zöllen, Dienstbarkeiten und Unterwerfungen zu bezeichnen.[40] Im 17. und 18. Jahrhundert wandelte sich die Bedeutung des Begriffs in Frankreich, Großbritannien und den USA dahin, dass darunter die Gewährung eines königlichen oder staatlichen Privilegs an Kaufleute zur Ausübung bestimmter wirtschaftlicher Tätigkeiten im Interesse des Herrschers verstanden wurde.[41] Ende des 19. Jahrhunderts wurde in den USA der Begriff „Franchising" erstmals in der Privatwirtschaft genutzt, um die Erlaubnis zur kommerziellen Verwendung von fremden Rechten zu bezeichnen.[42]

Die ersten Franchisekonzepte tauchten jedoch schon Mitte des 18. Jahrhunderts auf, als Brauereien Lizenzen an Biergärten vergaben und das Nähmaschinenunternehmen *Singer* bestimmten reisenden Händlern exklusive Verkaufsrechte einräumte.[43] Dieses Franchising der ersten Generation war ein sogenanntes *Straight Product Franchising* und wurde auch *Product Distribution Franchising* genannt.[44] Es tauchte vornehmlich in der Autoindustrie (*General Motors*) und im Getränkevertrieb (*Coca Cola*) auf und ist dadurch gekennzeichnet, dass der Franchisegeber, als Hersteller, seine Waren nur an exklusive Absatzmittler, die Franchisenehmer, liefert.[45] Diese Art von Franchising ähnelt dem Vertragshändlersystem, unterscheidet sich von diesem jedoch durch die stärkere Bindung an die Zentrale.[46] In der Getränkeindustrie übernahmen Franchisenehmer jedoch nicht nur den Vertrieb, sondern teilweise

---

40 Görge, Die Internationalisierung von Franchise-Systemen, 26; Skaupy, BB 1969, 113 [113]; Skaupy, Franchising, 1; Tietz, Handbuch Franchising, 7; Gitter, Gebrauchsüberlassungsverträge, 464 f.; Klapperich, in: FS Skaupy, 187 [187].

41 Vaughn, Franchising, 11; Skaupy, BB 1969, 113 [113]; Skaupy, Franchising, 1; Tietz, Handbuch Franchising, 7; Joubert, TSAR 1990, 622 [628]; Klapperich, in: FS Skaupy, 187 [187].

42 Skaupy, BB 1969, 113 [113]; Klapperich, in: FS Skaupy, 187 [187]; Skaupy, Franchising, 1; Tietz, Handbuch Franchising, 7; Joubert, TSAR 1990, 622 [628]. Siehe auch: Woker, 22 SA Merc LJ 2010, 12 [14, Fn. 8].

43 Brown, Franchising: Realities and Remedies, Bd. 1, § 1.01 [1]; Joubert, TSAR 1990, 622 [630]; Woker, The Franchise Relationship, 10; Lister, Juta's Business Law 10 (2002), 32 [32]; Vaughn, Franchising, 11; Skaupy, in: Metzlaff (Hrsg.), Praxishandbuch Franchising, § 1 Rn. 3; Klapperich, in: FS Skaupy, 187 [188]; Tietz, Handbuch Franchising, 8; Gross/Skaupy, Franchising in der Praxis, 20.

44 Martinek/Habermeier, in: Martinek/Semler/Habermeier/Flohr (Hrsg.), Vertriebsrecht, § 26, Rn. 3; Skaupy, in: Metzlaff (Hrsg.), Praxishandbuch Franchising, § 1 Rn. 3; Gitter, Gebrauchsüberlassungsverträge, 465; Mack, Neuere Vertragssysteme, 25 ff.; Martinek, Franchising, 37 ff.

45 Skaupy, Franchising, 2 f.; Joubert, TSAR 1990, 622 [630]. Siehe auch: Woker, The Franchise Relationship, 10; Martinek/Habermeier, in: Martinek/Semler/Habermeier/Flohr (Hrsg.), Vertriebsrecht, § 26, Rn. 3; Gross/Skaupy, Franchising in der Praxis, 20 f.; Tietz/Mathieu, Das Franchising als Kooperationsmodell, 5 f.; Vaughn, Franchising, 12; Klapperich, in: FS Skaupy, 187 [188].

46 Weber, Controlling in Franchisesystemen der Konsumwirtschaft, 11; Skaupy, Franchising, 2.

auch die Herstellung der Waren. Dieses sogenannte „manufacturing franchising" wird als Unterform des *Straight Product Franchising* angesehen.[47]

B. Das Franchising der zweiten Generation

In den fünfziger Jahren, entwickelte sich eine zweite Generation von Franchisesystemen, das sogenannte *Entire Business Franchising*. Diese Art von Franchising beschränkt sich nicht mehr nur auf den Warenvertrieb, sondern ein ganzes Geschäftskonzept wird vom Franchisenehmer übernommen: die Betriebs- und Geschäftsausstattung, die Zielgruppenkonzeption, die Art und Weise der Unternehmensführung, Image und Know-how und das Vertriebssystem.[48] Es umfasst folglich den gesamten Geschäftsbetrieb. Dem Franchisenehmer wird ein „schlüsselfertiges" Konzept an die Hand gegeben.[49] Diese Franchisesysteme zeichnen sich dadurch aus, dass an der Spitze der Franchisegeber steht und ihm ein oder mehrere Franchisenehmer fächerförmig untergeordnet sind. Die bekanntesten und auch die meisten Franchiseunternehmen, die diesem *Entire Business* Modell folgen, sind aus dem Fastfoodsektor. An erster Stelle zu nennen ist *McDonald's*, das als erstes modernes Franchisesystem gilt und mittlerweile über 30.000 Restaurants weltweit zählt.[50] Aber auch *Pizza Hut* oder *Kentucky Fried Chicken* fallen in diese Kategorie.

Diese Franchisemethode wurde vom Dienstleistungssektor übernommen. Man spricht vom sogenannten Dienstleistungsfranchising. Hierbei werden Dienstleistungen vom Franchisenehmer nach einem von der Zentrale vorgegebenen Standard ausgeführt.[51] Beispiel hierfür sind etwa *Schülerhilfe* und *TUI*.

In den sechziger Jahren, erlebte das Franchising in den USA einen starken Aufschwung; die Anzahl der Franchisesysteme versiebenfachte sich von ca. 100 im Jahr 1950 auf über 700 im Jahr 1969.[52] Diesem Aufschwung folgte allerdings Ende der sechziger Jahre eine Krise. Missbrauch des Franchisekonzeptes und unlautere

---

47 Weber, Controlling in Franchisesystemen der Konsumwirtschaft, 11. Siehe auch: Klapperich, in: FS Skaupy, 187 [188 f.].

48 Martinek/Habermeier, in: Martinek/Semler/Habermeier/Flohr (Hrsg.), Vertriebsrecht, § 26, Rn. 4; Duong Dinh/Gehrmann/Ahlert, in: Ahlert/Ahlert (Hrsg.), Hdb. Franchising und Cooperation, 29 [36]; Klapperich, in: FS Skaupy, 187 [188].

49 So Duong Dinh/Gehrmann/Ahlert, in: Ahlert/Ahlert (Hrsg.), Hdb. Franchising und Cooperation, 29 [32].

50 Duong Dinh/Gehrmann/Ahlert, in: Ahlert/Ahlert (Hrsg.), Hdb. Franchising und Cooperation, 29 [30].

51 Martinek/Habermeier, in: Martinek/Semler/Habermeier/Flohr (Hrsg.), Vertriebsrecht, § 26, Rn. 4; Klapperich, in: FS Skaupy, 187 [189].

52 Martinek/Habermeier, in: Martinek/Semler/Habermeier/Flohr (Hrsg.), Vertriebsrecht, § 26, Rn. 5; Klapperich, in: FS Skaupy, 187 [189]; Woker, The Franchise Relationship, 11; Lister, Juta's Business Law 10 (2002), 32 [32]. Siehe auch die Zahlen bei: Gitter, Gebrauchsüberlassungsverträge, 466.

Praktiken führten zu einem Imageverlust.[53] Der Gesetzgeber schaltete sich ein und mit dem Ziel den Franchisenehmers vor Betrügern zu schützen, wurde das Franchiserecht kodifiziert.[54] Unter anderem wurden Gesetze erlassen, die die wettbewerbsbeschränkenden Auswirkungen von vertikalen Vereinbarungen, wie zum Beispiel Beschränkungen des Gebiets oder der Kundengruppe, zwischen Franchisenehmer und Franchisegeber regulieren. Hierbei musste zwischen dem Interesse der Parteien an den wettbewerbsbeschränkenden Vereinbarungen und dem Erhalt einer freien Marktwirtschaft abgewogen werden. Allerdings stellte sich schnell heraus, dass im Franchising wettbewerbsbeschränkende Vereinbarungen auch wettbewerbsfördernde Wirkung haben können. Denn diese Vereinbarungen reduzieren zwar den Wettbewerb innerhalb eines Franchisesystems (sogenannter intrabrand Wettbewerb), aber sie fördern den Wettbewerb zwischen den verschiedenen Systeme, den sogenannten interbrand Wettbewerb.[55]

Anfang der siebziger Jahre erfuhr Franchising wieder einen Aufwärtstrend. Die wirtschaftliche Bedeutung des Franchisings verdoppelte sich zwischen 1970 und 1977.[56] Heute sind Franchiseunternehmen aus dem Stadtbild kaum noch wegzudenken; jede Stadt in den USA hat wenigstens ein Franchisegeschäft. Zu dieser Zeit entwickelte sich eine neue Form des Franchisings, das sogenannte Partnerschafts-Franchising oder *Franchising in Partnership*, bei der der Franchisenehmer mehr Einfluss gewinnt. Merkmal dieser dritten Generation von Franchising ist folglich ein gewisser Machtausgleich zwischen Franchisegeber und Franchisenehmer.[57]

---

53 Brown, Franchising: Realities and Remedies, Bd. 1, § 1.01 [2]; Gross/Skaupy, Franchising in der Praxis, 350 ff.; Skaupy, Franchising, 203 ff.; Macauly, in: Joerges (Ed.), Franchising and the Law, 179 [193 ff.]; Klapperich, in: FS Skaupy, 187 [189 f.]; Martinek, Franchising, 49 ff.; Schulthess, Der Franchise-Vertrag nach schweizerischem Recht, 59; Joubert, TSAR 1990, 622 [633 f.]; Martinek/Habermeier, in: Martinek/Semler/Habermeier/Flohr (Hrsg.), Vertriebsrecht, § 26, Rn. 6.

54 Genauer FTC, Disclosure Requirements and Prohibitions Concerning Franchising and Business Opportunity, 16 C.F.R. Parts 436 und 437, Federal Register Vol. 72, No. 61 15443 [15445]; Behr, Der Franchisevertrag, 31 ff.; Pollmüller, in: Ahlert (Hrsg.), Vertragliche Vertriebbssysteme, 125 [196]; Martinek, Franchising 51 f.; Macauly, in: Joerges (Ed.), Franchising and the Law, 179 [196]; Klapperich, in: FS Skaupy, 187 [190].

55 Martinek/Habermeier, in: Martinek/Semler/Habermeier/Flohr (Hrsg.), Vertriebsrecht, § 26, Rn. 6.

56 Klapperich, in: FS Skaupy, 187 [190]; Martinek/Habermeier, in: Martinek/Semler/Habermeier/Flohr (Hrsg.), Vertriebsrecht, § 26, Rn. 7; Gross/Skaupy, Franchising in der Praxis, 36.

57 Martinek/Habermeier, in: Martinek/Semler/Habermeier/Flohr (Hrsg.), Vertriebsrecht, § 26, Rn. 7; Duong Dinh/Gehrmann/Ahlert, in: Ahlert/Ahlert (Hrsg.), Hdb. Franchising und Cooperation, 29 [36]; Martinek, Franchising, 60 ff.; Joubert, TSAR 1990, 622 [634 f.].

C. Franchising in Europa

In den Siebzigern erreichten die ersten Franchiseunternehmen Europa. Neben den amerikanischen Systemen entwickelten sich jedoch auch nationale Franchisesysteme.[58] Vorreiter waren vor allem England und Frankreich.[59] Nach Angaben des „Europäischen Franchise-Verbandes“[60] gab es 1988 in Europa 1.900 Franchisesysteme mit ungefähr 98.000 Franchisenehmern, die insgesamt ca. 38,5 Mrd. Euro umsetzten. Das Franchising konnte durch die Wiedervereinigung Deutschlands und die Öffnung der Märkte in Osteuropa weiter expandieren. Auch heute befindet sich das Franchising weiter im Wachstum.[61] Mittlerweile haben die USA und Europa in etwa die gleiche Anzahl von Franchisesystemen.[62]

Anders als in den USA gibt es in Europa außer in Italien, Spanien, Frankreich und Litauen kein eigenständiges Franchiserecht.[63] Die Entwicklung eines Franchiserechtes wurde weitestgehend den Richtern überlassen.[64] Bislang war das Franchiserecht auch noch nicht Gegenstand einer Harmonisierung durch die Europäische Union. Allerdings gab es einige franchisespezifische, unionsrechtliche Vorschriften wie die Franchise-Gruppenfreistellungsverordnung (GVO) (EWG) Nr. 4087/88 der Kommission vom 30. November 1988,[65] die von der Vertikal-GVO Nr. 330/2010[66] sowie vom Europäischen Verhaltenskodex für Franchising der *European Franchise Federation*

58 Martinek/Habermeier, in: Martinek/Semler/Habermeier/Flohr (Hrsg.), Vertriebsrecht, § 26, Rn. 8; Gross/Skaupy, Franchising in der Praxis, 241 ff.; Martinek, Franchising, 67 ff.; Skaupy, Franchising, 208 f.; Skaupy, WuW 1981, 17 [18 f.]; EG-Kommission, Die Zusammenarbeit zwischen Unternehmen in der Gemeinschaft: Franchising, 7; Vaughn, Franchising, 126 f.; Klapperich, in: FS Skaupy, 187 [190 f.].

59 Martinek/Habermeier, in: Martinek/Semler/Habermeier/Flohr (Hrsg.), Vertriebsrecht, § 26, Rn. 9; Tietz/Mathieu, Das Franchising als Kooperationsmodell, 44 ff.; Martinek, Franchising, 70 f.; Gross/Skaupy, Franchising in der Praxis, 241 ff.; Skaupy, WuW 1983, 783 [783]; Tietz, Handbuch Franchising, 9, 95 ff., 100 f.; Sölter, WuW 1982, 919 [919 ff.]; Schulthess, Der Franchise-Vertrag nach schweizerischem Recht, 61 ff.; Klapperich, in: FS Skaupy, 187 [190 f.].

60 European Franchise Federation – EFF.

61 Klapperich, in: FS Skaupy, 187 [192]. Siehe auch: Koller/Zirlick, in: Schulze (Hrsg.) Franchising im Europäischen Privatrecht, 49 [49].

62 Giesler, in: Büchting/Heussen (Hrsg.), Beck'sches RA-Handbuch, § 43, Rn. 4.

63 Siehe Flohr, BB 2006, 389 [389]; Diaz, Franchising in European Contract Law, 20: In Italien gibt es beispielsweise das Franchisegesetz 129/2004 vom 6. Mai 2004 „Norme per la disciplina dell'affiliazione commerciale“ und Litauen hat spezielle Franchisevorschriften in Kapitel XXXVII des litauischen Zivilgesetzbuches eingefügt.

64 Martinek/Habermeier, in: Martinek/Semler/Habermeier/Flohr (Hrsg.), Vertriebsrecht, § 26, Rn. 8.

65 Verordnung (EWG) Nr. 4087/88 der Kommission vom 30. November 1988 über die Anwendung von Artikel 85 Absatz 3 des Vertrages auf Gruppen von Franchisevereinbarungen, ABl. Nr. L 359 vom 28.12.1988 S. 46–52.

66 Verordnung (EG) Nr. 2790/99 der Kommission vom 22. Dezember 1999 über die Anwendung von Artikel 81 Absatz 3 des Vertrages auf Gruppen von vertikalen

abgelöst wurde.[67] Der Europäische Verhaltenskodex ist nicht rechtsverbindlich, sondern soll lediglich als Leitlinie für einen fairen Umgang zwischen Franchisegeber und Franchisenehmer dienen.[68] Er erläutert die grundlegenden Rechte und Pflichten in einem Franchiseverhältnis sowie die vorvertragliche Aufklärung und gibt Empfehlungen zur Wahl eines geeigneten Partners.[69]

Die bislang wichtigsten europäischen Franchisekonzepte sind, um nur einige aufzuzählen, die *Spar*-Supermärkte (aus den Niederlanden), Bekleidungshersteller wie *Mexx* (Niederlande), *Benetton* (Italien), *Mango* (Spanien), *Esprit* (Deutschland); in der Kosmetikbranche sind *The Body Shop* (Großbritannien) oder *Yves Rocher* (Frankreich) zu nennen und in der Reise- und Tourismusbranche beispielsweise *Europcar* (Frankreich).

D. Franchising in Südafrika

In Südafrika tauchte Franchising, in der Form des *Straight Product Franchising*, erstmals im Jahr 1924 auf. Die Vorreiter stammen vornehmlich aus der Automobil- und Mineralölindustrie, die ihre Produkte durch unabhängige und selbstständige Verkaufsstellen vertrieben.[70] In den 30er und 40er Jahren folgten mit *Coca-Cola* und *Pepsi*, die ersten Franchisekonzepte aus dem Bereich der Getränkeindustrie. Schnell entwickelte sich ein Netzwerk von Abfüllstationen, die von selbstständigen Unternehmern betrieben wurden, die Lizenzen von der Zentrale zum Abfüllen und Vertrieb dieser Produkte erhielten.[71]

Die ersten *business format* Franchiseunternehmen tauchten in den fünfziger Jahren vor allem im Fastfoodsektor auf.[72] Auch wenn die südafrikanischen Franchisenetzwerke nicht so ausgefeilt waren, wie die in den Vereinigten Staaten, entwickelten sie sich doch von dem bloßen Vertrieb von Waren hin zu der Übertragung eines Unternehmenskonzeptes.[73] Zu dieser Zeit wurde auch das erste südafrikanische Franchiseunternehmen *Steers* gegründet.[74] Das Wachstum des Franchisesektors begann Mitte der sechziger Jahre. Zu dieser Zeit etablierten sich einige

---

Vereinbarungen und aufeinander abgestimmten Verhaltensweisen, Amtsblatt Nr. L 336 vom 29.12.1999 S. 21–25

67 Diaz, Franchising in European Contract Law, 19.

68 Siehe Präambel des Europäischen Verhaltenskodex für Franchising.

69 Siehe hierzu: Flohr, in: Ahlert/Ahlert (Hrsg.), Hdb. Franchising und Cooperation, 487 [502].

70 Joubert, TSAR 1990, 622 [637]; Woker, The Franchise Relationship, 12.

71 Seres, Problems in Decision-making, 204 f.; Woker, The Franchise Relationship, 12.

72 Joubert, TSAR 1990, 622 [637]; Parker/Illetschko, Pioneering changes in the franchise sector of South Africa, 5.

73 Joubert, TSAR 1990, 622 [637].

74 *Steers* wurde im Jahre 1957 von George Halamandaris gegründet. Mittlerweile gibt es über 500 *Steers* Restaurants in 16 afrikanischen Ländern: http://www.entrepreneurmag.co.za/advice/success-stories/entrepreneur-profiles/steers-george-halamandaris/print/; http://www.steeRs.co.za/about.php (18.02.2013).

der führenden amerikanischen Franchisenetzwerke in Südafrika, wie zum Beispiel *Wimpy Family Restaurants, Kentucky Fried Chicken, Holiday Inn Hotels, Avis, Hertz* und *Budget Rent-a-car.*[75] Diese verfolgten häufig ein *dual-distribution* System, neben eigenen Filialen wurden auch Lizenzen an einheimische Unternehmer vergeben.[76] Die ausgeklügelten Franchisekonzepte aus den USA inspirierten lokale Unternehmer dazu, selbst Franchisekonzepte zu entwickeln.[77] 1979 wurde der südafrikanische Franchiseverband FASA[78] gegründet; eine gemeinnützige Organisation, die die Einhaltung und Förderung von ethisch korrektem Franchising in Südafrika, ebenso wie dessen generelle Förderung, zum Ziel hat.[79]

Franchising gewann mehr und mehr Einfluss und wurde zur Erweiterung der Geschäftstätigkeit in vielen Bereichen verwendet, zum Beispiel im KFZ-Dienstleistungs- und Produktionssektor, im Lebensmittelsektor, im Wartungs- und Reparatursektor, im Bereich Dienstleistungen für Unternehmen und im Einzelhandelsbereich. Die meisten Franchiseunternehmen in Südafrika basieren auf dort entwickelten Konzepten.[80] Das hängt damit zusammen, dass Südafrika in den 80er Jahren Wirtschaftssanktionen unterworfen war, die das Land unattraktiv für ausländische Investoren machte.[81] Mit den ersten demokratischen Parlamentswahlen im Jahr 1994, die das Ende der Apartheid einläuteten, wurden die Sanktionen aufgehoben und das Land international wieder wirtschaftlich eingebunden. Dadurch gewann auch der Franchisesektor wieder mehr Schwung.[82] Allerdings gibt es immer noch verhältnismäßig wenige ausländische Franchisekonzepte in Südafrika, was bedauert wird, weil diese nicht nur neue Ideen, sondern auch ausländische Investitionen mit sich brächten.[83]

Franchising leistet mittlerweile einen erheblichen Beitrag zur südafrikanischen Wirtschaft. Die Regierung sieht Franchising außerdem als eine Möglichkeit zur Förderung kleiner und mittlerer Unternehmen, zur Schaffung von Arbeitsplätzen, zur Linderung der Armut und zur Förderung von *Black Economic Empowerment* und bewirbt und fördert es dementsprechend.[84] Zurzeit gibt es in Südafrika etwa 520 Franchisesysteme, im Vergleich zu 156 im Jahr 1994, und 26.500 Franchisebetriebe. Die Zahl

---

75 Joubert, TSAR 1990, 622 [637 f.]; Woker, The Franchise Relationship, 12.

76 Woker, The Franchise Relationship, 12.

77 Joubert, TSAR 1990, 622 [638].

78 *Franchise Association of South Africa.*

79 http://www.fasa.co.za/history.php (20.06.2012).

80 FASA spricht von 88 %: FASA: Franchisezahlen: http://www.fasa.co.za/expanding.php. Beispiel für ein erfolgreiches südafrikanisches Franchisekonzept ist *Chicken Licken* aus der Fastfood-Industrie, das 1981 sein erstes Restaurant eröffnete und mittlerweile das zweitgrößte Franchise im Fastfood-Bereich in Südafrika mit über 200 Standorten ist.

81 Parker/Illetschko, Pioneering changes in the franchise sector of South Africa, 15; Woker, The Franchise Relationship, 12.

82 Woker, The Franchise Relationship, 12 f.

83 Parker/Illetschko, Pioneering changes in the franchise sector of South Africa, 15.

84 Woker, 17 SA Merc LJ 2005, 49 [49].

der im Franchisesektor Beschäftigten beträgt circa 500.000 und es werden ungefähr 12 % des Bruttoinlandsproduktes in diesem Sektor erwirtschaftet. Die Umsätze haben die 200 Mrd. Rand[85] Marke überschritten.[86] Dessen ungeachtet gibt es weiterhin großes Wachstumspotential.[87] Die Größe der Unternehmen im Franchisesektor variiert stark und reicht von kleinen Betrieben mit einem oder zwei Angestellten bis hin zu großen, börsennotierten Unternehmen.[88]

Auch in Südafrika gab es lange Zeit keine franchisespezifischen Gesetze. Franchising unterlag vielmehr dem allgemeinen Vertragsrecht des *Common Law* und damit der ordentlichen Gerichtsbarkeit sowie der Selbstregulierung unter der Aufsicht der FASA. Des Weiteren fielen einige Probleme in den Anwendungsbereich des *Competition Act 89 of 1998* und des *Consumer Affairs Act 71 of 1988.* Aufgrund steigender Beschwerden durch Franchisenehmer setzte das *Department of Trade and Industry* im Jahr 2000 ein Gremium ein, das ein Regelwerk für Franchising entwerfen sollte. Auf Grundlage der Empfehlungen des Gremiums wurde ein Gesetzesentwurf im Jahr 2002 vorbereitet. Das *Department of Trade and Industry* entschied sich jedoch dagegen, ein eigenständiges Franchisegesetz zu erlassen. Man beschloss den Franchisenehmer als Verbraucher einzustufen und Franchising damit im neuen *Consumer Protection Act 68 of 2008*[89] (CPA), der am 1. April 2011 in Kraft trat, zu regeln.[90]

2. Teil: Die Entwicklung des Wettbewerbsrechts in Südafrika und Europa

Freie Marktwirtschaft, in der Art, Preis und Menge von Gütern und Dienstleistungen durch Angebot und Nachfrage gesteuert werden, braucht Wettbewerb. Das

---

85 Derzeit (August 2014) ca. 14 Mrd. Euro.

86 Woker, The Franchise Relationship, 13, die Eugene Honey zitiert. Dieser ist Mitglied von FASA und steht FASA auch rechtsberatend zur Seite; diese Zahlen können auch unter http://www.tisa.co.za/research/eugene-honey.pdf abgerufen werden. Siehe auch: Parker/Illetschko, Pioneering changes in the franchise sector of South Africa, 11 f.; FASA: Franchisezahlen: http://www.fasa.co.za/expanding.php (02.05.2013). Im Vergleich: Deutschland hat 2013 etwa 1.000 Franchisesysteme im Vergleich zu 530 im Jahr 1995. Insgesamt gibt es rund 76.500 Franchisebetriebe (2003: 43.000) mit einer Mitarbeiterzahl von 525.300 (2003: 390.000) und einem Umsatz von 62,8 Mrd. Euro (2003: 25 Mrd. Euro). Siehe hierzu die Statistik des Deutschen Franchiseverbandes, abrufbar unter: http://www.franchiseverband.com/deutscher-franchise-verband/presse/franchise-statistiken/?type=%2F (20.08.2014).

87 http://www.whichfranchise.co.za/article.cfm?articleID=45 (01.02.2012); Parker/Illetschko, Pioneering changes in the franchise sector of South Africa, 13 ff.

88 Woker, The Franchise Relationship, 13. Siehe auch: Parker/Illetschko, Pioneering changes in the franchise sector of South Africa, 11 f.; FASA: Franchisezahlen: http://www.fasa.co.za/expanding.php.

89 GG Nr. 32186, vom 29. April 2009.

90 Siehe zu obenstehenden: Woker, The Franchise Relationship, 4, 56.

Ziel eines jeden Wettbewerbsrechts ist folglich, wettbewerbswidriges Verhalten zu unterbinden. Konkurrenz fördert das wirtschaftliche Wachstum und verhindert die Ausbeutung des Verbrauchers.

Die Entwicklung des Wettbewerbsbeschränkungsrechts in der Europäischen Union dürfte hinreichend bekannt sein. Der Schwerpunkt der folgenden Darstellung wird daher auf der weniger bekannten Heranbildung eines Kartellrechts in Südafrika liegen, die Genese des europäischen soll nur kurz skizziert werden.

A. Die Entwicklung des südafrikanischen Wettbewerbsrechts

Das südafrikanische Wettbewerbsrecht blickt auf eine lange Entwicklung unter den verschiedensten Einflüssen zurück. Während am Anfang noch das *Common Law* galt, entwickelte sich im 20. Jahrhundert das erste eigene Wettbewerbsgesetz.

I. Das Common Law

Das südafrikanische Wettbewerbsrecht ist größtenteils im *Competition Act 89 of 1998* geregelt. Einige Grundsätze aus dem *Common Law* spielen jedoch auch weiterhin eine Rolle.

1. Die allgemeine Entwicklung des Rechts in Südafrika

Das heutige südafrikanische Wettbewerbsrecht, wie das südafrikanische Recht im Allgemeinen, wurde von verschiedenen Rechtssystemen beeinflusst. Die zwei Hauptquellen sind das römisch-holländische Recht (*Roman-Dutch Law*) und das englische Recht.[91]

Die Entstehung des heutigen südafrikanischen Rechts begann mit der Gründung einer Siedlung am Kap der Guten Hoffnung durch *Jan van Riebeeck* im Auftrag der Ostindischen Kompanie[92] im Jahre 1652. Diese Siedlung entwickelte sich durch Zuzug von Holländern, Deutschen und Franzosen bald zu einer Kolonie. Dort galt das Recht des Mutterlandes, in diesem Fall das Recht der Provinz Holland.[93] Das holländische

---

91 Hahlo und Kahn beschreiben das wie folgt: „Like a jewel in a brooch, the Roman-Dutch law in South Africa today glitters in a setting that was made in England. Even if it were true (which it is not) that the whole of South African private and criminal law had remained pure Roman-Dutch law, the South African legal system as a whole would still be a hybrid one, in which civil- and common-law elements jostle each other." Siehe: Hahlo/Kahn, The South African legal system and its background, 585 f.

92 Vereenigde Geoctroyeerde Oost-Indische Compagnie.

93 Du Bois, in: van der Merwe/du Plessis (Hrsg.), Introduction to the Law of South Africa, 9 f.; Hahlo/Kahn, The South African legal system and its background, 330, 567; Zweigert/Kötz, Einführung in die Rechtsvergleichung, 227; Fagan, in: Zimmermann/Visser (Hrsg.), Southern Cross – Civil Law and Common Law in South Africa, 38 f.

Recht war römisches Recht, wie es durch Glossatoren und Kommentatoren, wie etwa *Johannes Voet* und *Hugo Grotius*, rezipiert worden war, und wurde ergänzt und an die Bedürfnisse der damaligen Zeit angepasst durch holländisches Gewohnheitsrecht.[94] Das römisch-holländische Recht blieb auch nach der Übernahme der Kapkolonie durch die Engländer im Jahre 1806 in Kraft, während im niederländischen Mutterland nach 1809 der französische *Code Civil* galt.[95] Südafrika ist heute eines der wenigen Länder in denen das römisch-holländische Recht noch Geltung hat.[96]

Das römisch-holländische Recht blieb zwar in Kraft; der Wechsel der Kolonialmacht führte jedoch zu einem Einfluss des englischen *Common Law*, denn der Verwaltungsapparat und das Gerichtswesen wurden nach englischem Vorbild gestaltet.[97] Auch in modernen Rechtsgebieten, die das römisch-holländische Recht nicht kannte, wurde englisches Recht übernommen.[98] Daher wurde insbesondere im Beweis- und Prozessrecht sowie im Gesellschafts-, Wertpapier-, Konkurs-, Seehandels- und Versicherungsrecht englisches *Common Law* angewandt.[99] Eingang fand das *Common Law* auch in anderen Rechtsgebieten durch die Gerichte, die dort, wo das Recht lückenhaft oder veraltet schien, englisches *Case Law* anwandten. Dies wurde dadurch gefördert, dass viele Anwälte und Richter in England ausgebildet worden waren und das englische Recht ihnen dadurch vertrauter war.[100] Weiterer Faktor war die Abwanderung der holländisch stämmigen Siedler, der Afrikaaner oder auch Buren genannt, die, als sogenannte *Voortrekker*, in großen Trecks nach

94 Zweigert/Kötz, Einführung in die Rechtsvergleichung, 228; siehe zur Geschichte des Roman-Dutch Law die detaillierte Darstellung in: Hahlo/Kahn, The South African legal system and its background, 332 f.

95 Hahlo/Kahn, The South African legal system and its background, 330 f., 575; du Bois, in: van der Merwe/du Plessis (Hrsg.), Introduction to the Law of South Africa, 10 f. Lord Mansfield betonte in *Campbell v. Hall* (98 E.R. 1045 1047): „the laws of a conquered country continue in force, until they are altered by the conqueror".

96 Außer Südafrika nur noch Sri Lanka, auch wenn es dort nur noch geringe Bedeutung hat. In Teilen von Guyana galt das römisch-holländische Recht bis 1916, siehe dazu auch: Dalton, SALJ 36 (1919), 4 ff.

97 Hahlo/Kahn, The South African legal system and its background, 576; du Bois, in: van der Merwe/du Plessis (Hrsg.), Introduction to the Law of South Africa, 12.

98 Du Bois, in: van der Merwe/du Plessis (Hrsg.), Introduction to the Law of South Africa, 11; van der Merwe/du Plessis/de Waal, The Republic of South Africa (Report 2), in: Palmer (Hrsg.) Mixed Jurisdictions Worldwide, 147.

99 Zweigert/Kötz, Einführung in die Rechtsvergleichung, 228; van der Merwe/du Plessis/de Waal, The Republic of South Africa (Report 2), in: Palmer (Hrsg.) Mixed Jurisdictions Worldwide, 148, 152.

100 Hahlo/Kahn, The South African legal system and its background, 578; Zweigert/Kötz, Einführung in die Rechtsvergleichung, 228; van der Merwe/du Plessis/de Waal, The Republic of South Africa (Report 2), in: Palmer (Hrsg.) Mixed Jurisdictions Worldwide, 149.

Norden zogen und dort die drei unabhängigen Burenrepubliken, *Natalia*, *Oranje-*Freistaat und Südafrikanische Republik (*Transvaal*), gründeten.[101]

Der Einfluss des *Common Law* nahm jedoch nach dem Zusammenschluss der Kapkolonien mit den Burenrepubliken zur „Südafrikanischen Union“ im Jahre 1910 ab. Dies hing zum einen mit dem stärker werdenden Bedürfnis nach Unabhängigkeit vom britischen Mutterland zusammen, aber auch damit, dass Afrikaans, die Sprache der holländisch stämmigen Siedler, als zweite Amtssprache neben Englisch eingeführt wurde.[102] Die Emanzipation vom Mutterland führte zur verstärkten Ausbildung an südafrikanischen Universitäten. Dort wurde das römisch-holländische Recht wiederentdeckt und seitdem an die Bedürfnisse der Zeit angepasst. Es wird in einigen Rechtsgebieten, wie dem Familien- und Erbrecht sowie dem Sachenrecht, angewandt.[103] Das Verfassungs- und Verwaltungsrecht sowie das Handels- und Prozessrecht ist hingegen stärker am *Common Law* orientiert. Auch gilt in Südafrika das System des Präjudizes, allerdings in abgeschwächter Form.[104]

2. *Strafrechtliche Verfolgung von Wettbewerbsverstößen*

Im römisch-holländischen Recht waren Verträge, die Wettbewerbsbeschränkungen enthielten, grundsätzlich wirksam. Dies ist zurückzuführen auf die während des goldenen Zeitalters in den Niederlanden vorherrschende Toleranz gegenüber

---

101 Zweigert/Kötz, Einführung in die Rechtsvergleichung, 229; Farlam/Zimmermann, The Republic of South Africa (Report 1), in: Palmer (Hrsg.) Mixed Jurisdictions Worldwide, 83, 94.

102 Du Bois, in: van der Merwe/du Plessis (Hrsg.), Introduction to the Law of South Africa, 12 f.; Zweigert/Kötz, Einführung in die Rechtsvergleichung, 229.

103 Hahlo/Kahn, The South African legal system and its background, 578; van der Merwe/du Plessis/de Waal, The Republic of South Africa (Report 2), in: Palmer (Hrsg.) Mixed Jurisdictions Worldwide, 151.

104 Zweigert/Kötz, Einführung in die Rechtsvergleichung, 229 f.; du Plessis, in: Elgar Encyclopedia of Comparative Law, 669; van der Merwe/du Plessis/de Waal, The Republic of South Africa (Report 2), in: Palmer (Hrsg.) Mixed Jurisdictions Worldwide, 161: “a judge, while he ought not blindly to follow a decision, should not depart from one reached after due deliberation, save for a convincing reason arrived at after careful consideration.” Botha J erklärt es in *National Chemsearch (SA) (Pty) Ltd v. Borrowman and Another*, 1979 (3) SA 1092 (T), 1101: “In functioning under a “virile, living system of law” a Judge must not be faint-hearted, and when he is morally convinced that justice requires a departure from precedent he will not hesitate to do so; but on the other hand he must guard carefully against being over-bold in substituting his own opinion for those of others, lest there be too much chopping and changing and uncertainty in the law. As I see the position, a mere difference of opinion, without more, ought not to justify a departure from precedent. This applies in the case of a *prima facie* binding precedent, but in my view it should also be applied when a Full Bench of a Provincial Division is invited to depart from a long line of previous decisions of single Judges in that province.”

wettbewerbsbeschränkendem Verhalten. Die Bildung von Kartellen sollte, wie schon im römischen Recht, vornehmlich strafrechtlich verfolgt werden.[105] Allerdings wurde in Südafrika niemals jemand aufgrund seiner Monopolstellung strafrechtlich verfolgt.[106] Es ist daher zweifelhaft, ob diese aus dem römischen und römisch-holländischen Recht stammende strafrechtliche Regelung jemals in das südafrikanische Recht übernommen wurde.[107]

3. *Die „restraint of trade doctrine" im* Common Law

Im Zivilrecht spielt die *restraint of trade doctrine* im Rahmen der rechtlichen Durchsetzbarkeit von wettbewerbsbeschränkenden Verträgen eine Rolle. Im südafrikanischen Recht wird unterschieden zwischen *contracts that restrict freedom of trade* und *contracts in restraint of trade*. Die Abgrenzung ist nicht immer klar und beruht auf Entscheidungen im Einzelfall.[108] Bei ersteren handelt es sich um solche Verträge, deren Hauptziel nicht die Beschränkung des Wettbewerbs ist. Die Wettbewerbsbeschränkung geschieht vielmehr nur „beiläufig" und auch nur während der Vertragslaufzeit. Bei letzteren, den sogenannten „contracts in restraint of trade", handelt es sich meist um Verträge, die nachvertragliche Wettbewerbsverbote enthalten.[109] Allerdings werden auch solche Verträge als „contracts in restraint of trade" angesehen, die Beschränkungen enthalten, die es einer Partei während der Vertragslaufzeit unmöglich machen, auf dem Markt zu agieren.[110]

Die „restraint of trade doctrine" legt fest, dass „contracts in restraint of trade" nicht durchsetzbar sind. Diese Doktrin ist jedoch nicht auf „contracts that restrict freedom of trade" anwendbar und ist damit nicht weitgehend genug.[111] Denn wenn

---

105 Grundlage dafür war das Edikt von Karl V. aus dem Jahr 1540. Siehe dazu: Bekker, Monopolies, 4 f.; van Heerden/Neethling, Unlawful Competition, 16; Sutherland/Kemp, Competition Law of SA, S. 2/5, 3/3; Legh, in: Brassey (Hrsg.), Competition Law, 61; OECD Studie, Competition Law and Policy in South Africa, 11 f.; Neethling/Rutherford, in: Joubert/Faris (Hrsg.), LAWSA 2/2, Rn. 234.

106 Bekker, TSAR 1992, 618 [620]; Legh, in: Brassey (Hrsg.), Competition Law, 62.

107 Verneinend: Neethling, Unlawful Competition, 16; siehe dazu auch: Sutherland/Kemp, Competition Law of SA, S. 3/3; Bekker, Monopolies, 7 f.; siehe auch *Tothill v. Gordon*, 1930, WLD 99 [110 f.]: Das Urteil verweist zwar auf römisch-holländisches Recht, trifft jedoch keine Entscheidung, ob das Strafrecht in Bezug auf Kartelle noch anwendbar ist.

108 Siehe Legh, in: Brassey (Hrsg.), Competition Law, 60.

109 Sutherland/Kemp, Competition Law of SA, S. 3/3.

110 *SA Wire Co (Pty) Ltd. v. Durban Wire and Plastics (Pty) Ltd.* 1968 (2) SA 777 (D) [784 f.]; *Rhodesian Milling Co. (Pvt) Ltd. v. Super Bakery (Pvt) Ltd.* 1973 (4) SA 436 (R) [440 f.]; jeweils mit Verweis auf das englische Urteil: *Esso Petroleum Co. Ltd. v. Harpers's Garage (Stourport) Ltd.* [1968] A.C. 269 [328]. Siehe auch: Legh, in: Brassey (Hrsg.), Competition Law, 60; Christie/Bradfield, The Law of Contract in South Africa, 378 ff.

111 So auch Sutherland/Kemp, Competition Law of SA, S. 3/9.

ein Vertrag lediglich inzident wettbewerbsbeschränkende Wirkung hat, ohne eine Wettbewerbsbeschränkung konkret zu regeln, dann fällt er nicht unter diese Lehre und ist folglich wirksam.[112] Der südafrikanische Gesetzgeber hat dieses Problem gesehen und auch erkannt, dass er im allgemeinen Vertragsrecht regulierend eingreifen muss. Diese Erkenntnis war Grundlage für die Entwicklung des heutigen südafrikanischen Wettbewerbsrechts.[113]

a. Die *Magna Alloys*-Entscheidung

Das römisch-holländische Prinzip *pacta sunt servanda* stand im Gegensatz zu dem aus dem englischen Recht stammende Grundsatz, dass wettbewerbsbeschränkende Verträge *prima facie* nichtig und nicht durchsetzbar sind. Zunächst überwog der Einfluss des englischen Rechts: Verträge waren nur durchsetzbar, wenn sie zumutbar waren („reasonable").[114] Dabei wurde zunächst geprüft, ob der Vertrag *inter partes* zumutbar war und danach wurden öffentliche Interesse in die Abwägung miteinbezogen. Die Beweislast oblag dabei der Partei, die die Zumutbarkeit der Wettbewerbsbeschränkung geltend machte.[115]

Dies änderte sich jedoch mit dem südafrikanischen Grundsatzurteil *Magna Alloys v. Ellis* aus dem Jahr 1984.[116] Der südafrikanische *Supreme Court of Appeal* entschied, dass wettbewerbsbeschränkende Verträge grundsätzlich wirksam sind. Sie sind nur dann nicht wirksam, wenn sie gegen die öffentliche Ordnung verstoßen.[117] Die Beweislast trägt nunmehr derjenige, der einen Verstoß gegen die öffentliche

---

112 Legh, in: Brassey (Hrsg.), Competition Law, 60.

113 Legh, in: Brassey (Hrsg.), Competition Law, 61.

114 *Katz v. Efthimiou* 1948 (4) SA 603 (O) 610; *Drewtons (Pty) Ltd v. Carlie* 1981 (4) SA 305 (C) [310G]; siehe dazu auch: Christie/Bradfield, The Law of Contract in South Africa, 377; Saner, Agreements in Restraint of Trade in South African Law, S. 1/9; Pretorius, THRHR 1997 (60), 6 [6]; Schoombee, THRHR 1985 (48), 127 [128 f.].

115 Sog. Nordenfelt-Test, aus dem englischen Recht: *Thorsten Nordenfelt (Pauper) v. The Maxim Nordenfelt Guns and Ammunition Company* [1894] A.C. 535. Dieser wurde auch in Südafrika angewandt: siehe: Neethling/Rutherford, in: Joubert/Faris (Hrsg.), LAWSA 2/2, Rn. 237; Sutherland/Kemp, Competition Law of SA, S. 3/4 f.

116 *Magna Alloys and Research (SA) (Pty) Ltd v. Ellis* 1984 4 SA 874 (A). Einige Aspekte des traditionellen Ansatzes wurden auch schon vorher in drei wichtigen Urteilen in Frage gestellt: *Roffey v. Catterall, Edwards and Goudré (Pty) Ltd* 1977 (4) SA 494 (N); *National Chemsearch (SA) (Pty) Ltd v. Borrowman* 1979 (3) SA 1092 (T); *Drewtons (Pty) Ltd v. Carlie* 1981 (4) SA 305 (C). Siehe auch: van Heerden/Neethling, Unlawful Competition, 18.

117 So auch The *Concept Factory v. Heyl* [1994] 1 All SA 330 (T); *Valunet Solutions Inc t/a Dinkum USA v. eTel Communications Solutions (Pty) Ltd* 2005 (3) SA 494 (W) [502]; Legh, in: Brassey (Hrsg.), Competition Law, 59; van Heerden/Neethling, Unlawful competition, 17 ff.; siehe auch OECD Studie, Competition Law and Policy in South Africa, 12; Sutherland/Kemp, Competition Law of SA, S. 3/3 ff.; Singh, SALJ 115 (1998), 536 [536 f.]; Neethling/Rutherford, in: Joubert/Faris (Hrsg.), LAWSA 2/2, Rn. 237.

Ordnung durch die Wettbewerbsbeschränkung geltend machen möchte.[118] Außer der Beweislast gab es noch Änderungen, was den Beurteilungszeitpunkt für die Zumutbarkeit der Wettbewerbsbeschränkung anbelangt. Die Zumutbarkeit wird nunmehr nicht mehr zum Zeitpunkt des Vertragsschlusses beurteilt,[119] sondern vielmehr zum Zeitpunkt der Klageerhebung.[120] Das *Magna Alloys*-Urteil änderte auch die Regelung bezüglich der teilweisen Durchsetzbarkeit von Verträgen. Während zuvor eine teilweise Durchsetzbarkeit nur bei Teilbarkeit des Vertrages in einen zumutbaren und einen unzumutbaren Teil möglich war, kann nunmehr der Richter eine Klausel so abändern, dass sie zumutbar ist.[121] Bei einer Vereinbarung eines nachvertraglichen Wettbewerbsverbots innerhalb eines unzumutbar großen Radius beispielsweise, kann der Richter nunmehr den Radius auf ein zumutbares Maß verringern. Er kann jedoch nicht zu Ungunsten des Adressaten des Wettbewerbsverbots dieses erweitern, indem er etwa den Radius vergrößert.[122]

Bei der Beurteilung, ob ein wettbewerbsbeschränkender Vertrag gegen die öffentliche Ordnung verstößt, sollte zum einen das Prinzip *pacta sunt servanda* beachtet werden, und zum anderen die Freiheit des Einzelnen eine wirtschaftliche Tätigkeit auszuüben und dadurch zum Wohlstand der Gesellschaft beizutragen.[123] Es ist davon auszugehen, dass im Falle der Unzumutbarkeit der Wettbewerbsbeschränkung auch ein Verstoß gegen das öffentliche Interesse vorliegt.[124] Zwar wurde in dem *Magna Alloys*-Urteil vor allem darauf abgestellt, ob ein Verstoß gegen die öffentliche Ordnung vorliegt und nicht mehr, ob ein Vertrag zumutbar ist, allerdings ähnelt die

118 *Magna Alloys and Research (SA) (Pty) Ltd v. Ellis* 1984 4 SA 874 (A) [893]; *Book v. Davidson* 1989 (1) SA 638 (ZS) [648–651]; *Aetiology Today CC t/a Somerset Schools v. van Aswegen* 1992 (1) SA 807 (W) [824]; *Powertech Industries (Pty) Ltd v. Jamnek* [1993] 1 All SA 119 (O) [122 ff.]; *BHT Water Treatment (Pty) Ltd v. Leslie* 1993 (1) SA 47 (W) [52 ff.]; *Aranda Textile Mills (Pty) Ltd v. Hurn* [2000] 4 All SA 183 (E) [184 ff.]; *Walter McNaughtan (Pty) Ltd v. Schwartz* 2004 (3) SA 381 (C). [386 f.]; Kerr, FS Kahn, 186 [190 f.].

119 So jedoch: *Diner v. Carpet Manufacturing Co of SA Ltd* 1969 (2) SA 101 (D) [105].

120 *Magna Alloys and Research (SA) (Pty) Ltd v. Ellis* 1984 4 SA 874 (A) [894 f.]. Siehe hierzu auch: Kerr, FS Kahn, 189.

121 *Magna Alloys and Research (SA) (Pty) Ltd v. Ellis* 1984 4 SA 874 (A) [896 ff.].

122 Siehe hierzu: Kerr, FS Kahn, 189 f.

123 *Atlas Organic Fertilizers (Pty) Ltd. v. Pikkewyn Ghwano (Pty) Ltd.* 1981 (2) SA 173 (T) [192 f.]; *Magna Alloys and Research (SA) (Pty) Ltd v. Ellis* 1984 4 SA 874 (A) [893 f.]; *Sunshine Records (Pty) Ltd. v. Frohling* [1990] 1 All SA 8 (A) [19]; *Basson v. Chilwan* [1993] 2 All SA 373 (A) [385]; *Powertech Industries (Pty) Ltd v. Jamnek* [1993] 1 All SA 119 (O); *Paragon Business Forms (Pty) Ltd. v. Du Preez* [1994] 1 All SA 366 (SE); *The Concept Factory v. Heyl* [1994] 1 All SA 330 (T); *Aranda Textile Mills (Pty) Ltd v. Hurn* [2000] 4 All SA 183 (E) [182]; *Walter McNaughtan (Pty) Ltd v. Schwartz* 2004 (3) SA 381 (C) [386]; *Reddy v. Siemens Telecommunications (Pty) Ltd* 2007 (2) SA 486 (SCA) [496].

124 *Magna Alloys and Research (SA) (Pty) Ltd v. Ellis* 1984 4 SA 874 (A) [894].

Prüfung weiterhin sehr stark der im englischen Recht.[125] Spätere südafrikanische Entscheidungen stellen sogar allein auf die Zumutbarkeit ab und ziehen eventuelle Verstöße gegen die öffentliche Ordnung kaum in ihre Prüfung mit ein.[126]

b. Der *Basson*-Test

Um die Zumutbarkeit einer Wettbewerbsbeschränkung zu bestimmen, wird im südafrikanischen Recht häufig der Test herangezogen, der von Nienaber JA in *Basson v. Chilwan* entwickelt wurde (sogenannter *Basson*-Test).[127] Danach muss zunächst geprüft werden, ob die den Wettbewerb beschränkende Partei nach Beendigung des Vertrages ein schützenswertes Interesse an der Beschränkung hat.[128] Dieses Interesse muss von der anderen Partei verletzt worden sein.[129] In einem dritten Schritt wird dieses Interesse gegen das Interesse der anderen Partei, wirtschaftlich aktiv zu sein, qualitativ und quantitativ abgewogen.[130] Zuletzt muss überprüft werden, ob ein Verstoß gegen öffentliche Interessen vorliegt.[131]

Der *Basson*-Test umfasst lediglich vertraglich vereinbarte, nachvertragliche Wettbewerbsbeschränkungen. Er ist anwendbar auf arbeits- und gesellschaftsvertragliche Beschränkungen. Er muss jedoch erst angepasst werden, bevor er etwa

---

125 Sutherland/Kemp, Competition Law of SA, S. 3/7; van Heerden/Neethling, Unlawful competition, 20.

126 *Kemp, Sacs & Nell Real Estate (Edms) Bpk v. Soll* [1986] 1 All SA 99 (O); *Sibex Engineering Services (Pty) Ltd. v. Van Wyk* [1991] 4 All SA 262 (T); siehe auch: Pretorius, THRHR 1997 (60), 6 [8].

127 *Basson v. Chilwan* [1993] 2 All SA 373 (A) [391]. Auch in diesem Urteil wird betont, dass die Prüfung im Wesentlichen dieselbe geblieben ist („bly wesenlik dieselfde").

128 Siehe dazu auch: *Automotive Tooling Systems (Pty) Ltd. v. Wilkens* 2007 (2) SA 271 (SCA) [277]; *Reddy v. Siemens Telecommunications (Pty) Ltd* 2007 (2) SA 486 (SCA) [499 f.]; *Rawlins v. Caravantruck (Pty) Ltd* [1993] 1 All SA 389 (A) [388 f.]; *Kwik Kopy (Sa) (Pty) Ltd v. van Haarlem* 1999 (1) SA 472 (W) [484 ff.]; *Townsend Productions (Pty) Ltd. v. Leech* 2001 (4) SA 33 (C) [48 ff.]; *Super Towing (Pty) Ltd v. Thomas* 2001 (2) SA 969 (W) [976 ff.]; *Ackermann-Göggingen Aktiengesellschaft v. Marshing* 1973 (4) SA 62 (C) [76].

129 *Macphail (Pty) Ltd v. Janse van Rensburg* 1996 (1) SA 594 (T) [601]; *Turner Morris (Pty) Ltd v. Riddell* 1996 (4) SA 397 (E) [409 f.]; *De Klerk, Vermaak en Vennote v. Coetzer* 1999 (4) SA 115 (W) [126 ff.]; *Fidelity Guards Holdings (Pty) Ltd t/a Fidelity Guards v. Pearmain* [1997] 4 All SA 650 (SE); *Super Towing (Pty) Ltd v. Thomas* 2001 (2) SA 969 (W) [976 ff.].

130 *Automotive Tooling Systems (Pty) Ltd. v. Wilkens* 2007 (2) SA 271 (SCA) [278 ff.]; *Super Towing (Pty) Ltd v. Thomas* 2001 (2) SA 969 (W) [976 ff.]; *De Klerk, Vermaak en Vennote v. Coetzer* 1999 (4) SA 115 (W) [125]; *Kleyenstrüber v. Barr* [2002] 1 All SA 560 (W); *Sibex Engineering Services (Pty) Ltd. v. Van Wyk* [1991] 4 All SA 262 (T); *Gero v. Linder* [1995] 1 All SA 482 (O); *Interest Computation Experts v. Nel* 1995 (1) SA 174 (T) [179].

131 *Basson v. Chilwan* [1993] 2 All SA 373 (A) [391]; *Super Towing (Pty) Ltd v. Thomas* 2001 (2) SA 969 (W) [979].

auf Wettbewerbsverbote nach Veräußerung eines Betriebes anwendbar ist.[132] Auch müssen Wettbewerbsbeschränkungen nicht immer vertraglich vereinbart sein, sondern können sich auch aus anderen Umständen ergeben.[133]

Aus dem *Basson*-Test geht nicht hervor, welche Interessen bei der Beurteilung der Zumutbarkeit in Betracht gezogen werden können. Es wird lediglich hervorgehoben, dass das Vorliegen legitimer und eigener Interessen notwendige Voraussetzung für die Prüfung ist. Speziell zur Zumutbarkeit von Wettbewerbsverboten in Franchiseverträgen[134] wurde entschieden, dass der Goodwill eines Unternehmens, wie der Franchisename, Geschäftsgeheimnisse und -beziehungen, vertrauliche Informationen und Know-how,[135] schützenswerte Interessen darstellen.[136] Es wurde auch betont, dass die Erfahrung, Fähigkeiten und das Wissen einer Person nicht eingeschränkt werden können. Ebenso ist ein genereller Schutz vor Wettbewerb durch diese Person nicht möglich.[137]

---

132 Siehe dazu: Sutherland/Kemp, Competition Law of SA, S. 3/9.

133 Siehe bzgl. der Vorschriften einer Fußballliga, *Coetzee v. Comitis* [2001] 1 All SA 538 (C).

134 Die meisten Rechtsprechungs-Fälle betreffen Wettbewerbsverbote in Arbeitsverträgen.

135 Zum Goodwill gehören auch die Kunden, die von anderen Franchisenehmern an diesen Franchisenehmer verwiesen wurden, nicht jedoch der eigenständig erworbene Kundenstamm.

136 *U-Drive Franchise Systems (Pty) Ltd. v. Drive Yourself (Pty) Ltd* 1976 (1) SA 137 (D) [142, 144 ff.]; *Pam Golding Franchise Services (Pty) Ltd. v. Douglas* 1996 (4) SA 1217 (D) [1224 ff.]; *Kwik Kopy (Sa) (Pty) Ltd v. Van Haarlem* 1999 (1) SA 472 (W) [485 ff.]; *Mozart Ice Cream Franchises (Pty) Ltd. v. Davidoff* 2009 (3) SA 78 (C) [83 ff.]. Siehe auch die deutlich umfassendere Rechtsprechung zu Arbeitsverträgen, die unproblematisch auch auf Franchiseverträge übertragen werden kann: *BHT Water Treatment (Pty) Ltd v. Leslie* 1993 (1) SA 47 (W) [56]; *Humphrys v. Laser Transport Holdings Ltd* 1994 (4) SA 388 (C) [403]; *Kotze & Genis (EDMS) BPK v. Potgieter* [1995] 2 All SA 248 (C) [248 f.]; *Branco t/a Mr. Cool v. Gale* 1996 (1) SA 163 (E) [176]; *International Executive Communications Ltd t/a Institute For International Research v. Turnley* 1996 (3) SA 1043 (W) [1051 ff.]; *Reeves v. Marfield Insurance Brokers CC* 1996 (3) SA 766 (A) [772]; *Alum-Phos (Proprietary) Limited v. Spatz* [1997] 1 All SA 616 (W) [626, 632]; *Nampesca (SA) Products (Pty) Ltd v. Zaderer* 1999 (1) SA 886 (C) [899]; *Tor Industries (Pty) Ltd v. Gee-Six Superweld CC* 2001 (2) SA 146 (W) [163]; *Kleyenstrüber v. Barr* [2002] 1 All SA 560 (W) [566 ff.]; *Bridgestone Firestone Maxiprest Ltd v. Taylor* [2003] 1 All SA 299 (N) [303 f.]; Siehe dazu auch: Saner, Agreements in Restraint of Trade in South African Law, S. 7/6 ff. Siehe dazu auch Kapitel 12 und Kapitel 7.7 in Saner, Agreements in Restraint of Trade in South African Law.

137 Hierzu vor allem Rechtsprechung bezüglich Arbeitsverträgen, die jedoch auf Franchiseverträge übertragbar ist: *Basson v. Chilwan* [1993] 2 All SA 373 (A) [395]; *Humphrys v. Laser Transport Holdings Ltd* 1994 (4) SA 388 (C) [403 ff.]; *Macphail (Pty) Ltd. v. Janse van Rensburg* 1996 (1) SA 594 (T) [599]; *Knox D'Arcy Ltd. v. Shaw* 1996 (2) SA 651 (W) [656]; *Turner Morris (Pty) Ltd. v. Riddell* 1996 (4) SA 397 (E)

Früher, unter Einfluss des englischen Rechts, wurde im Rahmen der Zumutbarkeit überprüft, ob die Wettbewerbsbeschränkung weiter reicht im Hinblick auf Dauer, geografischen Umfang sowie untersagten Geschäftstätigkeiten, als es das schutzwürdige Interesse erfordert.[138] Diese Abwägung ist so im Rahmen des *Basson*-Tests nicht mehr explizit enthalten. Man ist sich jedoch einig, dass diese Abwägung auch heute noch vorzunehmen ist. Deshalb wurde sie in einigen Urteilen als weiterer Prüfungspunkt hinzugefügt.[139] Die Mehrheit hat sich jedoch dafür ausgesprochen, dass dieser Punkt im *Basson*-Test bereits implizit enthalten ist. Unklar sei lediglich, an welcher Stelle die Abwägung getroffen werden sollte.[140] Es erscheint sinnvoll, die Abwägung zwischen der Wettbewerbsbeschränkung und dem schutzwürdigen Interesse im Rahmen der Interessenabwägung beider Parteien, die der *Basson*-Test vorsieht, vorzunehmen.[141]

In den meisten Urteilen wurde der dritte Prüfungsschritt des *Basson*-Tests, die Abwägung zwischen den Interessen beider Parteien, nicht vorgenommen. Meist wurde nur überprüft, ob es ein oder mehrere schützenswerte Interessen an der Wettbewerbsbeschränkung gibt und ob die Beschränkung weitergeht, als für den Schutz dieser Interessen notwendig ist.[142] Die wenigen Urteile, die eine Abwägung zwischen den Interessen beider Parteien vorgenommen haben, berücksichtigen, ob es dem Vertragspartner trotz Wettbewerbsverbots möglich ist, seinen Lebensunterhalt zu verdienen,[143] sowie die Verteilung der Verhandlungsmacht.[144]

[408 f.]; *Branco t/a Mr. Cool v. Gale* 1996 (1) SA 163 (E) [176]; *De Klerk, Vermaak en Vennote v. Coetzer en* 1999 (4) SA 115 (W) [126] (hierbei handelte es sich jedoch um eine Partnerschaft zwischen Rechtsanwälten); *Aranda Textile Mills (Pty) Ltd v. Hurn* [2000] 4 All SA 183 (E) [192]; *Ocean Diamond Mining Southern Africa v. Louw* [2001] 1 All SA 241 (C) [247]; *Townsend Productions (Pty) Ltd. v. Leech* 2001 (4) SA 33 (C) [51].

138 Sutherland/Kemp, Competition Law of SA, S. 3/10.

139 *Kwik Kopy (Sa) (Pty) Ltd v. Van Haarlem* 1999 (1) SA 472 (W) [484]; *Tor Industries (Pty) Ltd v. Gee-Six Superweld CC* 2001 (2) SA 146 (W) [161 f.].

140 *De Klerk, Vermaak en Vennote v. Coetzer* 1999 (4) SA 115 (W) [125]; *Aranda Textile Mills (Pty) Ltd v. Hurn* [2000] 4 All SA 183 (E) [189]; *Super Towing (Pty) Ltd v. Thomas* 2001 (2) SA 969 (W) [977].

141 So auch *Aranda Textile Mills (Pty) Ltd v. Hurn* [2000] 4 All SA 183 (E) [189]; *Super Towing (Pty) Ltd v. Thomas* 2001 (2) SA 969 (W) [977].

142 Siehe dazu Sutherland/Kemp, Competition Law of SA, S. 3/11; Singh, SALJ 115 (1998), 536 [538 f.]; Pretorius, THRHR 1997 (60), 6 [12 f.].

143 *Paragon Business Forms (Pty) Ltd. v. Du Preez* [1994] 1 All SA 366 (SE) [373]; *Humphrys v. Laser Transport Holdings Ltd* 1994 (4) SA 388 (C) [404]; *Technor (Pty) Ltd v. Rishworth* 1995 (4) SA 1034 (T) [1037].

144 *Nampesca (SA) Products (Pty) Ltd v. Zaderer* 1999 (1) SA 886 (C) [900]; *Rawlins v. Caravantruck (Pty) Ltd* [1993] 1 All SA 389 (A) [388 f.]; *De Klerk, Vermaak en Vennote v. Coetzer 1999* (4) SA 115 (W) [128]; siehe dazu auch Christie/Bradfield, The Law of Contract in South Africa, 383 f.

Letzter Prüfungspunkt des *Basson*-Tests ist die Vereinbarkeit der Wettbewerbsbeschränkung mit der öffentlichen Ordnung. In der südafrikanischen Rechtsprechung finden sich allerdings wenige Urteile, in denen eine Wettbewerbsbeschränkung aufgrund eines Verstoßes gegen die öffentliche Ordnung für nicht durchsetzbar erklärt wurde.[145]

c. Das Verhältnis der Doktrin zum Wettbewerbsrecht

Sowohl die *restraint of trade doctrine*, als auch der *Competition Act* sind häufig auf dieselben Sachverhalte anwendbar, wie zum Beispiel Alleinbezugsbindungen, Alleinvertriebsbindungen oder auch nachvertragliche Wettbewerbsverbote. Die Wettbewerbsgerichte dürfen jedoch nicht über Aspekte der *restraint of trade doctrine* entscheiden,[146] ebenso darf umgekehrt die ordentliche Gerichtsbarkeit nicht über den *Competition Act* urteilen.[147] Beide verfolgen auch unterschiedliche Ziele: Während der *Competition Act* den Schutz des Wettbewerbs vor Verzerrung bezweckt, schützt die *restraint of trade doctrine* die Freiheit des Handels und den Grundsatz der „reasonableness", also der Angemessenheit, zwischen den Parteien.[148] Das dürfte die Erklärung dafür sein, warum im Rahmen der *restraint of trade doctrine* kaum wettbewerbsrechtliche Aspekte zur Beurteilung von Wettbewerbsbeschränkungen herangezogen werden.[149] Vielmehr wurden Klauseln, die höchstwahrscheinlich wettbewerbswidrig sind, auf Grundlage dieser Doktrin für wirksam erklärt. Allein wenn die Wettbewerbsbeschränkung die Schaffung eines Monopols bezweckt, kann sie auch nach der *restraint of trade doctrine* unzulässig sein, weil sie gegen das öffentliche Interesse verstößt. Allerdings auch nur dann, wenn sie dabei den Zweck verfolgt, eine unangemessen Preissteigerung durchzusetzen.[150]

---

145 Sutherland/Kemp, Competition Law of SA, S. 3/11.

146 Sec. 27 Competition Act. Siehe auch: Sutherland/Kemp, Competition Law of SA, S. 3/19; Bekker, TSAR 1992, 618 [631] zum *1979 Act.*

147 Sec. 65 Abs. 2 Competition Act. Siehe hierzu: Sutherland/Kemp, Competition Law of SA, S. 3/19.

148 Siehe hierzu: Sutherland/Kemp, Competition Law of SA, S. 3/12 ff.; van der Merwe, TSAR 1988, 252 [256 ff.]; Bekker, TSAR 1992, 618 [631]; Alberts, 2 SA Merc. LJ 1990, 285 [295]; a. A.: Saner, Agreements in Restraint of Trade in South African Law.

149 Siehe etwa: *Spa Food Products Ltd. v. Sarif* 1952 (1) SA 713 (SR); *Vermeulen v. Africa Steel & Timber* 1998 (2) SA 543 (O); *Shell Company of SA Ltd. v. Gerrans Garage (Pty.) Ltd.* [1954] 4 All SA 142 (GW); *Ohlsson's Cape Breweries Ltd. v. Cossey* 1905 TH 16; *U-Drive Franchise Systems (Pty) Ltd. v. Drive Yourself (Pty) Ltd* 1976 (1) SA 137 (D); *Pam Golding Franchise Services (Pty) Ltd. v. Douglas* 1996 (4) SA 1217 (D) [1224 ff.]; *Kwik Kopy (Sa) (Pty) Ltd v. Van Haarlem* 1999 (1) SA 472 (W); *Tamarillo (Pty.) Ltd. v. B. N. Aitken (Pty.) Ltd.* 1982 (1) SA 398 (A); *Amalgamated Retail Ltd. v. Spark* [1991] 3 All SA 545 (SE); *Rawlins v. Caravantruck (Pty.) Ltd.* [1993] 1 All SA 389 (A).

150 *Witwatersrand Trustees (Pty.) Ltd. v. Rand Steel Products (Pty.) Ltd.* 1946 WD 140; mit Verweis auf: *Attorney-General v. of the Commonwealth v. Adelaide Steamship*

Während das Wettbewerbsrecht neben Vereinbarungen auch einseitige Verhaltensweisen und Fusionen betrifft, ist die *restraint of trade doctrine* nur auf Vereinbarungen anwendbar. Ein weiterer Unterschied liegt darin, dass Klauseln, die mit der *restraint of trade doctrine* unvereinbar sind, automatisch unzulässig sind, während bei einem Verstoß gegen das Wettbewerbsrecht die Nichtigkeit durch ein Wettbewerbsgericht erst noch erklärt werden muss.[151]

II. Die Gesetzgebungsgeschichte des Wettbewerbsrechts in Südafrika

Für die Behandlung wettbewerbswidrigen Verhaltens fanden sich im *Common Law* nur wenige Regelungen. Diese Lücke musste daher durch den Gesetzgeber gefüllt werden.[152]

1. Die Rechtslage vor 1955

Zwischen 1907 und 1955 hat der südafrikanische Gesetzgeber eine ganze Reihe von zerstückelten Einzelregelungen erlassen. Diese waren jedoch nicht weitgehend genug und erwiesen sich daher als unzulänglich. Das *Board of Trade and Industries* war seit 1923[153] beratend bei wettbewerbspolitischen Fragen tätig und aufgrund seines Gutachtens wurde das erste allgemeine Wettbewerbsgesetz erlassen, das insgesamt 24 Jahre in Kraft blieb: der *Regulation of Monopolistic Conditions Act 24 of 1955.*[154]

2. Der 1955 Act

Der *Regulation of Monopolistic Conditions Act 24 of 1955*, auch *1955 Act* genannt, betraf nur „monopolistic conditions", was heute wettbewerbswidrigen Verhaltensweisen entsprechen würde.[155] Das Gesetz regelte weder die Behandlung des Missbrauchs

---

Co. Ltd. 18 CLR 30; *North Western Salt Co. Ltd. v. Electrolytic Alkali Co. Ltd.* [1914] A. C. 461; van der Merwe, TSAR 1988, 252 [261 f.]; Christie/Bradfield, The Law of Contract in South Africa, 383; Sutherland/Kemp, Competition Law of SA, S. 3/19.

151 Sec. 65 Abs. 1 Competition Act. Sutherland/Kemp, Competition Law of SA, S. 3/19.

152 Bekker, TSAR 1992, 618 [622]; Legh, in: Brassey (Hrsg.), Competition Law, 63.

153 Eingeführt duch den Board of Trade and Industries Act 28 of 1923, aufgehoben durch den Board of Trade and Industries Act 19 of 1944.

154 Sutherland/Kemp, Competition Law of SA, S. 3/26 f.; Mouton/Lambrechts, MBL 1982, 58 [58]; Legh, in: Brassey (Hrsg.), Competition Law, 63; OECD Studie, Competition Law and Policy in South Africa, 12.

155 Der *1955 Act* definierte eine "monopolistic condition" als ein "agreement, arrangement or understanding, business practice or method of trading, act or omission and situation arising out of an activity, which by directly or indirectly restricting competition had a negative effect or was calculated to have a negative effect on: prices charged; the output or distribution of a commodity; entry onto or adaptability of a branch of trade; or technical development of a market." Aus: Sutherland/Kemp, Competition Law of SA, S. 3/27 f.

einer marktbeherrschenden Stellung, noch enthielt es eine Fusionskontrolle.[156] Von der Regelung umfasst, waren lediglich bereits bestehende Verhaltensweisen. Verhaltensweisen, die in der Zukunft Auswirkungen auf den Wettbewerb haben konnten, waren hingegen nicht betroffen.[157]

Unter dem *1955 Act* gab es kein *per se* Verbot. Das Gesetz erlaubte lediglich administrative Schritte einzuleiten und den Fall auf seine Vereinbarkeit mit dem „public interest", dem öffentlichen Interesse, zu überprüfen.[158] Erst ein Verstoß gegen die nach dem administrativen Verfahren ergangene Anordnung des Ministers war strafbar.[159] Auch eine Zivilklage durch einen durch das Kartell Geschädigten war nicht vom Gesetz vorgesehen.[160]

Zuständig für die Überprüfung des Verhaltens der Unternehmen war das *Board of Trade and Industries*, das danach dem *Minister of Trade and Industries* Bericht erstattete und eine Empfehlung aussprach, wie weiter vorgegangen werden sollte. Das *Board* selbst hatte keine eigenen Entscheidungsbefugnisse. Auch durfte es nicht selbst entscheiden, gegen welche Unternehmen es Untersuchungen einleiten wollte. Vielmehr oblag diese Entscheidung allein dem Minister, der dabei nicht an die Empfehlungen des *Boards* gebunden war. Das *Board* war letztlich nur ein politisches Instrument in den Händen des Ministers.

Dass die Entscheidungskompetenz allein beim *Minister of Trade and Industries* lag, führte auch dazu, dass niemals staatliches Handeln überprüft wurde. Und dies, obwohl zu dieser Zeit in vielen wichtigen Wirtschaftssektoren, wie etwa im Bereich der Energieversorgung, der Stahlproduktion, dem Post- und Fernmeldewesen, sowie im Schienen-, Hafen- und Flugverkehr eine staatliche Monopolstellung bestand.[161]

Entschied der Minister, gegen ein Unternehmen vorzugehen, standen ihm verschiedene Vorgehensweisen zur Verfügung. Er konnte beispielsweise anordnen, dass die beteiligten Unternehmen von dem wettbewerbsbeschränkenden Vertrag zurücktreten und seine Folgen beheben. Da Kartelle meist durch den Schutz der Unternehmen vor internationalem Wettbewerb entstanden, war ein weiteres mögliches Vorgehen, einen Antrag an den *Minister of Finance* zu stellen, die Zölle auf

---

156 Sutherland/Kemp, Competition Law of SA, S. 3/28; Legh, in: Brassey (Hrsg.), Competition Law, 64, 68; Hölzler, MBL 1983, 28 [28, 33]; Mouton Commission Report, Rn. 130, 137 f.

157 Legh, in: Brassey (Hrsg.), Competition Law, 64; Mouton Commission Report, Rn. 114.

158 Mouton Commission Report, Rn. 130 ff.; Sutherland/Kemp, Competition Law of SA, S. 3/28; Legh, in: Brassey (Hrsg.), Competition Law, 68; Smith, 6 SA Merc LJ 1994, 63 [67 f.].

159 OECD Studie, Competition Law and Policy in South Africa, 12.

160 Legh, in: Brassey (Hrsg.), Competition Law, 65.

161 Sutherland/Kemp, Competition Law of SA, S. 3/30; Legh, in: Brassey (Hrsg.), Competition Law, 66 Fn. 26.

die Einfuhr der von dem Kartell betroffenen Produkte auszusetzen.[162] Gegen diese Anweisungen des Ministers konnte vor einem speziellen Gericht vorgegangen werden.[163] Über die Einhaltung der Anweisungen des Ministers durch die Unternehmen wachte das *Board of Trade and Industries.*[164]

Zwischen 1955 und 1976 ordnete der zuständige Minister lediglich achtzehn Untersuchungen an. Die regelmäßige Überwachung der Durchsetzung der Anweisungen des Ministers durch das *Board of Trade and Industries* führte nur in vier Fällen zu einer Verurteilung. Dabei wurden lediglich geringe Geldbußen[165] sowie Bewährungsstrafen verhängt.[166] Die Anzahl von achtzehn Untersuchungen in über zwanzig Jahren mutet insbesondere vor dem Hintergrund einer Wirtschaft, die sich bereits durch hohe Marktmachtkonzentrationen auszeichnete, als sehr gering an.[167]

Positiv hervorzuheben ist jedoch das Verbot von Preisbindungen, welches durch die Untersuchungen des *Board of Trade and Industries* im Jahr 1967 veranlasst worden war. Von diesem grundsätzlichen Verbot konnten Freistellungen gewährt werden.[168]

3. *Die* Mouton Commission

Im Jahr 1975 richtete der Präsident von Südafrika eine Untersuchungskommission ein, die nach ihrem Vorsitzenden *D. J. Mouton*[169] auch *Mouton Commission* genannt wurde. Sie sollte die Wirtschaftskonzentration in Südafrika, deren Vor- und Nachteile, die Effektivität des *1955 Act* sowie die zur Kontrolle von Wirtschaftskonzentrationen

---

162 Section 6 des 1995 Act. Siehe auch: OECD Studie, Competition Law and Policy in South Africa, 12; Sutherland/Kemp, Competition Law of SA, S. 3/30; Legh, in: Brassey (Hrsg.), Competition Law, 65.

163 Mouton Commission Report, Rn. 124; Legh, in: Brassey (Hrsg.), Competition Law, 64 f.; OECD Studie, Competition Law and Policy in South Africa, 12; Sutherland/Kemp, Competition Law of SA, S. 3/27 f.

164 Legh, in: Brassey (Hrsg.), Competition Law, 64 f.; OECD Studie, Competition Law and Policy in South Africa, 12; Sutherland/Kemp, Competition Law of SA, S. 3/27.

165 Ende der siebziger Jahre waren die vom *1955 Act* vorgesehen Geldstrafen aufgrund der Inflation unzureichend.

166 Mouton Commission Report, Rn. 142 ff.; Legh, in: Brassey (Hrsg.), Competition Law, 66; Sutherland/Kemp, Competition Law of SA, S. 3/30. Die Angaben unter 3.2.1 in den "Proposed Guidelines for Competition Policy – a Framework for Competition, Competitiveness and Development" des Department of Trade and Industry vom 27.11.1997 scheinen nicht richtig zu sein, zeichnen jedoch auch kein positives Bild.

167 Legh, in: Brassey (Hrsg.), Competition Law, 66.

168 Neunzehn Anträge auf Freistellung wurden gestellt. Es wurde lediglich eine permanente Freistellung bewilligt. Diese betraf Zeitungen und Zeitschriften und eine temporäre für Bücher. Siehe: Smith, 6 SA Merc LJ 1994, 63 [68]. Siehe auch: Mouton Commission Report, Rn. 144; United Nations, Issues Related to Competition Law of Particular Relevance to Development, 24.

169 Dieser ersetzte Chief Justice L. C. Steyn nach dessen Tod.

notwendige Gesetzgebung untersuchen. 1978 wurde der Bericht dieser Kommission, der *Report of the Commission of Inquiry into the Regulation of Monopolistic Conditions Act (Mouton Commmission Report)*,[170] veröffentlicht.[171]

Die Kommission stellte ein hohes Maß an Konzentration wirtschaftlicher Macht auf dem südafrikanischen Markt fest.[172] Sie empfahl die Bildung eines unabhängigen, personell besser ausgestatteten *Boards* mit Entscheidungsmacht, eine Erhöhung der Strafen im Falle von Verstößen sowie die Einführung einer Fusionskontrolle und die Kontrolle von Unternehmen in staatlicher Hand.[173]

Die Empfehlungen der Kommission bildeten die Grundlage für den *Maintenance and Promotion of Competition Act 96 of 1979*, dem sogenannten *1979 Act*.

4. Der 1979 Act

Der *Maintenance and Promotion of Competition Act* wurde im Juni 1979 erlassen und trat am 01. Januar 1980 in Kraft. Das Gesetz war in weiten Teilen dem *1955 Act* ähnlich, brachte jedoch einige grundlegenden Änderungen mit sich.

Das neue Gesetz sah ein *Competition Board* vor, dessen Mitglieder vom *Minister of Trade and Industry* ernannt wurden und das nunmehr auf eigene Initiative hin tätig werden konnte.[174] Obwohl dies einer der Kritikpunkte am *1955 Act* war, hatte der Minister immer noch die alleinige Entscheidungsbefugnis.[175] Auch in dem neuen System gab es einen sogenannten *Special Court*, vor dem gegen die Entscheidungen des Ministers vorgegangen werden konnte. Dieses Gericht wurde jedoch selten angerufen, sodass sich keine Rechtsprechungspraxis entwickelte.[176]

Neue Regelungen betreffend Fusionen wurden durch den *1979 Act* eingeführt und es wurde eine neue Kategorie von wettbewerbswidrigen Verhaltensweisen geschaffen, die sogenannte *Monopoly Situation*, welche vor allem auf die Struktur des Unternehmens und weniger auf das Verhalten am Markt abstellte.[177]

---

170 Der Bericht ist abgedruckt in: 23 Antitrust Bull. 1978, S. 147–186.

171 Sutherland/Kemp, Competition Law of SA, S. 3/31; Legh, in: Brassey (Hrsg.), Competition Law, 66 f.

172 Teil 2 des Mouton Commission Report, siehe insbesondere, Rn. 87.

173 Teil 4 des Mouton Commission Report; siehe auch: Rn. 138.

174 Mouton/Lambrechts, MBL 1982, 58 [61 f.].

175 Brooks, 34 CILSA 2001, 295 [298]; Bekker, Monopolies, 24 ff.; Sutherland/Kemp, Competition Law of SA, S. 3/34 ff.; Legh, in: Brassey (Hrsg.), Competition Law, 76 f.; OECD Studie, Competition Law and Policy in South Africa, 13; Neethling/Rutherford, in: Joubert/Faris (Hrsg.), LAWSA 2/2, Rn. 234; Hartzenberg, Competition Policy Review, 14.

176 Das Gericht wurde erst 1991 das erste Mal angerufen. Siehe Bekker, Monopolies, 58; Siehe auch: Sutherland/Kemp, Competition Law of SA, S. 3/38; Legh, in: Brassey (Hrsg.), Competition Law, 76; OECD Studie, Competition Law and Policy in South Africa, 13.

177 Sutherland/Kemp, Competition Law of SA, S. 3/32 f.; Bekker, Monopolies, 27 f.; Legh, in: Brassey (Hrsg.), Competition Law, 74 f.

Das Gesetz enthielt, wie schon der *1955 Act*, keine Verbote, sondern sämtliche Handlungen waren bis zur Entscheidung des Ministers als legal anzusehen.[178] Abwägungskriterium war das nicht genauer definierte öffentliche Interesse.[179] Dieser sehr weite Begriff erlaubte dem *Board* eine Abwägung im Einzelfall, führte jedoch leider auch zu einigen widersprüchlichen Entscheidungen.[180] Mit dem *1979 Act* war auch das Verbot von Preisbindungen aus dem Jahr 1967 wieder aufgehoben. 1986 erklärte der Minister jedoch Preisbindungen, horizontale Absprachen über Preise, Lieferbedingungen und Marktanteil sowie Ausschreibungsabsprachen nach Empfehlungen des *Boards* für illegal.[181] Allerdings gab es niemals Ermittlungen auf der Grundlage dieser Verbote.[182]

Unter dem *1979 Act* baute das *Board* eine einheitliche und kohärente Wettbewerbspolitik auf. Es entwickelte sich eine einigermaßen einheitliche Auslegung des Gesetzes und insbesondere des Terminus des „öffentlichen Interesse". Dies gab den Unternehmen Rechtssicherheit. Da der *Special Court* selten angerufen wurde, entwickelte sich jedoch keine klare Rechtsprechungslinie, die den Unternehmen weitere Rechtssicherheit hätte geben können.[183]

Das *Board* veröffentlichte auf Grundlage seiner Untersuchungen immerhin ca. 75 formale Berichte.[184] Das Verfahren vor dem *Board* war jedoch oft informell und wenig transparent.[185] Außerdem wurde, wie schon unter dem *1955 Act*, die Rolle des Staates auf dem Markt kaum untersucht. Dies hing mit der Art der Wahl der Mitglieder des *Boards* zusammen. Denn das *Board* konnte zwar unter dem *1979 Act* unabhängig Entscheidungen treffen, seine Besetzung bestimmten jedoch fast ausschließlich Mitglieder der Regierung oder regierungsnahe Institutionen, so dass der politische Einfluss immer noch sehr hoch war.[186]

---

178 Hartzenberg, Competition Policy Review, 7 f.; Legh, in: Brassey (Hrsg.), Competition Law, 75.

179 Sutherland/Kemp, Competition Law of SA, S. 3/33; Alberts, 2 SA Merc. LJ 1990, 285 [285]; Legh, in: Brassey (Hrsg.), Competition Law, 75 f.; OECD Studie, Competition Law and Policy in South Africa, 13; Hartzenberg, Competition Policy Review, 7 f.

180 Smith, 6 SA Merc LJ 1994, 63 [69]; Hartzenberg, Competition Policy Review, 8.

181 GN 801 in GG 10211 vom 02.05.1986. Siehe auch: Smith, 6 SA Merc LJ 1994, 63 [68 f.]; Sutherland/Kemp, Competition Law of SA, S. 3/33; United Nations, Issues Related to Competition Law of Particular Relevance to Development, 28; Hartzenberg, Competition Policy Review, 8.

182 Hartzenberg, Competition Policy Review, 8.

183 Hartzenberg, Competition Policy Review, 8; Legh, in: Brassey (Hrsg.), Competition Law, 80; Sutherland/Kemp, Competition Law of SA, S. 3/38.

184 Legh, in: Brassey (Hrsg.), Competition Law, 71; OECD Studie, Competition Law and Policy in South Africa, 13.

185 Mouton/Lambrechts, MBL 1982, 58 [67]; Legh, in: Brassey (Hrsg.), Competition Law, 76.

186 Legh, in: Brassey (Hrsg.), Competition Law, 78 f.; OECD Studie, Competition Law and Policy in South Africa, 13; Neethling/Rutherford, in: Joubert/Faris (Hrsg.), LAWSA 2/2, Rn. 234.

5. *Die Entwicklung zum* 1998 Act

Ziel des *Competition Act 89 of 1998* war nicht nur die südafrikanische Wirtschaft zu modernisieren, sondern auch zu restrukturieren. Die südafrikanische Politik während den Jahren der Apartheid führte zu einer Konzentration von Marktmacht in einigen Wirtschaftszweigen.[187] Diese konzentrierte Marktstruktur ebenso wie die gegen Südafrika verhängten Wirtschaftssanktionen schreckten ausländische Investoren ab. Unternehmen waren vornehmlich in weißer Hand. Der *African National Congress* (ANC) sah den Erlass eines neuen Wettbewerbsgesetz als Möglichkeit, bestehende Ungleichheiten zu beheben.[188] Der beherrschende Einfluss der weißen Minderheit in der Wirtschaft sollte verringert werden. Vor diesem Hintergrund verwundert es nicht, dass das Gesetz neben der Förderung der Wirtschaft und der internationalen Wettbewerbsfähigkeit auch soziale und politische Ziele enthält, wie die Diversifizierung des Eigentums zugunsten historisch benachteiligter Gruppen, die Förderung von kleinen und mittelständischen Unternehmen und die Schaffung neuer Arbeitsplätze.[189] Hauptziel war auch die Auflösung der hohen Marktkonzentration, da diese einer ausgewogenen wirtschaftlichen Entwicklung schadet.

Südafrikas neue Wettbewerbspolitik fand in einer Ära der wirtschaftlichen Transformation statt. Nicht nur wurde die Industriepolitik geändert auch eine liberalisierte Handelspolitik wurde eingeführt und die Arbeitspolitik wurde überarbeitet.[190]

Der heute noch geltende *Competition Act 89 of 1998* brachte einige grundlegende Änderungen im Hinblick auf das bisherige Recht mit sich. Eine strafrechtliche Verfolgung von Wettbewerbsverstößen ist nicht vorgesehen. Eine vom Parlament unabhängige Behörde, die *Competition Commission*, ist mit Untersuchungen und Ermittlungen betraut. Stellt sie einen Verstoß fest, bringt sie die Sache vor das Wettbewerbsgericht, das sogenannte *Competition Tribunal*.[191] Neu eingeführt wurde auch eine Berufungsinstanz gegen Entscheidungen des Gerichtes, der sogenannte *Competition Appeal Court*. Beide Gerichte haben mit einigen wenigen Ausnahmen die alleinige Zuständigkeit in Wettbewerbsangelegenheiten. Das öffentliche Interesse ist nunmehr nicht mehr Abwägungskriterium. Wird ein Wettbewerbsverstoß gerichtlich festgestellt, kann die durch den Verstoß benachteiligte Partei Schadensersatz verlangen, dessen Höhe von den Zivilgerichten festgelegt wird.[192]

---

187 Siehe Präambel des Competition Act 89 of 1998.

188 Siehe dazu auch die 1997 durch das *Department of Trade and Industry* erlassenen Richtlinien (*Proposed Guidelines for Competition Policy*).

189 Brooks, 34 CILSA 2001, 295 [302]; Legh, in: Brassey (Hrsg.), Competition Law, 81 ff.; OECD Studie, Competition Law and Policy in South Africa, 14; Sutherland/Kemp, Competition Law of SA, S. 3/39 ff.; Hartzenberg, Competition Policy Review, 5 ff.

190 Hartzenberg, Competition Policy Review, 9.

191 Wilson, in: Brassey (Hrsg.), Competition Law, 287; Neethling/Rutherford, in: Joubert/Faris (Hrsg.), LAWSA 2/2, Rn. 239; CUTS, Competition Policy and Law in South Africa, 16 f.

192 Sutherland/Kemp, Competition Law of SA, S. 3/43 f.

Obwohl bei Erlass des Gesetzes die politische Debatte um Wiedergutmachung bestehender Ungleichheiten im Vordergrund stand, spielen diese bei der Anwendung des *Competition Act* nur eine untergeordnete Rolle. Allein die unabhängige *Competition Commission* sowie die Gerichte entscheiden, ob eine Berufung auf soziale Gründe möglich ist. Der Minister hat nunmehr nicht mehr die Macht, deren Entscheidungen zu beeinflussen oder zu überstimmen (eine Ausnahme bilden Fusionen), so dass die Geltendmachung von sozialen Gründen im Rahmen eines Verfahrens grundsätzlich nicht zu einer politischen Entscheidung werden kann.[193]

An dem *Competition Act* haben auch Wissenschaftler aus dem Ausland beratend mitgewirkt. Der *Act* ebenso wie die durch ihn geschaffene institutionelle Struktur orientieren sich stark an den Wettbewerbsrechten von Industrieländern.[194] Das komplette Fusionsrecht wurde aus dem kanadischen Recht übernommen, die Regelungen zur Preisdiskriminierung sind eine verbesserte Version des U.S.-amerikanischen *Robinson-Patman Act* und im Bereich der Behandlung von Wettbewerbsbeschränkungen und Missbrauch von Marktmacht wurden vielfach Fachbegriffe aus dem EU-Recht verwendet.[195] Der Act berücksichtigt jedoch auch die spezielle Situation Südafrikas in der Post-Apartheid-Ära. Obwohl in der dem Act vorausgegangenen politischen Diskussion der Schwerpunkt auf sozialen und politischen Aspekten lag, spielen diese bei der Anwendung des Gesetzes letztlich keine gewichtige Rolle.[196]

III. Abschließende Bemerkung

Das südafrikanische *Competition Law* lässt sich am ehesten in seinem Kontext verstehen. Das derzeit geltende Recht, der *Competition Act 89 of 1998*, hat sich aus den vorangegangen Systemen entwickelt. Seit 1955 besteht ein zusammenhängendes Wettbewerbsrecht, auf dem die folgenden aufgebaut haben. Jedes neue Wettbewerbsgesetz bedeutete eine Weiterentwicklung und versuchte die Fehler seines Vorgängers auszumerzen.

Aufgrund des Ausmaßes der staatlichen Eingriffe in die kapitalistisch orientierte Privatwirtschaft ist die Lage in Südafrika zu vergleichen mit der in den Nationen, in denen ein Umschwung von einer Planwirtschaft zu einer freien Marktwirtschaft stattfindet. Allerdings war in Südafrika im Gegensatz zu vielen zentral- und osteuropäischen Staaten ein Wettbewerbsgesetz in Kraft, auf dem man aufbauen konnte. Auch unterscheidet Südafrika sich von anderen Ländern mittleren Einkommens in Zentraleuropa dadurch, dass die Entwicklung der Wirtschaft in einigen Sektoren sehr unterschiedlich ausfällt.[197] Einige Wirtschaftszweige sind auf dem Stand von

---

193 OECD Studie, Competition Law and Policy in South Africa, 17.
194 Brassey, in: Brassey (Hrsg.), Competition Law, 18; OECD Studie, Competition Law and Policy in South Africa, 17.
195 Brassey, in: Brassey (Hrsg.), Competition Law, 18; OECD Studie, Competition Law and Policy in South Africa, 21.
196 OECD Studie, Competition Law and Policy in South Africa, 17.
197 OECD Studie, Competition Law and Policy in South Africa, 63.

Industrienationen, andere sind dagegen kaum entwickelt und auf dem Stand eines Entwicklungslandes. Dieser Ungleichheit versucht der neue *Competition Act* in seinen Zielen entgegenzuwirken. Entwicklungspolitische Aspekte hatten großen Einfluss bei der Ausarbeitung des Gesetzes. Ein starkes Wettbewerbsrecht sollte vor allem dabei helfen, bestehende Strukturen, die von starken Konzentrationen geprägt sind, aufzubrechen. Dies erinnert an die wettbewerbsrechtlichen Reformen in Ländern wie Ungarn, Mexiko und Korea.[198]

B. Die Entwicklung des europäischen Wettbewerbsrechts

Das europäische Wettbewerbsrecht wurde stark vom amerikanischen *Antitrust Law* beeinflusst, das Vorreiter in diesem Gebiet war. Nach dem Zweiten Weltkrieg beschlossen einige westeuropäische Länder, ihre Wirtschaftspolitik zu vereinheitlichen. Ziel dieser Harmonisierung war es, einen dauerhaften Frieden zu sichern und ein Bollwerk gegen den sich ausbreitenden Kommunismus in Osteuropa zu bilden.

1952 wurde mit der Europäischen Gemeinschaft für Kohle und Stahl (EGKS, auch Montanunion genannt) ein gemeinsamer Markt für Kohle und Stahl geschaffen, um eine gegenseitige Kontrolle über die kriegswichtigen Güter Kohle und Stahl zu ermöglichen.[199] Schon dieser Montanunionsvertrag enthielt in seinen Art. 65 f. ein Kartell-, Missbrauchs- und Zusammenschlussverbot. Alle Kartellabsprachen waren nach dieser Regelung grundsätzlich verboten. Die Hohe Behörde stellte ihre Nichtigkeit fest und ordnete die Einstellung der verbotenen Verhaltensweise an.[200]

1957 folgte die Gründung der Europäischen Wirtschaftsgemeinschaft (EWG) durch die Gründungsmitglieder der EGKS (Belgien, Deutschland, Frankreich, Italien, Luxemburg, und die Niederlande), um einen „immer engeren Zusammenschluss der Völker Europas“ zu erreichen.[201] Art. 3 Buchst. f des Vertrages zur Gründung der Europäischen Wirtschaftsgemeinschaft (EWG) sah die Errichtung eines Systems vor, das den „Wettbewerb innerhalb des Gemeinsamen Marktes vor Verfälschungen schützt“. Hauptziel des europäischen Wettbewerbsrechts ist die wirtschaftliche Integration; aber es dient auch der Förderung von kleinen und mittelständischen Unternehmen und natürlich dem Schutz des freien Wettbewerbs.[202] In diesem Vertrag wurde in den Art. 85 f. EWG, unter Einfluss der deutschen Seite, das Verbotsprinzip mit konstitutiver Freistellungsmöglichkeit durch die Kommission niedergelegt, das ähnlich auch noch heute gilt. Gemäß Art. 87 EWG konnte der Europäische Rat Verordnungen und Richtlinien zur Verwirklichung der in den Art. 85 f. EWG niedergelegten Grundsätze erlassen. Diese Möglichkeit nutzte der Rat aus, um

198 OECD Studie, Competition Law and Policy in South Africa, 63.
199 Schmidt, Wettbewerbspolitik und Kartellrecht, 239.
200 Diese Regelung war maßgeblich dem französischen Einfluss zu verdanken. Siehe: Böni, WuW 2012, 699 [701].
201 Siehe Präambel des EWG-Vertrages. Siehe auch: Schmidt, Wettbewerbspolitik und Kartellrecht, 239.
202 Siehe de Cockborne, in: Joerges (Ed.), Franchising and the Law, 281 [283].

umfassende Gruppenfreistellungsverordnungen zu erlassen. Betreffend die Fusion von Unternehmen enthielt der EWG-Vertrag keinerlei Vorschriften.

Mit dem Vertrag der Europäischen Union aus dem Jahr 1992[203] wurde die EWG in Europäische Gemeinschaft (EG) umbenannt und entsprechend wurde der EWG-Vertrag durch den Vertrag zur Gründung der Europäischen Gemeinschaft (EG-Vertrag) ersetzt. Der Vertrag von Amsterdam von 1999 änderte die Nummerierung, jedoch nicht den Wortlaut, der Artikel zum Kartellrecht. Die Bestimmungen über das Wettbewerbsrecht befanden sich danach in Art. 81 und 82 des EG-Vertrages.

Bis zum Jahr 2004 hatte die Europäische Kommission das Freistellungsmonopol inne und überwachte die Verwirklichung der Grundsätze aus Art. 81 und 82 EG (ex-Art. 85 und 86 EWG, heute Art. 101 und 102 AEUV). Erst aufgrund einer wahren Flut von Anmeldungen, die die Kapazitäten der Kommission überforderte, nahm man 2004 vom Prinzip des Erlaubnisvorbehalts Abstand und führte ein System der Legalausnahme ein. Anwendung und Durchsetzung des Kartellrechts übertrug man zur gleichen Zeit den nationalen Wettbewerbsbehörden.[204] Nunmehr wenden auch nationale Wettbewerbsbehörden europäisches Wettbewerbsrecht an, wenn eine Beeinträchtigung des Handels zwischen Mitgliedsstaaten vorliegt. Nur wenn der Handel zwischen den Mitgliedsstaaten nicht betroffen ist, darf nationales Recht angewandt werden. Um das Problem der parallelen Anwendung zweier Rechtssysteme zu umgehen und ihren Behörden die Arbeit zu erleichtern, haben die meisten Mitgliedsstaaten ihr nationales Recht dem europäischen angepasst. Dennoch behält sich die Europäische Kommission die Möglichkeit vor, im Falle von Verstößen selbst gegen diese vorzugehen. Das EU-Wettbewerbsrecht wirkt zudem supranational. Die EU-Kommission kann folglich gegen wettbewerbswidriges Verhalten eines Mitgliedsstaates vorgehen.

Der Vertrag von Lissabon[205] ersetzte den EG-Vertrag durch den Vertrag über die Arbeitsweise der Europäischen Union (AEUV).[206] Der neue Vertrag umfasst den Schutz des Wettbewerbs, vormals in Art. 3 Buchst. g EG geregelt, nicht mehr als eigenständiges Ziel der EU. Allerdings wurde zugleich ein rechtsverbindliches Protokoll niedergelegt, das den Schutz des Wettbewerbs als Ziel und Grundlage legislativer Maßnahmen der EU vorsieht.[207] Die Änderungen im AEUV haben daher eher symbolischen Wert. Als neues Ziel der Europäischen Union wurde die soziale Marktwirtschaft in Art. 3 Abs. 3 AEUV eingeführt.

Mit Errichtung der Europäischen Union war auch immer das Ziel der Schaffung eines Gemeinsamen Marktes verbunden. Dieses Ziel spielte bei Anwendung

---

203 Vertrag über die Europäische Union, Amtsblatt Nr. C 191 vom 29. Juli 1992.

204 Schmidt, Wettbewerbspolitik und Kartellrecht, 240 f.

205 Der Vertrag wurde am 13.12.2007 unter portugiesischer Ratspräsidentschaft in Lissabon unterzeichnet.

206 Vertrag über die Arbeitsweise der Europäische Union, Amtsblatt Nr. C 83 vom 30. März 2010, S. 47.

207 Siehe Protokoll Nr. 27, Abl. EU C 115/309.

des Kartellrechts eine große Rolle.[208] Anderen Rechtsordnungen, vor allem dem *U.S. Antitrust Law*, ist eine solche Zielsetzung fremd.[209] Auch das südafrikanische Kartellrecht kennt ein solches Ziel nicht. Allerdings verbindet das südafrikanische Wettbewerbsrecht und das Wettbewerbsrecht der Europäischen Union die Förderung kleiner und mittlerer Unternehmen, was dem *U.S. Antitrust Law* eher fremd ist. Je weiter die Integration in der Europäischen Union voranschreitet, desto weniger Einfluss hat sie als Wettbewerbsziel. Dadurch gewinnen Verbraucherschutz und Effizienzgedanken an Bedeutung im Kartellrecht.

---

208 EuGH, 13.07.1966, verb. Rs. 56 und 58/64, „Consten und Grundig", Slg. 1966 S. 322 [388].

209 Siehe hierzu: Böni, WuW 2012, 699 [702].

Kapitel 2 Allgemeine Angaben zum Franchising

Mit Erlass des *Consumer Protection Act* trat Südafrika in eine neue Ära des Verbraucherschutzes ein. Zuvor war der Verbraucherschutz gering ausgebildet gewesen. Anfang der 2000er Jahre waren nur einige wenige Beschwerden durch Verbraucher bei der *Competition Commission* eingegangen. Die Aufklärung der Verbraucher, aber auch der Kleinunternehmer über ihre Rechte war kaum vorhanden und es gab keine organisierten Verbrauchergruppen.[210] Die *Competition Commission* versuchte, den Verbraucherschutz im Wettbewerbsrecht zu fördern und Verbraucherschutzgruppen die sich ihnen aus dem *Competition Act* ergebenden Möglichkeiten aufzuzeigen. Auch das *Department of Trade and Industry* versuchte, spezielle Programme zu initiieren, um die Kleinunternehmer über ihre Rechte aufzuklären.[211] Der Gesetzgeber hat mit dem neuen *Consumer Protection Act* nicht nur den Schutz des Verbrauchers neu definiert, sondern gleichzeitig auch versucht den Problemen, die im Bereich des Franchisings aufgetreten sind, entgegenzuwirken. Um dies zu erreichen, wurde der Franchisenehmer in vielen Bereichen dem Verbraucher gleichgestellt.

Franchising ermöglicht die Förderung kleiner und mittelständischer Unternehmen und verbessert folglich die Marktstruktur. Franchising ist daher wichtig für den Mittelstand, der auch als Rückgrat der Wirtschaft bezeichnet wird.[212] Der Verbraucher profitiert von der Vereinheitlichung der Qualitätsstandards. Des Weiteren erlauben europaweite Franchisesysteme die Integration der Märkte. In Südafrika hat Franchising sich als wichtige Möglichkeit zur Förderung von realistischen und nachhaltigen *BEE*-Projekten erwiesen.[213] 43 % der Franchisegeschäfte sind in der Hand von während der Apartheid benachteiligten Bevölkerungsschichten.[214] Franchising hat sich als erfolgreiches Geschäftsmodell für Start-ups herausgestellt, da es eine geringe Misserfolgsquote aufweist. Daher wird es auch als Unternehmertum mit Sicherheitsnetz bezeichnet.[215] Auch in Europa wird Franchising von Seiten der

---

210 CUTS, Competition Policy and Law in South Africa, 25; DTI, Draft Green Paper on the Consumer Policy Framework 09/04, S. 49 ff.

211 DTI, Draft Green Paper on the Consumer Policy Framework 09/04, S. 41.

212 Giesler/Nauschütt, in: Giesler/Nauschütt (Hrsg.), Franchiserecht, Einl., Rn. 1. Diese bezeichnen den Mittelstand als „Rückgrat der deutschen Wirtschaft." Siehe auch: Woker, 18 SA Merc LJ 2006, 107 [119].

213 Woker, The Franchise Relationship, 13; Parker/Illetschko, Pioneering changes in the franchise sector of South Africa, 23 f.; Combs/Michael/Castrogiovanni, 30 Journal of Management 2004, 907 [918].

214 Woker, 18 SA Merc LJ 2006, 107 [119].

215 Parker/Illetschko, Pioneering changes in the franchise sector of South Africa, 23 f.; Combs/Michael/Castrogiovanni, 30 Journal of Management 2004, 907 [918].

Politik und der Wirtschaftsverbände als ein mögliches Mittel gegen Arbeitslosigkeit angesehen, da es einen sicheren Weg der Existenzgründung darstellt.[216]

1. Teil: Definitionen des Franchisings

Eine allgemeingültige Definition des Franchisings zu finden, ist aufgrund der verschiedenen Formen des Franchisings schwierig.

A. Die Definition des Europäischen Verhaltenskodexes

Der von der *European Franchise Federation* (EFF) aufgestellte Europäische Verhaltenskodex für Franchising definiert Franchising in seinem Artikel 1. Diese Definition hat sich in der Literatur durchgesetzt[217] und wurde auch beispielsweise vom Deutschen Franchise-Verband (DFV) in seinem Ethikkodex übernommen:[218]

> *„Franchising ist ein Vertriebssystem, durch das Waren und/oder Dienstleistungen und/oder Technologien vermarktet werden. Es gründet sich auf eine enge und fortlaufende Zusammenarbeit rechtlich und finanziell selbständiger und unabhängiger Unternehmen, den Franchise-Geber und seine Franchise-Nehmer. Der Franchise-Geber gewährt seinen Franchise-Nehmern das Recht und legt ihnen gleichzeitig die Verpflichtung auf, ein Geschäft entsprechend seinem Konzept zu betreiben.*
>
> *Dieses Recht berechtigt und verpflichtet den Franchise-Nehmer, gegen ein direktes oder indirektes Entgelt im Rahmen und für die Dauer eines schriftlichen, zu diesem Zweck zwischen den Parteien abgeschlossenen Franchise-Vertrags bei laufender technischer und betriebswirtschaftlicher Unterstützung durch den Franchise-Geber, den Systemnamen und/oder das Warenzeichen und/oder die Dienstleistungsmarke und/oder andere gewerbliche Schutz- oder Urheberrechte sowie das Know-how, die wirtschaftlichen und technischen Methoden und das Geschäftssystem des Franchise-Gebers zu nutzen.“*[219]

---

216 Ahlert/Ahlert/Wetter/Woisetschläger, Franchising – Erfolgsgarant für Existenzgründungen?, 2; Combs/Michael/Castrogiovanni, 30 Journal of Management 2004, 907 [918].

217 Duong Dinh/Gehrmann/Ahlert, in: Ahlert/Ahlert (Hrsg.), Hdb. Franchising und Cooperation, 29 [30].

218 Da es den Europäischen Verhaltenskodex für Franchising nur in einer englischen Version gibt, wird hier der Text des deutschen Ethikkodexes wiedergeben, der eine genaue Übersetzung darstellt.

219 Der englische Originaltext lautet: “Franchising is a system of marketing goods and/or services and/or technology, which is based upon a close and ongoing collaboration between legally and financially separate and independent undertakings, the Franchisor and its individual Franchisees, whereby the Franchisor grants its individual Franchisee the right, and imposes the obligation, to conduct a business in accordance with the Franchisor's concept.
The right entitles and compels the individual Franchisee, in exchange for a direct or indirect financial consideration, to use the Franchisor's trade name, and/or

B. Die Legaldefinition im *Consumer Protection Act*

In Südafrika war es notwendig Franchising gesetzlich zu definieren, da der Begriff unterschiedlich verstanden wurde. Teilweise wurde er missbräuchlich verwendet, um eine Geschäftsidee attraktiver darzustellen und so naive Interessenten zu täuschen.[220] Nunmehr fällt der Franchisenehmer gemäß Sec. 1 CPA unter den Verbraucherbegriff des *Consumer Protection Act* und erfährt damit auch nach diesem Gesetz einen besonderen Schutz. Um diesen zu umgehen, könnte der Unternehmer die Vereinbarung, die an sich eine Franchisevereinbarung darstellt, etwa als Lizenzvereinbarung, „Joint Venture" oder auch Partnerschaft bezeichnen. Dies wird durch die Definition des Franchisings verhindert.[221] Die Gerichte haben bereits im anderen Zusammenhang deutlich gemacht, dass es allein auf die Intention der Parteien und gerade nicht auf die gewählte Form der Vereinbarung ankommt.[222] Die Gerichte werden die Einordnung der Vereinbarung folglich allein daran festmachen, in welcher Beziehung die Parteien tatsächlich zueinander stehen, und nicht daran, welche Bezeichnung sie gewählt haben.[223]

Das südafrikanische Verbraucherschutzgesetz von 2008[224] definiert Franchising in Sec. 1 CPA wie folgt:

„'franchise agreement' means an agreement between two parties, being the franchisor and franchisee, respectively-

(a) in which, for consideration paid, or to be paid, by the franchisee to the franchisor, the franchisor grants the franchisee the right to carry on business within all or a specific part of the Republic under a system or marketing plan substantially determined or controlled by the franchisor or an associate of the franchisor;

(b) under which the operation of the business of the franchisee will be substantially or materially associated with advertising schemes or programmes or one or more trademarks, commercial symbols or logos or any similar marketing, branding, labelling or devices, or any combination of such schemes, programmes or devices, that are conducted, owned, used or licensed by the franchisor or an associate of the franchisor; and

---

trade mark and /or service mark, know-how, business and technical methods, procedural system, and other industrial and /or intellectual property rights, supported by continuing provision of commercial and technical assistance, within the framework and for the term of a written franchise agreement, concluded between parties for this purpose."

220 Woker, 22 SA Merc LJ 2010, 12 [14 f.]; Woker, The Franchise Relationship, 17 ff.

221 Woker, 22 SA Merc LJ 2010, 12 [14 f.]; Woker, The Franchise Relationship, 17 ff.

222 *Zandberg v. Van Zyl* 1910 AD 302; *Antonie v. The Price Controller* 1946 TPD 190; *Commissioner of Customs and Excise v. Randles Brothers & Hudson Ltd.* 1941 AD 369; *Dithaba Platinum (Pty.) Ltd. v. Erconovaal Ltd.* 1985 (4) SA 615 (T).

223 Woker, 22 SA Merc LJ 2010, 12 [15]; Woker, The Franchise Relationship, 19. Siehe auch: Honey, Pitfalls and Difficulties with the CPA.

224 Consumer Protection Act 68 of 2008.

(c) *that governs the business relationship between the franchisor and the franchisee, including the relationship between them with respect to the goods or services to be supplied to the franchisee by or at the direction of the franchisor or an associate of the franchisor;"*[225]

Nach der südafrikanischen Definition nutzt der Franchisenehmer den Systemnamen, das Warenzeichen, die Werbung, Logos und/oder andere gewerbliche Schutz- oder Urheberrechte des Franchisegebers. Der Franchisegeber erlaubt dabei dem Franchisenehmer, sein Geschäft nach dem Geschäftssystem und/oder dem Vermarktungsplan des Franchisegebers zu nutzen. Der Franchisenehmer zahlt dem Franchisegeber eine Vergütung. Die Definition ist eng angelehnt an die Definition des *California Franchise Investment Act.*[226]

---

225 Eine Übersetzung würde, wie folgt, lauten: „Eine Franchisevereinbarung ist eine Vereinbarung zwischen zwei Parteien, dem Franchisegeber und dem Franchisenehmer,

a. in der der Franchisegeber dem Franchisenehmer, gegen ein von dem Franchisenehmer an den Franchisegeber zu zahlendes oder bereits gezahltes Entgelt, das Recht gewährt, ein Geschäft in der gesamten oder in bestimmten Teilen der Republik, nach einem System oder Marketingplan, der im wesentlichen vom Franchisegeber oder einem Partner des Franchisegebers bestimmt oder kontrolliert wird, zu betreiben;
b. nach der das Unternehmen des Franchisenehmers wesentlich in Verbindung gebracht werden wird mit Werbekonzepten oder -programmen, oder einem oder mehreren Markenzeichen, Warenzeichen oder Logos, oder mit einem ähnlichen Marketingkonzept, einer ähnlichen Markenbildung, Kennzeichnung oder Vorrichtung, oder einer Kombination dieser Konzepte, Programme oder Vorrichtungen, die durchgeführt, genutzt oder lizensiert werden oder im Eigentum des Franchisegebers oder eines Partners des Franchisegebers stehen, und
c. die die Geschäftsbeziehung zwischen dem Franchisegeber und dem Franchisenehmer regelt und zwar einschließlich des zwischen ihnen bestehenden Verhältnisses in Bezug auf Waren oder Dienstleitungen, die vom oder auf Anweisung des Franchisegebers oder seines Partners dem Franchisenehmer geliefert werden;"

226 California Corporations Code Sec. 31000–31019. Die Definition findet sich in Sec. 31005:
„Franchise means a contract or agreement, either expressed or implied, whether oral or written, between two or more persons by which:

(1) A franchisee is granted the right to engage in the business of offering, selling or distributing goods or services under a marketing plan or system prescribed in substantial part by a franchisor; and
(2) The operation of the franchisee's business pursuant to such plan or system is substantially associated with the franchisor's trademark, service mark, trade name, logotype, advertising or other commercial symbol designating the franchisor or its affiliate; and
(3) The franchisee is required to pay, directly or indirectly, a franchise fee."

Was unter Vergütung, also *consideration*, zu verstehen ist, legt Sec. 1 CPA fest. Die Definition ist sehr weit und umfasst jegliche Art von Gegenständen oder Leistungen unabhängig von ihrem Wert, die direkt oder auch indirekt im Austausch für Waren oder Dienstleistungen gegeben bzw. angenommen werden.[227] Beim Franchising wird für gewöhnlich eine Eintrittsgebühr gezahlt und auch danach werden dem Franchisenehmer meist fortlaufende Franchisegebühren für die Nutzung des Franchisekonzeptes auferlegt.[228] Es besteht nun die Möglichkeit, dass Franchisegeber die Anwendung des *Consumer Protection Act* zu umgehen versuchen, indem sie keine Franchisegebühr verlangen und ihre Unkosten auf anderem Wege, etwa über eine Marketing-, Werbe- oder Fortbildungsgebühr eintreiben.[229] Auch diese Gebühren sollten daher von der Definition von „consideration" umfasst sein.[230]

C. Kennzeichen eines Franchisesystems

Beide Definitionen, sowohl die europäischen als auch die südafrikanische, sind zwar vom Wortlaut her unterschiedlich, ähneln sich dennoch stark. Sie sind sehr detailliert und komplex. Eine Charakterisierung des Franchisings anhand allein eines Merkmals ist aufgrund dessen Facettenreichtums nicht möglich.[231] Deutlich wird, dass es sich beim Franchising, um ein komplexes Vertriebsmodell handelt, bei dem selbstständige Partner unterschiedlicher Vertriebsstufen intensiv zusammenarbeiten.[232] Die Kooperation ist beim Franchising im Vergleich mit allen anderen

227 Beispielhaft aufgezählt werden etwa: Geld, Eigentum, Scheck, Gewährung eines Kredits, Arbeitsleistungen, Tauschgegenstände, Gutscheine oder andere Ansprüche, Versprechen, Zusicherungen, Vereinbarungen.

228 Woker, The Franchise Relationship, 22; Woker, 22 SA Merc LJ 2010, 12 [19]; Duong Dinh/Gehrmann/Ahlert, in: Ahlert/Ahlert (Hrsg.), Hdb. Franchising und Cooperation, 29 [34]; Vogt, Franchising von Produktivgütern, 40; Ahlert/Ahlert/Wetter/Woisetschläger, Franchising – Erfolgsgarant für Existenzgründungen?, 13.

229 Honey, Pitfalls and Difficulties with the CPA; Woker, The Franchise Relationship, 23; Dies., 22 SA Merc LJ 2010, 12 [19].

230 Woker, The Franchise Relationship, 23; Dies., 22 SA Merc LJ 2010, 12 [19].

231 Kaub, Franchise-Systeme in der Gastronomie, 30 f.; Duong Dinh/Gehrmann/Ahlert, in: Ahlert/Ahlert (Hrsg.), Hdb. Franchising und Cooperation, 29 [31]; Skaupy, BB 1969, 113 [113]. Siehe auch: Honey, Pitfalls and Difficulties with the CPA; Garmeier, Wirtschaftsethische Aspekte des Franchisings, 5.

232 Martinek/Habermeier, in: Martinek/Semler/Habermeier/Flohr (Hrsg.), Vertriebsrecht, § 26, Rn. 20; Garmeier, Wirtschaftsethische Aspekte des Franchisings, 6; Duong Dinh/Gehrmann/Ahlert, in: Ahlert/Ahlert (Hrsg.), Hdb. Franchising und Cooperation, 29 [31]; Vogt, Franchising von Produktivgütern, 43; Theurl, in: Ahlert/Ahlert (Hrsg.), Hdb. Franchising und Cooperation, 313 [336]; Tietz/Mathieu, Das Franchising als Kooperationsmodell, 6 f.; Kaub, Franchise-Systeme in der Gastronomie, 24 ff.; Meurer, Führung von Franchiseystemen, 9; Hanrieder, Franchising, 9; Joubert, TSAR 1990, 622 622 f.; *Cancun Trading No 24 CC v. Seven-Eleven Corp SA (Pty.) Ltd.* (18/IR/Dez 99), 07.04.2000, Rn. 2 f.

Vertriebssystemen am weitreichendsten. Das kann so weit gehen, dass der gesamte Geschäftsbetrieb des Franchisenehmers durch die Franchisevereinbarung näher bestimmt ist.[233]

Gesteuert wird das Franchisesystem durch einen Systemkopf, den Franchisegeber, der seinen Franchisenehmern ein schlüsselfertiges, optimiertes und reproduzierbares Konzept zur Verfügung stellt, das den Aufbau, den Betrieb und das Aussehen des Geschäftes bestimmt.[234] Dieses standardisierte Konzept und die damit verbundene Weitergabe von Know-how bedingt die Herausbildung der für Franchising charakteristischen, systemeinheitlichen Gleichförmigkeit.[235] Es wird ein einheitliches Image mit augenfälligen Symbolen, Logos, Farbkombinationen, Firmenschlagworten etc. aufgebaut, das ein Franchisenetzwerk, als ein einziges Unternehmen mit Filialen wirken lässt und einen hohen Wiedererkennungswert hat.[236] Dem Kunden werden, unabhängig davon, welches Franchiseunternehmen er besucht, die gleiche Qualität und ein identisches Erlebnis geboten.[237] In unserer globalen Welt reisen immer mehr Menschen und für diese ist eine vertraute Marke besonders wichtig.[238] Auch verbindet

---

233 Martinek/Habermeier, in: Martinek/Semler/Habermeier/Flohr (Hrsg.), Vertriebsrecht, § 26, Rn. 20; Kaub, Franchise-Systeme in der Gastronomie, 47.

234 *Cancun Trading No 24 CC v. Seven-Eleven Corp SA (Pty) Ltd* (18/IR/Dez 99), 07.04.2000, Rn. 2; Woker, The Franchise Relationship, 20 f.; Joubert, TSAR 1990, 622 622 f.; Woker, 22 SA Merc LJ 2010, 12 [17 f.]; Duong Dinh/Gehrmann/Ahlert, in: Ahlert/Ahlert (Hrsg.), Hdb. Franchising und Cooperation, 29 [32]; Garmeier, Wirtschaftsethische Aspekte des Franchisings, 6; Vogt, Franchising von Produktivgütern, 42; Ahlert/Ahlert/Wetter/Woisetschläger, Franchising – Erfolgsgarant für Existenzgründungen?, 13; Sydow, Strategische Netzwerke, 29; Theurl, in: Ahlert/Ahlert (Hrsg.), Hdb. Franchising und Cooperation, 313 [336].

235 Martinek/Habermeier, in: Martinek/Semler/Habermeier/Flohr (Hrsg.), Vertriebsrecht, § 26, Rn. 20; Bortolotti, in: Schulze (Hrsg.) Franchising im Europäischen Privatrecht, 113 [115]; Tietz/Mathieu, Das Franchising als Kooperationsmodell, 12; Meurer, Führung von Franchiseystemen, 9; Görge, Die Internationalisierung von Franchise-Systemen, 70; Mack, Neuere Vertrassysteme, 45; Knigge, Franchise-Systeme im Dienstleistungssektor, 112 f.; Duong Dinh/Gehrmann/Ahlert, in: Ahlert/Ahlert (Hrsg.), Hdb. Franchising und Cooperation, 29 [32 f.]; *U-Drive Franchise Systems (Pty) Ltd. v. Drive Yourself (Pty) Ltd* 1976 (1) SA 137 (D) [142]; Ferrier, in: Schulze (Hrsg.) Franchising im Europäischen Privatrecht, 103 [106].

236 Martinek/Habermeier, in: Martinek/Semler/Habermeier/Flohr (Hrsg.), Vertriebsrecht, § 26, Rn. 20; Theurl, in: Ahlert/Ahlert (Hrsg.), Hdb. Franchising und Cooperation, 313 [336]; Ahlert/Ahlert, in: Ahlert/Ahlert (Hrsg.), Hdb. Franchising und Cooperation, 361 [367 f.]; Kaub, Franchise-Systeme in der Gastronomie, 215; Vogt, Franchising von Produktivgütern, 41; Schenk/Wölk, Vertriebssysteme zwischen Industrie und Handel, 45; Woker, The Franchise Relationship, 15.

237 Martinek/Habermeier, in: Martinek/Semler/Habermeier/Flohr (Hrsg.), Vertriebsrecht, § 26, Rn. 20; Garmeier, Wirtschaftsethische Aspekte des Franchisings, 7; Knigge, Franchise-Systeme im Dienstleistungssektor, 112 f.; Schenk/Wölk, Vertriebssysteme zwischen Industrie und Handel, 45.

238 Knigge, Franchise-Systeme im Dienstleistungssektor, 112 f.

der Kunde mit überregionalen oder gar internationalen Marken eine höhere Qualität und hat dadurch mehr Vertrauen in die Marke.[239]

Neben dem erprobtem Geschäftskonzept bietet der Franchisegeber Schulungen, Beratungen sowie weitere Förderungsmaßnahmen an.[240] Des Weiteren sorgt er für die Weiterentwicklung des Systems, was Produkte und Leistungen angeht und somit auch für dessen Wettbewerbsfähigkeit auf dem Markt. Zu seinen Leistungen gehört auch ein autonom von ihm entwickeltes Marketingkonzept, was auf dem Erfahrungsaustausch im Franchisenetzwerk beruht.[241] Synergieeffekte und Größenvorteile führen dazu, dass die Übernahme dieser Aufgaben durch den Franchisegeber sich effektiver, effizienter und auch kostengünstiger darstellt.

Die Betriebstypenfixierung wird durch eine gewisse Weisungsbefugnis des Franchisegebers sichergestellt. Der Franchisegeber ist beispielsweise dazu berechtigt, Kontrollen zur Einhaltung des einheitlichen Erscheinungsbildes und der Leistungsqualität durchzuführen oder andere Maßnahmen zum Schutz des Franchisesystems sowie der Marke zu ergreifen.[242]

Beim Franchising handelt es sich um ein sogenanntes Dauerschuldverhältnis.[243] Dabei bindet sich der Franchisenehmer, nach Zahlung einer Eintrittsgebühr, für

---

239 Duong Dinh/Gehrmann/Ahlert, in: Ahlert/Ahlert (Hrsg.), Hdb. Franchising und Cooperation, 29 [41]; Ahlert/Evanschitzky, Dienstleistungsnetzwerke, 210 f.; Posselt, ZfB 1999, 347 [353 ff.].

240 Woker, The Franchise Relationship, 21; *U-Drive Franchise Systems (Pty) Ltd. v. Drive Yourself (Pty) Ltd* 1976 (1) SA 137 (D) [142]; Garmeier, Wirtschaftsethische Aspekte des Franchisings, 7; Duong Dinh/Gehrmann/Ahlert, in: Ahlert/Ahlert (Hrsg.), Hdb. Franchising und Cooperation, 29 [33 f.]; Skaupy, BB 1969, 113 [113]; Martinek/Habermeier, in: Martinek/Semler/Habermeier/Flohr (Hrsg.), Vertriebsrecht, § 26, Rn. 22; Vogt, Franchising von Produktivgütern, 43; Theurl, in: Ahlert/Ahlert (Hrsg.), Hdb. Franchising und Cooperation, 313 [336]; Schenk/Wölk, Vertriebssysteme zwischen Industrie und Handel, 45; Gross/Skaupy, Das Franchise-System, 64.

241 Woker, The Franchise Relationship, 21; Duong Dinh/Gehrmann/Ahlert, in: Ahlert/Ahlert (Hrsg.), Hdb. Franchising und Cooperation, 29 [33 f.]; Vogt, Franchising von Produktivgütern, 42 f.; Martinek/Habermeier, in: Martinek/Semler/Habermeier/Flohr (Hrsg.), Vertriebsrecht, § 26, Rn. 21; Theurl, in: Ahlert/Ahlert (Hrsg.), Hdb. Franchising und Cooperation, 313 [336]; Hanrieder, Franchising, 14.

242 Duong Dinh/Gehrmann/Ahlert, in: Ahlert/Ahlert (Hrsg.), Hdb. Franchising und Cooperation, 29 [33 f.]; Ahlert/Ahlert/Wetter/Woisetschläger, Franchising – Erfolgsgarant für Existenzgründungen?, 13 f.; Martinek/Habermeier, in: Martinek/Semler/Habermeier/Flohr (Hrsg.), Vertriebsrecht, § 26, Rn. 21 f. Siehe auch: *Cancun Trading No 24 CC v. Seven-Eleven Corp SA (Pty) Ltd* (18/IR/Dez 99), 07.04.2000, Rn. 4; Vogt, Franchising von Produktivgütern, 40.

243 *Cancun Trading No 24 CC v. Seven-Eleven Corp SA (Pty) Ltd* (18/IR/Dez 99), 07.04.2000, Rn. 4; Woker, The Franchise Relationship, 130; Duong Dinh/Gehrmann/Ahlert, in: Ahlert/Ahlert (Hrsg.), Hdb. Franchising und Cooperation, 29 [34]; Mack, Neuere Vertragssysteme, 82 f., 101; Meurer, Führung von Franchiseystemen, 9; Janssen, in: Schulze (Hrsg.) Franchising im Europäischen Privatrecht, 93 [95].

eine bestimmte Zeitspanne, meist fünf oder zehn Jahre, an den Franchisegeber.[244] Im Rahmen dieses Verhältnisses verpflichtet sich der Franchisenehmer dazu, das Geschäftskonzept, den Markennamen und das Know-how zu verwenden und umzusetzen und dabei die Einheitlichkeit des Systems zu beachten.[245] Er ist selbstständig und arbeitet im eigenen Namen und auf eigene Rechnung.[246]

2. Teil: Rechtsnatur von Franchisevereinbarungen

Die Rechtsnatur von Franchisevereinbarungen ist hoch umstritten. Einige Autoren sehen sie als eine reine Lizenzvereinbarung über eine Geschäftsidee, ein Geschäftskonzept, eine Vertriebsidee oder Know-how an.[247] Allerdings überträgt der Franchisegeber nicht nur eine Lizenz, sondern versucht aktiv, den Franchisenehmer in sein System zu integrieren und ihn zu unterstützen. Ziel eines Franchisevertrages ist daher auch der Absatz von Waren oder Dienstleistungen.[248]

Die herrschende Meinung sieht Franchiseverträge als typengemischte Verträge an, die sich aus Elementen verschiedener Schuldrechtsverträge, wie Geschäftsbesorgungs-, Dienst-, Miet-, Kauf- und manchmal sogar Werkverträgen, zusammensetzen. Des Weiteren hat eine Franchisevereinbarung lizenzvertraglichen Charakter. Dabei enthält jedoch nicht jeder Franchisevertrag Elemente sämtlicher soeben genannter schuldrechtlichen Verträge und diese Elemente können auch je nach Vereinbarung verschieden stark ausgeprägt sein.[249]

---

244 Woker, The Franchise Relationship, 130; Duong Dinh/Gehrmann/Ahlert, in: Ahlert/Ahlert (Hrsg.), Hdb. Franchising und Cooperation, 29 [34]. Siehe auch: Flohr, BB 2006, 389 [399]; Martinek/Habermeier, in: Martinek/Semler/Habermeier/Flohr (Hrsg.), Vertriebsrecht, § 27, Rn. 13.

245 Duong Dinh/Gehrmann/Ahlert, in: Ahlert/Ahlert (Hrsg.), Hdb. Franchising und Cooperation, 29 [34]. *Cancun Trading No 24 CC v. Seven-Eleven Corp SA (Pty) Ltd* (18/IR/Dez 99), 07.04.2000, Rn. 2.

246 Seeliger, in: Wiedemann (Hrsg.), Kartellrecht, § 10 Rn 52; Vogt, Franchising von Produktivgütern, 40; Flohr/Pohl, in: Martinek/Semler/Habermeier/Flohr (Hrsg.), Vertriebsrecht, § 17, Rn. 15; Duong Dinh/Gehrmann/Ahlert, in: Ahlert/Ahlert (Hrsg.), Hdb. Franchising und Cooperation, 29 [34]; Woker, The Franchise Relationship, 23; *Cancun Trading No 24 CC v. Seven-Eleven Corp SA (Pty) Ltd* (18/IR/Dez 99), 07.04.2000, Rn. 37.

247 Skaupy, NJW 1992, 1785 1789; Forkel, ZHR 1989, 511 [512 ff.].

248 Martinek in: Martinek/Semler/Habermeier/Flohr (Hrsg.), Vertriebsrecht, § 4, Rn. 39 ff.

249 Giesler in: Büchting/Heussen (Hrsg.), Beck'sches RA-Handbuch, § 43, Rn. 9; Schimansky, in: Schulze (Hrsg.) Franchising im Europäischen Privatrecht, 33 [36 ff.]. Siehe auch: Pellisé de Urguiza, in: Schulze (Hrsg.) Franchising im Europäischen Privatrecht, 125 [127 ff.].

3. Teil: Vorteile des Franchisings

Franchising wird als einer der sichersten Wege angesehen, sich selbstständig zu machen.[250] Zwar führt es als Kooperationsmodell zwangsläufig zu Einschränkungen der Autonomie sowohl des Franchisegebers als auch des Franchisenehmers;[251] das Franchising bietet jedoch auch gleichzeitig für beide Seiten Vorteile, die die Nachteile der Begrenzung der Freiheit in den Hintergrund treten lassen.

A. Vorteile des Franchisegebers

Dem Franchisegeber wird durch ein Franchisesystem ermöglicht, ein einheitliches Vertriebsnetzwerk mit nur begrenzten finanziellen Mitteln aufzubauen.[252] Eine Expansion über ein Franchisenetzwerk mithilfe des Geschäftskonzepts des Franchisegebers, das lokal am Markt von Franchisenehmer angewandt wird, ist schneller möglich, als es eine interne Expansion über Filialen wäre.[253] Hinzu kommt, dass Manager nicht erst langwierig akquiriert und ausgebildet sowie überwacht werden müssen, was ebenfalls Zeit und Kosten spart.[254] Außerdem teilt sich der Franchisegeber das Startkapital und das unternehmerische Risiko mit dem Franchisenehmer.[255] In den meisten Fällen wird sich der Franchisegeber eine interne Expansion auch gar nicht leisten können, weil ihm das Kapital und auch die Kapazitäten hierfür

250 Ahlert/Ahlert/Wetter/Woisetschläger, Franchising – Erfolgsgarant für Existenzgründungen?, 8 ff. Nach einer Studie des Britischen Franchiseverbandes in Kooperation mit National Westminster Bank sind 93 % der Franchiseunternehmen rentabel, siehe: Duong Dinh/Gehrmann/Ahlert, in: Ahlert/Ahlert (Hrsg.), Hdb. Franchising und Cooperation, 29 [39].

251 Woker, The Franchise Relationship, 37; Duong Dinh/Gehrmann/Ahlert, in: Ahlert/Ahlert (Hrsg.), Hdb. Franchising und Cooperation, 29 [39].

252 Woker, The Franchise Relationship, 23, 33; EG-Kommission, Die Zusammenarbeit zwischen Unternehmen in der Gemeinschaft: Franchising, 11; Dabbah, EC and UK Competition Law, 194; Combs/Michael/Castrogiovanni, 30 Journal of Management 2004, 907 [918]; Grimes, IIC 2000, 247 [248 f.]; Ellger, in: Immenga/Mestmäcker (Hrsg.), Wettbewerbsrecht Kommentar Bd. 1 EU/Teil 1, Einl. Vertikal-GVO, Rn. 4; Duong Dinh/Gehrmann/Ahlert, in: Ahlert/Ahlert (Hrsg.), Hdb. Franchising und Cooperation, 29 [39 f.].

253 Kaufmann/Dant, 11 Journal of Business Venturing 1996, 343 [353]; Combs/Ketchen, 29 Journal of Management 2003, 443 [445]; Tietz, Handbuch Franchising, 27; Duong Dinh/Gehrmann/Ahlert, in: Ahlert/Ahlert (Hrsg.), Hdb. Franchising und Cooperation, 29 [41]; Woker, The Franchise Relationship, 34.

254 Combs/Michael/Castrogiovanni, 30 Journal of Management 2004, 907 [918]; Sorensen/Søensen, Strategic Management Journal 2001, 713 [714]; Duong Dinh/Gehrmann/Ahlert, in: Ahlert/Ahlert (Hrsg.), Hdb. Franchising und Cooperation, 29 [41].

255 Woker, The Franchise Relationship, 33; Duong Dinh/Gehrmann/Ahlert, in: Ahlert/Ahlert (Hrsg.), Hdb. Franchising und Cooperation, 29 [40]; EG-Kommission, Die Zusammenarbeit zwischen Unternehmen in der Gemeinschaft: Franchising, 11.

fehlen.[256] Franchising ist damit besonders interessant für junge Unternehmer, die sich rasch vergrößern und den Markt abdecken wollen.[257]

Positiv für den Franchisegeber wirken sich auch der Erfahrungsaustausch der Franchisenehmer untereinander sowie die Kenntnisse des Franchisenehmers über den lokalen Markt und dessen Besonderheiten aus, durch die er den Markt effektiv bearbeiten kann. Größere Konzerne haben meist das Problem, dass sie eher marktfern sind, die lokalen Bedürfnisse gerade nicht kennen und auch weniger flexibel sind.[258] Franchisenehmer geben Änderungen in der Nachfragestruktur und im Geschmackstrend an ihren Franchisegeber und das Franchisenetzwerk weiter.[259] Ebenso profitiert der Franchisegeber von der Selbstständigkeit seines Franchisenehmers und dessen finanziellem Einsatz, da hierdurch dessen Motivation und Einsatz deutlich gesteigert wird.[260] Auch ist die Kontrolle der Franchisenehmer durch den Systemkopf gegenüber einem vollständig dezentral ausgerichteten System leichter.[261]

B. Vorteile des Franchisenehmers

Der Franchisenehmer wird vom Franchisegeber normalerweise in technischer und kaufmännischer Weise unterstützt.[262] Diese Förderung und Hilfestellung wird auch dadurch gesichert, dass der Franchisegeber durch eine umsatzabhängige

---

256 Duong Dinh/Gehrmann/Ahlert, in: Ahlert/Ahlert (Hrsg.), Hdb. Franchising und Cooperation, 29 [41].

257 Combs/Ketchen, 29 Journal of Management 2003, 443 [445]; Duong Dinh/Gehrmann/Ahlert, in: Ahlert/Ahlert (Hrsg.), Hdb. Franchising und Cooperation, 29 [41 f.].

258 Combs/Michael/Castrogiovanni, 30 Journal of Management 2004, 907 [918]; Sorensen/Søensen, Strategic Management Journal 2001, 713 [718]; Skaupy, DB 1982, 2446 [2447]; Vaughn, Franchising, 29 f.; Ahlert/Ahlert/Wetter/Woisetschläger, Franchising – Erfolgsgarant für Existenzgründungen?, 19 ff.; Duong Dinh/Gehrmann/Ahlert, in: Ahlert/Ahlert (Hrsg.), Hdb. Franchising und Cooperation, 29 [42]; Garmeier, Wirtschaftsethische Aspekte des Franchisings, 12; Ellger, in: Immenga/Mestmäcker (Hrsg.), Wettbewerbsrecht Kommentar Bd. 1 EU/Teil 1, Einl. Vertikal-GVO, Rn. 4; Ahlert, in: Ahlert/Ahlert (Hrsg.), Hdb. Franchising und Cooperation, 17 [23].

259 Ellger, in: Immenga/Mestmäcker (Hrsg.), Wettbewerbsrecht Kommentar Bd. 1 EU/Teil 1, Einl. Vertikal-GVO, Rn. 4.

260 Woker, The Franchise Relationship, 33; Combs/Ketchen, 29 Journal of Management 2003, 443 [446]; Sorensen/Søensen, Strategic Management Journal 2001, 713 [714]; Duong Dinh/Gehrmann/Ahlert, in: Ahlert/Ahlert (Hrsg.), Hdb. Franchising und Cooperation, 29 [34, 39 f.]; Ahlert/Ahlert/Wetter/Woisetschläger, Franchising – Erfolgsgarant für Existenzgründungen?, 20; Vaughn, Franchising, 29; EG-Kommission, Die Zusammenarbeit zwischen Unternehmen in der Gemeinschaft: Franchising, 11.

261 Duong Dinh/Gehrmann/Ahlert, in: Ahlert/Ahlert (Hrsg.), Hdb. Franchising und Cooperation, 29 [34, 39 f.].

262 Dabbah, EC and UK Competition Law, 194; Vogt, Franchising von Produktivgütern, 42 f.; Duong Dinh/Gehrmann/Ahlert, in: Ahlert/Ahlert (Hrsg.), Hdb. Franchising

Franchisegebühr ein Interesse am Erfolg seiner Franchisenehmer hat. Dem Franchisenehmer wird ein bekanntes und bewährtes Franchisekonzept zur Verfügung gestellt, welches ihm den Zugang zum Markt erleichtert und seine Wettbewerbsfähigkeit auf dem Markt erhöht. Er hat die Möglichkeit sich mit einem geringeren unternehmerischen Risiko und auch geringeren Kosten als ein unabhängiger und selbstständiger Händler auf dem Markt zu etablieren.[263] Dabei profitiert er nicht nur von dem schlüsselfertigen Konzept des Franchisegebers, sondern auch von dessen Know-how, gemeinsamer Werbung und den Erfahrungen der anderen Franchisenehmer im Netzwerk.[264] Auch können im Franchisenetzwerk Einsparungen aufgrund von Größenvorteilen und Nachfragemacht bei Einkauf und Vertrieb von Produkten geltend gemacht werden.[265]

Franchising vereint folglich die Vorteile eines dezentralen Systems, mit seiner Marktnähe und der Selbstständigkeit der Beteiligten, mit dem eines zentralen Systems, was sich positiv in Größenvorteilen und Wettbewerbsfähigkeit auf dem Markt auswirkt. Allerdings ist Franchising kein Erfolgsgarant oder Selbstläufer. Wichtiger Bestandteil für den Erfolg eines Franchiseunternehmens ist das richtige Franchisesystem zu finden und dann auch Arbeitskraft zu investieren.[266]

4. Teil: Franchiseformen

Franchising kann in unterschiedlichen Formen, abhängig vom Gegenstand des Franchisekonzeptes und der Intensität der Kooperation, auftreten. Es unterliegt ständigen Änderungen und Entwicklungen.

---

und Cooperation, 29 [42]; Tietz, Handbuch Franchising, 26; Woker, The Franchise Relationship, 21.

263 Woker, The Franchise Relationship, 13, 34 f.; Klotz in: Schröter/Jakob/Mederer (Hrsg.), Kommentar zum Europäischen Wettbewerbsrecht, Art. 81, Rn. 152; Vogt, Franchising von Produktivgütern, 40 ff.; Ahlert/Evanschitzky, Dienstleistungsnetzwerke, 322 f.; Duong Dinh/Gehrmann/Ahlert, in: Ahlert/Ahlert (Hrsg.), Hdb. Franchising und Cooperation, 29 [39 f.; 42]; Untersuchungen haben ergeben, dass Unterstützungsleistung des Franchisegebers im signifikanten Zusammenhang zum Erfolg des Franchisenehmers stehen. Siehe Ahlert/Ahlert/Wetter/Woisetschläger, Franchising – Erfolgsgarant für Existenzgründungen?, 10.

264 Duong Dinh/Gehrmann/Ahlert, in: Ahlert/Ahlert (Hrsg.), Hdb. Franchising und Cooperation, 29 [40].

265 Parker/Illetschko, Pioneering changes in the franchise sector of South Africa, 17; Woker, The Franchise Relationship, 34; Combs/Ketchen, 29 Journal of Management 2003, 443 [445]; Ahlert/Ahlert/Wetter/Woisetschläger, Franchising – Erfolgsgarant für Existenzgründungen?, 20; Duong Dinh/Gehrmann/Ahlert, in: Ahlert/Ahlert (Hrsg.), Hdb. Franchising und Cooperation, 29 [39, 42]; Hanrieder, Franchising, 13.

266 Ahlert/Ahlert/Wetter/Woisetschläger, Franchising – Erfolgsgarant für Existenzgründungen?, 11; Woker, The Franchise Relationship, 32.

A. Produktfranchising

Das Produktfranchising, auch *Trade Name* oder *Product Distribution Franchise* genannt, umfasst das Waren- oder Vertriebsfranchising sowie das Dienstleistungs- bzw. Servicefranchising. Hierbei handelt es sich um die älteste Form des modernen Franchisings.[267] Der Franchisenehmer vertreibt bestimmte Waren bzw. standardisierte Dienstleistungen,[268] in einem Geschäftslokal, das den Firmennamen, das Firmenschild oder manchmal auch die Marke des Franchisegebers trägt und das die vorgeschriebene vereinheitlichte Aufmachung sowie das einheitliche Geschäfts- und Werbekonzepte hat.[269] Franchisenehmer können dabei entweder direkt die Waren des Franchisegebers verkaufen (sogenanntes Herstellerfranchising)[270] oder Waren von Drittherstellern, die vom Franchisegeber vertrieben werden, absetzen (sogenanntes Händler- oder Kettenfranchising).[271]

B. Herstellungs- oder Produktionsfranchising

Beim Herstellungs- oder Produktionsfranchising produziert der Franchisenehmer Waren mit Hilfe der Technologie oder des Know-hows des Franchisegebers. Diese Produkte werden dann meist in einem bestimmten Gebiet unter der Marke des Franchisegebers von dem Franchisenehmer verkauft.[272] Ein Beispiel hierfür ist das Abfüllen von Softdrinks, die nach dem Rezept des Franchisegebers hergestellt

---

267 Woker, 22 SA Merc LJ 2010, 12 [13]; Duong Dinh/Gehrmann/Ahlert, in: Ahlert/Ahlert (Hrsg.), Hdb. Franchising und Cooperation, 29 [35 f.]; Behr, Der Franchisevertrag, 15.

268 Beispielsweise Reparatur-, Restaurant- oder Hoteldienstleistungen oder auch die Vermietung von Franchisewaren. Die Dienstleistungsbranche ist im Bereich des Franchisings besonder wichtig: rund 45 % der Franchisebetriebe in Deutschland bieten Dienstleistungen an. Siehe hierzu die Statistik des Deutschen Franchiseverbandes, abrufbar unter: http://www.franchiseverband.com/deutscher-franchise-verband/presse/franchise-statistiken/?type=%2F (20.08.2014).

269 EuGH, 28.01.1986, Rs. 161/84, „Pronuptia", Slg. 1986 S. 353, Rn. 13; Woker, 22 SA Merc LJ 2010, 12 [13]; Woker, The Franchise Relationship, 14; Nolte, in: Langen/Bunte (Hrsg.), KartellR Kommentar, Bd. 2, Nach Art. 101, Rn. 348; Duong Dinh/Gehrmann/Ahlert, in: Ahlert/Ahlert (Hrsg.), Hdb. Franchising und Cooperation, 29 [35 f.]; Giesler/Nauschütt, in: Giesler/Nauschütt (Hrsg.), Franchiserecht, Einl., Rn. 36, 38; Bräutigam, WM 1994, 1189 [1189 f.]; Garmeier, Wirtschaftsethische Aspekte des Franchisings, 14; Kevekordes, BB 1987, 74 [74].

270 KOME, 17.12.1986, (87/14/EWG – Yves Rocher) ABl. 10.01.1987 L 8/49, Rn. 36 ff.

271 KOME, 13.07.1987, (87/409/EWG – Sandoz) ABl. 10.08.1987 L 222/28.

272 Beispiel für ein Vertriebs- und Produktionsfranchising: KOME, 23.12.1977, (78/253/EWG – Campari) ABl. 13.03.1978 L 70/69. Siehe hierzu auch: Giesler/Nauschütt, in: Giesler/Nauschütt (Hrsg.), Franchiserecht, Einl., Rn. 41; Skaupy, Franchising, 32 f.; Tietz, Handbuch Franchising, 30 f.; Kevekordes, BB 1987, 74 [74 f.]; Skaupy, in: Metzlaff (Hrsg.), Praxishandbuch Franchising, § 3, Rn. 5 f.; Garmeier, Wirtschaftsethische Aspekte des Franchisings, 14.

werden und die vom Franchisenehmer unter der international bekannten Marke des Franchisegebers verkauft werden. Franchisegeber und Franchisenehmer stehen in diesem System auf gleicher Stufe. Vereinbarungen zwischen ihnen sind daher horizontaler Art.[273]

C. „Business Format Franchising“

Das *Business Format Franchising* ähnelt dem Produktfranchising. Hier ist die vertragliche Beziehung zwischen Franchisegeber und Franchisenehmer jedoch noch enger.[274] Sowohl Vertrieb als auch Marketing sind Bestandteil des Franchisevertrages. *Business Format Franchising* ist die am weitesten verbreitete Franchiseform.[275] Sie steht daher auch im Interessenmittelpunkt von Gesetzgebung, Wissenschaft und Praxis.[276] Dabei ist insbesondere der Schutz des wirtschaftlich schwächeren Franchisenehmers vor Ausnutzung, Übervorteilung und Verlust der wirtschaftlichen Existenz von besonderer Relevanz.[277]

D. Partnerschaftsfranchising

Das Partnerschaftsfranchising, das sogenannte *Franchising in Partnership*, kommt vergleichsweise eher selten vor.[278] Hier steht der kooperative Charakter des Verhältnisses zwischen Franchisegeber und Franchisenehmer im Vordergrund. Diese arbeiten partnerschaftlich, auf derselben Stufe, miteinander. Anstelle der Weisungen stehen dem Franchisenehmer folglich mehr Mitbestimmungsrechte zu. Der Franchisevertrag ist eher auf eine Betriebsunterstützung und weniger auf Kontrolle durch den Franchisegeber ausgerichtet.[279]

---

273 Hoffmann, in: Handbuch des EU-Wirtschaftsrechts, H I § 2, Rn. 226.

274 Woker, 22 SA Merc LJ 2010, 12 [13]; Woker, The Franchise Relationship, 15; Duong Dinh/Gehrmann/Ahlert, in: Ahlert/Ahlert (Hrsg.), Hdb. Franchising und Cooperation, 29 [36].

275 Woker, 22 SA Merc LJ 2010, 12 [18]; Duong Dinh/Gehrmann/Ahlert, in: Ahlert/Ahlert (Hrsg.), Hdb. Franchising und Cooperation, 29 [36]; Martinek/Habermeier, in: Martinek/Semler/Habermeier/Flohr (Hrsg.), Vertriebsrecht, § 26, Rn. 23.

276 Duong Dinh/Gehrmann/Ahlert, in: Ahlert/Ahlert (Hrsg.), Hdb. Franchising und Cooperation, 29 [36].

277 Martinek/Habermeier, in: Martinek/Semler/Habermeier/Flohr (Hrsg.), Vertriebsrecht, § 26, Rn. 23; Woker, The Franchise Relationship, 45.

278 Laut Martinek/Habermeier, in: Martinek/Semler/Habermeier/Flohr (Hrsg.), Vertriebsrecht, § 26, Rn. 24, maximal 30 % aller Franchisesysteme. Siehe auch: Schimansky, in: Schulze (Hrsg.) Franchising im Europäischen Privatrecht, 33 [43 f.]

279 Martinek/Habermeier, in: Martinek/Semler/Habermeier/Flohr (Hrsg.), Vertriebsrecht, § 26, Rn. 24; Duong Dinh/Gehrmann/Ahlert, in: Ahlert/Ahlert (Hrsg.), Hdb. Franchising und Cooperation, 29 [36]; Tietz, Handbuch Franchising, 709 ff.; Lederer, Franchising und das Genossenschaftsgesetz, 72 ff.; Martinek, Franchising, 249 f.

Dadurch dass das Franchiseverhältnis beim Partnerschaftsfranchising von Kooperation, Abstimmung und Mitbestimmung geprägt ist und beide Partner gleichberechtigt sind, ist diese Form des Franchisings rechtlich weniger problematisch. Der Schwerpunkt des südafrikanischen und europäischen Franchiserechts und auch des Wettbewerbsbeschränkungsrechts liegt daher aufgrund der *unbalanced bargaining power* auf dem *Business Format Franchising*, das auch dem Subordinationsfranchising zugeordnet wird.[280]

5. Teil: Verbraucherschutzrechtliche Aspekte des Franchisings

In der Regel verbindet man mit dem Begriff „Verbraucher" eine natürliche Person. Allerdings gibt es auch die Ansicht, dass kleine Unternehmen oder auch Existenzgründer unter den Verbraucherschutz fallen sollen, da sie häufig in einer ähnlichen Position sind wie natürliche Personen. Denn auch sie sind vergleichsweise unerfahren, was ihnen insbesondere bei Verhandlungen mit großen Unternehmen zum Nachteil gereichen kann. Des Weiteren fehlen ihnen finanzielle Mittel und sie sind anfällig für Ausbeutung.[281]

A. Die Verbrauchereigenschaft des Franchisenehmers im EU-Recht

Auch in Europa wurde diskutiert, ob ein Franchisenehmer, wenn er Existenzgründer ist, als Verbraucher anzusehen ist.[282] Der EuGH hat jedoch im Jahr 1997 entschieden: der „besondere Schutz [der Vorschriften zum Schutz des Verbrauchers] ist nicht gerechtfertigt bei Verträgen, deren Zweck in einer beruflichen oder gewerblichen Tätigkeit besteht, auch wenn diese erst für die Zukunft vorgesehen ist, da die Tatsache, daß es sich um eine erst künftig aufzunehmende Tätigkeit handelt, nichts an ihrer beruflichen oder gewerblichen Natur ändert."[283] Der Verbraucherbegriff im EU-Recht umfasst folglich nicht den Existenzgründer.

---

280 Martinek/Habermeier, in: Martinek/Semler/Habermeier/Flohr (Hrsg.), Vertriebsrecht, § 26, Rn. 24; Duong Dinh/Gehrmann/Ahlert, in: Ahlert/Ahlert (Hrsg.), Hdb. Franchising und Cooperation, 29 [36]. So wohl auch Woker, The Franchise Relationship, 15, die allein vom *Product Distribution Franchise* und dem *Business Format Franchising* spricht.

281 Woker, The Franchise Relationship, 73.

282 Siehe etwa die Diskussion in Deutschland: Flohr, in: Flohr/Wauschkuhn (Hrsg.), Kommentar Vertriebsrecht, § 13 BGB Rn. 12; Flohr, BB 2006, 389 [394]; Ders., Franchiserecht, 116; Martinek/Habermeier, in: Martinek/Semler/Habermeier/Flohr (Hrsg.), Vertriebsrecht, § 27, Rn. 29.

283 EuGH, 03.07.1997, Rs. C-269/95, „Benincasa/Dentalkit", Slg. 1997 S. I-3767, Rn. 17. Einfügung des Verfassers in eckigen Klammern.

B. Die Einordnung des Franchisenehmers als Verbraucher in Südafrika

Vor Erlass des *Consumer Protection Act* wurde zur Regelung des Franchisings auf die *Common-Law*-Prinzipien des Vertragsrechts zurückgegriffen, welche durch Selbstregulierungen durch unter anderem den südafrikanischen Franchiseverband FASA ergänzt wurden.[284] Diese Regulierungen sind rechtlich nicht bindend, sodass ihre Einhaltung freiwillig ist. Viele Franchisegeber waren nicht Mitglied im Franchiseverband. Zudem standen die Franchisenehmer dem südafrikanischen Franchiseverband FASA sehr skeptisch gegenüber. Es hielt sich unter ihnen fälschlicherweise die Ansicht, dass FASA vor allem den Schutz des Franchisegebers im Blick habe.[285]

Südafrika mit seinen sozialen Problemen, der hohen Arbeitslosigkeit, weit verbreitetem Analphabetismus und Armut bietet einen guten Nährboden für skrupellose Geschäftsleute.[286] Aufgrund der Ausbeutung vieler Franchisenehmer wurde das *Common Law* zur Regelung des modernen Franchisings als „absolut unzureichend" angesehen, weswegen ein franchisespezifisches Gesetz gefordert wurde. Der Gesetzgeber hat sich jedoch letztendlich dafür entschieden, Franchising im neuen Verbraucherschutzgesetz zu regeln.[287]

I. Anwendbarkeit des Consumer Protection Act

Das südafrikanische Verbraucherschutzgesetz ist nach dessen Anhang 2 Ziff. 3 Abs. 1 Buchst. b nicht anwendbar auf Vereinbarungen, die vor dem in Kraft treten des Gesetzes am 31. März 2011[288] geschlossen wurden. Dies bedeutet, dass für die Beurteilung der Wirksamkeit von vertikalen Beschränkungen in Vereinbarungen, die vor diesem Datum geschlossen wurden, allein das Wettbewerbsgesetz herangezogen werden muss. Für solche, die danach geschlossen wurden, gilt jedoch auch das Verbraucherschutzgesetz.

Die Anwendbarkeit des *Consumer Protection Act* auf Franchisevereinbarungen ist in Sec. 5 CPA geregelt. Nach dessen Abs. 1 Buchst. a ist das Gesetz auf jedes Geschäft innerhalb Südafrikas anwendbar und zwar unabhängig davon, ob der Anbieter seinen Sitz innerhalb der Republik hat (Abs. 8 Buchst. a). In Sec. 5 Abs. 6 Buchst. b-e CPA wird verdeutlicht, was unter einem Geschäft zwischen einem Anbieter und einem Verbraucher zu verstehen ist. Darunter fallen nicht nur Franchisevereinbarungen an sich (Buchst. d 1. Alt.), sondern auch andere rechtserhebliche Handlungen im vorvertraglichen Bereich, wie die Aufforderung zur Abgabe von Angeboten eine Franchisevereinbarung einzugehen (Buchst. b) oder das Angebot eines potentiellen Franchisegebers einen Franchisevertrag mit einem potentiellen Franchisenehmer

284 Woker, 17 SA Merc LJ 2005, 49 [49]; Gouws, De Rebus Dezember 2010, 30 [30].
285 Woker, 17 SA Merc LJ 2005, 49 [53]; Dies., The Franchise Relationship, 60 f.
286 Woker, 15 SA Merc LJ 2003, 237 [237 f.].
287 Woker, 17 SA Merc LJ 2005, 49 [49].
288 GG Nr. 33581 vom 23. September 2010, GenN Nr. 917 of 2010.

einzugehen (Buchst. c). Des Weiteren stellen auch Zusatzvereinbarungen zu einem Franchisevertrag ein solches Geschäft dar (Buchst. d 2. Alt.), ebenso wie die Lieferung von Waren und Dienstleistungen an einen Franchisenehmer im Hinblick auf einen Franchisevertrag (Buchst. e).

II. Ausnahmen nach Sec. 5 Abs. 2 CPA

In Sec. 5 Abs. 2 CPA werden die Ausnahmen geregelt. Nach dessen Buchst. b ist das Verbraucherschutzgesetz nicht anwendbar, wenn der Verbraucher eine juristische Person ist, dessen Substanzwert oder Jahresumsatz zum Zeitpunkt des Geschäftes den vom Minister für Handel und Industrie nach Sec. 6 CPA festgelegten Schwellenwert erreicht oder übersteigt. Dieser Schwellenwert ist derzeit auf 2 Mio. Rand festgelegt.[289] Nach der Definition in Sec. 1 CPA fallen auch Franchisenehmer unter den Verbraucherbegriff, sodass auch für sie grundsätzlich Sec. 5 Abs. 2 CPA gelten würde. Allerdings greift die Ausnahmeregelung der Sec. 5 Abs. 2 CPA nach Sec. 5 Abs. 7 CPA nicht, wenn es sich um ein Geschäft im Sinne der Sec. 5 Abs. 6 Buchst. b-e CPA, also um ein solches aus dem Franchisebereich, handelt. Das südafrikanische Verbraucherschutzgesetz ist somit auch auf Franchisenehmer anwendbar, die juristische Personen sind, und zwar unabhängig von ihrem Jahresumsatz oder Substanzwert.[290] Auch muss es sich bei dem Franchisenehmer nicht um einen Existenzgründer handeln. Denn eine Einschränkung der Anwendung auf beispielsweise das erste Franchisegeschäft sieht das Gesetz nicht vor. Diese Regelung verwundert, da es auch Franchisenehmer, insbesondere in der Automobilbranche, gibt, die ein großes Unternehmen betreiben und Umsätze aufweisen, die den Schwellenwert von 2 Mio. Rand[291] weit überschreiten. Es ist unklar, warum auch diese Großunternehmer, die fundierte wirtschaftliche und rechtliche Kenntnisse aufweisen und damit nicht als gegenüber dem Franchisegeber unterlegen angesehen werden können, dem Schutz des Verbrauchergesetzes unterfallen sollten.

C. Rechte der Franchisenehmer

Das Franchiserecht in Europa war bislang noch nicht Gegenstand einer Harmonisierung durch die Europäische Union und unterliegt damit dem Recht der Mitgliedsstaaten. Eine Darstellung der einzelnen mitgliedsstaatlichen Rechte wäre für diese Arbeit zu umfangreich. Die folgenden Ausführungen beschränken sich daher auf eine Darlegung und Erläuterung der derzeitigen Rechtslage in Südafrika. Diese wird unter Bezugnahme auf vornehmlich das deutsche Recht, aber auch die Franchiserechte anderer Länder, einer kritischen Betrachtung unterworfen.

---

289 GG Nr. 34181 vom 1. April 2011.
290 Siehe hierzu auch: Gouws, De Rebus Dezember 2010, 30 [30].
291 Derzeit knapp 150.000 Euro.

Die Gleichstellung von Franchisenehmern mit Verbrauchern durch den südafrikanischen *Consumer Protection Act* bedeutet, dass auch ihnen die Rechte aus Kapitel 2 des Gesetzes zustehen. Dabei ist jedoch zu beachten, dass diese Rechte eher auf Geschäfte des täglichen Lebens des Verbrauchers, als natürliche Person, zugeschnitten sind (sogenannte *business-to-consumer-* oder B2C-Geschäfte), als auf den komplizierteren Handel zwischen Unternehmen (sogenannte *business-to-business-* oder B2B-Geschäfte). Nicht alle Regelungen sind auf Franchiseverträge anwendbar. Auch ist zu beachten, dass Franchisenehmer im Verhältnis zu ihrem Franchisegeber als Verbraucher gelten, gegenüber ihren Kunden jedoch als Anbieter. Für sie gilt das Verbraucherschutzgesetz folglich auch in umgekehrter Richtung.

I. Anforderungen an den Franchisevertrag

Ein Franchisevertrag muss gemäß Sec. 7 Abs. 1 Buchst. a CPA schriftlich geschlossen werden. Der Vertrag ist nach Absatz 2 der Vorschrift innerhalb von zehn Werktagen schriftlich widerrufbar. Da dem Franchisenehmer durch den Widerruf keine Kosten entstehen dürfen, kann der Franchisegeber eventuell getätigte Investitionen nicht ersetzt verlangen.[292] Dem Franchisevertrag wird meistens ein Handbuch, ein sogenanntes *operations manual*, mit Richtlinien zu Betriebsabläufen, Rezepten etc. beigefügt.[293] Vor Abschluss des Franchisevertrages muss dem zukünftigen Franchisenehmer zwingend ein sogenanntes „disclosure document" gegeben werden, das ausführliche Informationen über den Franchisegeber und das Franchisesystem enthält. Dieses soll sicherstellen, dass dem zukünftigen Franchisenehmer eine fundierte Entscheidung ermöglicht wird.[294]

1. Aufbau und Inhalt des Franchisevertrags

Für Aufbau und Inhalt eines Franchisevertrages gibt es detaillierte Vorgaben des *Minister of Trade and Industry.*[295] Der Hinweis auf die Widerrufsmöglichkeit des Franchisenehmers muss direkt am Anfang des Franchisevertrages erfolgen.[296] Es muss des Weiteren eine Klausel enthalten sein, die deutlich macht, dass der Franchisegeber sogenannte *Kickbacks*, also Rabatte oder Preisnachlässe nur behalten darf, wenn er sie schriftlich offenlegt und eine Erklärung hierüber abgibt.[297] Der

292 Woker, The Franchise Relationship, 93.
293 Siehe: Woker, The Franchise Relationship, 99.
294 Siehe: Woker, The Franchise Relationship, 97 f.
295 Siehe Sec. 7 Abs. 3 i. V. m. GG No. 34180, vom 1. April 2011, Regulation 2.
296 GG No. 34180, vom 1. April 2011, Regulation 2 Abs. 2 Buchst. a.
297 GG No. 34180, vom 1. April 2011, Regulation 2 Abs. 2 Buchst. c. Siehe hierzu auch zum deutschen Recht: Flohr, BB 2009, 2159 [2159 ff.]; Flohr, BB 2006, 389 [393]; Martinek/Habermeier, in: Martinek/Semler/Habermeier/Flohr (Hrsg.), Vertriebsrecht, § 27, Rn. 4.

Franchisevertrag muss die Pflichten beider Vertragspartner, die Franchisegebühr[298] sowie die eventuelle Gewährung von Gebietsschutz nennen. Auch müssen Erklärungen und Erläuterungen über Kennzeichnungsrechte und Know-how sowie die Bedingungen ihrer Überlassung an den Franchisenehmer niedergelegt werden. Sollte es sich um ein Masterfranchising handeln, muss die Identität des Masterfranchisegebers offengelegt werden. Es müssen Angaben über die Schulungsprogramme, Unterstützungs- und Beratungsleistungen des Franchisegebers sowie über die Gebühren, die der Franchisenehmer hierfür zahlen muss, enthalten sein. Ebenso muss die Laufzeit des Vertrages bestimmt und die Voraussetzungen einer Vertragsverlängerung beziehungsweise deren Unzulässigkeit genannt werden. Der Franchisegeber muss außerdem detaillierte Angaben über sich selbst und sein Führungspersonal machen.[299]

2. *Klare und verständliche Sprache*

Der Franchisevertrag muss des Weiteren klar und verständlich formuliert sein („right to information in plain and understandble language").[300] Dies bedeutet, dass ein durchschnittlicher Franchisenehmer, mit geringen Erfahrungen als Franchisenehmer den Inhalt, die Auswirkungen und Bedeutung des Vertrages verstehen muss. Der Vertrag sollte beim ersten Lesen verständlich sein.

Die Literatur legt die Vorschrift extrem weit zu Gunsten des Franchisenehmers aus, so dass nicht nur lateinische Wendungen wie „domicilium citandi et executandi", sondern auch Wendungen wie „herewith", „forthwith" und „whereas" nicht verwendet werden sollten.[301] Bezüglich der lateinischen Begriffe mag man den Autoren noch Recht geben, solange es sich bei dem Franchisenehmer, um einen Existenzgründer handelt, der keine betriebswirtschaftliche oder rechtliche Vorbildung hat. An sich ist diese Ansicht jedoch zu weitgehend und versucht den Franchisenehmer in einem Umfang zu schützen, der so nicht mehr vertretbar ist.

Die Ansicht der Wissenschaft wird jedoch durch den Wortlaut der Sec. 22 Abs. 2 CPA unterstützt, der sogar von der Zugrundelegung von durchschnittlichen Lese- und Schreibfähigkeiten („average literacy skills") spricht, was in Anbetracht der hohen Analphabetenrate in Südafrika für eine weite Auslegung sprechen würde. Allerdings sollte dieser Teil der Vorschrift so interpretiert werden, dass er sich nur

298 Der Franchisegeber muss dem Franchisenehmer dabei nicht nur die Franchisegebühren nennen und erläutern, ob sie fest oder variable, etwa umsatzabhängig ist, sondern auch Angaben machen über das Anfangskapital und die Gesamtsumme, die investiert werden muss.

299 Neben Name, Adressen und Identifikationsnummer auch die Berufsbezeichnungen und -qualifikationen. Siehe zu obenstehenden: GG No. 34180, vom 1. April 2011, Regulation 2 Abs. 3.

300 Sec. 7 Abs. 1 Buchst. c i. V. m. 22 CPA.

301 Gouws, 22 SA Merc LJ 2010, 79 [81 ff., insbes. 94]; Woker, The Franchise Relationship, 78 f.

auf den Verbraucher im Allgemeinen und gerade nicht auf den Franchisenehmer bezieht. Die oben genannten Wörter „herewith", „forthwith" und „whereas" mögen zwar bildungssprachlichen Charakter haben und selten im normalen Sprachgebrauch verwendet werden, dennoch können sie nicht als so ungewöhnlich eingestuft werden, dass von der Kenntnis ihrer Bedeutung nicht ausgegangen werden kann. Auch wenn ein Franchisenehmer, ein Existenzgründer ist, der aus der ärmeren und wenig gebildeten Schicht Südafrikas entstammt, so sollte dennoch nicht vergessen werden, dass er als Selbstständiger ein Unternehmen aufbauen möchte und daher gewisse berufliche Fähigkeiten mitbringen muss. Von ihm kann erwartet werden, dass er gewisse betriebswirtschaftliche Grundkenntnisse sowie die Fähigkeit mitbringt, Verträge zu verstehen.

II. Das Recht den Lieferanten selbst zu wählen

Die einzige für das Wettbewerbsbeschränkungsrecht relevante Norm im südafrikanischen Verbraucherschutzgesetz ist Sec. 13 CPA. In dieser Vorschrift ist das Recht des Verbrauchers und damit auch des Franchisenehmers nach Sec. 1 CPA niedergelegt, seinen Anbieter frei zu wählen. Sec. 13 Abs. 1 CPA normiert das Verbot von Kopplungsvereinbarungen. In Sec. 13 Abs. 1 Buchst. i–iii CPA sind drei Ausnahmen von diesem Verbot niedergelegt. Absatz 2 der Vorschrift gibt dem Franchisegeber eine Verteidigungsmöglichkeit gegen die Behauptung gegen das Verbot aus Abs. 1 verstoßen zu haben. Dieses Verbot von Kopplungsbindungen wird später noch eingehend beleuchtet werden und soll daher, der Vollständigkeit halber, hier nur kurz erwähnt sein.[302]

III. Das Recht Waren selbst zu wählen und zu untersuchen

Das Recht des Franchisenehmers, seine Ware selbst auszuwählen und zu untersuchen, ist nunmehr in Sec. 18 und 20 CPA niedergelegt. Sollten die vom Franchisenehmer ausgewählten und untersuchten Waren mangelhaft sein, weil sie beispielsweise nicht der Beschreibung entsprechen, dann hat er das Recht die Waren zurückzugeben. Dieses Recht steht neben dem Recht defekte oder unsichere Waren zurückzugeben.[303] Eine Rückgabe der Ware ist ausgeschlossen, wenn die Ware ganz oder teilweise auseinandergebaut wurde, oder so mit einer anderen Sache verbunden oder vermischt wurde, dass eine Trennung nicht mehr oder nur schwer möglich ist.[304] Der Franchisegeber muss bei Rückgabe der Waren den Kaufpreis erstatten.

---

302 Siehe Kapitel 5.

303 Sec. 20 Abs. 1 CPA.

304 Sec. 20 Abs. 3 Buchst. b nennt alle erdenklichen Möglichkeiten, wie eine Ware mit einer anderen verbunden werden kann: „...the goods have been partially or entirely disassembled, physically altered, permanently installed, affixed, attached, joined or added to, blended or combined with, or embedded within, other goods or property."

Er kann jedoch in eng begrenzten Fällen einen angemessen Betrag für die Nutzung oder den Verbrauch der Ware abziehen.[305]

Sollten dem Franchisenehmer unbestellte Ware geliefert werden, so entsteht für ihn keine Zahlungspflicht und er kann die Waren behalten, es sei denn, es lag ein unbeabsichtigter Fehler vor und der Franchisegeber hat Schritte eingeleitet, die Ware zurückzubekommen. Der Franchisenehmer darf die Rücknahme der Ware durch den Franchisegeber nicht verhindern.[306]

IV. Recht auf Offenlegung und Information; Schriftform

Sec. 21 bis 26 CPA normieren Rechte des Franchisenehmers bezüglich Preistransparenz, Produktbeschreibungen, korrekte Produktkennzeichnung sowie weitere Informationen.

1. Offenlegung des Preises

Sollte der Franchisegeber dem Franchisenehmer Kataloge, Broschüren oder Preislisten vorlegen, so muss der Preis der Waren oder Dienstleistungen genannt werden. Der Franchisegeber darf keinen höheren Preis, als den dort genannten, verlangen, es sei denn, es liegt ein unbeabsichtigter und offensichtlicher Fehler vor.[307]

2. Beschreibung der Ware

Der Franchisegeber muss sicherstellen, dass die von ihm gelieferte Ware der Beschreibung entspricht. Er darf keine Ware liefern, von der er weiß oder wissen müsste, dass eine irreführende Beschreibung verwendet wurde.[308] Er muss des Weiteren offenlegen, wenn gentechnisch veränderte Zutaten verwendet wurden[309] oder es sich um „grey market goods" handelt.[310]

---

305 Sec. 30 Abs. 6 CPA.

306 Sec. 21 CPA. Siehe zu Obenstehendem auch: Woker, The Franchise Relationship, 75 ff.

307 Siehe Sec. 23 Abs. 6, Abs. 9 CPA. Siehe auch: Woker, The Franchise Relationship, 79.

308 Sec. 24 Abs. 3 CPA.

309 Sec. 24 Abs. 6 CPA. Dies jedoch nur, wenn es sich um Waren handelt, die zum Handel durch denn *Executive Council for Genetically Modified Organisms* zugelassen wurden. Eine Offenlegung ist des Weiteren nur notwendig, wenn die Ware mindestens 5 % gentechnisch modifizierte Organismen enthält. Siehe hierzu Woker, The Franchise Relationship, 80.

310 Bei diesen „grey market goods" handelt es sich um solche Güter, die legal nach Südafrika importiert wurden, allerdings über Vertriebswege, die nicht vom Hersteller autorisiert sind. Es handelt sich folglich nicht um illegale, gefälschte Ware, sondern um Ware die legal verkauft werden darf. Allerdings kann der Verbraucher bei den sog. *grey market goods* Probleme bei Reparaturen oder Kundendienst haben, da es keine Ersatzteile oder kein Personal gibt, die die Reparatur durchführen

3. *Verkaufsaufzeichnungen*

Der Franchisegeber muss dem Franchisenehmer schriftlich gewisse Informationen bei Verkauf von Waren oder Dienstleitungen zukommen lassen, wie etwa den Lieferantennamen und -adresse sowie dessen Umsatzsteuer-Identifikationsnummer, eine Beschreibung der Produkte, den Stückpreis, den Gesamtpreis sowie die Steuern.[311]

V. Recht auf faire Vertragsklauseln und einen ehrlichen Umgang

In den Sec. 40 ff. CPA ist das Recht auf fairen und ehrlichen Umgang geregelt, worunter auch die vorvertragliche Aufklärung fällt, die jedoch später gesondert erläutert werden soll. Von Relevanz ist hier insbesondere Sec. 40 CPA, die unzumutbares Verhalten („unconscionable conduct") verbietet. Die Sec. 48 ff. CPA normieren das Recht auf faire, gerechte und vernünftige Vertragsklauseln sowie Geschäftsbedingungen und führen damit eine Art AGB-Kontrolle ein.

1. *Unzumutbares Verhalten („unconscionable conduct")*

Sec. 40 Abs. 1 CPA normiert, dass der Franchisegeber keine körperliche Gewalt, Zwang, unzulässige Beeinflussung, Nötigung, Schikanen, unfaire Taktiken oder anderes ähnliches Verhalten (sogenannte *strong arm tactics*)[312] bei der Bewerbung ihres Franchisesystems, aber auch bei Verhandlung, Abschluss, Durchführung oder Durchsetzung des Franchisevertrages anwenden darf. Dieses Verhalten ist auch verboten bei Zahlungsaufforderungen oder Rücknahme von Waren durch den Franchisegeber. Die Systemzentrale darf ihre Franchisenehmer nach Absatz 2 der Vorschrift auch nicht wissentlich übervorteilen, indem sie ihre körperliche oder geistige Behinderung, ihren Analphabetismus, ihre Unwissenheit, ihre Unfähigkeit, die Sprache zu verstehen, oder ähnliches ausnutzen. Das Wort „knowingly" (wissentlich) setzt ein vorsätzliches Verhalten des Franchisegebers voraus. Es trifft ihn daher keine generelle Pflicht sicherzustellen, dass der Franchisenehmer Natur und Bedeutung des Vertrages gänzlich verstanden hat.[313]

Bei jedem Vertrag ist es so, dass die Vertragsparteien versuchen, den Vertrag zu ihrem Vorteil zu gestalten. Beim Subordinationsfranchising ist das Verhältnis zwischen Franchisegeber und Franchisenehmer jedoch durch eine Machtasymmetrie („unequal bargaining power") geprägt. Hier besteht folglich immer die Gefahr der Ausbeutung der Unerfahrenheit oder finanziellen Unterlegenheit des Franchisenehmers. Auch in anderen Rechtsordnungen gibt es Erfahrungen mit dieser Problematik. Dabei ist man sich einig, dass ein Ungleichgewicht in einem freiwillig eingegangenen Vertrag nicht die Unwirksamkeit des Vertrages zur Folge hat. Es

---

können. Verbraucher müssen hierüber informiert werden. Siehe hierzu: Woker, The Franchise Relationship, 74 Fn. 7.

311 Sec. 26 CPA und insbesondere Sec. 26 Abs. 3 CPA.

312 Woker, The Franchise Relationship, 108.

313 Woker, The Franchise Relationship, 81.

müssen vielmehr weitere Umstände hinzukommen.[314] In Kanada wird dies bejaht bei Täuschung, Zwang oder einem anderen Missbrauch der Ungleichheit der Verhandlungsmacht.[315] Auch wenn der Franchisegeber ein grob irreführendes Bild von der Geschichte und der finanziellen Leistungsfähigkeit des Franchises zeichnet, liegt „unconscionable conduct" vor.[316]

2. *Unbillige („unfair") Vertragsklauseln*

Der *Consumer Protection Act* hat die Möglichkeit der Überprüfung der Verträge durch die Gerichte im Verhältnis zum *Common Law* erheblich ausgeweitet. Das Gesetz gibt Richtlinien vor, wann eine Klausel als unbillig einzustufen ist. Dies ist etwa dann der Fall, wenn ein Vertrag stark einseitig zu Gunsten des Franchisegebers beziehungsweise zum Nachteil des Franchisenehmers geprägt ist. Auch eine Verletzung der vorvertraglichen Aufklärungspflicht führt zur Unbilligkeit des Vertrages.[317] Das Gericht muss bei der Beurteilung der Billigkeit des Vertrages ebenso beachten, ob der Franchisenehmer eine angemessene Gebühr für die Nutzung des Franchises gezahlt hat, die Umstände, unter welchen der Vertrag geschlossen wurde, und ob der Franchisenehmer Kenntnis von der unbilligen Klausel hatte oder hätte haben müssen.[318] Nach Sec. 52 Abs. 2 Buchst. b CPA soll des Weiteren die Fähigkeiten, Bildung, Erfahrung, Fachkenntnisse und Verhandlungsposition der Vertragspartner berücksichtigt werden.

---

314 Siehe hierzu: die Entscheidung des Ontario Court of Appeal in: *Mundinger v. Mundinger* [1969] 1 O.R. 606: „If the bargain is fair the fact that the parties were not equally vigilant of their interest is immaterial. Likewise if one was not preyed upon by the other, an improvident or even grossly inadequate consideration is no ground upon which to set aside a contract freely entered into." So auch: Martinek/Habermeier, in: Martinek/Semler/Habermeier/Flohr (Hrsg.), Vertriebsrecht, § 10, Rn. 19, der Wucher, Knebelung oder die Ausnutzung einer Machtstellung nennt. Siehe hierzu auch: RG, Urt. v. 06.05.1918, (VI 450/17), RGZ 93, 27 [28 f.]; RG, Urt. v. 12.08.1939, (II 67/39), RGZ 161, 153 [160 f.]; Biedenkopf, Vertragliche Wettbewerbsbeschränkung und Wirtschaftsverfassung, 202 ff.; Ulmer, Der Vertragshändler, 345; Woker, The Franchise Relationship, 81 f.

315 *Ellis v. Subway Franchise Systems of Canada Ltd.* 8 BLR (3d) 55, Rn. 34: „...evidence of fraud, duress or some *abuse* of inequality of bargaining power." Woker, The Franchise Relationship, 82.

316 *Machias v. Mr. Submarine Ltd.* [2002] O.J. No. 1261 Rn. 186: „the defendant enganged in a pattern of selective and inaccurate disclosure creating a grossly misleading picture of the history and financial viability of the Franchise." In dem Urteil lag des Weiteren „fraudulent misrepresentation" vor, s. Rn. 159. Siehe hierzu auch: Woker, The Franchise Relationship, 82 Fn. 54.

317 Sec. 48 Abs. 2 CPA.

318 Sec. 52 Abs. 2 Buchst. a, c, h CPA. Siehe hierzu auch: Woker, The Franchise Relationship, 109.

Bei der Überprüfung der Vertragsklauseln sollte jedoch beachtet werden, dass manche Klauseln, die von einem Ungleichgewicht zeugen, notwendig sind, um die Interessen des Franchisegebers zu schützen.[319] Des Weiteren wird ein Ungleichgewicht bei den Verhandlungspositionen zwar eine wichtige Rolle spielen bei der Entscheidungsfindung der Gerichte,[320] hierbei ist jedoch darauf zu achten, dass der Schutz der Franchisenehmer nicht zu weit ausgedehnt wird; denn bei Franchisenehmern handelt es sich, unabhängig davon, ob sie Existenzgründer sind, um selbstständige Kaufleute, die ein eigenes Geschäft aufbauen beziehungsweise führen wollen.[321] Nach dem allgemeinen südafrikanischen Vertragsrecht dürfen die Vertragsparteien außerdem ihre eigenen Interessen im Vertrag schützen, daher spricht viel dafür, dass die Gerichte den Term „fairness" weit auslegen werden und einen Franchisevertrag folglich nur für unwirksam erklären werden, wenn er stark einseitig den Franchisegeber begünstigt.[322] Gerade fehlende Bildung oder Fachkenntnisse des Franchisenehmers, wie von Sec. 52 Abs. 2 Buchst. b CPA gefordert, sollten jedoch im Hinblick auf dessen (künftige) Unternehmerstellung keine Rolle spielen. Wer sein eigenes Unternehmen aufbauen möchte und sei es im Rahmen eines Franchisesystems, sollte auch als selbstständiger Unternehmer auftreten und als solcher behandelt werden. Die Berücksichtigung fehlender Bildung einer Vertragspartei hat bei der Beurteilung eines Vertrages zwischen zwei gleichberechtigten Handelspartnern nichts verloren.

Die südafrikanische „fairness" Prüfung kann mit der Sittenwidrigkeitskontrolle im deutschen Recht verglichen werden. Das Subordinationsfranchising scheitert an letzterer jedoch grundsätzlich auch dann nicht, wenn die wirtschaftliche Entscheidungsfreiheit des Franchisenehmers in einem Franchisesystem stark eingeschränkt ist. Von einer sittenwidrigen Knebelung und damit der Nichtigkeit des Vertrages kann im deutschen Recht nur ausgegangen werden, wenn der Franchisenehmer (beinahe) keine eigene Entscheidungsbefugnis mehr hat, sondern vollständig oder nahezu vollständig dem Willen des Systemkopfes unterworfen ist.[323] Dies wäre dann der Fall, wenn der Franchisenehmer faktisch zum Angestellten in seinem eigenen Betrieb herabgestuft wird, weil er seinem Franchisegeber Einsicht in die Geschäftsbücher oder den laufenden Betrieb gewähren muss. Auch kontinuierliche Einzelanweisungen der

---

319 Woker, The Franchise Relationship, 82, 84. Siehe auch: Feldmann, in: Flohr/Wauschkuhn (Hrsg.), Kommentar Vertriebsrecht, § 138 BGB Rn. 58.

320 Siehe hierzu: *Afrox Healthcare Bpk. v. Strydom* 2002 (6) SA 21 (SCA) [35].

321 So auch: *Cancun Trading No 24 CC v. Seven-Eleven Corp SA (Pty) Ltd* (18/IR/Dez 99), 07.04.2000, Rn. 37.

322 Siehe hierzu: Woker, The Franchise Relationship, 110.

323 Siehe hierzu allgemein: RG, Urt. v. 27.05.1913, (II 625/12), RGZ 82, 308 [313]; RG, Urt. v. 15.02.1929, (II 400/28), RGZ 128, 251 [257]; RG, Urt. v. 29.07.1940, (V 199/39), RGZ 165, 1 [15]; Feldmann, in: Flohr/Wauschkuhn (Hrsg.), Kommentar Vertriebsrecht, § 138 BGB Rn. 56; Martinek/Habermeier, in: Martinek/Semler/Habermeier/Flohr (Hrsg.), Vertriebsrecht, § 27, Rn. 21; Mack, Neuere Vertragssysteme, 121; Ulmer, der Vertragshändler, 356, 420 f.; Skaupy, DB 1982, 2446 [2449].

Zentrale, denen er Folge leisten muss, die eine eigenverantwortliche Geschäftsführung praktisch verhindern, indem sie laufend auf das Finanzierungs- und Investitionskonzept Einfluss nehmen, würden hierunter fallen.[324] Ein Vertrag wird des Weiteren als sittenwidrig eingestuft, wenn er für die vielen den Franchisegeber begünstigenden und den Franchisenehmer einseitig belastenden Klauseln keinen angemessenen Ausgleich gewährt.[325] Sehr restriktive Anforderungen werden jedoch an das Missverhältnis zwischen Leistung und Gegenleistung gestellt.[326] Es ist nicht ausreichend, dass der Franchisegeber seinem Franchisenehmer den Großteil der Kosten und Risiken aufbürdet.[327] Ein auffälliges Missverhältnis kann nur dann angenommen werden, wenn der Franchisenehmer für mindestens zehn Jahre keinen Ertrag erwarten kann.[328]

Franchising ist, was „unfairness" oder Sittenwidrigkeit anbelangt, meist unproblematisch;[329] denn der Franchisegeber hat ein Interesse am Erfolg seiner Franchisenehmer, da er zum einen über die umsatzabhängige Franchisegebühr direkt von deren Erfolg profitiert und weil dubiose Geschäftspraktiken oder auch das bloße Scheitern eines Franchisenehmers zu einer Imageverschlechterung führen kann.[330] Auf der anderen Seite besteht beim Subordinationsfranchising aufgrund der Machtasymmetrie

---

324 Die Einstufung des Franchisenehmers als faktischer Arbeitnehmer führt jedoch nach Ansicht von BAG und BGH nicht unmittelbar zur Sittenwidrigkeit des Vertrages. Siehe hierzu: Martinek/Habermeier, in: Martinek/Semler/Habermeier/Flohr (Hrsg.), Vertriebsrecht, § 27, Rn. 21; BAG, Beschl. v. 16.07.1997, (5 AZB 29/96), BAGE 86, 178; BGH, Beschl. v. 04.11.1998, (VIII ZB 12/98), BGHZ 140, 11. Siehe des Weiteren: OLG Hamm, Urt. v. 02.07.1968, (4 U 46/68); LG München, Urt. v. 20.03.1985, (7 HKO 20 168/84), NJW 1985, 1906; Martinek, Franchising 301 f.; Feldmann, in: Flohr/Wauschkuhn (Hrsg.), Kommentar Vertriebsrecht, § 138 BGB Rn. 56 f.; Ulmer, der Vertragshändler, 356, 420.

325 BGH, Urt. v. 12.11.1986, (VIII ZR 280/85), BGHZ 99, 101 Rn. 10. Siehe hierzu auch: Martinek/Habermeier, in: Martinek/Semler/Habermeier/Flohr (Hrsg.), Vertriebsrecht, § 27, Rn. 22.

326 So der BGH in seiner Holiday-Inn Entscheidung bei der es jedoch nicht um Franchising, sondern um einen Betriebsführungs- oder Mangementvertrag ging, dennoch kann der Entscheidung auch Bedeutung für Franchiseverträge zugesprochen werden. BGH,Urt. v. 05.10.1981, (II ZR 203/80), NJW 1982, 1817 Rn. 67 ff. Siehe auch: Löffler, NJW 1983, 2920 [2922 f.]; Martinek/Habermeier, in: Martinek/Semler/Habermeier/Flohr (Hrsg.), Vertriebsrecht, § 27, Rn. 23.

327 BGH,Urt. v. 05.10.1981, (II ZR 203/80), NJW 1982, 1817 Rn. 79 ff. Anders jedoch dann OLG München, Urt. v. 07.03.1986, (23 U 1936/82), EWiR 1987, 853 [853 f.]; Windbichler, ZIP 1987, 825 [826 ff.]; Martinek/Habermeier, in: Martinek/Semler/Habermeier/Flohr (Hrsg.), Vertriebsrecht, § 27, Rn. 23.

328 BGH,Urt. v. 05.10.1981, (II ZR 203/80), NJW 1982, 1817 Rn. 72, 90. Martinek/Habermeier, in: Martinek/Semler/Habermeier/Flohr (Hrsg.), Vertriebsrecht, § 27, Rn. 23.

329 Woker, The Franchise Relationship, 109; Martinek/Habermeier, in: Martinek/Semler/Habermeier/Flohr (Hrsg.), Vertriebsrecht, § 27, Rn. 20.

330 Gross/Skaupy, Franchising in der Praxis, 306; Martinek, Franchising, 301; Martinek/Habermeier, in: Martinek/Semler/Habermeier/Flohr (Hrsg.), Vertriebsrecht, § 27, Rn. 20; Siehe auch: Liesegang, BB 1999, 857 [859].

immer die Gefahr, dass der Franchisenehmer ausgebeutet wird und in ein Abhängigkeitsverhältnis gerät.[331] In den USA der 70er Jahre und jetzt auch in Südafrika hat man Erfahrungen mit ausbeuterischen Franchisegebern gemacht, die leichtsinnige und unerfahrene Franchisenehmer skrupellos ausgenutzt haben. Diese Gefahr wird noch verstärkt, wenn es sich bei den Franchisenehmern nicht um erfahrene Kaufleute handelt, sondern um Existenzgründer, denen jegliche Erfahrung im wirtschaftlichen Bereich fehlt. Bei Franchiseverträgen muss daher der Vertrag im Gesamten, aber auch einzelne Klauseln, mit erhöhter Sorgfalt auf ihre Zulässigkeit überprüft werden.

3. Schwarze und graue Liste von Vertragsbedingungen

In Sec. 49 ff. CPA werden des Weiteren solche Vertragsklauseln genannt, auf die entweder besonders hingewiesen werden muss, die verboten sind oder von denen vermutet wird, dass sie missbräuchlich sind.

a. Hinweis auf bestimmte Vertragsklauseln

Auf manche zulässige Vertragsklauseln muss der Franchisegeber gemäß Sec. 49 CPA gesondert hinweisen. Hierbei geht es vor allem um Klauseln, die die Haftung des Franchisegebers einschränken oder eine Haftungs- oder Risikoübernahme zu Lasten des Franchisenehmers vorsehen. Auf sie muss so hingewiesen werden, dass ein durchschnittlicher Franchisenehmer von ihnen Kenntnis nehmen kann.[332]

b. Verbotene Vertragsbedingungen

Sec. 51 CPA enthält eine schwarze Liste von Klauseln, die nicht in einem Franchisevertrag enthalten seien dürfen. Dabei geht es vor allem um Klauseln, die die Umgehung des *Consumer Protection Act* zum Ziel haben. Auch kann die Haftung für grob fahrlässiges Verhalten des Franchisegebers nicht ausgeschlossen werden. Solche Klauseln sind nichtig und, wenn sie nicht vom übrigen Vertrag getrennt werden können, so ist der gesamte Vertrag als nichtig anzusehen.[333] Die Verwendung einer solchen Klausel stellt des Weiteren eine verbotene Verhaltensweise im Sinne des *Consumer Protection Act* dar und kann daher zur weiteren Untersuchung an die *National Consumer Commission* verwiesen werden.

c. Mutmaßlich missbräuchliche Klauseln

Der *Minister of Trade and Industry* hat aufgrund der Ermächtigung in Sec. 120 Buchst. d CPA eine nicht abschließende sogenannte graue Liste von Klauseln aufgestellt, von denen vermutet wird, dass sie missbräuchlich sind. Diese Liste gilt zwar nur für Verbraucher und gerade nicht für Franchisenehmer, allerdings kann

---

331 Martinek/Habermeier, in: Martinek/Semler/Habermeier/Flohr (Hrsg.), Vertriebsrecht, § 27, Rn. 26.

332 Woker, The Franchise Relationship, 84 f.

333 Sec. 52 Abs. 4 Buchst.a CPA. Siehe auch Woker, The Franchise Relationship, 85 f.

sie als Orientierungshilfe auch für diese herangezogen werden. Die Vermutung der Unbilligkeit greift für Franchisenehmer gerade nicht, dennoch sollten solche Klauseln sorgfältig auf ihre Wirksamkeit überprüft werden.[334] Als graue Klauseln gelten beispielsweise Klauseln, die dem Franchisegeber erlauben, einseitig den Vertrag zu ändern, zu erneuern oder nach Belieben zu kündigen, oder die Abwälzung der Produkthaftungsansprüche gegen den Franchisegeber auf den Franchisenehmer vorsehen. Auch sind Klauseln umfasst, die die Möglichkeiten einschränken juristisch gegen den Franchisegeber vorzugehen oder die die Anwendung des Rechts eines anderen Landes vorsehen.[335]

VI. Vorvertragliche Aufklärungspflichten

Sec. 29 ff. CPA legt die Grundsätze für ein faires und verantwortungsvolles Marketing fest. Diese Normen überschneiden sich mit Sec. 41 Abs. 1 CPA, der das Verbot von falschen, irreführenden oder täuschenden Angaben normiert. Ausbeuterische Franchisegeber, die durch unlautere Praktiken das Franchisekonzept missbraucht haben, führten zu einem Imageschaden des Franchisings auf der ganzen Welt.[336] Es handelt sich daher hierbei um einen der wichtigsten Problemkreise beim Franchising. Der Missbrauch des Franchisekonzeptes war der Grund dafür, weshalb Franchising in den USA und einigen europäischen Ländern wie etwa Frankreich, Italien, Spanien und Belgien einer eigenen Regelung unterworfen wurde.[337] In Deutschland greift eine Haftung auf Schadensersatz nach der *culpa in contrahendo* aufgrund einer Verletzung der vorvertraglichen Ausklärungspflicht.[338] In Südafrika waren Verletzungen der vorvertraglichen Aufklärungspflichten insbesondere bei Tankstellen-Franchiseunternehmen zu verzeichnen. Sie waren anscheinend einer

334 Woker, The Franchise Relationship, 86.

335 Für weitere Beispiele siehe Woker, The Franchise Relationship, 87.

336 Brown, Franchising: Realities and Remedies, Bd. 1, § 1.01 [2]; Gross/Skaupy, Franchising in der Praxis, 350 ff.; Skaupy, Franchising, 203 ff.; Macauly, in: Joerges (Ed.), Franchising and the Law, 179 [193 ff.]; Martinek, Franchising, 49 ff.; Schulthess, Der Franchise-Vertrag nach schweizerischem Recht, 59; Joubert, TSAR 1990, 622 [633 f.]; Martinek/Habermeier, in: Martinek/Semler/Habermeier/Flohr (Hrsg.), Vertriebsrecht, § 26, Rn. 6; Woker, The Franchise Relationship, 82.

337 Siehe hierzu: Woker, The Franchise Relationship, 112. In Frankreich ist Art. L 330–3 du Code de Commerce (ehemals Art. 1 de la loi du 31.12.1989 – Loi Doubin) einschlägig, das an die *disclosure laws* in den USA angelehnt ist. Siehe hierzu: Martinek/Habermeier, in: Martinek/Semler/Habermeier/Flohr (Hrsg.), Vertriebsrecht, § 27, Rn. 1. In Belgien gilt das Loi Laruelle, das dem französischen Franchiserecht ähnelt, das allerdings auch auf andere Verträge Anwendung findet.

338 Sieher hierzu: Martinek/Habermeier, in: Martinek/Semler/Habermeier/Flohr (Hrsg.), Vertriebsrecht, § 27, Rn. 1 ff.; Flohr, Franchiserecht, 44 ff.; Flohr, in: Flohr/Wauschkuhn (Hrsg.), Kommentar Vertriebsrecht, §§ 241, 311 BGB Rn. 14 ff.

der Gründe, warum Franchisenehmer nunmehr dem Schutz des Verbraucherschutzgesetzes unterfallen.[339]

1. *Recht auf faires und verantwortungsvolles Marketing*

Der *Consumer Protection Act* legt in Sec. 29 ff. CPA grundlegende Marketingstandards fest. Diese betreffen jedoch weniger das Verhältnis zwischen Franchisegeber und Franchisenehmer, als vielmehr deren Werbemaßnahmen gegenüber Verbrauchern. Der Franchisegeber darf nach diesen Vorschriften jedoch keine irreführenden, betrügerischen oder fehlerhaften Angaben bezüglich seines Franchisesystems machen.[340]

2. *Falsche, irreführende oder täuschende Angaben*

Sec. 41 Abs. 1 CPA kodifiziert weitestgehend das *Common Law*, das auch Ansprüche im Falle von Falschangaben oder dem Verschweigen von wesentlichen Tatsachen vorsieht. Allerdings geht Sec. 41 Abs. 1 CPA über das *Common Law* hinaus und erweitert die dort bestehende Haftung auf Übertreibungen und zweideutige Aussagen. Bloßes Aufbauschen begründet unter dem *Common Law* nämlich keine Haftung.[341]

a. „Disclosure document“

Der *Consumer Protection Act* normiert eine Pflicht des Franchisegebers, einige Angaben mindestens vierzehn Tage vor Abschluss des Franchisevertrages offenzulegen. Der *Minister of Trade and Industry* hat festgelegt, welche Informationen in jedem Fall hierunter fallen.[342] Dies lässt darauf schließen, dass Franchisegeber in manchen Situationen jedoch, darüber hinausgehend, noch zusätzliche Angaben machen müssen.[343] Die offenzulegenden Informationen sind ziemlich umfangreich und sollen dem Franchisenehmer eine fundierte Entscheidung ermöglichen. Fehlende Aufklärung war in Südafrika eines der größten Probleme beim Franchising, daher hat der südafrikanische Franchiseverband FASA seine Mitglieder bereits seit 1994 dazu verpflichtet, dem Franchisenehmer Informationsmaterial zur Verfügung zu stellen.

Die offenzulegenden Informationen umfassen: die Anzahl der Franchisenehmer sowie die Wachstumsrate der Umsätze, des Nettogewinns und des Netzwerkes im letzten Jahr. Auch muss eine Erklärung beigefügt sein, die bestätigt, dass es keine wesentlichen Änderungen in der Finanzlage des Unternehmens beziehungsweise des Franchisegebers, seit dem letzten Rechnungsprüfungsbericht über die Liquidität des Unternehmens oder des Franchisegebers, gab. Des Weiteren muss eine schriftliche

339 Siehe Woker, The Franchise Relationship, 115.

340 Diese Vorschrift steht im engen Zusammenhang mit Sec. 41 Abs. 1 CPA. Beide betreffen die vorvertragliche Aufklärung.

341 Woker, The Franchise Relationship, 82.

342 Siehe: GG No. 34180, vom 1. April 2011, Regulation 3.

343 So Woker, The Franchise Relationship, 120.

Prognose bezüglich möglicher Verkaufszahlen, Einkommen, Brutto- oder Nettogewinne oder andere wirtschaftliche Prognosen aufgestellt werden, die auch auf ähnlichen bereits bestehenden Franchiseunternehmen beruhen kann. Dabei müssen Einzelheiten zu den Annahmen, auf denen die Prognose beruht, erläutert werden.[344]

Dem „disclosure document" muss ein Zertifikat eines Buchhalters oder Wirtschaftsprüfers beigefügt sein, das die Solidität und Zahlungsfähigkeit des Franchisegebers bestätigt.[345] Auch sind eine Liste mit den Kontaktdaten der derzeitigen Franchisenehmer sowie ein Organigramm anzufügen.[346]

Beim Subordinationsfranchising besteht die Gefahr, dass Franchisegeber, die selbst nur über unzureichende finanzielle Mittel verfügen, neuen, unachtsamen Franchisenehmern einen Erfolg ihres Netzwerkes vorgaukeln, der so nicht besteht und diese dadurch dazu verlocken, hohe Eintrittsgebühren zu zahlen und weitere übertriebene Zahlungsverpflichtungen einzugehen.[347] Gerade bei Existenzgründern sind daher besonders hohe Anforderungen an die Aufklärungs- aber auch Beratungspflichten des Franchisegebers zu stellen.[348] Allerdings ist auf der anderen Seite auch zu beachten, dass der Interessent an einem Franchiseunternehmen plant, ein eigenes Geschäft zu eröffnen und als selbstständiger Kaufmann tätig zu werden. Ihm kann daher durchaus zugemutet werden, das unternehmerische Risiko selbst zu tragen und den Wert und Erfolg des Franchisesystems selbst einzuschätzen.[349]

Südafrika geht in seinen Aufklärungspflichten, insbesondere was die schriftliche Prognose bezüglich möglicher Verkaufszahlen, Einkommen, Brutto- oder Nettogewinne oder andere wirtschaftliche Prognosen angeht, sehr weit. Der Franchisegeber sollte bei Abschluss des Franchisevertrages auf jeden Fall deutlich machen, dass er keine Garantie abgibt, dass diese Prognose auch wirklich eintritt.[350] Denn bei den, diesen Prognosen naturgemäß innewohnenden, Unwägbarkeiten wäre das Haftungsrisiko zu groß. Durch die neuen, gesetzlich niedergelegten, sehr hohen

---

344 GG No. 34180, vom 1. April 2011, Regulation 3 Abs. 1.

345 GG No. 34180, vom 1. April 2011, Regulation 3 Abs. 3.

346 GG No. 34180, vom 1. April 2011, Regulation 3 Abs. 4.

347 Skaupy, BB 1988, 865 [866]; Martinek/Habermeier, in: Martinek/Semler/Habermeier/Flohr (Hrsg.), Vertriebsrecht, § 27, Rn. 2.

348 Martinek/Habermeier, in: Martinek/Semler/Habermeier/Flohr (Hrsg.), Vertriebsrecht, § 27, Rn. 2. Zu den einzelnen Pflichten siehe: Lenzen, RiW 1984, 586 [588]; Martinek, Franchising, 315; vom Dorp, WiB 1995, 285 [286]; Böhner, NJW 1994, 635 [635 f.]; Haager, WiB 1996, 377 [377]. Siehe auch: Liesegang, BB 1999, 857 [859].

349 So auch: Martinek/Habermeier, in: Martinek/Semler/Habermeier/Flohr (Hrsg.), Vertriebsrecht, § 27, Rn. 4; Flohr, in: Flohr/Wauschkuhn (Hrsg.), Kommentar Vertriebsrecht, §§ 241, 311 BGB Rn. 19 f. Siehe hierzu auch: OLG Brandenburg, Urt. v. 28.09.2005, (4 U 37/05), NJW-RR, 51 Rn. 26; OLG Düsseldorf, Urt. v. 30.06.2004, (VI-U (Kart) 40/02), abrufbar über juris, Rn. 47 f.; OLG Schleswig-Holstein, Beschl. v. 22.01.2008, (1 W 27/07), abrufbar über juris, Rn. 4; Flohr, ZVertriebsR 2013, 71 [73]; Lapp, in: jurisPK-BGB, § 311 BGB, Rn. 58; Böhner, BB 2011, 2248 [2251 f.]. A. A.: Flohr, BB 2006, 389 [392]; Flohr, Franchise-Vertrag, 14.

350 So auch: Woker, The Franchise Relationship, 118.

Anforderungen an die Aufklärungspflichten besteht außerdem die Gefahr, dass der Systemkopf von der Ausweitung seines Systems gänzlich absieht, was auch die Innovationskraft schmälern würde.[351] Die Richter sollten auf jeden Fall nicht von dem Nichteintreten der Prognose oder auch dem Scheitern des Franchisenehmers auf eine Täuschung des Franchisegebers schließen. Hierdurch würde dem Franchisenehmer letztlich eine Erfolgsgarantie auf Kosten des Franchisegebers zugestanden.[352]

b. Falsche Angaben („false representation")

Sollten die Angaben aus dem „disclosure document" falsch sein, dann kann davon ausgegangen werden, dass falsche Angaben i. S. d. Sec. 41 Abs. 1 Buchst. a CPA gemacht wurden. Ein Schweigen kann als Teil der Verhandlungsstrategie erlaubt sein. Die Vertragsparteien haben nicht die Pflicht alles offenzulegen.[353] Sollten die Verhandlungen jedoch einen Punkt erreichen, ab dem ein Schweigen als unredlich angesehen wird, wird eine Pflicht zur Offenlegung angenommen und es liegt somit ein Fall einer arglistigen Täuschung vor.[354]

Dem Franchisenehmer obliegt die Beweislast, dem Franchisegeber eine Aufklärungspflicht nachzuweisen. Zur Beurteilung, ob eine solche Pflicht besteht, wird die rechtliche Überzeugung der Gesellschaft zugrunde gelegt.[355] Der Franchisegeber haftet dabei auch, sollte er fahrlässig unterlassen haben, die Richtigkeit seiner Angaben zu überprüfen[356] oder wenn er fahrlässig unterlassen hat, Angaben offenzulegen, die er jedoch hätte offenlegen müssen.[357]

---

351 Martinek/Habermeier, in: Martinek/Semler/Habermeier/Flohr (Hrsg.), Vertriebsrecht, § 27, Rn. 4.

352 Siehe hierzu: Martinek/Habermeier, in: Martinek/Semler/Habermeier/Flohr (Hrsg.), Vertriebsrecht, § 27, Rn. 3; Flohr, in: Flohr/Wauschkuhn (Hrsg.), Kommentar Vertriebsrecht, §§ 241, 311 BGB Rn. 14; Braun, NJW 1995, 504 [505]; Haager, WiB 1996, 377 [378]; Lenzen, RiW 1984, 586 [588].

353 Siehe: *Absa Bank Ltd. v. Fouche* 2003 (1) SA 176 (SCA) [181]: „...it is not the norm that one contracting party need tell the other all he knows about anything that may be material."

354 *Marais v. Edlman* 1934 CPD 212 [215]; *Dibley v. Furter* 1951 (4) SA 73 (C) [88 f.]; *Cloete v. Smithfield Hotel (Pty.) Ltd.* 1955 (2) SA 622 (O) [624]; *Pretorius v. Natal South Sea Investment Trust Ltd.* 1965 (3) SA 410 (W) [418]. Siehe auch: Woker, The Franchise Relationship, 120.

355 *Absa Bank Ltd. v. Fouche* 2003 (1) SA 176 (SCA) [180]: „...one uses the legal convictions of the community as the touchstone". Siehe auch: *Dibley v. Furter* 1951 (4) SA 73 (C) [86]; *Pretorius v. Natal South Sea Investment Trust Ltd.* 1965 (3) SA 410 (W) [418], die jedoch die Ansicht einer „honest person" heranziehen. Woker, The Franchise Relationship, 120 f.

356 *Bayer South Africa (Pty.) Ltd. v. Frost* 1991 (4) SA 559 (A) [575].

357 *Absa Bank Ltd. v. Fouche* 2003 (1) SA 176 (SCA) [180]. Siehe hierzu auch: Woker, The Franchise Relationship, 121.

c. Tatsachen

Die falschen Angaben müssen Tatsachen betreffen, denn grundsätzlich sind Meinungsäußerungen, auch wenn sie sich als unrichtig herausstellen, erlaubt und führen zu keiner Haftung.[358] Allerdings muss der die Meinung Äußernde an deren Richtigkeit zumindest glauben. Sollte dies nicht der Fall sein, haftet er wegen Täuschung.[359]

d. Täuschung über wesentliche Tatsachen

Die falschen Angaben beziehungsweise die fehlende Aufklärung muss eine wesentliche Tatsache betreffen.[360] Wesentlich sind solche Tatsachen, zu deren Offenlegung der Franchisegeber nach dem *Consumer Protection Act* verpflichtet ist.[361] Wie schon unter dem *Common Law* kann der Franchisenehmer die Erheblichkeit auch darlegen, indem er nachweist, dass die Tatsache erheblich zu seiner Entscheidung beigetragen hat, den Franchisevertrag abzuschließen.[362] Zu den wichtigsten Informationen, für die eine Aufklärungspflicht besteht, zählen etwa die Erfolgsaussichten des Franchisekonzepts sowie die vom Franchisenehmer aufzubringenden Kosten, insbesondere auch, was die Ausstattung angeht.[363]

e. Ursächlichkeit der Täuschung für den Vertragsschluss

Letzte Voraussetzung ist, dass die Täuschung ursächlich für die Entscheidung des Franchisenehmers, den Vertrag abzuschließen, gewesen sein muss.[364] Sollte der Franchisenehmer bis zum Vertragsschluss von der Wahrheit Kenntnis erlangt haben, so kann er sich nicht auf eine Täuschung berufen.[365]

---

358 *Lamb v. Walters* 1926 AD 358 [363 f.]

359 *Van Heerden v. Smith* 1956 (3) SA 273 (O) [276]; *Feinstein v. Niggli* 1981 (2) SA 684 (A) [696]. Siehe auch: Woker, The Franchise Relationship, 121 f.

360 Christie/Bradfield, The Law of Contract in South Africa, 291.

361 Woker, The Franchise Relationship, 123.

362 Siehe zum *Common Law*: *Seven Eleven Corporation of SA (Pty.) Ltd. v. Cancun Trading No. 150 CC* 2005 (5) SA 186 (SCA) [197 f.]. Siehe auch: Woker, The Franchise Relationship, 120, 123 f.

363 Woker, The Franchise Relationship, 113 ff.; Martinek/Habermeier, in: Martinek/Semler/Habermeier/Flohr (Hrsg.), Vertriebsrecht, § 27, Rn. 1. Siehe auch: *Academy of Learning (Pty.) Ltd. v. Hancock* 2001 (1) SA 941 (C).

364 *Seven Eleven Corporation of SA (Pty.) Ltd. v. Cancun Trading No. 150 CC* 2005 (5) SA 186 (SCA) [197 f.]. Siehe zum deutschen Recht: BGH, Urt. v. 28.03.1990, (VIII ZR 169/89), BGHZ 111, 75 Rn. 18; OLG Rostock, Urt. v. 29.06.1995, (1 U 293/94), abrufbar über juris, Rn. 68 f.

365 *Poole and McLennan v. Nourse* 1918 AD 404 [420]. Siehe auch: Woker, The Franchise Relationship, 124.

f. Falsche, irreführende oder täuschende Angaben des Franchisenehmers

Täuschungen respektive Verletzungen der vorvertraglichen Aufklärungspflichten durch den Franchisenehmer sind durch den *Consumer Protection Act* nicht geregelt. Zu denken wäre etwa an Informationen über die beruflichen Qualifikationen, persönlichen Eigenschaften oder auch finanziellen Mittel des Franchisenehmers.[366] Hier gilt also weiterhin das *Common Law*, das im Falle einer Verletzung dem Franchisegeber allerdings hinreichenden Schutz gewährt.

VII. Recht auf den Marktwert, gute Qualität und Sicherheit

Unter der Überschrift „Marktwert, gute Qualität und Sicherheit" finden sich Vorschriften zum Gewährleistungs- und Produkthaftungsrecht.

1. Qualität der Ware oder Dienstleistung

Sec. 54 Abs. 2 CPA gibt dem Franchisenehmer ein Wahlrecht zwischen Nachbesserung und Minderung, sollte der Franchisegeber eine Dienstleistung (beispielsweise eine Schulung) nicht rechtzeitig oder mangelhaft erbringen. Sec. 56 CPA normiert ein Sachmängelrecht. Der Franchisenehmer hat das Recht mangelhafte Waren innerhalb von sechs Monaten nach Kauf auf Kosten des Franchisegebers zurückzuschicken. Der Franchisegeber hat dann die Wahl, ob er nacherfüllt, d. h. den Mangel beseitigt oder einen mangelfreien Ersatz liefert, oder den Kaufpreis zurückzahlt. Diese Regelungen ähneln dem europäischen Verbraucherrecht, das jedoch gerade nicht für Existenzgründer und erst Recht nicht im Verhältnis zwischen zwei Unternehmern gilt.[367]

2. Produkthaftung

In Sec. 61 CPA ist ein Produkthaftungsrecht normiert. Danach haftet der Franchisegeber verschuldensunabhängig für Schäden (Tod, Körperverletzung, Sachbeschädigung und wirtschaftliche Schäden), die durch die Lieferung mangelhafter Waren beim Kunden des Franchisenehmers entstehen. Umfasst sind jedoch nicht Schäden, die dem Franchisenehmer durch Rückrufaktionen entstehen oder die ihm dadurch entstehen, dass er die mangelhafte Ware nicht mehr verkaufen kann.[368] Hier könnte jedoch das *Common Law* Anwendung finden.[369]

---

366 Siehe: Martinek/Habermeier, in: Martinek/Semler/Habermeier/Flohr (Hrsg.), Vertriebsrecht, § 27, Rn. 1.

367 Siehe hierzu die bereits oben genannte Entscheidung des EuGHs vom 03.07.1997, Rs. C-269/95, „Benincasa/Dentalkit", Slg. 1997 S. I-3767, Rn. 17.

368 Weil die sechs monatige Frist zur Geltendmachung von Gewährleistungsrechten abgelaufen ist.

369 So Woker, The Franchise Relationship, 89 mit Verweis auf: *Freddy Hirsch Group (Pty.) Ltd. v. Chickenland (Pty.) Ltd.* 2011 (4) SA 276 (SCA) [293 ff.].

Die Haftung des Franchisegebers scheidet jedoch aus, wenn er nachweisen kann, dass der Fehler im Produkt zum Zeitpunkt der Lieferung der Ware an den Franchisenehmer nicht bestand.[370] Sie ist auch dann ausgeschlossen, wenn der Franchisegeber selbst nicht Hersteller oder Importeur, sondern nur Lieferant der Produkte ist und es ihm nicht zumutbar war, den Fehler zu entdecken.[371]

VIII. Franchising und das Vertragsrecht des Common Law

Die Regelungen im *Consumer Protection Act* betreffen vor allem die vorvertragliche Aufklärung. Sollten diese Vorschriften eingehalten werden, dann ist es für den Franchisenehmer schwierig, gegen den Vertrag mit seinem Franchisegeber vorzugehen. Dies entspricht dem Grundgedanken des *Common Law*, welches nach wie vor auf Franchiseverträge in den Bereichen Anwendung findet, bezüglich derer der *Consumer Protection Act* keine Regelung enthält.

1. Das Prinzip „pacta sunt servanda"

Grundsätzlich gilt in Südafrika das Prinzip *pacta sunt servanda*, wonach Verträge, die frei geschlossen wurden, nur schwer verändert oder gar aufgehoben werden können.[372] Es gilt weiterhin der Grundsatz der Vertragsfreiheit, so dass die Parteien den Inhalt des Vertrages im Rahmen der gesetzlichen Regelungen frei bestimmen können.[373] An diese Verträge sind die Vertragsparteien dann auch grundsätzlich gebunden.[374] Der *Constitutional Court* hat betont: „the maxim *pacta sunt servanda*... gives effect to the central constitutional values of freedom and dignity. Self-autonomy, or the ability to regulate one's own affairs, even to one's own detriment, is the very essence of freedom and a vital part of dignity."[375]

---

370 Sec. 61 Abs. 4 Buchst. b CPA.

371 Sec. 61 Abs. 4 Buchst. c CPA.

372 *Sasfin (Pty.) Ltd. v. Beukes* 1989 (1) SA 1 (A); *Barkhuizen v. Napier* 2007 (5) SA 323 (CC); *Bredenkamp v. Standard Bank of South Africa* Ltd 2010 (4) SA 468 (SCA); *Maphango v. Aengus Lifestyle Properties (Pty.) Ltd.* 2011 (5) SA 19 (SCA). Sieher hierzu auch: Woker, The Franchise Relationship, 100.

373 *Osry v. Hirsch, Luubser & Co., Ltd.* 1922 CPD 531 [546]; *SA Sentrale Ko-Op Graanmaatskappy Bpk v. Shifren* 1964 (4) SA 760 (A); *Olsen v. Standaloft* 1983 (2) SA 668 (ZS) [673]; *Magna Alloys and Research (SA) (Pty) Ltd v. Ellis* 1984 4 SA 874 (A) [893].

374 Siehe *Wells v. South African Alumenite Co.* 1927 AD 69 [73], dabei das englische Urteil *Printing Registering Co. v. Sampson* L.R. (1875) 19 Eq. 462 [466] zitierend: „If there is one thing which, more than another, public policy requires, it is that men of full age and competent understanding shall have the utmost liberty of contracting, and that their contracts, when entered into freely and voluntarily, shall be held sacred and shall be enforced by courts of justice."

375 *Barkhuizen v. Napier* 2007 (5) SA 323 (CC) [341].

Auch wenn eine Vertragspartei, den Vertrag nicht gelesen oder zwar gelesen, aber nicht verstanden hat, bedeutet dies nicht, dass sie nicht an ihn gebunden ist.[376] Allerdings gibt es auch hier Ausnahmen, etwa wenn die andere Partei weiß, dass der Vertragspartner einen Fehler macht[377] oder eine Täuschung vorliegt.[378] Des Weiteren muss eine Vertragspartei, wenn sie ungewöhnliche Klauseln verwendet, diese näher erläutern.[379] Diese Grundsätze des *Common Law* zum Schutz des Franchisenehmers wurden durch den *Consumer Protection Act* noch erweitert und verstärkt. Wie bereits oben erläutert, wurden die vorvertraglichen Aufklärungspflichten des Franchisegebers ausgeweitet; auch besteht die Möglichkeit, dass Klauseln unwirksam sind, weil sie unbillig („unfair") sind. Der Franchisegeber muss daher sichergehen, dass er gute Gründe hat, wenn er bestimmte Klauseln, die den Franchisenehmer eventuell benachteiligen, in den Vertrag aufnimmt. Er muss auch darauf achten, dass er seinen Franchisenehmer auf gewisse Klauseln hinweist. Die Pflichten des Franchisegebers gehen jedoch nicht so weit, dass er sicherstellen muss, dass der Franchisenehmer die Verpflichtungen, die er eingeht, in ihrer vollen Tragweite erfasst. Der Franchisenehmer ist ein unabhängiger selbstständiger Unternehmer und trägt daher auch selbst die Verantwortung für die Verträge, die er unterschreibt.[380]

2. *Guter Glaube*

Bei der Ausführung eines Vertrages wird von den Parteien nach den Grundsätzen des *Common Law* erwartet, dass sie in „good faith", also im guten Glauben, handeln und „ubuntu", was man mit Menschlichkeit übersetzen könnte,[381] beachten. Gerade bei Dauerschuldverhältnissen, wie dem Franchisevertrag, können die Parteien bei Vertragsschluss nicht jede Situation vorhersehen. Die Formulierungen im Vertrag sind daher meist sehr weit gefasst. Sollte der Vertrag jedoch keine Angaben bezüglich einer bestimmten Situation enthalten oder mehrdeutig sein, so kann der

---

376 Siehe Woker, The Franchise Relationship, 102, die auf das englische Urteil *Smith v. Hughes* (1871) LR 6 QB 597 [607] verweist: „If, whatever a man's real intention may be, he so conducts himself that a reasonable man would believe that he was assenting to the terms proposed by the other party, and that other party upon that belief enters into the contract with him, the man thus conducting himself would be equally bound as if he had intended to agree to the other party's terms." Siehe auch das südafrikanische Urteil: *George v. Fairmead (Pty.) Ltd.* 1958 (2) SA 465 (A).

377 *Horty Investments (Pty.) Ltd. v. Interior Acoustics (Pty.) Ltd.* 1984 (3) SA 537 (W); *Fourie No. v. Hansen* 2001 (2) SA 823 (W).

378 *Dlovo v. Brian Porter Motors Ltd.* t/a *Port Motors Newlands* 1994 (2) SA 518 (C).

379 *Brink v. Humphries & Jewell (Pty.) Ltd.* 2005 (2) SA 419 (SCA); *Constantia Insurance Co. Ltd. v. Compusource (Pty.) Ltd.* 2005 (4) SA 345 (SCA). Siehe hierzu auch: Woker, The Franchise Relationship, 102 f.

380 So auch Woker, The Franchise Relationship, 103.

381 „Ubuntu" ist ein Wort aus den Bantu-Sprachen, zu denen auch Zulu und Xhosa gehört. Siehe zu der Philosophie des „ubuntu": http://en.wikipedia.org/wiki/Ubuntu_%28philosophy%29 (08.09.2014).

Vertrag nach den Grundsätzen von Treu und Glauben ausgelegt werden.[382] „Good faith" schließt also die Lücken im Vertrag.[383] Der Franchisenehmer kann sich nicht auf guten Glauben berufen, wenn der Franchisegeber sich an den Wortlaut des Vertrages hält.[384]

3. *Öffentliche Ordnung*

Eine Ausnahme von dem Prinzip *pacta sunt servanda* ist dann möglich, wenn der Vertrag gegen die öffentliche Ordnung („public policy") verstößt. Dies wäre dann der Fall, wenn entweder die Klausel nicht mit der öffentlichen Ordnung vereinbar ist oder wenn sie zwar zumutbar ist, ihre Durchsetzung in der konkreten Situation jedoch gegen die öffentliche Ordnung verstößt.[385] Eine auf „public policy" gegründete Ausnahme ist jedoch nur in den seltensten Fällen möglich, wenn der öffentliche Schaden offensichtlich ist.[386]

Franchiseverträge dürften, trotz der dem Subordinationsfranchising inhärenten Machtasymmetrie, selten gegen „public policy" verstoßen. Auch Klauseln zum Nachteil des Franchisenehmers dürften in den meisten Fällen zum Schutz der Interessen des Franchisegebers notwendig sein.[387] Insoweit kann auf die Diskussion zur Unbilligkeit von Vertragsklauseln verwiesen werden.[388]

IX. Die Beendigung des Franchisevertrages

Klauseln in einem Franchisevertrag, die die Beendigung desselben betreffen, sind von besonderer Relevanz, da die wirtschaftliche Existenz des Franchisenehmers

---

382 Siehe *South African Forestry Co. Ltd. v. York Timbers Ltd.* 2005 (3) SA 323 (SCA); *Silent Pond Investments CC v. Woolworths (Pty) Ltd* 2011 (6) SA 343 (D); *Everfresh Market Virginia (Pty.) Ltd. v. Shoprite Checkers (Pty.) Ltd.* 2012 (1) SA 256 (CC).

383 Woker, The Franchise Relationship, 104.

384 So jedoch die Hoffnung der Kommentatoren nach Einführung der *Constitution* und dem Gleichbehandlungsgrundsatzes. Diese waren der Ansicht, dass die Gerichte unfaire Verträge auf Grundlage von „duty of good faith" für unwirksam erklären sollten. Siehe: Christie/Bradfield, The Law of Contract in South Africa, 17. Für eine solche Auslegung auch: Woker, The Franchise Relationship, 104. Allerdings haben sich die Gerichte gegen eine solche Auslegung entschieden: *Brisley v. Drotsky* 2002 (4) SA 1 (SCA) [15]; *Napier v. Barkhuizen* 2006 (4) SA 1 (SCA), bestätigt durch: *Barkhuizen v. Napier* 2007 (5) SA 323 (CC) [347 f.]; *Bredenkamp v. Standard Bank of South Africa* Ltd 2010 (4) SA 468 (SCA); *Maphango v. Aengus Lifestyle Properties (Pty.) Ltd.* 2011 (5) SA 19 (SCA).

385 *Barkhuizen v. Napier* 2007 (5) SA 323 (CC) [341].

386 *De Beer v. Keyser* 2002 (1) SA 827 (SCA); *Juglal No. v. Shoprite Checkers (Pty) Ltd t/a Ok Franchise Division* 2004 (5) SA 248 (SCA) [261]; *Tamarillo (Pty.) Ltd. v. B. N. Aitken (Pty.) Ltd.* 1982 (1) SA 398 (A) [436].

387 Woker, The Franchise Relationship, 82, 84, 107.

388 Siehe oben: Kapitel 2, 5. Teil, C V 2.

meist von dem Fortbestehen der Kooperation mit dem Franchisegeber abhängt.[389] Denn das Unternehmen, das der Franchisenehmer aufgebaut hat, kann selbstständig ohne Eingliederung in das Franchisesystem nicht weiter bestehen. In der Regel sind kostenträchtige und zeitintensive Änderungen notwendig, um das Gebäude und die Ausstattung des Betriebes, die nach den Vorgaben des Franchisegebers gestaltet sind, umzubauen. Getätigte Investitionen in diesem Bereich sind nunmehr wertlos.[390] Manchmal wird ein Umbau gänzlich unmöglich sein, so dass dem Franchisenehmer nichts anderes übrig bleibt, als das Gebäude und die Ausstattung notgedrungen an den Franchisegeber zu verkaufen und der diese Notsituation ausnutzen kann, um den Preis entsprechend zu drücken.[391]

Eine Beendigung des Vertrages durch den Franchisegeber beruht nicht immer auf schlechten Absatzzahlen des Franchisenehmers oder einer notwendigen Umstrukturierung des Systems, vielmehr kommt es oftmals vor, dass der Franchisegeber selbst in diesem Gebiet tätig werden möchte, um von dem vom Franchisenehmer aufgebauten Kundenkreis über eine eigene Filiale zu profitieren und damit letztlich seinen Gewinn zu erhöhen. Nicht selten wird ein Franchisesystem auch nur als ein Zwischenschritt zu einem Filialsystem genutzt.[392]

Der Franchisevertrag muss nunmehr zwingend Regelungen zur Vertragsbeendigung und Verlängerungsklauseln enthalten.[393] Wie diese konkret auszusehen haben, dazu macht der *Consumer Protection Act* jedoch keinerlei Vorgaben.

1. Verlängerungsklausel

Franchiseverträge werden zumeist für eine bestimmte Zeitspanne, beispielsweise für drei, fünf oder zehn Jahre, geschlossen.[394] Sobald diese Zeitspanne abgelaufen ist, endet der Vertrag. Es besteht keine gesetzliche Pflicht zur Verlängerung des

389 Pollmüller, in: Ahlert (Hrsg.), Vertragliche Vertriebbssysteme, 125 [196]; Gross/Skaupy, Franchising in der Praxis, 322 ff.; Mack, Neuere Vertragssysteme, 143; Enghusen, Rechtliche Probleme der Franchiseverträge, 178 ff.; Schulthess, Der Franchise-Vertrag nach schweizerischem Recht, 118; Martinek, Franchising, 322; Martinek, Moderne Vertragstypen Bd. II, 117 ff.; Martinek/Habermeier, in: Martinek/Semler/Habermeier/Flohr (Hrsg.), Vertriebsrecht, § 29, Rn. 1; Woker, The Franchise Relationship, 128.

390 Martinek/Habermeier, in: Martinek/Semler/Habermeier/Flohr (Hrsg.), Vertriebsrecht, § 29, Rn. 1; Woker, The Franchise Relationship, 128.

391 Woker, The Franchise Relationship, 128.

392 Martinek/Habermeier, in: Martinek/Semler/Habermeier/Flohr (Hrsg.), Vertriebsrecht, § 29, Rn. 2; Woker, The Franchise Relationship, 136 f.

393 GG No. 34180, vom 1. April 2011, Regulation 2 Abs. 3 Buchst. l, Buchst. o, Buchst. v.

394 Martinek/Habermeier, in: Martinek/Semler/Habermeier/Flohr (Hrsg.), Vertriebsrecht, § 29, Rn. 5. Sehr kritisch diesbezüglich: Woker, The Franchise Relationship, 130.

Vertrages. Sollte eine Vertragsverlängerung allerdings nicht möglich sein, so muss der Franchisegeber dies nunmehr ausdrücklich im Vertrag niederlegen.[395]

Sollten die Vertragsparteien nach Ablauf des Franchisevertrages die Beziehungen ohne erneute Vereinbarung fortsetzen, so gilt der Vertrag als stillschweigend verlängernd[396] und dies auf unbestimmte Zeit, so dass zur Beendigung des Vertrages eine Kündigung unter Berücksichtigung einer angemessenen Kündigungsfrist notwendig ist.[397]

2. *Außerordentliche Kündigung*

Eine außerordentliche Kündigung ist nach den Regelungen des *Common Law* wegen ernsthafter Vertragsverletzung möglich.[398] Zur Beurteilung, ob eine Vertragsverletzung ernsthaft ist, ist eine Abwägung der Parteiinteressen notwendig.[399] Allerdings konnte bislang im Vertrag vereinbart werden, dass irgendein Vertragsbruch ausreicht, so dass dann auch wegen geringfügiger Verletzung des Vertrages gekündigt werden konnte.[400] In Südafrika, waren solche Klauseln regelmäßig in Franchiseverträgen enthalten und waren unter dem *Common Law* wirksam.[401] Sie könnten jedoch nunmehr auf Grundlage von Sec. 48 i. V. m. Sec. 52 CPA als unbillige Vertragsklauseln eingestuft werden und damit unwirksam sein. Auch wäre es denkbar eine Kündigung des Franchisevertrages durch den Franchisegeber wegen

---

395 GG No. 34180, vom 1. April 2011, Regulation 2 Abs. 3 Buchst. o.

396 Siehe: *Golden Fried Chicken (Pty.) Ltd. v. Sirad Fast Foods CC* [2002] 2 All SA 551 (A) Rn. 4, darin wird von einer stillschweigenden Verlängerung ausgegangen. Bei einem Mietvertrages besteht im Falle einer stillschweigenden Verlängerung eine Vermutung des Neuabschlusses des Vertrages, siehe: *Doll House Refreshments (Pty.) Ltd. v. O'Shea* 1957 (1) SA 345 (T) [348]. Siehe auch: Woker, The Franchise Relationship, 131. Anders jedoch wohl in Deutschland. Dort wäre eine „stillschweigende Verlängerung“ zwar gem. §§ 675, 625 BGB möglich, allerdings hat § 89 Abs. 3 HGB Vorrang und dieser schließt eine stillschweigende Verlängerung aus. Siehe hierzu: Martinek/Habermeier, in: Martinek/Semler/Habermeier/Flohr (Hrsg.), Vertriebsrecht, § 29, Rn. 7.

397 So andeutungsweise: *Golden Fried Chicken (Pty.) Ltd. v. Sirad Fast Foods CC* [2002] 2 All SA 551 (A) Rn. 5. Siehe auch: *Juglal No. v. Shoprite Checkers (Pty) Ltd t/a Ok Franchise Division* 2004 (5) SA 248 (SCA); Woker, The Franchise Relationship, 131 f.

398 Christie/Bradfield, The Law of Contract in South Africa, 132.

399 *Singh v. McCarthy Retail Ltd (t/a McIntosh Motors)* 2000 (4) SA 795 (SCA).

400 *Oatorian Properties (Pty.) Ltd. v. Maroun* 1973 (3) SA 779 (A) [785]: „By this clause the respondent explicitly reserved to himself the right to cancel the lease on a breach of a material condition of the lease. Once there is such a breach, the materiality of the breach is irrelevant."

401 Woker, The Franchise Relationship, 133. Siehe auch die Urteile: *Unilever South Africa Ice Cream (Pty.) Ltd. (Known as Ola South Africa (Pty.) Ltd.) v. Jepson* 2008 (2) SA 456 (C); *Cash Converters Southern Africa (Pty.) Ltd. v. Rosebud Western Province Franchise (Pty.) Ltd.* 2002 (5) SA 494 (SCA).

einer nur geringfügigen Vertragsverletzung als „unconscionable conduct" nach Sec. 40 Abs. 1 CPA einzustufen.

Das *Common Law* war zu weitgehend, da es eine nicht tragbare Härte für den Franchisenehmer bedeutet, wenn er aufgrund einer Kündigung wegen einer geringfügigen Vertragsverletzung seine wirtschaftliche Existenz verliert. Hinzu kam, dass die Kündigungsfrist meist vertraglich durch den Franchisegeber festgelegt wurde und damit sehr kurz sein konnte. Der *Consumer Protection Act* behebt diese Unzulänglichkeit. Allerdings sollte auch im Rahmen des *Consumer Protection Act* nicht vorschnell geurteilt werden, sondern immer auch das Interesse des Franchisegebers und auch der anderen Franchisenehmer an der Aufrechterhaltung des Franchiseimages berücksichtigt werden. Es ist Aufgabe des Franchisegebers, seine Franchisenehmer zu überwachen und Franchisenehmer, die sich nicht an die Vorgaben und Qualitätsstandards halten, zu rügen und ihnen letztlich zu kündigen, um Schaden für das Netzwerk zu verhindern.[402] Sollte ein Franchisenehmer wiederholt gegen vorgeschriebene Verfahrensrichtlinien des Franchises verstoßen, so ist eine fristlose Kündigung durchaus angemessen.[403] Bei einem Umsatzrückgang oder einem Nichterreichen der geforderten Umsatzhöhe sind jedoch deutlich höhere Anforderungen zu stellen. Dabei müssen auch die Umsätze in vergleichbaren Unternehmen sowie die wirtschaftliche Lage des Sektors berücksichtigt werden. Erst wenn der Franchisenehmer hinter diesen deutlich zurückbleibt, sollte eine außerordentliche Kündigung zulässig sein.[404]

3. Die nachvertragliche Abwicklung von Franchiseverträgen

Der *Consumer Protection Act* schreibt vor, dass Franchiseverträge Klauseln enthalten müssen, die regeln, wie mit dem Goodwill nach Vertragsende zu verfahren ist.[405] Allerdings gibt es keinerlei Regelung bezüglich eines Ausgleichsanspruches. Auch das *Common Law* ist hierzu, soweit ersichtlich, wenig entwickelt. Ein Ausgleichsanspruch des Franchisenehmers für den aufgebauten Kundenstamm wurde bislang

---

402 So auch: Woker, The Franchise Relationship, 135 f.

403 So etwa die deutsche Rechtsprechung: BGH, Urt. v. 03.10.1984, (VIII ZR 118/83), DB 1985, 35 [35 f.]. Der BGH hatte in diesem Fall entschieden, dass aufgrund der Einheitlichkeit des Systems Abweichungen von den Systemstandards nur in einem engen Rahmen möglich sind. Siehe auch: Böhner, NJW 1985, 2811 [2811 f.]; Martinek/Habermeier, in: Martinek/Semler/Habermeier/Flohr (Hrsg.), Vertriebsrecht, § 29, Rn. 24.

404 So die deutsche Rechtsprechung, allerdings bezüglich eines Handelsvertretervertrages: BGH, Urt. v. 20.02.1958, (II ZR 20/57), DB 1958, 894 [894]; siehe auch: Martinek/Habermeier, in: Martinek/Semler/Habermeier/Flohr (Hrsg.), Vertriebsrecht, § 29, Rn. 23; Mack, Neuere Vertragssysteme, 136 f.; Martinek, Moderne Vertragstypen Bd. II, 129.

405 GG No. 34180, vom 1. April 2011, Regulation 2 Abs. 3 Buchst. v.

nicht gewährt.[406] Das Gericht in *U-Drive Franchise Systems (Pty) Ltd. v. Drive Yourself (Pty) Ltd* hat jedoch entschieden, dass der vom Franchisenehmer aufgebaute Kundenstamm ihm gehört.[407] Das Gericht hat daraus geschlossen, dass das nachvertragliche Wettbewerbsverbot unwirksam ist, so dass der Franchisenehmer weiterhin sein Geschäft (allerdings unter einem anderen Namen) fortführen konnte.[408]

Woker weist darauf hin, dass Franchisenehmer im Franchisevertrag sicherstellen sollten, dass sie nach Beendigung des Vertrages den Marktwert ihres Geschäfts bekommen sollten.[409] Dabei geht es ihr wohl darum zu verhindern, dass der Franchisegeber am Ende der Vertragslaufzeit einen sogenannten *fire-sale price* verlangt, weil der Franchisenehmer notgedrungen an ihn verkaufen muss.[410] In Ermangelung einer gesetzlichen Regelung ist die Aufnahme einer solchen Klausel in den Vertrag für den Franchisenehmer in der Tat die einzige Möglichkeit. Da die meisten Verträge vom Franchisegeber formuliert werden, ist es jedoch fraglich, ob eine solche Klausel in Zukunft zur Regel wird. Eine Regelung durch den Gesetzgeber im *Consumer Protection Act* wäre daher wünschenswert und zum Schutz des Franchisenehmers auch notwendig gewesen.

Denkbar und empfehlenswert wäre ein Ausgleichsanspruch für den durch den Franchisenehmer aufgebauten Goodwill, wie ihn etwa die österreichischen Gerichte anerkannt haben.[411] Auch in Deutschland wird von der Literatur und obergerichtlichen Rechtsprechung ein Ausgleichsanspruch für den Franchisenehmer in Analogie zu der Vorschrift im Handelsvertreterrecht, § 89b HGB, angenommen.[412]

---

406 *Tamarillo (Pty.) Ltd. v. B. N. Aitken (Pty.) Ltd.* 1982 (1) SA 398 (A) [438]; *U-Drive Franchise Systems (Pty.) Ltd. v. Drive Yourself (Pty.) Ltd.* 1976 (1) SA 137 (D).

407 *U-Drive Franchise Systems (Pty.) Ltd. v. Drive Yourself (Pty.) Ltd.* 1976 (1) SA 137 (D) [142]: „the customer connections built up by the respondent [hier: der Franchisenehmer] whilst using the applicant's name [hier: der Franchisegeber] ... must be regarded as the respondents' 'property'". Anmerkungen in eckigen Klammer sind solche des Verfassers.

408 *U-Drive Franchise Systems (Pty.) Ltd. v. Drive Yourself (Pty.) Ltd.* 1976 (1) SA 137 (D) [145 ff.]. Siehe hierzu auch: Woker, The Franchise Relationship, 139 f.

409 Woker, The Franchise Relationship, 140.

410 Woker, The Franchise Relationship, 128.

411 OGH, 10.04.1991, (9 Ob A8, 9/91); OGH, 17.12.1997, (9 Ob 2065/96h); Martinek/Habermeier, in: Martinek/Semler/Habermeier/Flohr (Hrsg.), Vertriebsrecht, § 29, Rn. 80; a. A.: Liebscher/Petsche, in: FS Skaupy, 193 [197 ff].

412 OLG Celle, Urt. v. 19.04.2007, (11 U 279/06), BB 2007, 1862 [1863 f.]; Flohr, BB 2007, 1865 [1866]; Martinek/Habermeier, in: Martinek/Semler/Habermeier/Flohr (Hrsg.), Vertriebsrecht, § 29, Rn. 72; Wauschkuhn, in: Flohr/Wauschkuhn (Hrsg.), Kommentar Vertriebsrecht, § 89b HGB, Rn. 418; Skaupy, Franchising, 142 ff.; Gross/Skaupy, Franchising in der Praxis, 325; Mack, Neuere Vertragssysteme, 139 ff.; Pollmüller, in: Ahlert (Hrsg.), Vertragliche Vertriebssysteme, 125 [198, 202 ff.]; Enghusen, Rechtliche Probleme der Franchiseverträge, 181 f.; Weber, JA 1983, 347 [353]; Tietz/Mathieu, Das Franchising als Kooperationsmodell, 297 f.; Köhler, NJW 1990, 1689 [1690 ff.]; Matthießen, ZIP 1988, 1089 [1095 f.]; Eckert, WM 1991, 1237

Dem Vertragshändler wurde ein solcher Anspruch schon höchstrichterlich zugestanden.[413] Es spricht vieles dafür dem Franchisenehmer einen Ausgleichsanspruch zuzugestehen;[414] denn es ist nicht einzusehen, warum die durch den Franchisenehmer aufgebauten Kundenbeziehungen dem Franchisegeber kostenfrei zugutekommen sollten. Die höchstrichterliche Rechtsprechung hat einen Anspruch des Franchisenehmers nach § 89b HGB analog jedoch erheblich eingeschränkt.[415]

4. Nachvertragliche Wettbewerbsverbote

Die meisten Franchiseverträge enthalten nachvertragliche Wettbewerbsverbote, um sicherzustellen, dass der Franchisenehmer das Know-how des Franchisegebers nach Vertragsbeendigung nicht dazu nutzt, ein Konkurrenzunternehmen im gleichen Gebiet zu eröffnen. Nachvertragliche Wettbewerbsverbote sind von den Wettbewerbsverboten, die während der Laufzeit des Vertrages bestehen, durchgesetzt durch beispielsweise Kopplungsbindungen oder Alleinbezugsbindungen, zu unterscheiden.[416] Der *Consumer Protection Act* enthält zu nachvertraglichen Wettbewerbsverboten keine Regelungen.[417]

Nach dem *Common Law* sind sie dann erlaubt, wenn sie zum Schutz der Interessen des Franchisegebers geboten sind. Wie bereits erläutert,[418] sind der Goodwill

---

[1245 f.]; Martinek, Franchising, 353 ff., 366 ff.; Martinek, ZIP 1988, 1362 [1378]; Martinek, Moderne Vertragstypen Bd. II, 155 ff.; Bodewig, BB 1997, 637 [638 f.]; Flohr, DStR 1998, 572 [573]; Ders., ZAP Fach 6 2012, 473 [491]; Flohr, ZAP Fach 6 2011, 461 [461 ff.]. Siehe auch: Ball, in: Schulze (Hrsg.) Franchising im Europäischen Privatrecht, 23 [26 f.].

413 BGH, Urt. v. 06.10.1993, (VIII ZR 172/92), BB 1993, 2401; BGH, Urt. v. 01.12.1993, (VIII ZR 41/93), DB 1994, 727; BGH, Urt. v. 17.04.1996, (VIII ZR 5/95), DB 1996 1458 [1458 f.]; BGH, Urt. v. 05.06.1996, (VIII ZR 141/95), BB 1996, 1683; BGH, Urt. v. 05.06.1996, (VIII ZR 7/95), BB 1996, 2265. Siehe hierzu auch: Eckert, WM 1991, 1237 [1244 f.]; Bodewig, BB 1997, 637 [638]; Niebling, BB 1997, 2388 [2388 ff.].

414 So etwa: Martinek/Habermeier, in: Martinek/Semler/Habermeier/Flohr (Hrsg.), Vertriebsrecht, § 29, Rn. 72 ff.; Bodewig, BB 1997, 637 [638 f.]; Flohr, DStR 1998, 572 [573].

415 Eine für den Anspruch nach § 89b HGB analog erforderliche Eingliederung in die Absatzorganisation des Unternehmens beim Vertriebsfranchising liegt nur dann vor, wenn der Franchisenehmer die vom Franchisegeber selbst hergestellten Produkte oder solche Produkte, die nach Vorgabe des Franchisegebers von Dritten hergestellt wurden, vertreibt. Siehe: BGH, Beschl. v. 29.04.2010, (I ZR 3/09), GRUR 2010, 1107 Rn. 32. Siehe hierzu auch: Flohr, ZAP Fach 6 2011, 461 [461 ff.]; Metzlaff, ZVertriebsR 2012, 54 [54 f.]; Wauschkuhn, in: Flohr/Wauschkuhn (Hrsg.), Kommentar Vertriebsrecht, § 89b HGB Rn. 419.

416 Woker, The Franchise Relationship, 141; Martinek/Habermeier, in: Martinek/Semler/Habermeier/Flohr (Hrsg.), Vertriebsrecht, § 29, Rn. 64 f.

417 Siehe Woker, The Franchise Relationship, 141, 174 ff.

418 Siehe die Entwicklung des südafrikanischen Wettbewerbsrechts unter: Kapitel 1, 2. Teil, A I 3. b.

eines Unternehmens, wie der Franchisename, Geschäftsgeheimnisse und -beziehungen, vertrauliche Informationen und Know-how,[419] solche schützenswerte Interessen.[420] Allerdings ist zu beachten, dass die Erfahrung, die Fähigkeiten und das Wissen einer Person nicht eingeschränkt werden können. Auch ist ein nachvertragliches Wettbewerbsverbot, das allein einen generellen Schutz vor Wettbewerb durch diese Person bezweckt, unzulässig.[421]

6. Teil: Anmerkungen

Franchising ist wichtig für die Entwicklung kleiner und mittlerer Unternehmen und damit für den Mittelstand. Es wird in Südafrika als Mittel zur Schaffung von Arbeitsplätzen und zur Förderung der durch die Apartheid benachteiligten Bevölkerungsteile

---

419 Zum Goodwill gehören auch die Kunden, die von anderen Franchisenehmern an diesen Franchisenehmer verwiesen wurden, nicht jedoch der eigenständig erworbene Kundenstamm.

420 *U-Drive Franchise Systems (Pty) Ltd. v. Drive Yourself (Pty) Ltd* 1976 (1) SA 137 (D) [142, 144 ff.]; *Pam Golding Franchise Services (Pty) Ltd. v. Douglas* 1996 (4) SA 1217 (D) [1224 ff.]; *Kwik Kopy (Sa) (Pty) Ltd v. Van Haarlem* 1999 (1) SA 472 (W) [485 ff.]; *Mozart Ice Cream Franchises (Pty) Ltd. v. Davidoff* 2009 (3) SA 78 (C) [83 ff.]. Siehe auch die deutlich umfassendere Rechtsprechung zu Arbeitsverträgen, die unproblematisch auch auf Franchiseverträge übertragen werden kann: *BHT Water Treatment (Pty) Ltd v. Leslie* 1993 (1) SA 47 (W) [56]; *Humphrys v. Laser Transport Holdings Ltd* 1994 (4) SA 388 (C) [403]; *Kotze & Genis (EDMS) BPK v. Potgieter* [1995] 2 All SA 248 (C) [248 f.]; *Branco t/a Mr. Cool v. Gale* 1996 (1) SA 163 (E) [176]; *International Executive Communications Ltd t/a Institute For International Research v. Turnley* 1996 (3) SA 1043 (W) [1051 ff.]; *Reeves v. Marfield Insurance Brokers CC* 1996 (3) SA 766 (A) [772]; *Alum-Phos (Proprietary) Limited v. Spatz* [1997] 1 All SA 616 (W) [626, 632]; *Nampesca (SA) Products (Pty) Ltd v. Zaderer* 1999 (1) SA 886 (C) [899]; *Tor Industries (Pty) Ltd v. Gee-Six Superweld CC* 2001 (2) SA 146 (W) [163]; *Kleyenstrüber v. Barr* [2002] 1 All SA 560 (W) [566 ff.]; *Bridgestone Firestone Maxiprest Ltd v. Taylor* [2003] 1 All SA 299 (N) [303 f.]; Siehe dazu auch: Saner, Agreements in Restraint of Trade in South African Law, S. 7/6 ff. Siehe dazu auch Kapitel 12 und Kapitel 7.7 in Saner, Agreements in Restraint of Trade in South African Law.

421 Hierzu vor allem Rechtsprechung bezüglich Arbeitsverträgen, die jedoch auf Franchiseverträge übertragbar ist: *Basson v. Chilwan* [1993] 2 All SA 373 (A) [395]; *Humphrys v. Laser Transport Holdings Ltd* 1994 (4) SA 388 (C) [403 ff.]; *Macphail (Pty) Ltd. v. Janse van Rensburg* 1996 (1) SA 594 (T) [599]; *Knox D'Arcy Ltd. v. Shaw* 1996 (2) SA 651 (W) [656]; *Turner Morris (Pty) Ltd. v. Riddell* 1996 (4) SA 397 (E) [408 f.]; *Branco t/a Mr. Cool v. Gale* 1996 (1) SA 163 (E) [176]; *De Klerk, Vermaak en Vennote v. Coetzer en* 1999 (4) SA 115 (W) [126] (hierbei handelte es sich jedoch um eine Partnerschaft zwischen Rechtsanwälten); *Aranda Textile Mills (Pty) Ltd v. Hurn* [2000] 4 All SA 183 (E) [192]; *Ocean Diamond Mining Southern Africa v. Louw* [2001] 1 All SA 241 (C) [247]; *Townsend Productions (Pty) Ltd. v. Leech* 2001 (4) SA 33 (C) [51].

angesehen. Franchising hat unbestreitbar viele Vorteile; allerdings ist es kein Allheilmittel gegen Arbeitslosigkeit und ebenso wenig ein Garant für einen Traumstart in die Selbstständigkeit.[422] Der ausbleibende Erfolg eines Franchiseunternehmens, lässt sich dabei nicht nur mit unseriösen Anbietern begründen. Gerade beim Durchlesen des einzigen umfassenden Werkes zum neuen südafrikanischen Franchiserecht[423] gewinnt man jedoch den Eindruck, als wäre dies der einzige oder zumindest der häufigste Grund für das Scheitern. Allerdings ist zu beachten, dass bei der Nutzung von Franchising zur Existenzgründung der Erfolg nicht vorprogrammiert ist. Untersuchungen zeigen, dass es bedeutende Unterschiede in der Ausfallquote gibt.[424] Besondere Besonnenheit und Sorgfalt ist bei der Wahl des Systems walten zu lassen. Ein Franchisesystem weist für beide Seiten nur dann Vorteile auf, wenn es richtig umgesetzt wird und der Franchisenehmer das für ihn richtige Modell ausgewählt hat.[425] Dann aber kann es Grundstein für eine dauerhafte Beziehung sein, denn beide Vertragsparteien haben ein Interesse am Erfolg des Systems. Besonders wichtig ist auch das Vertrauen ineinander, da hiervon maßgeblich die Qualität der Kooperation und Arbeitsteilung abhängt.[426]

Ziel des südafrikanischen Gesetzgebers bei Erlass des *Consumer Protection Act* war es, die Rechte des Verbrauchers möglichst umfassend zu regeln. Das Gesetz ist daher eher darauf ausgerichtet, die alltäglichen Geschäfte der Verbraucher zu regeln, als die doch komplizierteren Franchisesysteme. Daher wird in der südafrikanischen Literatur zu Recht ein eigenständiges Franchisegesetz gefordert.[427] Hinzu kommt, dass das Gesetz sehr detailliert ist und versucht alle nur erdenklichen Situationen zu erfassen. Dies soll es dem Verbraucher erleichtern, seine Rechte zu erkennen und damit auch geltend zu machen. Allerdings wirkt das Gesetz überfrachtet und die detaillierten Aufzählungen machen es unübersichtlich. Sec. 20 Abs. 3 Buchst. b CPA ist da nur eines von vielen Beispielen. Die Norm legt fest, dass der Franchisenehmer eine Ware nicht mehr zurückgeben kann, wenn sie mit einer anderen verbunden oder vermischt worden ist. Anstatt übergeordnete Begriffe zu finden, zählt die Regelung alle erdenklichen Möglichkeiten auf, wann dies der Fall ist: „...the goods have been partially or entirely disassembled, physically altered, permanently installed, affixed, attached, joined or added to, blended or combined with, or embedded within, other goods or property." Diese Versuche, alle denkbaren Situationen aufzuzählen, ziehen sich durch das ganze Gesetz und betreffen auch wesentlich umfangreichere Sachverhalte, als das bloße Verbinden zweier Gegenstände wie im obigen Beispiel. Es wäre sinnvoller gewesen, zusammenfassende Oberbegriffe zu

422 Giesler/Nauschütt, in: Giesler/Nauschütt (Hrsg.), Franchiserecht, Einl., Rn. 7.

423 Woker, The Franchise Relationship, passim [bspw. 32, 112 ff.].

424 Ahlert/Ahlert/Wetter/Woisetschläger, Franchising – Erfolgsgarant für Existenzgründungen?, 10 f.

425 So auch: Woker, The Franchise Relationship, 32.

426 Duong Dinh/Gehrmann/Ahlert, in: Ahlert/Ahlert (Hrsg.), Hdb. Franchising und Cooperation, 29 [40].

427 Woker, 22 SA Merc LJ 2010, 12 [12, Fn. 3].

finden und die Normen allgemeiner zu halten, das Gesetz so zu verschlanken und nähere Erläuterungen im Rahmen von Leitlinien zur Erläuterungen des Gesetzes zu geben. Durch die umfangreichen, speziellen Aufzählungen wird das Gesetz nicht nur unübersichtlich, der Gesetzgeber läuft auch Gefahr, dass Situationen, die übersehen wurden oder die eventuell auch erst zukünftig auftreten, nicht unter die Normen des Gesetzes subsumiert werden können und damit keine Regelung erfahren, obwohl sie regelungsbedürftig wären.

Der *Consumer Protection Act* ist, was den Schutz von Franchisenehmern angeht, sehr weitgehend und schlägt mit der generellen Gleichstellung von Franchisenehmern und Verbrauchern einen Sonderweg ein, der weltweit seinesgleichen sucht.[428] Dabei übersieht der Gesetzgeber, dass es neben den Existenzgründern und Kleinunternehmern, auch Franchisenehmer gibt, die Großunternehmen sind, und daher keines Schutzes bedürfen. Während der *Consumer Protection Act* nicht für juristische Personen gilt, die einen gewissen Jahresumsatz aufweisen, gilt diese Ausnahmeregelung gerade nicht für Franchisenehmer. Warum der Gesetzgeber diese hochprofessionellen und wirtschaftlich erfahrenen Kaufleute gleichermaßen wie einen Verbraucher schützen will, bleibt ein Rätsel. Die Situation in Südafrika unterscheidet sich nicht wesentlich von der in anderen Ländern. In allen anderen Rechtsordnungen sah und sieht man sich mit dem gleichen Problem konfrontiert wie in Südafrika: dem Schutz der schwächeren Vertragspartei vor einer Ausbeutung durch den verhandlungsstärkeren Franchisegeber. Diesem Problem wurde jedoch in anderen Ländern im Rahmen des Handelsrechts, meist durch eine Analogie zu den Vorschriften über den Handelsvertreter, begegnet. Südafrika übersieht, dass es sich beim Franchisenehmer um einen Kaufmann handelt. Der Franchisenehmer betreibt als Selbstständiger ein Unternehmen, ob es nun ein kleines oder ein großes ist, und möchte als solcher auch wahrgenommen und respektiert werden.[429]

Aber auch der Umfang des Schutzes, den der neue *Consumer Protection Act* vorsieht, ist als zu weitgehend anzusehen. Neben dem franchisenehmerfreundlichen Sachmängelrecht, fallen hier vor allem die Regelungen zur „Unfairness" von Vertragsklauseln negativ auf. Insbesondere die Rücksichtnahme auf fehlende Bildung und sogar Analphabetismus des Franchisenehmers im Rahmen der Fairness-Prüfung des Vertrages mutet bei einem selbständigen Unternehmer als überzogen an. Es bleibt zu hoffen, dass die Gerichte, konfrontiert mit einem solchen Fall, in der Zukunft die Regelung sehr restriktiv auslegen und den Schutz des Franchisenehmers nicht zu sehr ausweiten. Ein schlechter Franchisenehmer kann dem Image des gesamten Netzwerkes schaden. Dem Franchisegeber sollte daher immer die Möglichkeit bleiben, solche Franchisenehmer zu entfernen, die dem Ruf abträglich sind. Es besteht außerdem die Gefahr, dass viele ausländische Franchisegeber von einer Expansion nach Südafrika absehen, womit auch viele für das Land wichtige

428 Martinek, ZVertriebsR 2013, 130 [131].

429 So auch: Martinek, ZVertriebsR 2013, 130 [132]. Siehe auch: Pellisé de Urguiza, in: Schulze (Hrsg.) Franchising im Europäischen Privatrecht, 125 [130].

Investitionen ausbleiben würden. Auch könnten sich viele inländische Unternehmer gegen Franchising als Vertriebsmodell entscheiden und stattdessen eine Filialisierung vorziehen. Dies würde nicht nur dem wirtschaftlichen Wachstum schaden und Innovationen hemmen, sondern auch gerade dem von der Politik propagierten Projekt, Franchising als Weg aus der Arbeitslosigkeit, abträglich sein.

Man gewinnt den Eindruck, der *Consumer Protection Act* mit seinem extensiven Schutz des Franchisenehmers ist dadurch entstanden, dass, wie so oft in Südafrika, die Forderung gestellt wurde, die Politik müsse eingreifen, um den Schwächeren zu schützen, obwohl eine Regulierung seitens der Politik nicht notwendig war.[430] Das südafrikanische *Common Law* wäre zur Regelung des Verhältnisses zwischen Franchisenehmer und Franchisegeber völlig ausreichend gewesen.[431] Auch wenn an einigen Stellen einige Änderungen wünschenswert wären, so weist es doch für einen Großteil der Probleme im Franchising, wie die vorvertragliche Aufklärung, die Beendigung des Vertrages oder unfaire Vertragsklauseln eine zufriedenstellende Lösung auf. Ein eigenes Unternehmen zu führen, bedeutet viele Freiheiten, denn man ist sein eigener Herr. Es bringt jedoch auch große Verantwortung und das Erfordernis wirtschaftlichen Denkens mit sich. Es muss viel Arbeitskraft und -zeit investiert werden, bis ein Unternehmen angelaufen ist und auch danach ist ein Unternehmen kein Selbstläufer. Man gewinnt den Eindruck, dass manche den Arbeitsaufwand, den der Aufbau eines eigenen Unternehmens bedeutet, unterschätzen und gleichzeitig ihre unternehmerischen Fähigkeiten und Erfahrungen überschätzen. Nur weil Franchising eine hohe Erfolgsquote hat, man Unterstützung durch seinen Franchisegeber erhält und andere in diesem Franchisesystem erfolgreich sind, bedeutet dies nicht, dass man nicht überprüfen muss, ob das Konzept zu einem passt und ob es im eigenen Fall Erfolg haben kann.[432]

---

430 Laut Woker wurde der Gesetzgeber erst durch Beschwerden der Franchisenehmer zum Erlass des Gesetzes bewegt. Siehe Woker, The Franchise Relationship, 56. In einem Fall, der in der Franchisegemeinschaft für viel Aufsehen gesorgt hat, ging es um Einkaufsvorteile, die der Franchisegeber für sich behielt. Dies wäre in vielen Rechtsordnungen zulässig gewesen. Nach der Entscheidung des erstinstanzlichen Gerichts (*Seven Eleven Corporation of SA (Pty.) Ltd. v. Cancun Trading No. 150 CC*), die zugunsten der Franchisenehmer ausfiel, fielen die dramatischen Worte: „I'm glad, not just for myself, but for the guys out there that lost everything and are now out on the streets ... if we had lost this one [the case], it would have been a disaster for the franchisees." Siehe Woker, The Franchise Relationship, 77. Das Berufungsgericht entschied jedoch letztlich, wie es auch in anderen Rechtsordnungen der Fall gewesen wäre, für den Franchisegeber. Siehe: *Seven Eleven Corporation of SA (Pty.) Ltd. v. Cancun Trading No. 150 CC* 2005 (5) SA 186 (SCA) [196]. Die Entscheidung des Berufungsgerichts wurde von FASA als „shock ruling" bezeichnet. Siehe den FASA Newsletter vom 15. April 2005, abrufbar unter: www.fasa.co.za/news/2005/Apr_05.htm (06.10.2014).

431 Martinek, ZVertriebsR 2013, 130 [132].

432 So wohl auch Parker/Illetschko, Pioneering changes in the franchise sector of South Africa, 15. Die Autoren sagen, dass in vielen Fällen Grundprinzipien des

Die Vertriebsmethode Franchising als Fördermöglichkeit von *Black Economic Empowerment* zu bewerben und gleichzeitig den Franchisenehmer wie einen Verbraucher zu schützen, damit hat Südafrika sicherlich nicht den richtigen Weg eingeschlagen. *BEE*-Projekte sind für ein Land mit einem geschichtlichen Hintergrund wie Südafrika sehr wichtig. Die Einkommensschere in Südafrika klafft weit auseinander. Gerade die unter der Apartheid benachteiligten Bevölkerungsschichten können von dem Wohlstand Südafrikas nicht profitieren. Die Arbeitslosigkeit unter dem schwarzen Teil der Bevölkerung und insbesondere bei der jungen Bevölkerung ist extrem hoch.[433] Die in Südafrika jahrzehntelang diskriminierten Teile der Bevölkerung zu unterstützen, ist essentiell. Allerdings darf nicht vergessen werden, dass Franchisenehmer eben nicht als Angestellte arbeiten wollen, sondern ihr eigenes Unternehmen führen möchten und bereit sind, dafür viel Geld zu investieren. Sie einem Verbraucher gleichzustellen und dem Schutz des Staates zu unterstellen, bedeutet, sie nicht ernst zu nehmen. Dies ist keine Förderung von *Black Economic Empowerment*, sondern ein Rückschritt. Franchisenehmer, unabhängig von ihrer Hautfarbe und Herkunft sowie der Größe ihres Geschäftes, sind selbstständige Unternehmer und wollen als solche auch anerkannt und respektiert sein. Sie wollen gerade von den Vorzügen und den Freiheiten des Handelsrechts profitieren.[434]

Es gab in Südafrika offensichtlich viel Missbrauch durch unseriöse Franchisegeber. Allerdings kann man den betroffenen Franchisenehmern in vielen Fällen eine

---

Franchisings missachtet wurden. Als Beispiel aus der Praxis, warum eine Gleichstellung von Franchisenehmer und Verbraucher zu befürworten sei, wurde der Fall einer Muslimin angeführt. Diese eröffnete ein Café als Franchisenehmerin, indem Essen angeboten wird, das halal ist und folglich nach den Speisevorschriften des Koran und der Sunna hergestellt wurde. Der Franchisegeber hatte keine Einwände gegen halal Essen, auch wenn sein Franchisekonzept nicht spezialisiert auf muslimisches Essen war, sondern „normales" Essen vorsah. Um dieses spezielle Essen zu besorgen, musste die Franchisenehmerin jedoch jeden Morgen Fahrtstunden von zwei Stunden aufwenden, weil das Essen nur in einem bestimmten Großhandel besorgt werden konnte. Letztlich musste sie ihr Geschäft schließen, weil sie das Arbeitspensum aufgrund des zusätzlichen Aufwandes wegen der Besorgung der muslimischen Lebensmittel nicht mehr bewältigen konnte und macht dafür nun ihren Franchisegeber verantwortlich. Nicht nur dieser Fall, auch die von *Woker* in ihrem Buch genannten Fälle, machen deutlich, dass sich die Probleme, die in Südafrika im Rahmen des Franchisings aufgetaucht sind, nicht bedeutend von denen in anderen Rechtsordnungen unterscheiden und manches Scheitern selbstverschuldet ist.

433 Teilweise wird von einer Arbeitslosenquote von 70 % bei den unter 35 Jährigen gesprochen. Siehe: Zick, Zwei Frauen gegen den Staatschef, Artikel in der Süddeutschen vom 30.01.2014 unter Berufung auf den südafrikanischen Rechnungshof. Das *South African Institute of Race Relations* geht laut einem Artikel von Bröll vom 05.09.2011 in der *Frankfurter Allgemeine Zeitung* davon aus, dass 50 % der zwischen 24 und 35 Jährigen in Südafrika niemals in ihrem Leben arbeiten werden.

434 Martinek, ZVertriebsR 2013, 130 [132].

gewisse Mitverantwortung aufgrund ihrer Leichtgläubigkeit nicht absprechen.[435] Der Schutz vor einem solchen Missbrauch ist auf gesetzlichem Wege nur bis zu einem gewissen Grad möglich. Letztlich wird man ihm nur durch eine allgemeine Verbesserung der Bildung in der breiten Bevölkerungsmasse entgegenwirken können. Die eigentlichen Probleme im Bereich des Franchisings in Südafrika unterscheiden sich nicht von denen anderer Rechtsordnungen, insbesondere auch in Industrienationen. Dort wird der Franchisenehmer jedoch als ein Unternehmer eingeordnet und damit auf die Beziehung zwischen Franchisegeber und Franchisenehmer das Handelsrecht angewendet. Südafrika sollte sich, auch wenn es derzeit den Status eines Schwellenlandes einnimmt, hieran orientieren.[436]

435 Auf viele Fälle trifft das Sprichwort zu: „if it is too good to be true then it probably is." So auch: Parker/Illetschko, Pioneering changes in the franchise sector of South Africa, 23.

436 So auch: Martinek, ZVertriebsR 2013, 130 [131 f.].

Kapitel 3 Allgemeiner Aufbau der Wettbewerbsrechte

Die Hauptaufgabe des Wettbewerbsbeschränkungsrechts ist es, den Markt für Waren und Dienstleistungen durch Kontrollen zu strukturieren, die der Förderung des Wettbewerbs auf dem Markt dienen sollen.[437] Es erscheint auf den ersten Blick paradox, dass Beschränkungen notwendig sind, um Freiheit zu ermöglichen. Allerdings ist der Markt nicht immer selbst in der Lage, regulierend, disziplinierend und korrigierend zu wirken.[438]

Dies wäre nur in einem perfekten Markt zu erwarten. Ein solcher ist jedoch nur ein theoretisches Modell von Wirtschaftswissenschaftlern, das zum Zwecke der Veranschaulichung verwendet wird. Die Anforderungen an einen vollkommenen Markt sind so hoch, dass ein solcher niemals in der Praxis existieren könnte.[439] Erforderlich wäre ein System mit grenzenlos vorhandenen Rohstoffen, der Austausch von Produkten müsste unbeschränkt möglich sein und die Beteiligten in voller Kenntnis aller Umstände handeln. Dies ist jedoch in der Realität nie der Fall: Rohstoffe sind begrenzt, ein Austausch wird allein schon durch geografische Umstände beeinflusst, auch soziale und gesetzliche Einflüsse spielen eine Rolle und eine Kenntnis aller Umstände ist selbst in den einfachsten Situationen kaum vorstellbar. In der Realität verhalten sich Märkte nicht wie die berechneten Modelle, vielmehr zeigen sie Ungleichgewichte und Verzerrungen auf, die sich zum Nachteil der Verbraucher auswirken. Aufgabe des Wettbewerbsrechts ist es, diese zu bekämpfen.[440]

Hinzu kommt, dass in der heutigen Zeit ein hoher Grad an Arbeitsteilung im Vertriebsprozess besteht. Produkte werden selten direkt vom Hersteller an den Endverbraucher geliefert. Vielmehr scheuen Produzenten Investitionen in ein eigenes Vertriebssystem und bevorzugen ein mehrstufiges Vertriebssystem, bei dem ein oder mehrere selbstständige Händler zwischengeschaltet sind.[441] Franchiseverträge stellen die engst mögliche Zusammenarbeit zwischen Unternehmen dar, die sich auf unterschiedlichen Wirtschaftsstufen befinden. Bei Franchising ist insbesondere die Einhaltung eines einheitlichen Images, und damit auch eines einheitlichen

---

437 Martinek, in: Martinek/Semler/Habermeier/Flohr (Hrsg.), Vertriebsrecht, § 1, Rn. 27; Schwintowski, ZVglRWiss 92 (1993), 40 [40]; Brassey, in: Brassey (Hrsg.), Competition Law, 1.

438 Hierzu ein Zitat von van Heerden/Neethling, Unlawful Competition, 10: „Free competition carries within itself the seed of its own destruction by creating the possibilty of the formation of cartels and monopolies."

439 Brassey, in: Brassey (Hrsg.), Competition Law, 4 f.; Martinek, in: Martinek/Semler/Habermeier/Flohr (Hrsg.), Vertriebsrecht, § 1, Rn. 28.

440 Brassey, in: Brassey (Hrsg.), Competition Law, 5 f.

441 Siehe dazu auch: Ellger, in: Immenga/Mestmäcker (Hrsg.), Wettbewerbsrecht Kommentar Bd. 1 EU/Teil 1, Einl. Vertikal-GVO, Rn. 4.

Qualitätsstandards, durch die Franchisenehmer unentbehrlich. In diesen Verträgen gibt es daher geradezu zwangsläufig Klauseln, die die wirtschaftliche Betätigungsfreiheit der Vertragsparteien einengen. Die Franchisegeber können frei entscheiden, wie sie ihr System ausgestalten und können dabei ihren Franchisenehmer in seiner wirtschaftlichen Handlungsfreiheit einschränken.[442] Dabei müssen die Beteiligten allerdings die Vorgaben des Kartellrechts beachten.

Die Behandlung vertikaler Wettbewerbsbeschränkungen im europäischen Recht und im südafrikanischen Recht folgt unterschiedlichen Systemen. Zum besseren Verständnis soll daher zunächst der allgemeine Aufbau jedes Wettbewerbssystems einzeln dargestellt werden.

1. Teil: Das Wettbewerbsrecht Südafrikas, der Competition Act 89 of 1998

Freier Wettbewerb wird in Südafrika als das „lifeblood" also das Lebenselixier oder auch Herzblut des Handels betrachtet.[443] Während die Apartheidpolitik noch darauf ausgerichtet war, den Großteil der Bevölkerung vom Wirtschaftsleben auszuschließen, ist die Freiheit des Handels mittlerweile verfassungsrechtlich garantiert.[444]

Das südafrikanische Wettbewerbsrecht ist fragmentarisch und wenig entwickelt.[445] Südafrikanische Wettbewerbsgerichte und -behörden greifen sehr häufig auf ausländisches oder internationales Recht zurück. Dabei wird vor allem auf die Regelungen und Rechtsprechung der USA und der Europäischen Union Bezug genommen. Aber auch Kanada, Australien und Regelungen internationaler Wettbewerbsbehörden haben einen gewissen Einfluss.[446] Das Recht anderer Staaten

---

442 Martinek, in: Martinek/Semler/Habermeier/Flohr (Hrsg.), Vertriebsrecht, § 1, Rn. 27; BGHZ, 97, 317, Rn. 40 (zu § 15 GWB und in Bezug auf das Verhältnis zwischen Unternehmer und Handelsvertreter).

443 *Taylor & Horne (Pty) Ltd. v. Dentall (Pty) Ltd.*, 1991 (1) SA 412 (A) [421]. Siehe hierzu auch: Neethling/Rutherford, in: Joubert/Faris (Hrsg.), LAWSA 2/2, Rn. 232.

444 Sec. 22 Constitution of the Republic of South Africa 108 of 1996: Enthalten in der *Bill of Rights* der *Constitution* in Kapitel 2 „freedom of trade, occupation and profession".

445 „The South African system of competition law, based on the Competition Act 89 of 1998, is only beginning to take shape." Sutherland/Kemp, Competition Law of SA, S. 1/1. Teilweise wird es auch als „still embryonic" bezeichnet, siehe: Chetty/Hartzenberg/le Pere, Competition Law and Policy in South Africa, 1.

446 Gerade die Regelungen zur Fusionskontrolle sind weitestgehend dem kanadischen Recht entnommen. Siehe: Sutherland/Kemp, Competition Law of SA, S. 2/3, 2/34; Brassey, in: Brassey (Hrsg.), Competition Law, 18; Manoim, in: Competition Commission/Competition Tribunal (Hrsg.), Competition Commission/Competition Tribunal, Unleashing Rivalry, 10; Mendelson, Introduction to and Analysis of South Africa's New Competition Law Regime, 1.

ist in Südafrika nicht bindend.[447] Es kann jedoch zur Interpretation, zum besseren Verständnis und Weiterentwicklung des eigenen Kartellrechts, wie auch anderer Rechtsgebiete, herangezogen werden.[448] Auch wird es häufig zu Zwecken der Rechtsvergleichung genutzt, um andere Sichtweisen auf ein Problem zu erlangen. Dies ist sogar im südafrikanischen Wettbewerbsgesetz in Sec. 1 Abs. 3 Competition Act festgeschrieben: „Any person interpreting or applying this *Act* may consider appropriate foreign and international law". Der Rückgriff auf ausländisches Recht zur Weiterentwicklung und Interpretation des eigenen Rechts wird auch noch so lange notwendig sein, wie Südafrika kein eigenes, voll entwickeltes Wettbewerbsrecht hat.[449]

Die Heranziehung eines fremden Rechts birgt jedoch auch die Gefahr der Fehlinterpretation, insbesondere bei nur mangelhafter Kenntnis des fremden Rechtssystems.[450] Auch kann es sein, dass einige Regelungen auf nationalen Besonderheiten beruhen und so nicht übertragen werden können. Sie müssen im historischen, sozialen, politischen und wirtschaftlichen Zusammenhang gesehen werden.[451] Des Weiteren ist bei Anleihen aus Rechtssystemen von Industrienationen zu beachten, dass Südafrika ein Schwellenland ist und eine Wirtschaft hat, die nicht mit der eines Industrielandes vergleichbar ist, und damit auch ein Rechtssystem braucht, das dem angepasst ist.

Im Blick zu behalten ist ebenso die besondere soziale und politische Situation Südafrikas in der Post-Apartheid-Ära, die sich auch in den Zielen des südafrikanischen Wettbewerbsgesetzes widerspiegelt, von denen das Wohl der Verbraucher nur eines unter vielen ist. Sec. 2 Competition Act legt auch „black empowerment", die Diversifizierung des Eigentums zugunsten historisch benachteiligter Gruppen und die Schaffung neuer Arbeitsplätze sowie die Förderung kleiner und mittlerer Unternehmen als weitere Ziele fest.

---

447 *American Soda Ash Corporation v. Competition Commission* (12/CAC/DEC01) 24.10.2002, 2003 5 SA 633 (CAC) Fn. 15.

448 Legh, in: Brassey (Hrsg.), Competition Law, 61; Sutherland/Kemp, Competition Law of SA, S. 2/3; du Plessis, in: Elgar encyclopedia of comparative law, 669. Die Verfassung Südafrikas erlaubt den Gerichte gemäß Section 39 Abs. 1 Buchst. c ausländisches Recht als Auslegungshilfe bei der *Bill of Rights*, also dem Grundrechtskatalog, heranziehen können. Außerdem enthält zum Beispiel *Juta's Index and Annotations tot he South African Law Reports* über 300 Verweise auf australische, kanadische, englische und amerikanische Urteile.

449 Sutherland/Kemp, Competition Law of SA, S. 2/3.

450 Eher kritisch auch Schutz JA in *Standard Bank Investment Corporation Ltd v. Competition Commission*, 2000 (2) SA 797 (SCA) (case No. 44/2000) (31.03.2000), Rn. 30: "But the ransacking of the legal libraries of the world may, where it is not appropriate, lead to no more than more paper, more costs, more delay and even more confusion, without any commensurate benefit." Siehe auch: Brassey, in: Brassey (Hrsg.), Competition Law, 19.

451 So auch: Malan AJA, in *American Soda Ash Corporation v. Competition Commission* (12/CAC/DEC01) 24.10.2002, 2003 5 SA 633 (CAC) Fn. 31.

In Südafrika gab es bis zum Erlass des Verbraucherschutzgesetzes im Jahr 2008,[452] keine franchisespezifischen Regelungen. Das Wettbewerbsgericht Südafrikas, das *Competition Tribunal,* hat sich bislang nur einmal mit Franchising auseinandergesetzt, so dass auch Gerichtsentscheidungen als Rechtsquelle ausscheiden.[453] Selbst die Wettbewerbsbehörde hat sich kaum mit Franchising beschäftigt. Eine wirkliche Wettbewerbspraxis zur Behandlung von Franchisevereinbarungen konnte sich folglich auch dort nicht entwickeln.[454] Die südafrikanische Wettbewerbsbehörde hat jedoch eine Mitteilung über Franchising, die sogenannte „Franchising Notice" herausgegeben, die „die Anwendung einiger Normen des Wettbewerbsgesetzes auf Franchiseverträge" betrifft. Sie soll den Franchisegeber und Franchisenehmer über die Auswirkungen des Wettbewerbsgesetzes auf ihre Tätigkeiten und Vereinbarungen informieren und insofern als Richtschnur dienen.[455] Allerdings ist sie für die Wettbewerbsbehörde rechtlich nicht bindend, sondern versteht sich als reine Anleitung.

Das neue südafrikanische Verbraucherschutzgesetz enthält in Sec. 13 Regelungen für eine Form von vertikaler Beschränkung in Franchisevereinbarungen, die Kopplungsbindung. Ein Blick in das Wettbewerbsgesetz ist jedoch weiterhin notwendig.

A. Aufbau des Wettbewerbsrechts

Das südafrikanische Wettbewerbsrecht, geregelt im 1999 in Kraft getretenen *Competition Act 89 of 1998*, vermischt Elemente des kontinental-europäischen Rechtskreises mit dem des anglo-amerikanischen Rechtskreises. Auf der einen Seite hat der südafrikanische Gesetzgeber das Wettbewerbsrecht und seine Ziele normiert und sowohl Regelungen zum Verfahren als auch zum institutionellen Aufbau getroffen. Andererseits sind die Regelungen im *Competition Act* sehr knapp und generell gehalten und im Umfang und Detail nicht zu vergleichen mit der europäischen Regelung, insbesondere den Gruppenfreistellungsverordnungen, aber auch Art. 101 und 102 AEUV. Das südafrikanische Gesetz gibt lediglich einen Rahmen vor. Die Interpretation und die weitere Ausformung des Rechts obliegen dem Richter. Hierin zeigt sich der Einfluss des *Common Law*, genauer des amerikanischen *Antitrust Law*. Diese sehr allgemein gehaltene Formulierung erlaubt einerseits, flexibel auf Änderungen reagieren zu können, auf der anderen Seite führt sie zu Rechtsunsicherheit. Die Auslegung erfolgt bruchstückweise und ist öfters durch Umstände des Einzelfalles gefärbt und nicht allgemein übertragbar. Dies stellt vor allem in einem System wie dem südafrikanischen, in dem sich ein Richterrecht erst in den letzten Jahren zu bilden beginnt, ein Problem dar.

Insbesondere zu Wettbewerbsbeschränkungen gibt es bislang wenig Rechtsprechung; die meisten Fälle betreffen Zusammenschlüsse. Dies hängt damit zusammen,

452 Consumer Protection Act 68 of 2008.

453 In der Entscheidung *Cancun Trading No 24 CC v. Seven-Eleven Corp SA (Pty) Ltd* (18/IR/Dez 99), 07.04.2000.

454 Woker, SA Merc LJ 2006, 107 [108].

455 Competition Commission, Franchising Notice, Rn. 1.1.

dass in den ersten Jahren der Post-Apartheid-Ära fähiges und erfahrenes Personal, insbesondere aus dem wirtschaftlichen Bereich, fehlte. Hinzu kam die große Anzahl von Zusammenschlüssen, die die *Commission* unmittelbar nach ihrer Einsetzung zu beurteilen hatte. Hauptziel der Wettbewerbsbehörde war es zunächst die hohe Marktkonzentration zu bekämpfen, daher konzentrierte man sich auf die Zusammenschlusskontrolle.[456] Diese führte dazu, dass Personal aus der Abteilung der *Commission* „Enforcement and Exemption", die sich unter anderem um die Behandlung von Wettbewerbsbeschränkungen kümmert, in die „Merger"-Abteilung abgezogen wurde und folglich selbst stark unterbesetzt war.[457] Diese Ungleichheit der personellen Verteilung wurde erst Mitte der 2000er Jahre versucht auszugleichen. Auch die Konkurrenz mit der Privatwirtschaft, die wesentlich höhere Gehälter bieten kann, macht der *Commission* bis heute zu schaffen.[458] Des Weiteren versucht die *Commission* bei Einstellungen die Einhaltung einer gewissen Quote bezüglich Rasse und Geschlecht in ihrem Personal zu beachten.

Das südafrikanische Wettbewerbsgesetz differenziert ähnlich wie das europäische zwischen verbotenen Verhaltensweisen und Fusionskontrolle.[459] Bei den verbotenen Verhaltensweisen wird des Weiteren unterschieden zwischen wettbewerbsbeschränkendem Verhalten und Missbrauch einer marktbeherrschenden Stellung.

In den meisten Rechtsordnungen wird zwischen horizontalen und vertikalen Wettbewerbsbeschränkungen differenziert, auch wenn sie nicht unbedingt in verschiedenen Vorschriften behandelt werden.[460] Der südafrikanische Gesetzgeber hat sich dazu entschlossen, die Behandlung von horizontalen und vertikalen Beschränkungen in verschiedenen Vorschriften zu regeln. Horizontale Wettbewerbsbeschränkungen fallen unter Sec. 4 Competition Act, während vertikale in Sec. 5 Competition Act behandelt werden. Diese Differenzierung ist sinnvoll, da vertikale Wettbewerbsbeschränkungen sich meist weniger wettbewerbsbeschränkend auswirken als horizontale.

Die hier relevanten Regelungen zu vertikalen Wettbewerbsbeschränkungen befinden sich in Sec. 5 Competition Act. Die Norm lautet wie folgt:

> (1) *An agreement between parties in a vertical relationship is prohibited if it has the effect of substantially preventing or lessening competition in a market, unless a party to the agreement can prove that any technological, efficiency or other pro-competitive, gain resulting from that agreement outweighs that effect.*
> (2) *The practice of minimum resale price maintenance is prohibited.*

---

456 Hartzenberg, Competition Policy Review, 10; Mendelson, Introduction to and Analysis of South Africa's New Competition Law Regime, 1.
457 CUTS, Competition Policy and Law in South Africa, 20.
458 CUTS, Competition Policy and Law in South Africa, 20.
459 Siehe Kapitel 4 des Competition Acts.
460 Art. 101 AEUV beispielsweise umfasst grundsätzlich vertikale und horizontale Wettbewerbsbeschränkungen, allerdings wird in den Verordnungen zwischen den Formen unterschieden. S 1 Sherman Act behandelt auch beide Formen.

(3) *Despite subsection (2), a supplier or producer may recommend a minimum resale price to the reseller of a good or service provided-*

(a) *the supplier or producer makes it clear to the reseller that the recommendation is not binding; and*

(b) *if the product has its price stated on it, the words 'recommended price' appear next to the stated price.*

Sec. 5 Competition Act unterteilt Wettbewerbsbeschränkungen in zwei Gruppen. Die Wirksamkeit von vertikalen, wettbewerbsbeschränkenden Vereinbarungen mit Ausnahme der Preisbindung werden anhand der sogenannten *rule of reason* beurteilt, wohingegen Mindestpreisbindungen einem *per se* Verbot unterliegen und zwar unabhängig von Nachweis einer wettbewerbswidrigen Wirkung oder der Möglichkeit ihre Vorteile aufzuzeigen.[461]

B. Anwendbarkeit

Die Anwendbarkeit des südafrikanischen Wettbewerbsgesetzes auf Vereinbarungen zwischen Franchisegeber und Franchisenehmer wurde von einigen Stimmen aus der Wirtschaft aufgrund der Natur des Franchisings als Geschäftsmodell abgelehnt.[462] Es wurde vorgebracht, dass Franchising nicht reguliert werden sollte, da es von anderen „normalen" Geschäftsformen zu unterscheiden sei und bei Franchiseunternehmen generell eine geringe Gefahr eines Konkurses bestehe.[463]

Die südafrikanische Wettbewerbsbehörde erkennt die Vorteile und den Nutzen des Franchisings an, vor allem was die Schaffung von Arbeitsplätzen und den erleichterten Markteintritt für kleine und mittelständische Unternehmen angeht. Als vorteilhaft wird auch angesehen, dass Franchising historisch benachteiligten Personen erlaubt, am Wirtschaftsleben teilzunehmen. Die Wettbewerbsbehörde sieht aber auch die Probleme, die Franchising aus wettbewerbsrechtlicher Sicht mit sich bringt.[464]

C. Voraussetzungen von Sec. 5 Abs. 1 Competition Act

I. „Agreement"

Sec. 5 Abs. 1 Competition Act verlangt zunächst eine Vereinbarung („agreement"). Der Begriff „agreement" ist dem EU-Recht entnommen. Dies wird deutlich, wenn man sich Sec. 4 Competition Act anschaut, der von „agreement", „concerted practice" and „a decision by an association of firms" spricht und damit wortwörtlich die

461 *Cancun Trading No 24 CC v. Seven-Eleven Corp SA (Pty) Ltd* (18/IR/Dez 99), 07.04.2000.

462 Competition Commission, Franchising Notice, Rn. 2.1.

463 Competition Commission, Franchising Notice, Rn. 2.2.

464 Competition Commission, Franchising Notice, Rn. 2.3 f.

Terminologie aus Art. 101 Abs. 1 AEUV übernimmt.[465] In den USA findet § 1 Sherman Act Anwendung. Dieser spricht von „contract, combination .... or conspiracy, in restraint of trade" und gerade nicht von einem „agreement". Daher kann davon ausgegangen werden, dass zur Interpretation des Begriffs „agreement" das EU-Recht bevorzugt herangezogen werden sollte.

Erforderlich ist entweder ein zwei- oder mehrseitiges Rechtsgeschäft.[466] Einseitiges Handeln, wie etwa Empfehlungen, Anordnungen oder Aufforderungen, wird von Sec. 5 Abs. 1 Competition Act nicht erfasst und kann folglich allein nach den Vorschriften über den Missbrauch einer marktbeherrschenden Stellung beurteilt werden. Dies entspricht auch der europäischen Regelung.

1. *Die Legaldefinition aus Sec. 1 Competition Act*

Das Merkmal „agreement" zu Deutsch „Vereinbarung " ist in Sec. 1 Competition Act legaldefiniert: „agreement ... includes a contract, arrangement or understanding, whether or not legally enforceable." „Contract" bedeutet „Vertrag", „arrangement" kann am ehesten mit „Arrangement" oder „Absprache" und „understanding" lässt sich mit „Verständigung" übersetzen.

Diese Begriffe sind anscheinend dem australischen Gesetz, genauer Sec. 45 Abs. 2 des australischen Trade Practices Act 51 of 1974, und dem englischen Competition Act, vor dessen Harmonisierung mit dem EU-Recht, entnommen, die beide auch von „contract, arrangement or understanding" sprechen. Daher sollte zur Auslegung das australische und englische Recht herangezogen werden.

Fraglich ist, ob die Aufzählung „contract, arangement or understanding" abschließend ist oder ob sie lediglich beispielhaft gemeint ist. Das Wort „includes" ist in dieser Hinsicht zweideutig. Obwohl die Definition sehr weit gefasst ist und daher auch bei Annahme einer abschließenden Aufzählung wohl sämtliche Fälle einer Vereinbarung umfasst wären, ist dennoch von einer nicht abschließenden, beispielhaften Aufzählung auszugehen. Dieser Schluss wird unterstützt durch die Verwendung des Wortes „means" anstelle von „includes" in mehreren anderen Definitionen, was auf eine abschließende Definition hindeutet und damit verdeutlicht, dass mit dem Wort „includes" gerade keine abschließende Aufzählung eingeleitet wird. Außerdem weisen die drei Begriffe, vor allem jedoch „arrangement" und „understanding", darauf hin, dass eine sehr weite Auslegung des Merkmals „Vereinbarung" vom Gesetzgeber gewollt ist. Jede Verhaltensweise, die im weitesten Sinne eine Vereinbarung darstellen könnte, sollte von Sec. 5 Competition Act umfasst sein, auch wenn sie unter keinen der drei Begriffe gefasst werden kann.[467]

---

465 Art. 101 Abs. 1 AEUV in der englischen Version spricht von: „agreements between undertakings, decisions by associations of undertakings and concerted practices."

466 Unterhalter, in: Brassey (Hrsg.), Competition Law, 166; Sutherland/Kemp, Competition Law of SA, S. 6/12.

467 Siehe zu der Diskussion auch: Campbell, in: Brassey (Hrsg.), Competition Law, 131; Sutherland/Kemp, Competition Law of SA, S. 5/14.

Im europäischen Recht wird auf das zivilrechtliche Konzept des „Vertrags“ aus den mitgliedsstaatlichen Rechtsordnungen zurückgegriffen, um den Begriff der „Vereinbarung“ zu definieren.[468] Notwendig ist ein koordiniertes oder kollusives Verhalten zwischen zwei oder mehr Unternehmen, das darauf abzielt den Wettbewerb zu beschränken. Dabei muss ein gemeinsamer Wille gebildet werden, sich in bestimmter Art und Weise am Markt zu verhalten.[469] Dies kann ausdrücklich oder konkludent, schriftlich oder mündlich, freiwillig oder auch unter Zwang einer der Beteiligten geschehen; es gibt folglich keinerlei Formzwänge.[470] Die Definition der „Vereinbarung“ ist folglich auch im europäischen Recht sehr weit gefasst.

Um zu beurteilen, ob ein bestimmtes Verhalten eine Vereinbarung darstellt, sollte die beispielhafte Aufzählung in Sec. 1 Competition Act als Auslegungshilfe herangezogen werden, da sie den Willen des südafrikanischen Gesetzgebers widerspiegelt.[471]

2. „Contract“

Agreement umfasst zunächst einen Vertrag. Es stellt sich die Frage, ob der Vertrag zur Erfüllung des Tatbestandsmerkmals rechtlich wirksam sein muss. In Australien wurde in ähnlichem Zusammenhang entschieden, dass ein Vertrag im kartellrechtlichen Sinne auf dem Rechtsweg durchsetzbar sein muss.[472] Allerdings ist nach der Definition in Sec. 1 Competition Act die rechtliche Wirksamkeit unerheblich.[473] Auch ein Vertrag im zivilrechtlichen Sinne ist eine Vereinbarung, die gesetzlich anerkannte Rechte und Pflichten hervorruft, unabhängig davon, ob diese letztlich auf dem Rechtsweg durchsetzbar sind oder nicht.[474] Da Vereinbarungen, die eine Wettbewerbsbeschränkungen nach Sec. 5 Competition Act enthalten, verboten sind, wäre ohnehin nur eine von den Parteien *angestrebte* rechtliche Wirksamkeit möglich. Auch unwirksame Verträge sind daher Vereinbarungen im Sinne von Sec. 5 Competition Act.[475]

---

468 Bunte, in: Langen/Bunte (Hrsg.), Kommentar zum dt. und eur. KartellR, Bd. 2, Einf. EG-KartellR, Rn. 19.

469 EuG, 08.07.2008, Rs. T-99/04, „AC-Treuhand”, Slg. 2008 S. II-1501, Rn. 118; EuGH, 08.07.1999, Rs. C-49/92 P, „Anic Partecipazioni”, Slg. 1999 S. I-4125, Rn. 112; EuG, 26.10.2000, Rs. T-41/96, „Bayer“, Slg. 2000 S. II-3383, Rn. 67 und 173 und EuG, 27.09.2006, verb. Rs. T-44/02 OP, T-54/02 OP, T-56/02 OP, T-60/02 OP und T-61/02 OP, “Dresdner Bank” Slg. 2006 S. II-3567, Rn. 53 bis 55.

470 Lettl, WRP 2011, 710 [713]; EuGH, 13.07.2006, Rs. C-74/04 P, „Volkswagen”, Slg. 2006 S. I-6585, Rn. 37.

471 So auch Sutherland/Kemp, Competition Law of SA, S. 5/15.

472 Hughes v. Western Australian Cricket Association (Inc.) (1986) 19 FCR 10.

473 “[W]hether or not legally enforceable”.

474 Van der Merwe/van Huyssteen/Reinecke/Lubbe, Kontraktereg, 8 f.; de Wet/van Wyk, Kontraktereg en Handelsreg, 4.

475 Siehe Section 65 Competition Act. So auch Sutherland/Kemp, Competition Law of SA, S. 5/15 f.; *Competition Commission v. South African Forestry Company Limited* (100/CRDec00), Rn. 19.

3. *„Arrangement" und „understanding"*

Die Ausdehnung der Definition von „Vereinbarung" auf „arrangements" und „understandings" weicht vom zivilrechtlichen Konzept des Vertrages, wie er in Südafrika gilt, ab und erweitert dieses erheblich.[476]

Zur Auslegung der Begriffe „arrangements" und „understandings" ist ein Blick in das englische und australische Recht sinnvoll, von wo die Terminologie übernommen wurde. Allerdings ist zu beachten, dass im südafrikanischen und englischen Wettbewerbsrecht, „arrangement" und „understanding" zur Definition von „agreement" herangezogen werden, um diesem Term eine weite Auslegung zu geben. Im australischen Recht hingegen werden diese beiden Begriffe im Gesetzestext neben dem Terminus „Vertrag" verwendet und dienen damit nicht der Ausdehnung des Oberbegriffs „Vereinbarung". Bei Heranziehung des australischen Rechts ist daher Vorsicht geboten.

a. Definition von „arrangement"

Eine Definition von „arrangement" sieht das südafrikanische Recht nicht vor. Ein Blick in andere Rechtsordnungen gibt jedoch Aufschluss über die Auslegung des Begriffs.

In England liegt ein „arrangement" vor, wenn beide Parteien eine Erwartung bei der jeweils anderen Partei wecken, dass in einer gewissen Weise gehandelt wird. Es ist zumindest eine tatsächlich Bindung, aufgrund von moralischen Zwängen, notwendig. Die Beteiligten erkennen gegenseitige Rechte und Pflichten an.[477]

Das australische Recht setzt für das Vorliegen eines „arrangement", eine Kommunikation zwischen den Beteiligten, das jeweilige Hervorrufen von Erwartungen bei der anderen Partei und das Bewusstsein, gegenüber der anderen Partei eine Verpflichtung eingegangen zu sein, voraus.[478] Dabei wird in Australien diskutiert, ob eine gegenseitige Verpflichtung vorliegen muss.[479] Es liegt jedenfalls kein „arrangement" vor, wenn eine Partei nur die Hoffnung auf eine bestimmte Verhaltensweise seines Vertragspartners hat. Gegenseitigkeit verwandelt Hoffnung jedoch meist in Erwartung und diese ist zur Bejahung eines „arrangement" ausreichend.[480]

---

476 Campbell, in: Brassey (Hrsg.), Competition Law, 130; Sutherland/Kemp, Competition Law of SA, S. 5/16.

477 *Re British Basic Slag Ltd's Agreements (No. 1)*, [1963] 1 W.L.R. 727 [739]. Wilmer zitiert dabei: Upjohn, J., *Re Austin Motor Car Co Ltd's Agreements*, [1958] Ch. 61 [74].

478 *Trade Practices Commission v. Nicholas Enterprises Pty Ltd (No. 2)* 40 FLR 83 [89].

479 *Trade Practices Commission v. Nicholas Enterprises Pty Ltd (No. 2)* 40 FLR 83 [89]; *Rural Press Ltd. v. Australian Competition and Consumer Commission* (2002) 118 FCR 236, Rn. 79.

480 *Trade Practices Commission v. Email* [1980] FCA 86; *Trade Practices Commission v. Service Station Association Ltd* (1992) 44 FCR 206 [230].

Auch im europäischen Recht ist eine rechtliche Bindung nicht notwendig, vielmehr reicht die tatsächliche Bindung aus. Vereinbarungen, deren Erfüllung durch moralische, gesellschaftliche und wirtschaftliche Zwänge gesichert ist, sogenannte „gentlemen's agreements", fallen damit unter den Vereinbarungsbegriff des Art. 101 AEUV.[481] Dies wird in der Literatur jedoch als zu weitgehend empfunden.[482] Befürwortet wird vielmehr die Einordnung als „aufeinander abgestimmte Verhaltensweisen". Im europäischen Recht spielt die Abgrenzung letztlich keine Rolle, da sowohl Vereinbarungen als auch abgestimmte Verhaltensweisen vom Kartellverbot des Art. 101 Abs. 1 AEUV umfasst sind. Sec. 5 Competition Act umfasst jedoch, im Gegensatz zu Sec. 4 Competition Act, gerade nicht „aufeinander abgestimmte Verhaltensweisen". Um den Tatbestand von Sec. 5 Competition Act nicht zu sehr einzuschränken, erscheint es sinnvoll im Einklang mit dem EU-Recht eine tatsächliche Bindung ausreichen zu lassen, um das Vorliegen eines „arrangements" und damit letztlich einer Vereinbarung zu bejahen.[483]

b. Abgrenzung von „arrangement" und „understanding"

Die Abgrenzung von „understanding" und „arrangement" ist sehr schwierig. Teilweise wird daher vorgeschlagen, zwischen den Begriffen keine Unterscheidung zu treffen.[484] Campbell[485] vertritt jedoch die Ansicht, dass eine Unterscheidung zwar schwierig sei, bei einem „understanding" jedoch keine gegenseitigen Verpflichtungen vorlägen. Er bezieht sich dabei auf eine Definition in einem australischen Urteil.[486] Spätere australische Urteile erläuterten jedoch, dass die bloße Erwartung einer Partei, die andere werde sich in gewisser Art und Weise verhalten, nicht

481 EuG, 06.04.1995, Rs. T-141/89, „Tréfileurope", Slg. 1995, II-791, Rn. 7; EuGH, 15.07.1970, Rs. 41/69, „Chemiefarma", Slg. 1970 S. 661; Stockenhuber, in: Grabitz/Hilf/Nettesheim (Hrsg.), Recht der EU, Art. 101 AEUV, Rn. 97; Emmerich, in: Handbuch des EU-Wirtschaftsrechts, H I § 2, Rn. 6; Weiß, in: Calliess/Ruffert (Hrsg.) EUV/AEUV, Art. 101, Rn. 47.

482 Siehe dazu auch: Weiß, in: Calliess/Ruffert (Hrsg.) EUV/AEUV, Art. 101, Rn. 52 ff.; Stockenhuber, in: Grabitz/Hilf/Nettesheim (Hrsg.), Recht der EU, Art. 101 AEUV, Rn. 99; Emmerich, in: Handbuch des EU-Wirtschaftsrechts, H I § 2, Rn. 6; Emmerich, in: Immenga/Mestmäcker (Hrsg.), WettbewerbsR Kommentar Bd. 1 EU/Teil 1, Art. 101 Abs. 1 AEUV, Rn. 60 ff.

483 So auch: Campbell, in: Brassey (Hrsg.), Competition Law, 131.

484 Sutherland/Kemp, Competition Law of SA, S. 5/18; so auch Franki J in dem australischen Urteil: *Trade Practices Commission v. TNT Management Pty Ltd.* (1985) 6 FCR 1 [24]. Campbell, in: Brassey (Hrsg.), Competition Law, 131.

485 Campbell, in: Brassey (Hrsg.), Competition Law, 131.

486 *Top Performance Motors Pty Ltd. v. Ira Berk (Qld) Pty Ltd.* 24 FLR 286 [291]. Danach reicht ein "meeting of minds" also eine Willensübereinstimmung zwischen den Parteien aus.

ausreiche. Vielmehr sei eine Verpflichtung oder Zusicherung notwendig.[487] Der Unterschied zwischen „arrangement“ und „understanding“ scheint, wenn überhaupt vorhanden, nur ein sehr geringer zu sein. Letztlich spielt die Einordnung keine Rolle, da beide Begriffe lediglich der Definition von Vereinbarung dienen und eine klare Differenzierung daher nicht notwendig ist.

4. Der Ausschluss von „concerted practices”

Anders als Sec. 4 Abs. 1 Competition Act, der Regelungen zur Behandlung horizontaler Wettbewerbsbeschränkungen aufstellt, umfasst Sec. 5 Competition Act keine aufeinander abgestimmten Verhaltensweisen.

a. Kritik am Ausschluss

Der südafrikanische Gesetzgeber macht durch den Ausschluss von „abgestimmten Verhaltensweisen“ als Merkmal in Sec. 5 Competition Act deutlich, dass er horizontale Wettbewerbsbeschränkungen als gefährlicher für den Wettbewerb ansieht als vertikale.

Der Ausschluss von abgestimmten Verhaltensweisen aus dem Anwendungsbereich von Sec. 5 Competition Act führte zu Kritik an der unterschiedlichen Behandlung von horizontalen und vertikalen Beschränkungen.[488] Dabei wird angeführt, dass in einem vertikalen Verhältnis „aufeinander abgestimmte Verhaltensweisen“ häufiger vorliegen. Dies wird damit begründet, dass bei einer Vereinbarung zwischen Unternehmen verschiedener Wirtschaftsstufen die Interessen der Parteien an der Übereinkunft meistens nicht gleich gewichtet seien, da eine Partei größere Vorteile von der Vereinbarung hat als die andere. Im Gegensatz dazu seien in einem horizontalen Wettbewerbsverhältnis die Vereinbarungen meist für beide Seiten gleichermaßen vorteilhaft. Die Probleme, die mit dieser grundlegenden Unterscheidung zwischen vertikalen und horizontalen Vereinbarungen zusammenhängen, werden vom *Competition Act* nicht angemessen behandelt, da das Gesetz aufeinander abgestimmte Verhaltensweisen nicht umfasst.[489]

Zwischen Franchisegeber und Franchisenehmer besteht, wie auch in den meisten anderen vertikalen Verhältnissen, immer eine Vereinbarung: der Franchisevertrag. Dennoch sind aufeinander abgestimmte Verhaltensweisen nicht nur auf horizontaler Ebene, sondern auch in einer vertikalen Beziehung möglich. Denn es ist durchaus vorstellbar, dass es neben dem Vertrag weitere aufeinander abgestimmte Verhaltensweisen gibt, um gemeinsam die Konkurrenz durch andere Unternehmen zu verhindern.[490]

---

487 *Australian Competition and Consumer Commission v. CC (NSW) Pty Ltd.* 92 FCR 375, Rn. 141.
488 Sutherland/Kemp, Competition Law of SA, S. 6/13.
489 Sutherland/Kemp, Competition Law of SA, S. 6/13.
490 Emmerich, in: Immenga/Mestmäcker (Hrsg.), WettbewerbsR Kommentar Bd. 1 EU/Teil 1, Art. 101 Abs. 1 AEUV, Rn. 86.

Im europäischen Wettbewerbsrecht umfasst das Kartellverbot des Art. 101 Abs. 1 AEUV nach seinem Wortlaut neben Vereinbarungen und Beschlüssen von Unternehmensvereinigungen auch abgestimmte Verhaltensweisen. Das Gesetz unterscheidet bei verbotenen Maßnahmen folglich nicht zwischen vertikalen und horizontalen Beschränkungen. Durch die Harmonisierung der Wettbewerbsordnungen der Mitgliedsstaaten hat der Begriff der abgestimmten Verhaltensweisen Eingang in viele nationale Wettbewerbsordnungen gefunden. Allerdings ist er in den verschiedenen Rechtsordnungen von unterschiedlicher praktischer Relevanz. Im deutschen Wettbewerbsrecht spielen aufeinander abgestimmte Verhaltensweisen beispielsweise keine große Rolle; allerdings waren sie häufig schon Gegenstand von Verfahren vor den europäischen Gerichten.[491] Das Merkmal dient dabei häufig als Auffangtatbestand, wenn es den Richtern nicht möglich ist, den Parteien eine Vereinbarung nachzuweisen.

Die Einschränkung verbotener Verhaltensweisen auf „agreements" in Sec. 5 Competition Act und damit die unterschiedliche Behandlung von vertikalen und horizontalen Beschränkungen ist kritisch zu betrachten. Der Ausschluss von aufeinander abgestimmten Verhaltensweisen erlaubt Unternehmen, ihr Verhalten aufeinander abzustimmen, solange sie keine verbindliche Vereinbarung eingehen, und damit den *Competition Act* zu umgehen. Beispiele für abgestimmte Verhaltensweisen wären etwa die gegenseitige Information von Unternehmen über Preise, Verkaufsmengen und Kunden; zu denken wäre auch an die Weiterführung eines Kartells.[492] Allerdings zeigt die geringe Relevanz des Merkmals der Verhaltensabstimmung in einigen europäischen Mitgliedsstaaten, wie Deutschland, dass eine Umgehung des südafrikanischen *Competition Act* nicht ohne Weiteres möglich ist. Auch ist es denkbar, durch eine weite Interpretation des Begriffs „agreement" diese Lücke beinahe vollständig zu schließen.

b. Abgrenzung „Vereinbarung" von „aufeinander abgestimmten Verhaltensweisen"

Abzugrenzen ist Vereinbarung und insbesondere „arrangement" und „understanding" von „concerted practices", also „aufeinander abgestimmten Verhaltensweisen".

---

491 EuG, 08.07.2004, Rs. T-50/00, „Dalmine", Slg. 2004 II-2395; EuG, 08.07.2004, „Corus", Slg. 2004 II-2325; EuGH, 03.07.1985, Rs. 243/83, „Binon", Slg. 1985 S. 2015; KOME, 23.04.1986, (86/389/EWG – Polypropylen) Abl. 1986 L 230/1; EuGH, 28.05.1998, Rs. C-7/95P, „John Deere", Slg. 1998 I-3111. Siehe dazu auch: Emmerich, in: Immenga/Mestmäcker (Hrsg.), WettbewerbsR Kommentar Bd. 1 EU/Teil 1, Art. 101 Abs. 1 AEUV, Rn. 83.

492 Beispiele entnommen aus Entscheidungen des EuGH und der Kommission, siehe z.B. EuGH, 03.07.1985, Rs. 243/83, „Binon", Slg. 1985 S. 2015, Rn. 17; KOME, 23.04.1986, (86/389/EWG – Polypropylen) Abl. 1986 L 230/1 S. 27 f.; EuGH, 28.05.1998, Rs. C-7/95P, „John Deere", Slg. 1998 I-3111, Rn. 86 ff.; siehe auch: Emmerich, in: Handbuch des EU-Wirtschaftsrechts, H I § 2, Rn. 23.

Teilweise wurden im englischen und australischen Recht[493] die Begriffe „arrangement" und „understanding" mit „concerted practice" gleichgesetzt.[494] Allerdings umfasst Sec. 4 des südafrikanischen *Competition Act* neben „agreements" auch „concerted practices", woraus deutlich wird, dass es nicht Wille des südafrikanischen Gesetzgebers war den Begriff „agreement" auf „aufeinander abgestimmte Verhaltensweisen" auszuweiten, er vielmehr eine Unterscheidung treffen wollte.

Der Begriff „aufeinander abgestimmte Verhaltensweisen" meint nach der Legaldefinition der Sec. 1 Competition Act die Koordinierung zwischen Unternehmen durch direkten oder indirekten Kontakt, wodurch ihr selbstständiges, voneinander unabhängiges Handeln ersetzt wird, die jedoch noch nicht zu einer Vereinbarung gediehen ist.[495] Diese Formulierung ist der EU-Rechtsprechung entnommen.[496] Es kann daher davon ausgegangen werden, dass der südafrikanische Gesetzgeber, die europäische Auslegung des Merkmals übernehmen oder sich zumindest daran anlehnen wollte.

In der europäischen Rechtsprechung wird das Merkmal „Vereinbarung" sehr weit ausgelegt. Eine rechtliche Bindung ist nicht notwendig, vielmehr reicht eine faktische. Teilweise wird jedoch auch gänzlich auf das Vorliegen irgendeiner Art von Bindung verzichtet. Es genügt das Einigsein über die Art der Kooperation. Der Unterschied zur Verhaltensabstimmung liegt dann darin, dass bei diesen die bloße Bereitschaft zur Kooperation ausreichend ist. Die Kommission unterscheidet daher teilweise auch nicht mehr zwischen Vereinbarung und Verhaltensabstimmung.[497]

Eine Gleichstellung der Begriffe „Vereinbarung.[498]" und „aufeinander abgestimmte Verhaltensweisen" ist nach der Systematik des Gesetzes offensichtlich nicht gewollt. Jedoch kann und sollte die von der europäischen Rechtsprechung entwickelte sehr weite Definition des Merkmals „Vereinbarung" durchaus auf das südafrikanische Recht übertragen werden. Zwar widerspricht dies der zivilrechtlichen Konzeption

---

493 Siehe zu der Diskussion auch: Campbell, in: Brassey (Hrsg.), Competition Law, 131; Sutherland/Kemp, Competition Law of SA, S. 5/14.

494 Der englische Autor Black, ECLR 1992, 200 [200] ist der Meinung, dass es zwischen „arrangement" und „concerted practices" keinen signifikanten Unterschied gibt. Laut Sutherland/Kemp, Competition Law of SA, S. 5/16 f. wurden in Australien, was in Südafrika abgestimmte Verhaltensweisen wären, unter „understandings" subsumiert.

495 "'concerted practice' means co-operative, or coordinated conduct between firms, achieved through direct or indirect contact, that replaces their independent action, but which does not amount to an agreement."

496 EuGH, 16.12.1975, verb. Rs. 40 bis 48, 50, 54 bis 56, 111, 113 and 114/73, „Suiker Unie", Slg. 1975 S. 1663, Rn. 26; EuGH, 08.07.1999, Rs. C-49/92 P, „Anic Partecipazioni", Slg. 1999 S. I-4125, Rn. 112; EuGH, 14.07.1981, Rs. 172/80, „Züchner/Bayerische Vereinsbank", Slg. 1981 S. 2021.

497 Emmerich, in: Immenga/Mestmäcker (Hrsg.), WettbewerbsR Kommentar Bd. 1 EU/Teil 1, Art. 101 Abs. 1 AEUV, Rn. 61.

498 Siehe zu der Diskussion auch: Campbell, in: Brassey (Hrsg.), Competition Law, 131; Sutherland/Kemp, Competition Law of SA, S. 5/14.

der Vereinbarung. Dass diese keine Anwendung findet, geht jedoch schon aus der Definition von „Vereinbarung" in Sec. 1 Competition Act hervor. Die Nutzung der weiten Begriffe „arrangement" und „understanding" in der Definition von „agreement" macht deutlich, dass eine weite Auslegung gewollt ist und die Regelungen des *Competition Act* nicht einfach umgangen werden sollen. Dadurch wird die Lücke, die durch das Auslassen von aufeinander abgestimmten Verhaltensweisen aus dem Anwendungsbereich von Sec. 5 Abs. 1 Competition Act entsteht, abgemildert.

II. Vorliegen einer vertikalen Beziehung zwischen den Parteien

Sec. 5 Abs. 1 Competition Act ist nur auf Parteien anwendbar, die in einem vertikalen Wettbewerbsverhältnis zueinanderstehen. Nach Sec. 1 Competition Act besteht eine vertikale Beziehung zwischen einem Unternehmen und seinen Lieferanten, seinen Kunden oder beiden.[499] Ein Unternehmen („firm") umfasst nach der Legaldefinition „a person, partnership or trust". Sec. 1 Competition Act zählt damit verschiedene Arten von Gesellschaftsformen, die Unternehmen sein können, auf. Gesellschaftsformen, die ohne jeden Zweifel als Unternehmen angesehen werden, wie etwa die *Close Corporation*, sind dagegen nicht aufgezählt. Die Vorschrift enthält folglich weniger eine Definition, sondern soll vielmehr eine weite Auslegung des Begriffs „firms" gewährleisten, indem sie auch Gesellschaftsformen umfasst, bei denen es Zweifel geben könnte.

Der Begriff „Kunde" bedeutet in diesem Fall nicht nur Endverbraucher, sondern muss im weiten Sinne verstanden werden. Er umfasst folglich auch Zwischenhändler, wie etwa den Franchisenehmer.[500] Dies wurde jedoch in dem südafrikanischen Urteil *Cancun Trading v. Seven-Eleven Corporation*[501] von einer Partei des Rechtsstreits angezweifelt. Der betroffene Franchisegeber vertrat in diesem Fall die Ansicht, dass die Partner in einem Franchiseverhältnis in keinen Wettbewerbsverhältnis zueinander stehen, sondern vielmehr als eine wirtschaftliche Einheit betrachtet werden müssen. Der Aufbau eines Franchisesystems würde dem eines Filialsystems entsprechen. In diesem Fall bliebe kein Raum für die Anwendung des Kartellrechts, da es an einer vertikalen Beziehung fehle. Franchisegeber und Franchisenehmer ständen gemeinsam als Einheit nur im Wettbewerb zu anderen Unternehmen. Vereinbarungen zwischen Franchisegeber und Franchisenehmer fielen als rein interne Maßnahmen nicht unter das Wettbewerbsrecht.[502] Das *Competition Tribunal* ist dem zu Recht nicht gefolgt. Unter Verweis auf die Handhabung in anderen Rechtsordnungen wurde die Beziehung zwischen Franchisegeber und

---

499 „[V]ertical relationship means the relationship between a firm and its suppliers, its customers, or both".

500 Sutherland/Kemp, Competition Law of SA, S. 6/12.

501 *Cancun Trading No 24 CC v. Seven-Eleven Corp SA (Pty) Ltd* (18/IR/Dez 99), 07.04.2000.

502 *Cancun Trading No 24 CC v. Seven-Eleven Corp SA (Pty) Ltd* (18/IR/Dez 99), 07.04.2000, Rn. 36; siehe dazu auch Woker, The Franchise Relationship, 217.

Franchisenehmer als eine vertikale eingeordnet.[503] Das wurde damit begründet, dass der Franchisenehmer sein eigenes Kapital in sein eigenes Geschäft investiert und dass er für die Betriebskosten aufkommt. Zudem stehen ihm die Gewinne zu, gleichzeitig steht er aber auch für Verluste ein; er handelt also auf eigene Rechnung.[504] Auch die *Competition Commission* sieht Franchisegeber und Franchisenehmer als selbstständige, voneinander unabhängige Unternehmer an.[505]

III. Anwendung der „rule of reason"

Sec. 5 Competition Act unterscheidet zwischen vertikalen Wettbewerbsbeschränkungen, die nach der *rule of reason* behandelt werden und dem *per se* Verbot der Festsetzung von Mindestweiterverkaufspreisen.

Die Unterscheidung zwischen *per se* Verbot und *rule of reason* ist dem *U.S. Antitrust Law* entnommen.[506] *Per se* verboten sind solche Wettbewerbsbeschränkungen, die fast immer erhebliche negative Auswirkungen auf den Wettbewerb haben (man spricht von „pernicious effect on competition") und kaum zur Förderung des Wettbewerbs beitragen.[507] Sie fallen auch unter das *per se* Verbot, wenn sie zwar keine schädlichen Auswirkungen auf den Wettbewerb haben, ihn jedoch auch nicht fördern. Dass diese *per se* verbotenen Wettbewerbsbeschränkungen in Einzelfällen wettbewerbsfördernd sein können, wird in Kauf genommen. Denn die Wahrscheinlichkeit dafür ist so gering, dass Rechtssicherheit und Verfahrensökonomie Vorrang eingeräumt wird.[508] Manche Wettbewerbsbeschränkungen können wettbewerbsfördernd wirken, so dass bei ihnen eine weitergehende Abwägung sinnvoll ist. In diesen Fällen werden nach der *rule of reason* die wettbewerbsfördernden und wettbewerbswidrigen Auswirkungen einer Wettbewerbsbeschränkung gegeneinander abgewogen.

Das europäische Recht kennt diese Unterscheidung nicht. Art. 101 Abs. 1 AEUV normiert ein generelles Verbot vertikaler Beschränkungen. Eine Berücksichtigung

---

503 *Cancun Trading No 24 CC v. Seven-Eleven Corp SA (Pty) Ltd* (18/IR/Dez 99), 07.04.2000, Rn. 37; Blair/Esquibel, 65 Antitrust L.J. (1996–1997), 157 [157]; Lister, Juta's Business Law 10 (2002), 32 [35].

504 *Cancun Cancun Trading No 24 CC v. Seven-Eleven Corp SA (Pty) Ltd* (18/IR/Dez 99), 07.04.2000, Rn. 37.

505 Competition Commission, Franchising Notice, Rn. 3.3 a.E.

506 Erstmalig wurde die *rule of reason* in *Standard Oil Company of New Jersey v. United States* 221 U.S. 1 (1911) angewandt.

507 *Northern Pacific Railway v. United States* 356 U.S. 1 (1958) 5; Pitofsky, 71 Geo. L. J. (1982–1983), 1487 [1489]; *National Society of Professional Engineers v. United States* 435 U.S. 679 (1978) [692]; NCAA v. Board of Regents 468 U.S. 85 (1984) [100]; *American Soda Ash Corporation v. Competition Commission* (30.10.2003) 12/CAC/Dec01, 8.

508 Hovenkamp, 88 Mich. L. Rev. 1989–1990, 1 [2]; United States v. Topco Associates, Inc. 405 U.S. 596 (1972) [609 f.]; Arizona v. Maricopa County Medical Society 457 U.S. 332 [343 f.].

wettbewerbsfördernder Auswirkungen ist erst im Rahmen der, in Absatz 3 der Vorschrift geregelten, Ausnahmen möglich. Allerdings schränkt die Rechtsprechung in den letzten Jahren, unter Einfluss des *more economic approach*, den Anwendungsbereich von Art. 101 Abs. 1 AEUV ein. Und auch die Literatur spricht sich teilweise für eine Anwendung der *rule of reason* im Rahmen des Absatz 1 aus. Die Wettbewerbsbeschränkungen, die im *Antitrust Law* der Vereinigten Staaten unter das *per se* Verbot fallen, sind meist auch im europäischen Recht speziellen Regelungen unterworfen (sogenannte Kernbeschränkungen).

1. Wettbewerbsbeschränkende Wirkung

Das Verbot vertikaler Beschränkungen nach Sec. 5 Abs. 1 Competition Act sieht eine zweistufige *rule of reason* Prüfung vor.[509] Zunächst muss eine erhebliche Beeinträchtigung des Wettbewerbs durch die Vereinbarung vorliegen, die die *Competition Commission* nachweisen muss (the agreement „has the effect of substantially preventing or lessening competition"). Gelingt dies der Wettbewerbsbehörde, können die betroffenen Parteien in einem zweiten Schritt durch Nachweis von technischem Nutzen, Effizienzgewinn oder einem anderen wettbewerbsfördernden Vorteil der Vereinbarung, der im Verhältnis zu den schädigenden Auswirkungen überwiegt, das Verbot verhindern. Die Beeinträchtigung des Wettbewerbs wird damit über die wirtschaftlichen Folgen der Vereinbarung gestellt.

a. Definition des relevanten Marktes

Ob in Südafrika eine Marktabgrenzung ähnlich wie in der Europäischen Union notwendig ist, um die wettbewerbsrechtlichen Auswirkungen vertikaler Beschränkungen zu bestimmen, ist fraglich. In *Natal Wholesale Chemists (Pty) Ltd. v. Astra Pharmaceuticals (Pty) Ltd.*[510] vertritt das *Competition Tribunal* die Ansicht, dass eine formale Definition des relevanten Marktes zur Beurteilung einer vertikalen Beschränkungen nicht notwendig sei. Sie sei nur dann relevant, wenn es um die Bestimmung der Marktmacht gehe.[511] Insbesondere bei Fusionen sei sie von Relevanz.[512] Anstelle einer Abgrenzung des relevanten Marktes, soll die Auswirkung der vertikalen Vereinbarung, in diesem Fall ging es um eine Alleinbezugsvereinbarung, auf den Wettbewerb überprüft werden. Insbesondere gehe es darum festzustellen, ob die Vereinbarung den Parteien das Durchsetzen einer Preiserhöhung auf dem Markt erlaubt. Der Wettbewerb sei nur beeinträchtigt, wenn der Preis über dem

---

509 *American Soda Ash Corporation v. Competition Commission* (30.10.2003) 12/CAC/Dec01, 11.

510 (98/IR/Dec00), 21.03.2001, Rn. 56–60. Siehe auch: *National Association of Pharmaceutical Wholesalers v. Glaxo Wellcome* (Pty.) Ltd. (68/IR/Jun00), 18.06.2003, Rn. 45 verweisend auf *Natal Wholesale Chemists.*

511 *Ibid.*, Rn. 57: "market definition is only a tool for estimating market power, not a scientific test."

512 *Ibid.*, Rn. 60 Fn. 20.

Wettbewerbsniveau liege.[513] Das Gericht erläutert weiterhin, dass bei der Überprüfung einer Fusion die Abgrenzung des relevanten Marktes notwendig sei, weil die Fusionskontrolle gerade dem Zweck diene, eine Verschiebung der Marktverhältnisse mit der Folge einer Marktkonzentration oder sogar Marktmacht eines Unternehmens zu verhindern. Bei der Beurteilung vertikaler Vereinbarungen gehe es hingegen vornehmlich um das Verhalten, also um die Ermittlung, ob jemand Marktmacht ausübt. Hier sei das Feststellen der Ausübung von Marktmacht gleichzusetzen mit der Abgrenzung des relevanten Marktes.[514]

Die Ansicht des *Competition Tribunal* wird von der Literatur stark kritisiert. In Südafrika muss die Partei, die die Wettbewerbsbeschränkung geltend macht, auch den Markt definieren. Es wird vorgebracht, dass diese den Markt nicht zu ihrem Nachteil festlegen wird. Sollte eine Festlegung durch diese Partei nicht eindeutig möglich sein, ist es daher notwendig, dass das Gericht den relevanten Markt definiert.[515] Auch wird auf den Wortlaut der Sec. 5 Competition Act verwiesen, der von „preventing or lessening competition *in a market*“[516] spricht.[517] Des Weiteren ist es denklogisch nicht möglich zu prüfen, ob der Wettbewerb gefördert oder behindert wird, ohne vorher den Markt zu bestimmen, auf dem der Wettbewerb besteht.[518] Diese Ansicht wird von anderen Gerichtsurteilen gestützt. In mehreren früheren Gerichtsurteilen legte das *Competition Tribunal* der Bestimmung des relevanten Marktes entscheidende Bedeutung bei.[519] Auch ein zeitlich späteres Urteil aus dem Jahr 2004 sieht die Bestimmung des relevanten Marktes als essentiell an.[520] Es kann daher davon ausgegangen werden, dass die Bestimmung des relevanten Marktes auch in Südafrika notwendig ist.[521] Diese erfolgt in sachlicher, räumlicher und zeitlicher Hinsicht.[522]

513 *Ibid.*, Rn. 60.
514 *Ibid.*, Rn. 60 Fn. 20.
515 Sutherland/Kemp, Competition Law of SA, S. 6/27; Unterhalter, in: Brassey (Hrsg.), Competition Law, 177.
516 Hervorhebung durch den Verfasser.
517 Siehe hierzu: Brassey, in: Brassey (Hrsg.), Competition Law, 41.
518 Unterhalter, in: Brassey (Hrsg.), Competition Law, 176.
519 *Cancun Trading No 24 CC v. Seven-Eleven Corp SA (Pty) Ltd* (18/IR/Dez99), 07.04.2000, Rn. 33; *Bezuidenhout v. Patensie Sitrus Beherend Ltd.* (66/IR/May00), 19.07.2000, Rn. 45 ff.
520 *Nuco Chrome (Pty) Ltd. v. Xstrata South Africa (Pty) Ltd.* (31/IR/Apr04), 18.08.2004, S. 8 f.
521 So auch: van Heerden/Neethling, Unlawful Competition, 31; Brooks, Defining a “Market” in South African Competition Law, § 1; Neethling/Rutherford, in: Joubert/Faris (Hrsg.), LAWSA 2/2, Rn. 243; Unterhalter, in: Brassey (Hrsg.), Competition Law, 177.
522 Campbell, in: Brassey (Hrsg.), Competition Law, 157.

aa. Definition des sachlich relevanten Marktes

Eine Definition des Marktes gibt es in Sec. 1 Competition Act, der für viele andere Begriffe jedoch eine Definition enthält, nicht. Auch die südafrikanischen Wettbewerbseinrichtungen, also die Gerichte und die *Commission*, haben bislang allein eine Definition des räumlich relevanten Marktes, nicht jedoch des sachlich relevanten Marktes, festgelegt. Allerdings werden *goods and services*, also Waren und Dienstleistungen, in Sec. 1 Competition Act näher bestimmt. Diese umfassen alle Waren oder Dienstleistungen, die unter Berücksichtigung der üblichen Handelspraxis sowie räumlicher, technischer und zeitlicher Einschränkungen vernünftigerweise austauschbar sind.[523] Es gibt zwar keinerlei Hinweise im Gesetz, dass diese Definition auch auf den Markt bezogen ist. Allerdings kann der relevante Markt unter Bezugnahme auf diese Definition von „Waren und Dienstleistungen" abgegrenzt werden und damit durch einen Substituierbarkeitstest näher bestimmt werden.[524]

Dafür spricht, dass in vielen Rechtsordnungen, wie in dieser Definition, auf den Substituierbarkeitstest abgestellt wird.[525] Auch in der Europäischen Union umfasst, nach der Begriffsbestimmung der EU-Kommission, der sachlich relevante Markt „sämtliche Erzeugnisse und/oder Dienstleistungen, die von den Verbrauchern hinsichtlich ihrer Eigenschaften, Preise und ihres vorgesehenen Verwendungszwecks als austauschbar oder substituierbar angesehen werden."[526] Die Europäische Kommission nutzt, wie es in vielen anderen Rechtsordnungen auch der Fall ist, zur Analyse des Grades der Austauschbarkeit der Produkte oder Nachfragesubstituierbarkeit die sogenannte Kreuzpreiselastizität.[527] Auch wird der sogenannte SSNIP[528]-Test herangezogen. Dabei wird geprüft, ob eine geringe Erhöhung des Preises dazu führt, dass sich die Nachfrage so auf ein anderes Produkt verschiebt, dass sich die Preiserhöhung für das Unternehmen nicht mehr lohnt. Sollte dies der Fall sein, dann gehören beide Produkte zum gleichen Markt.[529]

---

523 "'goods and services'" ... includes any other goods or services that are reasonably capable of being substituted for them, taking into account ordinary commercial practice and geographical, technical and temporal constraints."

524 So auch Brooks, Defining a "Market" in South African Competition Law, § 4; Bah/Mbano, A Situation Analysis of Competition in the Pulp and Paper Product Sector, § 5.

525 Siehe hierzu den Vergleich bei Brooks, Defining a "Market" in South African Competition Law, § 3.

526 Bekanntmachung der Kommission über die Definition des relevanten Marktes im Sinne des Wettbewerbsrechts der Gemeinschaft (1997/C 372/03) ABl. C 372 09.12.1997, Rn. 7. Siehe dazu auch die Rechtsprechung: EuG, 08.06.1995, Rs. 7/93, „Langnese-Iglo", Slg. 1995 S. II-1533, Rn. 61; EuGH, 09.11.1983, Rs. 322/81, „Michelin", Slg. 1983 3461 und EuGH, 21.02.1984, Rs. 86/82, „Hasselblad", Slg. 1984 883.

527 KOME, 22.12.1987, (88/138/EEC – Eurofix-Bauco/Hilti) Abl. 1988 L 65/19, Rn. 73.

528 Die Abkürzung steht für: **s**mall but **s**ignificant and **n**ontransitory **i**ncrease in **p**rice

529 Siehe dazu auch: Emmerich, in: Immenga/Mestmäcker (Hrsg.), WettbewerbsR Kommentar Bd. 1 EU/Teil 1, Art. 101 Abs. 1 AEUV, Rn. 155 f.

bb. Definition des räumlich relevanten Marktes

Der räumliche Markt wurde durch das *Competition Tribunal* in einem Urteil betreffend eine Fusion näher bestimmt. Dabei stellte das Gericht der Definition die Wendung „der räumliche Markt wird *üblicherweise* verstanden..." voran, ohne jedoch die Quelle zu nennen, an der die Definition angelehnt ist.[530] Es ist daher nicht klar, ob und wenn ja von welcher Rechtsordnung das Gericht beeinflusst wurde. Der räumlich relevante Markt wird als das Gebiet definiert, in dem Verbraucher alternative Quellen für die Produkte finden können und in dem die beteiligten Unternehmen im Wettbewerb mit anderen stehen.[531] Diese Definition und ihre Merkmale sollte auch bei der Bestimmung des relevanten Marktes bei Wettbewerbsbeschränkungen nach Sec. 5 Competition Act Anwendung finden. Natürlich kann das Prüfen der Merkmale der Definition bei einer grundsätzlich zukunftsbezogenen Fusionskontrolle und der Überprüfung von in der Vergangenheit liegenden Ereignissen wie Wettbewerbsbeschränkungen zu unterschiedlichen Ergebnissen führen. Der Umfang des bestimmten Marktes kann je nach Art der Analyse variieren. Das hindert jedoch nicht daran, eine einheitliche Definition des Marktes für die Kontrolle von Zusammenschlüssen und Wettbewerbsbeschränkungen zu wählen.[532]

Diese Definition hat auf den ersten Blick wenig mit der, in der Europäischen Union verwendeten, gemeinsam. Die EU-Kommission definiert den räumlich relevanten Markt als das Gebiet, in dem die beteiligten Unternehmen die relevanten Produkte oder Dienstleistungen anbieten, in dem die Wettbewerbsbedingungen hinreichend homogen sind und das sich von benachbarten Gebieten durch spürbar unterschiedliche Wettbewerbsbedingungen unterscheidet.[533] Auch wenn die Definitionen der beiden Rechtsordnungen verschieden klingen, bei der eigentlichen Prüfung ähneln sie sich. Die EU-Kommission analysiert zunächst die Verteilung der Marktanteile und vergleicht die Preise. In einem zweiten Schritt wird dann ein Substituierbarkeitstest durchgeführt. Bei diesem wird geprüft, ob die Verbraucher auf alternative Lieferquellen an anderen Standorten kurzfristig und zu geringen Kosten zurückgreifen können. In einem letzten Schritt wird überprüft, ob Hindernisse und Schranken (z. B. Zölle, Preisvorschriften, Zugang zu bzw. Kosten für ein Vertriebsnetzt etc.) bestehen, die die beteiligten Unternehmen vor Wettbewerbsdruck von außerhalb

---

530 Kritisch: Brooks, Defining a "Market" in South African Competition Law, § 4.

531 "The geographical market is conventionally understood to refer to that geographic area to which consumers can practically turn for alternative sources of products and in which the antitrust defendant faces competition" *JD Group Limited/Ellerine Holdings Ltd.* (78/LM/Jul00), 30.08.2000 S. 16.

532 Bekanntmachung der Kommission über die Definition des relevanten Marktes im Sinne des Wettbewerbsrechts der Gemeinschaft (1997/C 372/03) ABl. C 372 09.12.1997, Rn. 12

533 Bekanntmachung der Kommission über die Definition des relevanten Marktes im Sinne des Wettbewerbsrechts der Gemeinschaft (1997/C 372/03) ABl. C 372 09.12.1997, Rn. 8.

des Marktes angesiedelten Unternehmen schützen.[534] Diese Prüfung ähnelt letztlich der südafrikanischen Definition des räumlichen Marktes, die in ihrem ersten Teil auch von der Nachfragesubstituierbarkeit spricht.

cc. Umgang der südafrikanischen Wettbewerbseinrichtungen mit der Abgrenzung des Marktes

Für gewöhnlich zollt das *Competition Tribunal* der Marktdefinition nicht so viel Aufmerksamkeit wie im Rahmen der Zusammenschlusskontrolle zwischen *JD Group Limited/Ellerine Holdings Ltd.*[535] Die Literatur kritisiert diese Herangehensweise. Die Bestimmung des relevanten Marktes ist für die Prüfung eines Falles von großer Wichtigkeit und häufig hängt hiervon dessen Beurteilung ab.[536] Sowohl das *Competition Tribunal*, als auch die *Competition Commission* hinterlassen in ihren Entscheidungen häufig den Eindruck, dass ihre Abgrenzung, auch wenn sie auf „Beweise" verweisen, eher intuitiv erfolgt.[537] Um diesen Eindruck der Willkürlichkeit entgegenzuwirken, sollten sie in ihren Begründungen verstärkt auf die Marktabgrenzung eingehen, sich mit dieser detailliert auseinandersetzen und sich in ihren Ausführungen auf wirtschaftswissenschaftliche Methoden wie die Kreuzpreiselastizität beziehen und auch den SSNIP-Test heranziehen. Auch wäre denkbar, dass die *Competition Commission* Leitlinien bezüglich der Definition des relevanten Marktes, seiner Merkmale und ihrer Auslegung herausgibt.

b. „Preventing or lessening competition in a market"

Auch die Formulierung in Sec. 5 Competition Act „has the effect of substantially preventing or lessening competition" ist dem EU-Kartellrecht entlehnt.[538]

aa. Tatsächliches Bewirken einer Wettbewerbsbeschränkung

Allerdings ist es gemäß Art. 101 Abs. 1 AEUV im EU-Recht ausreichend, dass eine Wettbewerbsbeschränkung durch die Maßnahme bezweckt wird, sie muss folglich nicht schon tatsächlich bewirkt worden sein.[539] Im südafrikanischen Recht muss

---

534 Bekanntmachung der Kommission über die Definition des relevanten Marktes im Sinne des Wettbewerbsrechts der Gemeinschaft (1997/C 372/03) ABl. C 372 09.12.1997, Rn. 28 ff.

535 Wie bereits oben erwähnt, wurde teilweise sogar der Prüfung des relevanten Marktes die Notwendigkeit abgesprochen.

536 Theron, The Economics of Competition Policy: Merger Analysis in South Africa, §3; Bah/Mbano, A Situation Analysis of Competition in the Pulp and Paper Product Sector, § 5.

537 So auch Brooks, Defining a "Market" in South African Competition Law, § 4.

538 Art. 101 Abs. 1 AEUV in der englischen Fassung spricht von „agreements....which have as their object or effect the prevention, restriction or distortion of competition".

539 „[O]bject or effect".

hingegen die tatsächliche Auswirkung auf dem Markt nachgewiesen werden. Neben dem Wortlaut der Sec. 5 Competition Act zeigt dies auch ein Vergleich mit den Regelungen der Zusammenschlusskontrolle in Sec. 12A Abs. 1 Competition Act. Diese fordert im Gegensatz zu Sec. 5 Competition Act lediglich, dass es wahrscheinlich ist, dass der Zusammenschluss den Wettbewerb wesentlich verhindert oder verringert.[540] Die abstrakte Möglichkeit der Beschränkung des Wettbewerbs oder die Eignung zur Beschränkung ist im Rahmen der Sec. 5 Competition Act folglich nicht ausreichend.[541]

Es gibt allerdings gute und überzeugende Gründe dafür, das Bezwecken einer Wettbewerbsbeschränkung ausreichen zu lassen. Zum einen ist eine tatsächliche Auswirkung auf den Wettbewerb meist nur schwer nachweisbar.[542] Zum anderen kann schon eine Maßnahme, die eine Wettbewerbsbeschränkung bezweckt, sich negativ auf das Verhalten der Beteiligten auswirken, da sie einen gewissen psychologischen Zwang ausübt.[543]

bb. Bestehen von Wettbewerb auf dem Markt

Die Voraussetzung der Beeinträchtigung des Wettbewerbs kann nur erfüllt werden, wenn es Wettbewerb auf dem Markt gibt. Dies könnte in den Fällen verneint werden, in denen eine starke Regulierung des Marktes durch den Staat besteht. Gerade in solchen Situationen ist die Förderung des Wettbewerbs jedoch umso wichtiger und gegen Beschränkungen muss noch strenger vorgegangen werden.[544]

c. „Substantially“

Die Voraussetzung einer „erheblichen“ Auswirkung auf den Wettbewerb schließt solche Fälle aus, die lediglich geringfügige Bedeutung haben (sogenannte *de minimis cases*), das heißt Fälle, deren wettbewerbswidrigen Folgen so unbedeutend sind, dass sie nicht weiter verfolgt werden müssen.[545] Diese Voraussetzung entspricht dem ungeschriebenen Kriterium der „Spürbarkeit“ in Artikel 101 Abs. 1 AEUV.[546] Der Ausschluss von nur geringen Wettbewerbsverstößen von dem Verbot der Sec. 5 Abs. 1 Competition Act erleichtert die Arbeit der Wettbewerbsbehörde und

---

540 „[W]hether or not the merger is likely to substantially prevent or lessen competition."

541 Brassey, in: Brassey (Hrsg.), Competition Law, 35 f.; Unterhalter, in: Brassey (Hrsg.), Competition Law, 166; Sutherland/Kemp, Competition Law of SA, S. 5/60.

542 EuGH, 01.02.1978, „Miller“, Slg. 1978 S. 131, Rn. 15.

543 Emmerich, in: Immenga/Mestmäcker (Hrsg.), WettbewerbsR Kommentar Bd. 1 EU/Teil 1, Art. 101 Abs. 1 AEUV, Rn. 172.

544 Sutherland/Kemp, Competition Law of SA, S. 5/61.

545 Sutherland/Kemp, Competition Law of SA, S. 5/61; so auch in den USA: *Drs. Steuer and Latham, P.A., Rudolph R. Steuer, Jr., M.D. and Harry S. Latham, M.D. v. National Medical Enterprises, Inc. and NME Hospitals, Inc.* 672 F. Supp. 1489, Rn. 5.

546 Campbell, in: Brassey (Hrsg.), Competition Law, 162.

-gerichte. Außerdem wird die Zusammenarbeit von kleinen und mittelständischen Unternehmen gefördert, die häufig in Franchisesystemen zu finden sind. In diesem Zusammenhang hat das *Competition Tribunal* betont, dass bei diesem Merkmal die Beteiligung von kleinen und mittleren Unternehmen am Wirtschaftsleben beachtet werden muss.[547]

Der Marktanteil spielt neben anderen Faktoren eine wichtige Rolle bei der Beurteilung der Erheblichkeit der Einschränkung.[548] Dabei kommt es immer auf die Umstände des Einzelfalles an.[549] Grundsätzlich ist es jedoch erforderlich, dass eine der Vertragsparteien Marktmacht oder aber Kontrolle über eine wichtige Einrichtung hat.[550] Dies steht in Einklang mit den Entscheidungen des Gerichtshofs der Europäischen Union, der ebenfalls die Bedeutung der Parteien auf dem Markt und die Art der Einschränkung berücksichtigt. Die Europäische Kommission berücksichtigt hingegen rein quantitative Kriterien bei der Bestimmung der Spürbarkeit.[551]

2. *Wettbewerbsfördernder Vorteil*

Das Verbot nach Sec. 5 Abs. 1 Competition Act greift nur dann ein, wenn die beteiligten Parteien nicht nachweisen können, dass der technische Nutzen, Effizienzgewinn oder ein anderer wettbewerbsfördernder Vorteil im Verhältnis zur Wettbewerbsbeschränkung überwiegt. Das bedeutet, dass nicht jedes wettbewerbswidrige Verhalten verboten ist. Vielmehr müssen in einem zweiten Schritt wettbewerbsfördernde und wettbewerbswidrige Auswirkungen gegeneinander abgewogen werden. Für ein Verbot müssen dabei die Nachteile gegenüber den Vorteilen überwiegen. Das trägt dem Umstand Rechnung, dass zwar grundsätzlich durch einen funktionierenden Wettbewerb die besten Ergebnisse erzielt werden, jedoch auch in einigen Situationen durch Vereinbarungen zwischen Unternehmen wirtschaftliche Effizienzgewinne geschaffen werden können.

---

547 Competition Commission/Competition Tribunal, Unleashing Rivalry, 66.

548 Campbell, in: Brassey (Hrsg.), Competition Law, 157; Sutherland/Kemp, Competition Law of SA, S. 5/61. Beide Autoren stehen jedoch einer zu starken Gewichtung des Marktanteils kritisch gegenüber. Siehe auch: Unterhalter, in: Brassey (Hrsg.), Competition Law, 166, sowie *Cancun Trading No 24 CC v. Seven-Eleven Corp SA (Pty) Ltd* (18/IR/Dez 99), 07.04.2000, Rn. 33; *Commission v. United South African Pharmacies* (04/CR/Jan02), 22.01.2003, 5 ff. Competition Commission/Competition Tribunal, Unleashing Rivalry, 54.

549 Brassey, in: Brassey (Hrsg.), Competition Law, 42.

550 Competition Commission/Competition Tribunal, Unleashing Rivalry, 54.

551 Bekanntmachung der Kommission über Vereinbarungen von geringer Bedeutung, die den Wettbewerb gemäß Artikel 81 Absatz 1 des Vertrags zur Gründung der Europäischen Gemeinschaft nicht spürbar beschränken (de minimis) (2001/C 368/07), ABl. EU C 368/13. Siehe insbesondere Rn. 7 Buchst. b, wonach bei einer vertikalen Beziehung Untersuchungen erst ab einem Marktanteil von 15 % eingeleitet werden.

a. Am wenigsten beschränkende Alternative

Das EU-Recht, genauer die Freistellung vom Kartellverbot des Art. 101 Abs. 1 AEUV, geregelt in Artikel 101 Abs. 3 AEUV, fordert, dass keine Beschränkungen auferlegt werden, die für die Verwirklichung dieser Ziele, das heißt der Verbesserung der Warenerzeugung und -verteilung oder der Förderung des technischen und wirtschaftlichen Fortschritts, nicht *unerlässlich* sind. Ähnlich fordert das *U.S. Antitrust Law*, wenn auch sehr uneinheitlich, dass die Beschränkung vernünftigerweise erforderlich („reasonably necessary") ist, um den angegeben Nutzen zu erreichen.[552] Beide Systeme stellen folglich ähnliche Bedingungen. Sec. 5 Abs. 1 Competition Act enthält jedoch keine entsprechende Bestimmung. In diesem Zusammenhang ist hervorzuheben, dass der EuGH dem Kriterium der Unerlässlichkeit große Bedeutung zumisst. An dieser Voraussetzung sind bereits viele Anträge auf Freistellung vom Kartellverbot gescheitert.[553] Umso erstaunlicher ist es, dass das südafrikanische Wettbewerbsrecht solch eine Bestimmung nicht enthält. Die Unerlässlichkeit der Maßnahme könnte jedoch indirekt im Rahmen der Abwägung wettbewerbsfördernder und wettbewerbswidriger Folgen der Beschränkung geprüft werden, da ein Überwiegen wettbewerbsfördernder Auswirkungen nur schwer vorstellbar ist, wenn die Beschränkung für die positiven Folgen nicht unerlässlich oder sogar erforderlich ist.[554]

b. Gewinnbeteiligung des Verbrauchers

Art. 101 Abs. 3 AEUV setzt für eine Freistellung vom Kartellverbot voraus, dass der Verbraucher angemessen am Gewinn beteiligt wird, wobei der Begriff des Verbrauchers weit gefasst ist und nicht nur den Endkonsumenten, sondern jeden Abnehmer meint. Das südafrikanische Kartellrecht sieht dem Wortlaut von Sec. 5 Competition Act nach keine Verbraucherbeteiligung vor. Das *Competition Tribunal* hat bei der Abwägung im Rahmen einer Fusionskontrolle betont, dass eine Verbraucherbeteiligung am Gewinn und Effizienzsteigerung in einem Abhängigkeitsverhältnis zueinander stehen. Je größer die Effizienzsteigerungen desto weniger Anforderungen würden an den Beweis für das Vorliegen einer Gewinnbeteiligung der Verbraucher

---

552 Siehe Feldman, American University Law Review 2009, 561 [561 ff., insbesondere 578 ff.]. Danach wird von immer mehr Stimmen die Wiedereinführung der "less restrictive alternative inquiry" im Rahmen der Prüfung der *rule of reason* gefordert.

553 Hengst, in: Langen/Bunte (Hrsg.), KartellR Kommentar, Bd. 2, Art. 101 Kartellverbot, Rn. 389; KOME, 12.12.1988, (89/44/EWG – Publishers' Association – „Netto-Bücher"-Vereinbarung), Abl. 26.01.1989 L 22/12, 21 ff.; bestätigt durch EuG, 09.07.1992, Rs. T-66/89, „Publishers Association", Slg. 1992, II-1995; aufgehoben, jedoch aus anderen Gründen durch: EuGH, 17.01.1995, Rs. C-360/92 P„Publishers Association", Slg. 1995, I-23; vgl. Dazu: Davis, EuZW 1995, 185 [185]; EuG, 23.02.1994, Rs. T-39/92, T-40/92„Groupement Cartes Bancaires", Slg. 1994, II-49, Rn. 5.

554 So auch Sutherland/Kemp, Competition Law of SA, S. 5/62.

gestellt werden.[555] Dies könne so weit gehen, dass keine Beteiligung des Verbrauchers notwendig sei.[556] Bei nur geringen Effizienzvorteilen müsse jedoch eine Gewinnausschüttung an den Verbraucher erfolgen. Diese müsse mehr als unbedeutend sein.[557] Allerdings wird nicht gefordert, dass der gesamte Gewinn an die Verbraucher weitergegeben wird.[558] Die vom Gericht getroffenen Aussagen betreffen zwar eine Abwägung im Rahmen der Fusionskontrolle. Allerdings waren sie explizit auf den Teil der Abwägung bezogen, der wortgleich zu der Abwägung in Sec. 5 Competition Act ist. Eine Übertragung der Erwägungen durch die Gerichte auf die Abwägung in Sec. 5 Competition Act ist daher wahrscheinlich.

c. Berücksichtigung nichtwirtschaftlicher Faktoren

Die Formulierung in Sec. 5 Abs. 1 Competition Act „technischer Nutzen, Effizienzgewinn oder ein anderer wettbewerbsfördernder Vorteil" ist auf den ersten Blick sehr offen gestaltet. Da jedoch die beiden explizit genannten Vorteile, technischer Nutzen und Effizienzgewinn, wirtschaftliche Vorteile sind, erscheint es aus systematischer Sicht unwahrscheinlich, dass der Gesetzgeber mit sonstigen Wettbewerbsvorteilen auch andere Zwecke, wie das soziale Wohl, in die Abwägung mit einbeziehen wollte.

Einige südafrikanische Autoren argumentieren jedoch, dass das soziale Wohl als sonstiger wettbewerbsfördernder Vorteil Berücksichtigung finden könnte.[559] Der südafrikanische Autor *Brassey*[560] stützt sich dabei auf die Fusionsregeln im *Competition Act*. Gemäß Sec. 12A Abs. 1 Buchst. a Buchst. i i. V. m. Sec. 12A Abs. 3 Competition Act sollen bei Beurteilung eines Zusammenschlusses auch Gründe des öffentlichen Wohls herangezogen werden. Dazu zählen die Auswirkung auf die regionale Entwicklung, die Schaffung von Arbeitsplätzen, die Förderung kleiner Unternehmen, die im Eigentum von historisch Benachteiligten stehen, sowie die Verbesserung der Wettbewerbsfähigkeit in der globalen Wirtschaft. Laut *Brassey* zeigt das den Willen des Gesetzgebers, auch andere Kriterien als den wirtschaftlichen Nutzen bei Sec. 5 Competition Act zu berücksichtigen.[561] Dem ist nicht zuzustimmen. Im Gegenteil, die Systematik der Vorschrift der Sec. 12A Competition Act zeigt, dass „other pro-competitive gain" gerade nicht Interessen der Allgemeinheit umfasst. Beide Begriffe werden in dieser Vorschrift nebeneinander in unterschiedlichen

---

555 *Trident Steel (Proprietary) Limited and Dorbyl Limited*, (89/LM/Oct00), 30.01.2001, Rn. 81.

556 *Trident Steel (Proprietary) Limited and Dorbyl Limited*, (89/LM/Oct00), 30.01.2001, Rn. 92.

557 Im Urteil wird der Begriff "trivial" verwendet.

558 *Trident Steel (Proprietary) Limited and Dorbyl Limited*, (89/LM/Oct00), 30.01.2001, Rn. 81.

559 Sutherland/Kemp, Competition Law of SA, S. 5/62; Brassey, in: Brassey (Hrsg.), Competition Law, 43.

560 Brassey, in: Brassey (Hrsg.), Competition Law, 43.

561 Brassey nennt das ein Argument aus Analogie.

Unterabschnitten gebraucht. In Abs. 1 Buchst. a Buchst. i der Vorschrift wird die gleiche Formulierung wie auch in Sec. 5 Competition Act verwendet. Als Abwägungskriterium wird hier „any technological, efficiency or other pro-competitive gain" herangezogen. Buchst. ii und Buchst. b der Vorschrift sprechen dann von einer Beurteilung anhand von „public interest grounds". Dies spricht dafür, dass „other pro-competitive gain" nur andere wirtschaftliche Vorteile meint und gerade nicht das gesamtgesellschaftliche Wohl. Des Weiteren zeigt die Verwendung von Gründen des öffentlichen Wohls als Abwägungskriterium in den Vorschriften der Fusionskontrolle, dass der südafrikanische Gesetzgeber diese Gründe bei der Beurteilung von vertikalen Wettbewerbsbeschränkungen gerade nicht berücksichtigen wollte.

Andererseits sind in Sec. 2 Competition Act die allgemeinen Ziele des Wettbewerbsgesetzes beschrieben. Neben der Förderung der Wirtschaft und des Wettbewerbs sind darin auch soziale, arbeitspolitische und industriepolitische Ziele genannt. Diesen Zielbestimmungen soll in allen Bereichen des Wettbewerbsrechtes Rechnung getragen werden. Bei der Auslegung einzelner Vorschriften sind diese Ziele zu beachten und der Zweck einer Regelung muss mit ihnen in Einklang gebracht werden.[562] Allerdings ist zu beachten, dass Sec. 5 Competition Act, wie auch die anderen wettbewerbsrechtlichen Regelungen des *Competition Act*, an erster Stelle dem Schutz des Wettbewerbs vor Verzerrung dient. Des Weiteren erscheint es aufgrund der Systematik des Gesetzes im Gesamten, insbesondere im Vergleich mit den Regelungen im Rahmen der Fusionskontrolle, sowie der Formulierung der Merkmale im Besonderen nur schwer möglich, andere Ziele als wirtschaftliche Effizienzsteigerung in Sec. 5 Competition Act hineinzuinterpretieren. Auch würde die Berücksichtigung weiterer nichtökonomischer Ziele zu einer Politisierung der Wettbewerbsvorschriften führen. Es bestünde die Gefahr, dass das eigentliche Ziel der Vorschrift, der Schutz des freien Wettbewerbs, in den Hintergrund geriete und zum Spielball der Politik würde. Der Maßstab, anhand dessen die *Competition Commission* und die südafrikanischen Wettbewerbsgerichte eine Abwägung vornehmen, würde intransparenter und den Behörden würde dadurch ein sehr großer Ermessensspielraum gegeben. Für die Marktteilnehmer würde diese Ausweitung zu mehr Rechtsunsicherheiten führen.

Auch in den USA ist das soziale Wohl als fördernswertes Ziel umstritten.[563] Insbesondere die Rechtsprechung steht dem jedoch ablehnend gegenüber.[564] Die europäische Freistellungsregelung in Art. 101 Abs. 3 AEUV fordert für eine Ausnahme vom Kartellverbot des Art. 101 Abs. 1 AEUV, dass die Kooperation zwischen den Unternehmen zur Verbesserung der Warenerzeugung oder -verteilung oder Förderung des technischen und wirtschaftlichen Fortschritts beiträgt. Die Vorschrift stellt also

---

562 So Sutherland/Kemp, Competition Law of SA, S. 5/62; Brassey, in: Brassey (Hrsg.), Competition Law, 43.

563 Goldman, 13 YLLPR (1995) 137 [143 ff.].

564 *United Stated v. Philadelphia National Bank* 374 U.S. 321 (1963) [371]; *National Society of Professional Engineers v. United States* 435 U.S. 679 (1978) [692].

vornehmlich auf wirtschaftliche Gesichtspunkte wie Effizienzgewinne in der Produktion und Distribution sowie Begünstigen von Forschung und Innovationen ab.

Auch hier ist es umstritten, ob nur wirtschaftliche Vorteile berücksichtigt werden können oder ob auch andere Unionsziele Eingang in die Freistellungsprüfung finden sollen.[565] In Betracht kämen die in den Querschnittsklauseln niedergelegten Ziele der Industriepolitik,[566] der Beschäftigungspolitik,[567] des Umweltschutzes,[568] der Kohäsionspolitik,[569] der Kultur,[570] des Gesundheitsschutzes[571] und der Entwicklungszusammenarbeit.[572] Laut Art. 7 AEUV besteht ein Kohärenzgebot und den Zielen der Union soll in ihrer Gesamtheit Rechnung getragen werden. Das bedeutet, dass diese Faktoren grundsätzlich bei der Ausgestaltung anderer Unionspolitiken beachtet werden sollen und zu diesem Zweck abhängig vom Anwendungsbereich gewichtet und in Einklang gebracht werden müssen.[573] Allerdings ist dabei der Grundsatz der begrenzten Einzelermächtigung zu beachten.[574] Die Verfolgung der Vertragsziele ist nicht unbegrenzt möglich. Im Fall des Art. 101 Abs. 3 AEUV ist der Wortlaut der Vorschrift klar auf wirtschaftliche Effizienzgewinne beschränkt, so dass eine unmittelbare Beachtung weiterer Ziele nicht möglich ist. Sie können jedoch ergänzend Berücksichtigung. finden, wenn die Möglichkeit besteht, sie im Rahmen von ökonomischen Vorteilen mit zu verwirklichen.[575] Auch die Rechtsprechung und Kommission haben bislang sonstige Unionsziele nur mittelbar in ihre Abwägung über eine Freistellung miteinbezogen.[576]

---

565 Gegen die Einbeziehung sonstiger Unionsziele: In Bekanntmachung der Kommission, LL zur Anwendung von Art. 81 Abs. 3 EG-Vertrag (2004/C 101/08), ABl. EU C 101/97, Rn. 48 ff. werden sonstige Ziele nicht erwähnt. Siehe dazu auch Ellger, in: Immenga/Mestmäcker (Hrsg.), WettbewerbsR Kommentar Bd. 1 EU/Teil 1, Art. 101 Abs. 3, Rn. 314; Schuhmacher, in: Grabitz/Hilf/Nettesheim (Hrsg.), Recht der EU, Art. 101, Rn. 267 ff.; Mestmäcker/Schweitzer, Europäisches Wettbewerbsrecht, § 13, Rn. 77. Für eine solche Einbeziehung: van Miert, WuW 1995, 553 [553 f.]; Quellmalz, WRP 2004, 461 [464]; Immenga, EuZW 2005, 353 [353].

566 Art. 173 Abs. 3 UAbs. 1 S. 1 AEUV.

567 Art. 147 Abs. 2, Art. 9 AEUV.

568 Art. 11 AEUV.

569 Art. 176 Abs. 1 S. 2 i.V.m. Art. 174 AEUV.

570 Art. 167 Abs. 4 AEUV.

571 Art. 168 Abs. 1 UAbs. 1, Art. 9 AEUV.

572 Art. 208 Abs. 1 UAbs. 2 S. 2 AEUV.

573 Schuhmacher, in: Grabitz/Hilf/Nettesheim (Hrsg.), Recht der EU, Art. 101, Rn. 269; Quellmalz, WRP 2004, 461 [463].

574 Siehe Art. 7 AEUV.

575 Schuhmacher, in: Grabitz/Hilf/Nettesheim (Hrsg.), Recht der EU, Art. 101, Rn. 269.

576 Siehe bezüglich der Miteinbeziehung von Gründen der Arbeitsplatzsicherung: EuGH, 25.10.1977, Rs. 26/76, „Metro", Slg. 1977 S. 1875, Rn. 43; EuGH, 11.07.1985, Rs. 42/84, „Remia", Slg. 1985 S. 2545, Rn. 42; Entscheidungen der Kommission, die den Umweltschutz berücksichtigen: KOME, 08.12.1983, (83/669/EWG – Carbon Gas Technologie) ABl. 31.12.1983 L 376/17; KOME, 23.12.1992, (93/49/EWG – Ford/

Es erscheint sinnvoll, die im EU-Freistellungsrecht geltende mittelbare Berücksichtigung von sonstigen, nichtökonomischen Faktoren auf das südafrikanische Recht zu übertragen. Dies wäre nicht nur eine Lösung, die mit dem Wortlaut von Sec. 5 Competition Act und damit dem Willen des Gesetzgebers vereinbar ist, sondern diese Lösung erlaubt auch, die Gefahr einer Politisierung des Wettbewerbsbeschränkungsrechts einzudämmen. Die in Sec. 2 Competition Act genannten sozialen, arbeitspolitischen und industriepolitischen Zielsetzungen sollten folglich nur dann in die Abwägung im Rahmen der *rule of reason* miteinbezogen werden, wenn sie im Rahmen von wirtschaftlichen Effizienzsteigerungen auftreten. Es muss immer ein ökonomischer Vorteil gegeben sein, der gleichzeitig weitere positive Wirkung haben kann.

Das in Sec. 2 Buchst. b Competition Act niedergelegte Ziel der Versorgung der Verbraucher mit wettbewerbsfähigen Preisen und einer breiten Produktpalette weist einen direkten Bezug zum Wettbewerb auf. Der Druck von Konkurrenten sichert einen möglichst niedrigen Preis für die Verbraucher. Gerade dieses Ziel wird durch einen funktionierenden Wettbewerb gewährleistet. Es kann daher unter „anderer wettbewerbsfördernder Vorteil" subsumiert werden.

d. Gewichtung der Faktoren bei der Abwägung

Um zu bestimmen, wann die wettbewerbsfördernden Aspekte einer vertikalen Beschränkung deren wettbewerbswidrigen Auswirkungen überwiegen, hat die südafrikanische Rechtsprechung im Rahmen der Zusammenschlusskontrolle eine Abstufung bezüglich des Einflusses der verschiedenen Faktoren bei der Abwägung vorgenommen.[577] Danach stehen an erster Stelle Innovationen, gefolgt von Effizienzsteigerungen in der Produktion (beispielsweise Erhöhung der Produktion oder Steigerung der Produktqualität). Am wenigsten Gewicht im Rahmen der Abwägung haben Einsparpotenziale (wie z.B. geringere Beschaffungskosten). Das Gericht stellt dabei klar, dass diese Liste nicht abschließend ist und sie der Kommission einen

Volkswagen) ABl. 28.01.1993 L 20/14, Rn. 26; KOME, 18.05.1994, (94/322/EG – Exxon/Shell) ABl. 09.06.1994 L 144/20, Rn. 67, 71; KOME, 21.12.1994, (94/986/EG – Philips-Osram) ABl. 31.12.1994 L 378/37, Rn. 27 f.; KOME, 17.09.2001, (2001/837/EG – DSD) ABl. 04.12.2001, L 319/1, Rn. 143 ff. Entscheidungen der Kommission unter Einbeziehung von Zielen der Verkehrspolitik in die Abwägung: KOME, 27.07.1994, (94/594 – ACI) ABl. 30.08.1994 L 224/28, Rn. 48, 52; KOME, 21.09. 1994, (94/663/EG – Night Services) ABl. 07.10.1994 L 259/20, Rn. 60; KOME, 13.12.1994, (94/894/EG – Eurotunnel) ABl. 31.12.1994 L 354/66, Rn. 101. Zum Gesundheitsschutz: KOME, 06.10.1994, (94/770/EG – Pasteur Mérieux-Merck) ABl. 02.12.1994 L 309/1, Rn. 89. Siehe hierzu auch, Gasse, Querschnittsklauseln, 124 ff.; Immenga, EuZW 1994, 14 [17]; Basedow, in: FS Everling, 49 [49 ff.].

577 *Trident Steel (Proprietary) Limited and Dorbyl Limited,* (89/LM/Oct00), 30.01.2001, Rn. 81.

weiten Ermessensspielraum zugesteht.[578] Diese Bewertung zeigt die generelle Einstellung der südafrikanischen Rechtsprechung zu diesen Faktoren und kann daher als Auslegungshilfe für die wortgleiche Abwägung in Sec. 5 Competition Act herangezogen werden.[579]

Aus Sec. 2 Competition Act lässt sich herauslesen unter welchen verschiedenen politischen Einflüssen der südafrikanische Gesetzgeber bei Erlass des Gesetzes stand. Die einzelnen Ziele sind schwierig miteinander zu vereinen.[580] Allerdings scheint der Gesetzgeber in der Aufzählung der Ziele eine Priorisierung der einzelnen nicht wirtschaftlichen Faktoren in dieser Vorschrift vorgenommen zu haben.[581] Eine klare Gewichtung wäre jedoch wünschenswert gewesen. Letztlich wird sie von der Entwicklung der Rechtsprechung abhängen. Die Förderung von Arbeitsplätzen und das soziale und wirtschaftliche Wohl,[582] als erst genannte Ziele, wären daher höher einzustufen, als die globale Wettbewerbsfähigkeit.[583] Die Förderung kleiner und mittelständischer Unternehmen[584] steht im Rang dahinter. Geringsten Einfluss hätte als Abwägungsfaktor die Förderung der größeren Streuung des Eigentums an Unternehmen zu Gunsten historisch benachteiligter Personen.[585]

D. *Per se* Verbot nach Sec. 5 Abs. 2 Competition Act

Sec. 5 Abs. 2 Competition Act verbietet die Festsetzung von Mindestpreisen *per se*.[586] Es ist die einzige vertikale Wettbewerbsbeschränkung, deren Wirksamkeit nicht anhand der *rule of reason* beurteilt wird. Auch ist die Festsetzung von Mindestpreisen die einzige vertikale Beschränkung, die auch schon bei erstmaligem Verstoß mit einem Bußgeld geahndet werden kann. Eine vorherige Abmahnung durch die Behörden ist folglich nicht notwendig.[587]

---

578 *Trident Steel (Proprietary) Limited and Dorbyl Limited*, (89/LM/Oct00), 30.01.2001, Rn. 55, 81 f.

579 So auch Brassey, in: Brassey (Hrsg.), Competition Law, 44.

580 CUTS, Competition Policy and Law in South Africa, 12; Hartzenberg, Competition Policy Review, 1; Roberts, The Role for Competition Policy in Economic Development?, 1; Theron, The Economics of Competition Policy: Merger Analysis in South Africa, § 1.

581 So auch: Brassey, in: Brassey (Hrsg.), Competition Law, 2.

582 Sec. 2 Buchst. c Competition Act.

583 Sec. 2 Buchst. d Competition Act.

584 Sec. 2 Buchst. e Competition Act.

585 Sec. 2 Buchst. f Competition Act.

586 Sec. 5 Abs. 2 Competition Act: „The practice of minimum resale price maintenance is prohibited".

587 Sec. 59 Buchst. a Competition Act. Siehe auch Sec. 59 Buchst. b Competition Act, wonach Verstöße gegen Section 5 Abs. 1 Competition Act nur nach einem wiederholten Verstoß mit einem Bußgeld geahndet werden können. Siehe auch: *Federal Mogul Aftermarket Southern Africa (Pty) Ltd. v. Competition Commission* (08/CR/

Sec. 5 Abs. 2 Competition Act spricht im Gegensatz zu Absatz 1 der Vorschrift, der sich auf Vereinbarungen bezieht, von „practice". Es war lange unklar, ob eine Vereinbarung zwischen den Parteien erforderlich ist oder ob auch einseitige Verhaltensweisen ausreichend sind. In *Competition Commission v. Toyota South Africa Motors (Pty) Ltd*[588] ging das Competition Tribunal ohne weitere Erläuterungen davon aus, dass ein „understanding" und damit eine Vereinbarung im Rahmen von Sec. 5 Abs. 2 Competition Act notwendig ist. Das erstinstanzliche Urteil im *Federal Mogul Aftermarket*-Fall[589] ließ offen, ob eine „Vereinbarung" vorliegen muss. Das Gericht betonte, dass eine einseitige Bestimmung des Wiederverkaufspreises, verbunden mit einer Strafandrohung bei Nichteinhaltung, für einen Verstoß gegen Sec. 5 Abs. 2 Competition Act ausreicht.[590] Die Anwendung dieser sogenannten „implied acceptance agreement" Theorie durch das Competition Tribunal wird dafür kritisiert, dass sie den Begriff „agreement" zu weit ausdehnt.[591]

In zweiter Instanz entschied der *Court of Appeal* im *Federal Mogul Aftermarket*-Fall, dass für einen Verstoß gegen Sec. 5 Abs. 2 Competition Act eine Vereinbarung zwischen den Parteien nicht verlangt wird, sondern einseitige Handlungen ausreichend sind. „Practice" wird in diesem Urteil als ein sich wiederholendes oder ständiges Verhalten, das den beteiligten Parteien nachweisbar bekannt ist, definiert.[592]

Auch wenn damit grundsätzlich einseitiges Verhalten ausreichend ist, so sind Preisempfehlungen jedoch gemäß Sec. 5 Abs. 3 Competition Act nicht verboten, wenn deutlich gemacht wird, dass die Empfehlung nicht bindend ist, und wenn neben dem Preis, falls dieser auf dem Produkt angegeben sein sollte, die Angabe „unverbindliche Preisempfehlung" abgedruckt ist.

E. Freistellung vom Verbot der Sec. 5 Competition Act

Die Wettbewerbsbehörde hat gemäß Sec. 10 Competition Act die Möglichkeit Vereinbarungen oder Verhaltensweisen, die unter das Verbot nach Sec. 5 Competition Act fallen, auf Antrag der Parteien freizustellen. Ähnlich wie in Europa sind

Mar01), 21.08.2003, Rn. 158; van Heerden/Neethling, Unlawful Competition, 56; Competition Commission/Competition Tribunal, Unleashing Rivalry, 40.

588 (41/CR/May04), 02.06.2004, S. 7.

589 (08/CR/Mar01), 28.01.2003.

590 Diese sog. „implied acceptance agreement"-Theorie entlehnt das Competition Tribunal dem U.S.-Recht.

591 Sutherland/Kemp, Competition Law of SA, S. 6/49.

592 *Federal Mogul Aftermarket Southern Africa (Pty) Ltd. v. Competition Commission* (33/CAC/Sep03), 23.09.2004, S. 9 „'practice' connotes a form of repetitious or habitual conduct of a kind which can be discerned from the evidence as being known and recognized to the interested parties."

auch Gruppenfreistellungen möglich.[593] Diese Freistellung kann an Bedingungen geknüpft sein und/oder für einen begrenzten Zeitraum gelten.[594]

Eine solche Freistellung zu erteilen, liegt nicht im Ermessen der Behörde. Vielmehr muss die *Commission* eine Freistellung erteilen, wenn die Voraussetzungen erfüllt sind.[595] Dies bedeutet, dass sogar das *per se* Verbot von Mindestpreisbindungen aufgrund der weiten Voraussetzungen nach Sec. 10 Competition Act freigestellt werden kann und das unabhängig von den Auswirkungen auf den Wettbewerb.[596] Bei allen anderen Wettbewerbsbeschränkungen wird Sec. 10 Competition Act kaum von Bedeutung sein, da die wettbewerbsfördernden Aspekte schon im Rahmen der *rule of reason* Abwägung Berücksichtigung finden.[597] Allerdings sind die Anforderungen von Sec. 10 Competition Act vergleichsweise nicht so hoch wie die von Sec. 5 Competition Act, so dass durchaus eine Freistellung von einem, nach negativer Abwägung im Rahmen der *rule of reason*, erteilten Verbot für eine gewisse Zeitspanne vorstellbar wäre. Gegen die Entscheidung der *Competition Commission* kann vor dem *Competition Tribunal* vorgegangen werden.[598]

I. Freistellung nach Sec. 10 Abs. 3 Competition Act wegen öffentlicher Interessen

Die Voraussetzungen für eine Freistellung sind sehr weit gefasst. Eine Freistellung ist nach Sec. 10 Abs. 3 Buchst. b Competition Act möglich, wenn die Vereinbarung oder Verhaltensweise, der Pflege oder Förderung des Exportes dient (Buchst. i) oder die Wettbewerbsfähigkeit von kleinen Unternehmen oder von Betrieben, die im Eigentum von historisch benachteiligten Bevölkerungsgruppen stehen oder von diesen kontrolliert werden, fördert (Buchst. ii). Vom Verbot können des Weiteren solche Vereinbarungen oder Verhaltensweisen freigestellt werden, die eine Änderung der Produktionskapazitäten bewirken, notwendig zur Verhinderung des Rückgangs in einer Branche (Buchst. iii) oder die zur wirtschaftlichen Stabilität einer vom Minister

593 Section 10 Abs. 2 und 4 Competition Act umfassen soweit auch "categories of agreement" das heißt "a category of practices (existing and/or future) defined in terms of a generic type", siehe insoweit: *Assocication of Shipping Lines v. Competition Commission,* (22/CAC/Sep02), 14.11.2003, Rn. 19; Siehe auch: Sutherland/Kemp, Competition Law of SA, S. 11/8.

594 Siehe hierzu: van Heerden/Neethling, Unlawful Competition, 35; Neethling/Rutherford, in: Joubert/Faris (Hrsg.), LAWSA 2/2, Rn. 245.

595 Neethling/Rutherford, in: Joubert/Faris (Hrsg.), LAWSA 2/2, Rn. 245; OECD Studie, Competition Law and Policy in South Africa, 22.

596 Siehe hierzu: OECD Studie, Competition Law and Policy in South Africa, 22.

597 Sutherland/Kemp, Competition Law of SA, S. 5/84.

598 Siehe hierzu: OECD Studie, Competition Law and Policy in South Africa, 21; van Heerden/Neethling, Unlawful Competition, 36; Neethling/Rutherford, in: Joubert/Faris (Hrsg.), LAWSA 2/2, Rn. 245.

für Handel und Industrie benannten Branche, nach Anhörung des für diese Branche zuständigen Ministers, beitragen (Buchst. iv).

Die Freistellungsmöglichkeiten von Sec. 10 Abs. 3 Buchst. b Competition Act zielen auf die Förderung der Wirtschaft im Allgemeinen und die Förderung von kleinen und mittleren Unternehmen im Besonderen ab. Letzteres ist eng verbunden mit der Behebung von historisch bedingten Benachteiligungen der nichtweißen Bevölkerung. Die Freistellungsregelung ist folglich speziell auf das Schwellenland Südafrika in der Post-Apartheid-Ära zugeschnitten, wo das Wirtschaftswachstum und die Schaffung von Arbeitsplätzen sowie die Förderung der nichtweißen Bevölkerung oberste Priorität hat.

Gerade die Ausnahme für kleine und mittlere Unternehmen ist vorliegend von Relevanz. Vereinbarungen zwischen Franchisegeber und Franchisenehmer könnten von der *Commission* aufgrund dieser Regelung freigestellt werden. Dafür müssen jedoch enge Voraussetzungen erfüllt werden. Eine Freistellung ist nur möglich, wenn kleinen und mittleren Unternehmen im Eigentum von historisch Benachteiligten dadurch die Möglichkeit eingeräumt wird, wettbewerbsfähig zu werden. Allerdings ist es nicht unwahrscheinlich, dass aus politischen Gründen das Kriterium der Förderung der Wettbewerbsfähigkeit abgeschwächt wird.[599] Für die Definition eines kleinen Unternehmen verweist Sec. 1 Competition Act auf die Legaldefinition im *National Small Business Act 102 of 1996*. Dieser legt für jede Branche genau fest, wann ein Unternehmen winzig, sehr klein, klein oder von mittlerer Größe ist.[600] Was historisch Benachteiligte sind, legt Sec. 3 Abs. 2 Buchst. a-d Competition Act genau fest. Kriterium ist dabei die Diskriminierung aufgrund der Rasse bis zum Erlass der Verfassung im Jahr 1993; weiße Frauen fallen daher nicht darunter. Eine juristische Person fällt unter diesen Begriff, wenn historisch Benachteiligte die Mehrheit der Stimmen und Kapitalanteile halten.[601]

II. Freistellung nach Sec. 10 Abs. 4 Competition Act

Sec. 10 Abs. 4 Competition Act regelt eine allgemein gehaltene Freistellung zum Schutz von Immaterialgüterrechten. Diese ist vor allem im Rahmen von Lizenzierungen, also insbesondere auch im Rahmen von Franchisevereinbarungen, von Relevanz. Franchiseverträge enthalten schon ihrem Wesen nach Regelungen über die Nutzung des geistigen Eigentums des Franchisegebers; dazu gehören die Lizenzierung von Markenrechten, Know-how und das Vertriebssystem.[602] Immaterialgüterrechte dienen dem Schutz von geistigem Gut. Sie geben sowohl Befugnisse zur Benutzung eines geistigen Gutes als auch zur Abwehr von Verletzungen. Allerdings dienen sie auch der Innovation sowie Entwicklung und haben daher ähnliche Ziele

599 Sutherland/Kemp, Competition Law of SA, S. 5/84.
600 Siehe Section 1 und *schedule* Small Business Act.
601 Siehe hierzu auch: Sutherland/Kemp, Competition Law of SA, S. 5/85.
602 Siehe hierzu: Mitt. Komm., LL für vert. Beschränkungen (2010/C 130/01), ABl. EU C 130/1, Rn. 36.

wie das Wettbewerbsrecht. Die Lizenzierung von Immaterialgüterrechten hat meist wettbewerbsfördernde Wirkung; denn es erlaubt die Verbreitung von geistigem Eigentum und dessen Weiterentwicklung und kann zu Effizienzgewinnen sowie Kosteneinsparungen führen.[603]

Gerade zum Schutz des geistigen Eigentums sind viele vertikale Beschränkungen denkbar: wie etwa Beschränkungen des Preises zu dem das lizenzierte Produkt verkauft wird oder Alleinbezugsbindungen, die dem Lizenznehmer nicht gestatten Produkte eines Konkurrenten zu verkaufen oder zu verwenden. Auch die Beschränkung des Verkaufs durch den Lizenznehmer in ein Exklusivgebiet oder -kundengruppe oder auch Kopplungsvereinbarungen, die den Lizenznehmer dazu zwingen neben der eigentlichen Lizenz eine weitere Lizenz zu erwerben, können dem Schutz des geistigen Eigentums dienen.[604] Die Freistellungsregelung in Sec. 10 Abs. 4 Competition Act ist sehr weit gefasst. Es wird daher Aufgabe der *Competition Commission* und letztlich auch der Wettbewerbsgerichte sein, Grenzen zu setzen. Dabei sollten die allgemeinen Grundsätze, die im Rahmen von Sec. 5 Competition Act gelten, auch hier von der *Commission* respektive den Gerichten angewandt werden.[605] Eine Freistellung vom *per se* Verbot von Mindestweiterverkaufspreisen sollte nicht ohne Weiteres möglich sein. Die Parteien können die Freistellung nach Sec. 10 Abs. 4 Competition Act durch die *Competition Commission* nutzen, um feststellen zu lassen, ob ihre Vereinbarung gegen Sec. 5 Competition Act verstößt und so Rechtssicherheit erlangen.

F. Missbräuchliches Ausnutzen einer marktbeherrschenden Stellung

Sec. 8 Competition Act regelt das missbräuchliche Ausnutzen einer marktbeherrschenden Stellung. Da nach Sec. 5 Competition Act aufgrund des Erfordernisses der Spürbarkeit („substantially“) eine Marktmacht zumindest einer Partei gefordert wird, werden beinahe alle Fälle, die unter Sec. 5 Competition Act fallen, auch im Rahmen der Sec. 8 Competition Act untersucht. Sec. 5 Competition Act ist jedoch weiter gefasst als Sec. 8 Competition Act, da hier keine „dominance“, also keine marktbeherrschende Stellung nachgewiesen werden muss. Zu beachten ist auch, dass das *Competition Tribunal* gemäß Sec. 59 Abs. 1 Buchst a Competition Act bereits bei erstmaligen Verstoß gegen Sec. 8 Competition Act (Ausnahme Sec. 8 Buchst. c Competition Act) eine Strafe verhängen kann, während bei einem Verstoß gegen Sec. 5 Abs. 1 Competition Act (nicht jedoch bei Verstoß gegen das *per se* Verbot) gemäß Sec. 59 Abs. 1 Buchst. b Competition Act eine Wiederholungstat vorliegen muss.[606]

---

603 Sutherland/Kemp, Competition Law of SA, S. 5/88 f.
604 Sutherland/Kemp, Competition Law of SA, S. 6/57.
605 So auch: Sutherland/Kemp, Competition Law of SA, S. 6/57.
606 Siehe auch: Competition Commission/Competition Tribunal, Unleashing Rivalry, 54.

Zum Nachweis einer marktbeherrschenden Stellung muss sowohl der Marktanteil als auch die Marktmacht überprüft werden. In der Literatur wird außerdem vereinzelt angesprochen, dass Marktmacht auch aufgrund des Ungleichgewichts in der Beziehung zwischen Franchisegeber und Franchisenehmern und insbesondere aufgrund des finanziellen Einsatzes und der emotionalen Bindung des Franchisenehmers anzunehmen sein könnte.[607] Dies ist jedoch aufgrund der fehlenden wettbewerbsrechtlichen Dimension abzulehnen.

Bei einem Unternehmen mit einem Marktanteil zwischen 35 % und 45 % wird die marktbeherrschende Stellung vermutet. Das Unternehmen kann jedoch nachweisen, dass es keine Marktmacht hat. Ab einem Marktanteil über 45 % greift eine unwiderlegliche Vermutung. Bei einem Unternehmen mit einem Marktanteil unter 35 % muss Marktmacht nachgewiesen werden, um von einer marktbeherrschenden Stellung ausgehen zu können.[608] Marktmacht liegt immer dann vor, wenn ein Unternehmen die Macht hat, Preise zu kontrollieren beziehungsweise Wettbewerb auszuschließen, oder wenn es in einem nennenswerten Umfang unabhängig von seinen Wettbewerbern, Kunden oder Lieferanten handeln kann.[609]

Allerdings ist eine marktbeherrschende Stellung für sich allein nicht ausreichend. Es muss vielmehr noch ein bestimmtes Verhalten hinzukommen: Ein solches kann entweder in dem Verlangen überhöhter Preise,[610] in Verdrängungspraktiken[611] oder Preisdifferenzierungen liegen.[612]

G. Kartellverfahrensrecht

Beschwerden können durch Private bei der *Competition Commission* eingereicht werden.[613] Diese kann jedoch auch auf eigene Initiative tätig werden.[614] Die *Commission* hat dann die Möglichkeit, die Rechtssache an das *Competition Tribunal* zu verweisen.[615] Das Gericht kann eine verwaltungsrechtliche Sanktion in Höhe von

---

607 Siehe Woker, The Franchise Relationship, 225 f., die das Konzept letztlich jedoch ablehnt.

608 Competition Commission/Competition Tribunal, Unleashing Rivalry, 57.

609 Siehe die Definition in Sec. 1 Competition Act: "'market power' means the power of a firm to control prices, or to exclude competition or to behave to an appreciable extent independently of its competitors, customers or suppliers".

610 Sec. 8 Buchst. a Competition Act.

611 Sec. 8 Buchst. b bis d Competition Act. Wobei nach Buchst. c Verdrängungspraktiken generell verboten sind bei marktbeherrschender Stellung. Buchst. b und d nennen Beispiele für Verdrängungspraktiken.

612 Sec. 9 Abs. 1 Competition Act.

613 Sec. 49B Abs. 2 Competition Act.

614 Sec. 49B Abs. 1 i. V. m. 21 Abs. 1 Buchst. c Competition Act.

615 Sec. 50 Abs. 1 i. V. m. 21 Abs. 1 Buchst. g Competition Act.

bis zu 10 % des Jahresumsatzes des vorangegangenen Jahres verhängen.[616] Eine Kompensation für Geschädigte ist nicht vorgesehen. Diese können nur vor den ordentlichen Gerichten und erst, nachdem eine Verletzung des *Competition Act* durch eines der Wettbewerbsgerichte festgestellt wurde, auf Schadensersatz klagen. Dies ist bislang allerdings nur selten vorgekommen.[617]

In Südafrika gilt kein grundsätzliches Verbot von Verhaltensweisen, die nach dem *Competition Act* untersagt sind. Vielmehr muss eine Klausel nach Sec. 65 Abs. 1 Competition Act erst von den Wettbewerbsgerichten für nichtig erklärt werden. Es liegt dabei gemäß Sec. 58 Abs. 1 Buchst. a (vi) Competition Act im Ermessen der Gerichte, ob sie nur die einzelne Klausel oder aber die gesamte Vereinbarung für unwirksam erklären. Die Unternehmen haben die Möglichkeit gemäß Sec. 21 Abs. 1 Buchst. d Competition Act, eine Freistellung vom Verbot gemäß Sec. 10 Competition Act zu beantragen.

2. Teil: Der Aufbau des Wettbewerbsrechts der Europäischen Union

Die Europäische Union ersetzt mehr und mehr die nationalen Gesetzgeber und gewinnt zunehmend Einfluss. Gerade im Wettbewerbsrecht ist die Harmonisierung der nationalen Rechtsordnungen weit fortgeschritten. Die Regelungen des europäischen Gesetzgebers in diesem Bereich sind sehr detailliert. Dies dient unter anderem der Gewährleistung einer einheitlichen Rechtsanwendung in den Mitgliedsstaaten. Allerdings sind sie auch eher unübersichtlich. Die zentralen Vorschriften finden sich in Art. 101 und 102 AEUV; des Weiteren gibt es mehrere von der Europäischen Kommission erlassene Gruppenfreistellungsverordnungen sowie weiteres Sekundärrecht. Dazu kommen Gerichtsentscheidungen der europäischen Gerichte und Entscheidungen sowie Bekanntmachungen der Kommission. Letztere hat in einer Mitteilung Leitlinien zur Behandlung von Wettbewerbsbeschränkungen erlassen, die allerdings keine unmittelbare Rechtswirkung haben.

Art. 101 Abs. 1 AEUV normiert ein allgemeines Kartellverbot. Wettbewerbsbeschränkende Maßnahmen, die nach Maßgabe dieses Absatzes verboten sind, sind gemäß Absatz 2 der Vorschrift nichtig. Abgemildert wird dieses allgemeine Verbot durch die Möglichkeit von Einzel- beziehungsweise Gruppenfreistellungen nach Art. 101 Abs. 3 AEUV. Die Freistellungen für Gruppen von Vereinbarungen sind sekundärrechtlich in Verordnungen geregelt.

---

616 Sec. 59 Competition Act. Gegen *Telkom* (*Competition Commission v. Telkom* (11/CR/Feb04), 07.08.2012, Rn. 7) wurde beispielsweise im Jahr 2009 eine Strafe in Höhe von 449 Mio. Rand verhängt.

617 Bis zum Jahr 2010 gab es nur einen Fall. Dabei hatte *Nationwide Airlines* gegen *South African Airways* geklagt. Siehe Dini, Nationwide settles damage claim for SAA's abuse of dominance.

A. Anwendbarkeit des EU-Kartellrechts

Sowohl Art. 101 AEUV (Verbot wettbewerbsbeschränkender Vereinbarungen) als auch Art. 102 AEUV (Missbrauch einer marktbeherrschenden Stellung) enthalten eine sogenannte „Zwischenstaatlichkeitsklausel". Sie dient der Abgrenzung des Geltungsbereichs des europäischen Kartellrechts von dem des innerstaatlichen Rechts. Danach ist europäisches Kartellrecht nur anwendbar, wenn es „zur Beeinträchtigung des Handels zwischen den Mitgliedsstaaten geeignet ist". Dies ist Ausdruck der ohnehin im primären Unionsrechts geltenden Beschränkung des Geltungsbereichs auf Fälle mit übernationaler Bedeutung. Nur wenn danach europäisches Kartellrecht anwendbar ist, stellt sich die Frage, in welchem Verhältnis es zur Kartellrechtsordnung der einzelnen Mitgliedsstaaten steht. Aus diesem Grund ist es auch sinnvoll, die Klärung dieses Punktes voranzustellen.[618]

I. Eignung zur Beeinträchtigung des Handels zwischen den Mitgliedsstaaten

Eine Beeinträchtigung des Handels zwischen den Mitgliedsstaaten liegt nach ständiger Rechtsprechung des Gerichtshofs der Europäischen Union immer dann vor, wenn „die Vereinbarung unmittelbar oder mittelbar, tatsächlich oder der Möglichkeit nach geeignet ist, die Freiheit des Handels zwischen Mitgliedsstaaten in einer Weise zu gefährden, die der Verwirklichung der Ziele eines einheitlichen zwischenstaatlichen Marktes nachteilig sein kann."[619] Ziel dieser sehr weit gefassten Formulierung ist der Schutz des Wettbewerbs auf dem Binnenmarkt und die Förderung der Integration der

---

618 So auch st.Rspr. EuGH, 30.06.1966, Rs. 56/65, „Société Technique Minière/Maschinenbau Ulm", Slg. 1966 S. 282 [303]; EuGH, 13.07.1966, verb. Rs. 56 und 58/64, „Consten und Grundig", Slg. 1966 S. 322 [331, 389]; EuGH, 31.05.1979, Rs. 22/78, „Hugin", Slg 1979 S. 1869, Rn. 17 ff.; EuGH, 5.10.1988, Rs. 247/86, „Alsatel", Slg. 1988 S. 5987, Rn. 11; Soltész, in: FS Bechtold, 501 [501 f.]; Goldmann/Lyon-Caen/Vogel, Droit commercial européen, Rn. 942; siehe auch Darstellung bei Hengst, in: Langen/Bunte (Hrsg.), KartellR Kommentar, Bd. 2, Art. 101 Kartellverbot, Rn. 288 ff.; Zimmer, in: Immenga/Mestmäcker (Hrsg.), WettbewerbsR Kommentar Bd. 1 EU/Teil 1, Art. 101 Abs. 1 AEUV, Rn. 194; gegen Einordnung als Kollisionsnorm: Mestmäcker/Schweitzer, Europäisches Wettbewerbsrecht, § 4, Rn. 10; Roth/Ackermann, in: Frankfurter Kommentar zum Kartellrecht, Art. 81 Abs. 1 Grundfragen, Rn. 422; gegen Einordnung als Kompetenznorm: Schröter, in: Schröter/Jakob/Mederer (Hrsg.), Kommentar zum Europäischen Wettbewerbsrecht, Art. 81, Rn. 193.

619 EuGH, 30.06.1966, Rs. 56/65, „Société Technique Minière/Maschinenbau Ulm", Slg. 1966 S. 282 [303]; EuGH, 13.07.1966, verb. Rs. 56 und 58/64, „Consten und Grundig", Slg. 1966 S. 322 [389]; EuGH, 17.07.1997, Rs. C-219/95 P, „Ferrière Nord", Slg. 1997 S. I-4411, Rn. 20.

Märkte. Es muss nachgewiesen werden, dass der Handel zwischen den Mitgliedsstaten sich ohne das beanstandete Verhalten anders entwickelte hätte.[620]

Der Begriff „Handel“ ist dabei weit zu interpretieren. Über den Wortlaut hinaus ist nicht nur die Produktion und der Verkauf von Waren umfasst, sondern alle Arten von Dienstleistungen sowie die Niederlassungsfreiheit,[621] Freizügigkeit und der freie Waren- und Zahlungsverkehr.[622]

Nach dem Wortlaut des Art. 101 Abs. 1 AEUV reicht die Eignung zur Beeinträchtigung aus. Die Beeinträchtigung muss folglich nicht tatsächlich vorliegen und nachgewiesen werden. Nach ständiger Rechtsprechung des EuGH beurteilt sich die Eignung anhand objektiver, tatsächlicher oder rechtlicher Umstände. Es muss mit hinreichender Wahrscheinlichkeit voraussehbar sein, dass die Vereinbarung den Warenverkehr beeinflussen kann.[623]

Ob eine Vereinbarung zur Beeinträchtigung des Handels geeignet ist, hängt, nach den Leitlinien der Europäischen Kommission, von der Art der Vereinbarung und der betroffenen Waren oder Dienstleistungen sowie von der Position und Bedeutung der beteiligten Unternehmen ab.[624]

II. Spürbarkeit der Handelsbeeinträchtigung

Die Handelsbeeinträchtigung muss nach dem ungeschriebenen, vom EuGH entwickelten Kriterium „spürbar“ gewesen sein.[625] Das Erfordernis der Spürbarkeit spielt auch bei der Beurteilung der Wettbewerbsbeschränkung eine Rolle. Bis zur Bagatellbekanntmachung im Jahr 2001 beurteilte die Europäische Kommission beide Spürbarkeitsmerkmale zusammen; nunmehr gelten jedoch unterschiedliche Beurteilungsmaßstäbe.[626] In den Leitlinien über den Begriff der Beeinträchtigung des

---

620 Hengst, in: Langen/Bunte (Hrsg.), KartellR Kommentar, Bd. 2, Art. 101 Kartellverbot, Rn. 299.

621 EuGH, 28.01.1986, Rs. 161/84, „Pronuptia“, Slg. 1986 S. 353, Rn. 26.

622 Siehe Hengst, in: Langen/Bunte (Hrsg.), KartellR Kommentar, Bd. 2, Art. 101 Kartellverbot, Rn. 301; Bellamy/Child, EC Competition Law, Rn. 1.117; Jung, in: Grabitz/Hilf/Nettesheim (Hrsg.), Recht der EU, Art. 102, Rn. 362; Emmerich, Kartellrecht, § 3, Rn. 20; EuGH, 14.07.1981, Rs. 172/80, „Züchner“, Slg. 1981 S. 2021, Rn. 18.

623 So grundlegend: EuGH, 30.06.1966, Rs. 56/65, „Société Technique Minière/Maschinenbau Ulm“, Slg. 1966 S. 282 [303]; siehe auch Hengst, in: Langen/Bunte (Hrsg.), KartellR Kommentar, Bd. 2, Art. 101 Kartellverbot, Rn. 303 ff.

624 Bekanntmachung der Kommission, LL über den Begriff der Beeinträchtigung des zwischenstaatlichen Handels in den Artikeln 81 und 82 des Vertrages (2004/C 101/07), ABl. EU 2001 C 101/81, Rn. 28.

625 EuGH, 19.4.1988, Rs. 27/87, „Erauw-Jacquery/La Hesbignonne“, Slg. 1988 S. 1919, Rn. 17; EuG, 08.07.2004, Rs. T-44/00, „Nahtlose Stahlrohre“, Slg. 2004 S. II-2223, Rn. 125; EuGH, 01.02.1978, „Miller“, Slg. 1978 S. 131, Rn. 15.

626 Hengst, in: Langen/Bunte (Hrsg.), KartellR Kommentar, Bd. 2, Art. 101 Kartellverbot, Rn. 312.

zwischenstaatlichen Handels hat die Kommission eine widerlegbare Negativvermutung, die sogenannte NAAT-Regel,[627] niedergelegt. Danach liegt bei vertikalen Beschränkungen keine spürbare Handelsbeeinträchtigung vor, wenn der gemeinsame Marktanteil der Beteiligten auf dem relevanten Markt 5 % nicht übersteigt und der Gesamtumsatz des Lieferanten nicht mehr als 40 Millionen Euro beträgt.[628] Eine widerlegbare Positivvermutung greift dann, wenn die Vereinbarung ihrem Wesen nach zur Handelsbeeinträchtigung geeignet ist und die oben genannten Schwellen überschritten werden.[629]

Unproblematisch liegt eine Eignung zur Handelsbeeinträchtigung bei Vereinbarungen vor, die mehrere Mitgliedsstaaten betreffen.[630] Dies gilt insbesondere auch für grenzüberschreitende vertikale Absprachen, wenn sie Handelsströme beeinflussen.[631] Für Vereinbarungen, die die Ein- und Ausfuhren betreffen, kann eine Handelsbeschränkung in der Regel sogar angenommen werden, wenn Unternehmen nur eines Mitgliedstaates beteiligt sind.[632] In einem Fall, betreffend eine Franchisevereinbarung, hat der EuGH entschieden, dass dies jedenfalls dann der Fall ist, wenn durch eine solche Vereinbarung die Möglichkeit der Beteiligten, in einem anderen Mitgliedstaat geschäftlich tätig zu werden, eingeschränkt wird.[633]

Bei rein innerstaatlichen Kartellen sind Art. 101 und 102 AEUV anwendbar, wenn sie das gesamte Gebiet eines Mitgliedsstaates betreffen.[634] Auch eine Maßnahme, an der nur Unternehmen aus einem Mitgliedsstaat beteiligt sind und die selbst keine spürbare Handelsbeeinträchtigung hervorruft, kann unter Art. 101 AEUV fallen, wenn sie im Zusammenwirken mit anderen wettbewerbsbeschränkenden Vereinbarungen

---

627 "not appreciably affecting trade".

628 Bekanntmachung der Kommission, LL über den Begriff der Beeinträchtigung des zwischenstaatlichen Handels in den Artikeln 81 und 82 des Vertrages (2004/C 101/07), ABl. EU 2001 C 101/81, Rn. 52.

629 Bekanntmachung der Kommission, LL über den Begriff der Beeinträchtigung des zwischenstaatlichen Handels in den Artikeln 81 und 82 des Vertrages (2004/C 101/07), ABl. EU 2001 C 101/81, Rn. 53.

630 Siehe allgemein die Aufstellung in Hengst, in: Langen/Bunte (Hrsg.), KartellR Kommentar, Bd. 2, Art. 101 Kartellverbot, Rn. 319 ff.; siehe zu diesem Punkt: KOME, 16. Juli 1980, (69/240/EWG – Internationales Chininkartell) Abl. L 192/5, Rn. 31.

631 KOME, 23.09.1964, (64/566/EWG – Grundig/Consten) Abl. 1964 S. 2545 [2548].

632 EuGH, 15.05.1975, Rs. 71/74, „Frubo", Slg. 1975 S. 563, Rn. 37/38; siehe ferner: Bekanntmachung der Kommission, LL über den Begriff der Beeinträchtigung des zwischenstaatlichen Handels in den Artikeln 81 und 82 des Vertrages (2004/C 101/07), ABl. EU 2001 C 101/81, Rn. 86.

633 EuGH, 28.01.1986, Rs. 161/84, „Pronuptia", Slg. 1986 S. 353, Rn. 26.

634 EuGH, 17.10.1972, Rs. 8/72, „Cementhandelaren", Slg. 1972 S. 977, Rn. 28/30; EuGH, 11.07.1985, Rs. 42/84 „Remia", Slg. 1985 S. 2545, Rn. 22; EuGH, 11.07.1989, Rs. 246/86, „Belasco", Slg. 1989 S. 2117, Rn. 33; EuGH, 24.10.1995, Rs. C-70/93, „Bayerische Motorenwerke", Slg. 1995 S. I-3439, Rn. 20; EuGH, 19.02.2002, C-309/99, "Wouters", Slg. 2002 S. I-1577, Rn. 95.

oder Verhaltensweisen desselben oder sogar anderer Unternehmen sich über das Gebiet eines Mitgliedsstaates hinaus auswirkt.[635] Diese sogenannte Bündeltheorie setzt allerdings voraus, dass die streitige Maßnahme im erheblichen Maße zur Wirkung, die das Bündel von Verträgen entfaltet, beiträgt.[636] Selbst Vereinbarungen zwischen Unternehmen, von denen eins oder sogar mehrere aus Drittstaaten, das heißt aus Staaten, die nicht Mitglied der Europäischen Union sind, kommen, können den zwischenstaatlichen Handel beeinträchtigen und damit in den Geltungsbereich von Art. 101 AEUV fallen, wenn die Vereinbarungen oder Verhaltensweisen auf dem europäischen Binnenmarkt durchgeführt werden[637] oder zumindest dort Auswirkungen haben.[638]

Aufgrund der lokalen beziehungsweise regionalen Ausrichtung kleiner und mittlerer Unternehmer sind diese nach Ansicht der Kommission nicht dazu geeignet, den zwischenstaatlichen Handel spürbar zu beeinträchtigen.[639] Weiterer Grund für die Entscheidung der Kommission, kleine und mittelständische Unternehmen nicht unter das Kartellverbot des Art. 101 Abs. 1 AEUV fallen zu lassen, ist die Förderungswürdigkeit dieser Unternehmen.[640] Kleine und mittlere Unternehmen sind solche, die weniger als 250 Personen beschäftigen und deren Jahresumsatz 50 Millionen Euro oder deren Jahresbilanzsumme 43 Millionen Euro nicht übersteigt.[641] Dass kleine und mittelständische Unternehmen nicht unter das Kartellverbot fallen, ist besonders im Bereich des Franchisings interessant, da das Franchisemodell gerne zur Existenzgründung verwendet wird.[642]

---

635 Siehe dazu Zimmer, in: Immenga/Mestmäcker (Hrsg.), WettbewerbsR Kommentar Bd. 1 EU/Teil 1, Art. 101 Abs. 1 AEUV, Rn. 02; Habermeier, in: Martinek/Semler/Habermeier/Flohr (Hrsg.), Vertriebsrecht, § 36, Rn. 28; Pluta, WRP 1990, 392 [393]; Schröter, in: Schröter/Jakob/Mederer (Hrsg.), Kommentar zum Europäischen Wettbewerbsrecht, Art. 81, Rn. 213; EuGH, 12.12.1967, Rs. 23/67, „Brasser de Haecht", Slg. 1967 S. 544 555; EuGH, 11.12.1980, Rs. 31/80, „L'Oréal", Slg. 1980 S. 3775, Rn. 21.

636 EuGH, 28.02.1991, Rs. C-234/89, „Delimitis", Slg. 1991 S. I-935, Rn. 27.

637 EuGH, 27.09.1988, verb. Rs. 89, 104, 114, 116, 117, 125 bis 129/85, „Zellstoff", Slg. 1988 S. 5193, Rn. 16.

638 Siehe Bekanntmachung der Kommission, LL über den Begriff der Beeinträchtigung des zwischenstaatlichen Handels in den Artikeln 81 und 82 des Vertrages (2004/C 101/07), ABl. EU 2001 C 101/81, Rn. 100; unter Verweis auf: EuG, 25.03.1999, Rs. T-103/96, „Gencor", Slg. 1999 S. II-759.

639 Bekanntmachung der Kommission, LL über den Begriff der Beeinträchtigung des zwischenstaatlichen Handels in den Artikeln 81 und 82 des Vertrages (2004/C 101/07), ABl. EU 2001 C 101/81, Rn. 50.

640 Emmerich, Kartellrecht, § 8, Rn. 30, § 3, Rn. 23.

641 Art. 2 Abs. 1 des Anhangs der Empfehlung der Kommission vom 6. Mai 2003 betreffend die Definition der Kleinstunternehmen sowie der kleinen und mittleren Unternehmen (2003/361/EG), Abl. 2003 L 124/36.

642 Brodersen, in: Ahlert/Ahlert (Hrsg.), Hdb. Franchising und Cooperation, 109 [110].

III. Rangkollisionsregeln

Durch die weite Auslegung der Zwischenstaatlichkeitsklausel stellt sich die Frage nach dem Verhältnis des EU-Kartellrechts zum Kartellrecht der Mitgliedsstaaten in einer Vielzahl von Fällen. Der Rat hatte lange Zeit von der ihm in Art. 103 Abs. 1, Abs. 3 Bucht. e AEUV eingeräumten Kompetenz, das Verhältnis zwischen dem europäischen und dem innerstaatlichen Wettbewerbsrecht zu regeln, keinen Gebrauch gemacht. Mit Art. 3 VO 1/2003[643] ist erstmals eine Regelung über das Rangverhältnis getroffen worden.

Nach Art. 3 Abs. 1 VO 1/2003 sind europäisches Kartellrecht und nationale Kartellrechtsvorschrift grundsätzlich parallel anzuwenden.[644] Jedoch darf die Anwendung nationalen Wettbewerbsrechts im Anwendungsbereich des Art. 101 AEUV nicht zu einem Ergebnis führen, das Art. 101 AEUV widerspricht.[645] Europäisches Kartellrecht hat folglich gegenüber abweichendem innerstaatlichem Recht Vorrang. Ziel dieser Regelung ist die Herstellung einheitlicher Wettbewerbsbedingung im Binnenmarkt.[646]

Die grundsätzliche parallele Anwendbarkeit von EU-Kartellrecht und innerstaatlichem Kartellrecht führte dazu, dass die meisten nationalen Gesetzgeber, wie Belgien, Frankreich, Deutschland, Griechenland, Italien, Irland, Portugal, Spanien[647] und Bulgarien,[648] ihr Wettbewerbsrecht vollständig an das EU-Recht angepasst haben, so dass es zukünftig keine Kollision im Anwendungsbereich von Art. 101 AEUV geben wird.[649] Allerdings haben einige Länder, wie z.B. Dänemark, Luxemburg, die Niederlande und Großbritannien, ihr Wettbewerbsrecht nicht angepasst;[650] hier spielt Art. 3 Abs. 2 VO 1/2003 weiterhin eine Rolle.

B. Der Tatbestand des Art. 101 Abs. 1 AEUV

Art. 101 Abs. 1 AEUV verbietet alle Vereinbarungen zwischen Unternehmen, Beschlüsse von Unternehmensvereinigungen und aufeinander abgestimmte Verhaltensweisen, die eine Verhinderung, Einschränkung oder Verfälschung des Wettbewerbs innerhalb des gemeinsamen Marktes bezwecken oder bewirken.

---

643 VO (EG) Nr. 1/2003 des Rates vom 16.12.2002 zur Durchführung der in den Art. 81 und 82 des Vertrages niedergelegten Wettbewerbsregeln, Abl. 2003 L 1/1.

644 Siehe dazu auch Weber, in: Schulte/Just (Hrsg.), Kartellrecht, Art. 3 VO 1/2003, Rn. 4 ff.; Hengst, in: Langen/Bunte (Hrsg.), KartellR Kommentar, Bd. 2, Einl. EU-KartellR, Rn. 72 ff.

645 Siehe Art. 3 Abs. 2 VO Nr. 1/2003.

646 Siehe Erwägungsgrund 8 VO Nr. 1/2003.

647 Hengst, in: Langen/Bunte (Hrsg.), KartellR Kommentar, Bd. 2, Einl. EU-KartellR, Rn. 28.

648 Peneva-Gädeke, Wirtschaft und Recht in Osteuropa 2009, 293 [293].

649 Bechtold, GWB, Einf., Rn. 73.

650 Hengst, in: Langen/Bunte (Hrsg.), KartellR Kommentar, Bd. 2, Einl. EU-KartellR, Rn. 28.

I. Verbotene Kooperationsformen

Art. 101 AEUV nennt drei verbotene Kooperationsformen: „Vereinbarungen, Beschlüsse von Unternehmensvereinigungen und aufeinander abgestimmte Verhaltensweisen“. Alle drei erfordern ein bewusstes und absichtliches Zusammenwirken mehrerer Unternehmen zur Abstimmung ihres Verhaltens auf dem Markt. Zwischen Franchisenehmer und Franchisegeber besteht immer ein Vertrag (Vereinbarung), so dass die anderen Kooperationsformen nur von geringer Bedeutung sind. Es ist jedoch durchaus denkbar, dass neben die eigentliche Vereinbarung zusätzliche aufeinander abgestimmte Verhaltensweisen treten. Eine genaue Abgrenzung kann sich recht schwierig gestalten, ist jedoch aufgrund der rechtlichen Gleichbehandlung der verschiedenen Kooperationsformen nicht notwendig.[651]

Der Begriff der „Vereinbarung“ ist im Wesentlichen mit dem zivilrechtlichen Konzept des „Vertrages“, wie er in den Rechtsordnungen der Mitgliedsstaaten verwendet wird, identisch.[652] Aufgrund der Formulierung des Art. 101 Abs. 1 AEUV, „alle Vereinbarungen“, sollte jedoch von einer weiten Auslegung des Merkmals ausgegangen werden. Entscheidend ist ein koordiniertes oder kollusives Verhalten zwischen mindestens zwei Unternehmen, das den Wettbewerb beschränken soll. Die Beteiligten müssen den gemeinsamen Willen gebildet haben, ein bestimmtes Verhalten am Markt zu zeigen.[653] Dabei ist die Form unerheblich; die Willensübereinstimmung kann ausdrücklich oder stillschweigend, schriftlich oder mündlich, freiwillig oder auch unter Zwang einer Partei entstehen.[654]

Daraus folgt, dass einseitige Handlungen, wie zum Beispiel Empfehlungen, Aufforderungen oder Anordnungen, nicht unter Art. 101 AEUV fallen; ihre Wirksamkeit beurteilt sich grundsätzlich allein anhand von Art. 102 AEUV.[655] Dies gilt jedoch nicht bei nur „scheinbar einseitigem“ Verhalten.[656] Gerade in Vertriebsvereinbarungen ist diese Abgrenzung von Bedeutung.[657] Die Kommission scheint bei jeder Preisempfehlung, den Tatbestand des Art. 101 AEUV als erfüllt anzusehen, denn diese

---

651 Hengst, in: Langen/Bunte (Hrsg.), KartellR Kommentar, Bd. 2, Art. 101 Kartellverbot, Rn. 75; Paschke, in: MüKo, EU-WettbewerbsR, Art. 81, Rn. 8, 9; EuG, 10.03.1992, Rs. T-13/89, „Imperial Chemical Industries“, Slg. 1992 S. II-1021, Rn. 260 f.

652 Bunte, in: Langen/Bunte (Hrsg.), Kommentar zum dt. und eur. KartellR, Bd. 2, Einf. EG-KartellR, Rn. 19.

653 EuG, 08.07.2008, Rs. T-99/04, „AC-Treuhand”, Slg. 2008 S. II-1501, Rn. 118; EuGH, 08.07.1999, Rs. C-49/92 P, „Anic Partecipazioni”, Slg. 1999 S. I-4125, Rn. 112; EuG, 26.10.2000, Rs. T-41/96, „Bayer“, Slg. 2000 S. II-3383, Rn. 67 und 173 und EuG, 27.09.2006, verb. Rs. T-44/02 OP, T-54/02 OP, T-56/02 OP, T-60/02 OP und T-61/02 OP, “Dresdner Bank” Slg. 2006 S. II-3567, Rn. 53 bis 55.

654 Lettl, WRP 2011, 710 713; EuGH, 13.07.2006, Rs. C-74/04 P, „Volkswagen”, Slg. 2006 S. I-6585, Rn. 37.

655 EuGH, 06.01.2004, verb. Rs. C-2 und 3/01 P “BAI/Bayer”, Slg. 2004 S. I-23, Rn. 101.

656 EuG, 26.10.2000, Rs. T-41/96, „Bayer“, Slg. 2000 S. II-3383, Rn. 71.

657 Habermeier in: Martinek/Semler/Habermeier/Flohr (Hrsg.), Vertriebsrecht, § 36, Rn. 38.

werden in der GVO Nr. 330/2010 freigestellt.[658] Nach Ansicht der Gerichte liegt eine Vereinbarung hingegen nur dann vor, wenn einer einseitigen Maßnahme in irgendeiner Form zugestimmt wird, sei es ausdrücklich[659] oder indem ihr stillschweigend Folge geleistet wird.[660] Dass die Maßnahme der Beeinflussung des Händlers dient, reicht für die Annahme einer Vereinbarung jedoch allein nicht aus.[661] Inwieweit dies auch für Maßnahmen im Franchiseverhältnis gilt, ist fraglich. Der EuGH hat im Jahr 1986 Richtpreise im Rahmen einer Franchisevereinbarung als unbedenklich eingestuft.[662] Es ist fraglich, ob dies angesichts der neueren, strengeren Entscheidungen der Gerichte so immer noch gilt. Auch die Behandlung anderer einseitiger Maßnahmen im Franchiseverhältnis, wie zum Beispiel Anordnungen, bei denen der Franchisegeber eine Befolgung erwartet oder ihre Missachtung Auswirkungen auf die Geschäftsbeziehung hat, ist noch ungeklärt. In Anbetracht der besonderen Konzeption von Franchisesystemen scheinen Bemühungen des Franchisegebers zur Vereinheitlichung der Absatzpolitik, sei es durch unverbindliche Empfehlungen oder sogar durch Anordnungen, jedoch grundsätzlich gerechtfertigt.

II. Wettbewerbsbeschränkung

Das Verbot des Art. 101 Abs. 1 AEUV greift nur, wenn die Maßnahme eine Verhinderung, Einschränkung oder Verfälschung des Wettbewerbs bezweckt oder bewirkt. Das Gesetz nennt in Art. 101 Abs. 1 Buchst. a-e AEUV Beispiele für verbotene Maßnahmen. Die drei in Art. 101 Abs. 1 AEUV genannten Begriffen voneinander abzugrenzen, ist nur schwer möglich, so dass „Verhinderung, Einschränkung und Verfälschung" unter dem umfassenden Oberbegriff Wettbewerbsbeschränkung zusammengefasst werden.[663]

Eine Definition von Wettbewerbsbeschränkung setzt eine Definition des Objekts der Beschränkung, also des Wettbewerbs, voraus. Eine solche ist jedoch nicht im Vertrag festgeschrieben. Auch der EuGH und die Kommission ebenso wie die Wettbewerbstheorie haben den Begriff des „Wettbewerbs" bislang nicht definiert.[664] Als

658 Vgl. Art. 4 Buchst. a VO (EU) Nr. 330/2010.

659 EuGH, 12.07.1979, verb. Rs. 32/78 und 36 bis 82/78, "BMW Belgium", Slg. 1979 S. 2435, Rn. 28 ff. und 36 f. und EuGH, 29.10.1980, verb. Rs. 209 bis 215 und 218/78, „van Landewyck", Slg. 1980 S. 3125, Rn. 86.

660 EuGH, 17.09.1985, verb. Rs. 25 und 26/84, "Ford", Slg. 1985 S. 2725, Rn. 21; EuGH, 24.10.1995, Rs. C-70/93, "Bayerische Motorenwerke", Slg. 1995 S. I-3439, Rn. 16 ff. und EuGH, 18.09.2003, Rs. C-338/00 P, "Volkswagen", Slg. 2003 S. I-9189, Rn. 60.

661 EuG, 03.12.2003, Rs. T-208/01, "Volkswagen", Slg. 2003 S. II-5141, Rn. 58; siehe auch Eilmansberger, ZWeR 2004 285 295.

662 EuGH, 28.01.1986, Rs. 161/84, „Pronuptia", Slg. 1986 S. 353, Rn. 25.

663 Emmerich, in: Immenga/Mestmäcker (Hrsg.), WettbewerbsR Kommentar Bd. 1 EU/Teil 1, Art. 101 Abs. 1 AEUV, Rn. 106.

664 Weiß, in: Calliess/Ruffert (Hrsg.) EUV/AEUV, Art. 101, Rn. 97; Emmerich, in: Immenga/Mestmäcker (Hrsg.), WettbewerbsR Kommentar Bd. 1 EU/Teil 1, Art. 101 Abs. 1 AEUV, Rn. 107.

Ziel kann jedoch ein freier, redlicher, unverfälschter, wirksamer und damit funktionsfähiger Wettbewerb angesehen werden.[665] Vom Vorliegen einer Wettbewerbsbeschränkung kann grundsätzlich immer dann ausgegangen werden, wenn die wirtschaftliche Handlungsfreiheit der beteiligten Unternehmen beschränkt wird.[666]

Der Wettbewerb ist in all seinen Erscheinungsformen schutzwürdig. Es gibt keinen Vorrang des Preiswettbewerbs und auch zwischen Angebot- und Nachfragewettbewerb, aktuellem und potentiellem sowie interbrand und intrabrand Wettbewerb wird keine Unterscheidung getroffen. Vielmehr wird der Wettbewerb gleichermaßen vor horizontalen und vertikalen Beschränkungen geschützt.[667]

Bei der Beurteilung, ob eine Maßnahme unter das Kartellverbot des Vertrages fällt, ist immer der wirtschaftliche Kontext und die Zielsetzung der Maßnahme zu beachten.[668] Bei Vereinbarungen in einem Vertriebssystem, wie dem Franchising, darf die Vereinbarung zwischen den Beteiligten nicht aus dem Gesamtzusammenhang gelöst werden; vielmehr muss sie in Relation mit anderen gleichartigen Verträgen zwischen den beteiligten aber auch dritten Unternehmen gesehen werden. Erst aus dem Zusammenwirken dieser Verträge wird das reelle Ausmaß der Auswirkung auf den Wettbewerb erkennbar (sogenannte Bündeltheorie).[669] Insbesondere in Vertriebssystemen kann eine Vereinbarung, für sich betrachtet, wettbewerbsbeschränkungsrechtlich unerheblich sein und doch unter das Kartellverbot des Art. 101 Abs. 1 AEUV fallen, da die kumulative Wirkung der bestehenden Verträge einen Marktverschluss bedeutet.[670]

---

665 Siehe hierzu: Präambel AEUV. Siehe auch: Hengst, in: Langen/Bunte (Hrsg.), KartellR Kommentar, Bd. 2, Art. 101 Kartellverbot, Rn. 145; KOME, 15.12.1975, (76/159/EEC – SABA), ABl. EU 1976 L 28/19, Rn. 34.

666 Emmerich, in: Immenga/Mestmäcker (Hrsg.), WettbewerbsR Kommentar Bd. 1 EU/Teil 1, Art. 101 Abs. 1 AEUV, Rn. 109; EuGH, 28.04.1998, Rs. C-306/96, „Javico", Slg. 1998 S. I-1983, Rn. 13.

667 Emmerich, in: Immenga/Mestmäcker (Hrsg.), WettbewerbsR Kommentar Bd. 1 EU/Teil 1, Art. 101 Abs. 1 AEUV, Rn. 111; EuGH, 13.07.1966, verb. Rs. 56 und 58/64, „Consten und Grundig", Slg. 1966 S. 322 [390]; EuGH, 25.03.1981, Rs. 61/80, „Coöperatieve Stremsel- en Kleurselfabriek", Slg. 1981 S. I-851 [867]; Roth/Ackermann, in: Frankfurter Kommentar zum Kartellrecht, Art. 81 Abs. 1 Grundfragen, Rn. 248.

668 Emmerich, in: Immenga/Mestmäcker (Hrsg.), WettbewerbsR Kommentar Bd. 1 EU/Teil 1, Art. 101 Abs. 1 AEUV, Rn. 112; EuGH, 19.02.2002, C-309/99, "Wouters", Slg. 2002 S. I-1577, Rn. 97; EuGH, 18.07.2006, C-519/04 P, „Meca-Medina und Majcen", Slg. 2006 S. I-7006, Rn. 42.

669 Siehe hierzu schon die Anmerkungen zur Spürbarkeit der Handelsbeeinträchtigung, Kapitel 3, 2. Teil, A. II.

670 Hengst, in: Langen/Bunte (Hrsg.), KartellR Kommentar, Bd. 2, Art. 101 Kartellverbot, Rn. 242; Emmerich, in: Immenga/Mestmäcker (Hrsg.), WettbewerbsR Kommentar Bd. 1 EU/Teil 1, Art. 101 Abs. 1 AEUV, Rn. 181.

1. *Ausschluss aus dem Anwendungsbereich des Kartellverbots* – rule of reason

Allerdings fällt nicht jede Maßnahme, durch die die Handlungsfreiheit der beteiligten Unternehmen beschränkt wird, unter das Verbot des Art. 101 Abs. 1 AEUV.[671] Der EuGH hat bestimmte Erscheinungsformen des Wettbewerbs als nicht schutzwürdig eingestuft, wenn die Parteien bestimmte andere, vom EuGH als vorrangig eingestufte, legitime Zwecke verfolgen. In diesem Zusammenhang spricht der Gerichtshof dem Schutz des Binnenmarktes große Bedeutung zu. Eine Maßnahme, die dessen Funktionsfähigkeit gefährdet, wird eher als wettbewerbsbeschränkend eingestuft werden. Umgekehrt kann eine Maßnahme, die keine negativen Auswirkungen auf die Funktionsfähigkeit des Binnenmarktes hat oder diese sogar fördert, schon nicht tatbestandsmäßig sein, so dass die Prüfung einer Freistellung schon nicht mehr erforderlich wäre.[672] Es wird deutlich, dass der EuGH sich vorbehält, Besonderheiten eines jeden Einzelfalls in seine Würdigung miteinzubeziehen.[673]

a. Das *Pronuptia*-Urteil

Zu einer der wichtigsten Fallgruppen, für die der EuGH eine Rechtfertigung der Wettbewerbsbeschränkung schon auf der Ebene des Absatzes 1 des Art. 101 AEUV anerkannt hat, gehören Franchisevereinbarungen. Sie fallen folglich, trotz enthaltener Beschränkungen der Handlungsfreiheit von beteiligten oder auch dritten Unternehmen, nicht unter den Tatbestand des Kartellverbots.

Der Gerichtshof entschied im Jahr 1986 in seinem grundlegenden *Pronuptia*-Urteil,[674] das aufgrund einer Vorlage zur Vorabentscheidung des Bundesgerichtshofs erging,[675] dass die Frage, ob eine Franchisevereinbarung unter das Kartellverbot des Vertrages fällt, nicht abstrakt-generell bestimmt werden kann, sondern anhand der konkreten Vertragsbestimmungen im Einzelfall zu beurteilen ist. Der EuGH unterteilt Franchising in die drei Kategorien Dienstleistung-, Produktions- und Vertriebsfranchising. Im konkreten Fall ging es um Vertriebsfranchising, d. h. um ein System, in dem der Franchisenehmer, unter der Geschäftsbezeichnung des Franchisegebers und unter Übernahme dessen Geschäftsmethoden, bestimmte Waren in einem Geschäft verkauft.[676]

Nach Ansicht des EuGH fällt Vertriebsfranchising grundsätzlich nicht unter das Kartellverbot des Art. 85 Abs. 1 EWG-Vertrag (heute Art. 101 Abs. 1 AEUV), da es weniger eine Vertriebsform, als vielmehr eine wirtschaftliche Verwertung

---

671 Schröter, in: Schröter/Jakob/Mederer (Hrsg.), Kommentar zum Europäischen Wettbewerbsrecht, Art. 81, Rn. 103; Emmerich, Kartellrecht, § 4, Rn. 87a f.

672 Emmerich, in: Immenga/Mestmäcker (Hrsg.), WettbewerbsR Kommentar Bd. 1 EU/Teil 1, Art. 101 Abs. 1 AEUV, Rn. 112.

673 Emmerich, in: Immenga/Mestmäcker (Hrsg.), WettbewerbsR Kommentar Bd. 1 EU/Teil 1, Art. 101 Abs. 1 AEUV, Rn. 113.

674 EuGH, 28.01.1986, Rs. 161/84, „Pronuptia“, Slg. 1986 S. 353.

675 BGH, 15.05.1984, KZR 8/83, GRUR Int. 1984, S. 521–523.

676 EuGH, 28.01.1986, Rs. 161/84, „Pronuptia“, Slg. 1986 S. 353, Rn. 13.

des Know-hows des Franchisegebers ohne Einsatz von eigenem Kapital darstellt.[677] Franchisevereinbarungen sind ein Mittel zur Förderung des Wettbewerbs, denn sie erlauben die Verbreitung erfolgreicher Geschäftsmodelle, fördern die Eröffnung neuer Tätigkeiten und Märkte und tragen zur wirtschaftlichen Integration bei. Insbesondere grenzüberschreitende Franchisesysteme haben positive Auswirkungen auf die Entwicklung des Binnenmarktes und unterstützen das Zusammenwachsen der nationalen Märkte.[678] Der EuGH hat daher entschieden, dass Wettbewerbsbeschränkungen, die unerlässlich für die Funktionsfähigkeit des Franchisesystems sind, nicht unter das Verbot des Art. 101 Abs. 1 AEUV fallen.[679] Unerlässlich sind dabei solche Beschränkungen, die das Know-how des Franchisegebers oder die Identität, das Ansehen oder den Namen des Franchisesystems schützen.[680]

b. Ausbildung einer europäischen *rule of reason*?

Außer Franchisevereinbarungen gibt es noch weitere Fallgruppen für die die Rechtsprechung Rechtfertigungsgründe schon auf Ebene des Art. 101 Abs. 1 AEUV anerkennt.[681] Es stellt sich daher die Frage, ob es jenseits der Freistellung nach Art. 101 Abs. 3 AEUV oder der Ausnahme nach Art. 106 Abs. 2 AEUV noch weitere ungeschriebene Ausnahmen gibt.

In diesem Zusammenhang wird vielfach von der Ausbildung einer europäischen *rule of reason* gesprochen.[682] Danach soll bereits auf Ebene des Art. 101 Abs. 1 AEUV

---

677 EuGH, 28.01.1986, Rs. 161/84, „Pronuptia", Slg. 1986 S. 353, Rn. 15.

678 Siehe hierzu auch: Hengst, in: Langen/Bunte (Hrsg.), KartellR Kommentar, Bd. 2, Art. 101 Kartellverbot, Rn. 217.

679 EuGH, 28.01.1986, Rs. 161/84, „Pronuptia", Slg. 1986 S. 353, Rn. 16; siehe auch: Fritzsche, ZHR 160 (1996), 31 [44 f.].

680 EuGH, 28.01.1986, Rs. 161/84, „Pronuptia", Slg. 1986 S. 353, Rn. 16 f. Siehe hierzu auch: Bunte, in: Langen/Bunte (Hrsg.), Kommentar zum dt. und eur. KartellR, Bd. 2, Art. 81 gen. Prinz., Rn. 99.

681 Zu nennen wäre etwa: Tarifverträge, Vertragssysteme der Sozialversicherungsträge, die Sicherung der Unabhängigkeit der Anwaltschaft, Nebenabreden zu wettbewerbsneutralen Gesellschaftsverträgen oder Unternehmensveräußerungsverträge, Lizenzverträge, Verträge im Rahmen selektiver Vertriebssysteme etc. Siehe hierzu Aufzählung bei: Emmerich, in: Immenga/Mestmäcker (Hrsg.), WettbewerbsR Kommentar Bd. 1 EU/Teil 1, Art. 101 Abs. 1 AEUV, Rn. 134.

682 Emmerich, in: Immenga/Mestmäcker (Hrsg.), WettbewerbsR Kommentar Bd. 1 EU/Teil 1, Art. 101 Abs. 1 AEUV, Rn. 134; Eilmansberger, in: Streinz (Hrsg.), EUV/AEUV, Art. 101, Rn. 78 ff.; Roth/Ackermann, in: Frankfurter Kommentar zum Kartellrecht, Art. 81 Abs. 1 Grundfragen, Rn. 351 ff.; Ackermann, EuzW 1997, 271 [274]; Fritzsche, ZHR 160 (1996), 31 [47 ff.]; Säcker/Molle, Müko, EU-WettbewerbsR, Art. 81, Rn. 480 ff.; Everling, WuW 1990, 995 [1002]; Zimmer/Paul, JZ 2008, 611 [617 ff.]; Mestmäcker/Schweitzer, Europäisches Wettbewerbsrecht, § 7, Rn. 56; Habermeier in: Martinek/Semler/Habermeier/Flohr (Hrsg.), Vertriebsrecht, § 36, Rn. 65; Whish, Competition Law, 131; Goyder/Albors-Llorens, EC Competition Law, 111.

eine Abwägung der wettbewerbsfördernden und wettbewerbsbeschränkenden Auswirkungen der fraglichen Maßnahme, ähnlich wie im *U.S. Antitrust Law* oder auch dem südafrikanischen Wettbewerbsrecht, stattfinden.[683] Sollten die wettbewerbsfördernden Aspekte überwiegen, würde diese Wertung ein Kartellverbot ausschließen.[684] Dies wird damit begründet, dass bei der Auslegung des Art. 101 Abs. 1 AEUV die Gesamtsystematik des Vertrages und damit die Ziele des Vertrages, wie etwa die Entwicklung des Wirtschaftslebens,[685] die Forschung und technologische Entwicklung oder auch die Entwicklung der internationalen Wettbewerbsfähigkeit,[686] berücksichtigt werden müssen.[687] Teilweise wird unterschieden zwischen wettbewerblichen Belangen und Zielen, die nach Absatz 3 beurteilt werden, und nichtwettbewerblichen Aspekten, deren Beurteilung schon bei Absatz 1 Berücksichtigung finden soll.[688] Andere wollen nur bestimmte Fallgruppen unter die ungeschriebene Ausnahme des Art. 101 Abs. 1 AEUV fassen.[689] Die herrschende Meinung lehnt eine *rule of reason* unabhängig von ihrer Ausgestaltung generell ab.[690]

Auch das Gericht Erster Instanz, nunmehr Gericht der Europäischen Union (EuG) genannt, weist die Anwendung einer *rule of reason* zurück und stellt klar, dass eine derartige Abwägung nur im Rahmen einer Freistellung nach Absatz 3 möglich ist.[691] Auch der EuGH steht einer *rule of reason* ablehnend gegenüber.[692] Die bislang

---

683 Hengst, in: Langen/Bunte (Hrsg.), KartellR Kommentar, Bd. 2, Art. 101 Kartellverbot, Rn. 190.

684 So insbesondere Ackermann, Rule of Reason, 190, 207 ff.; Ackermann, EuZW 1997, 271 [274 f.]; Joliet, rule of reason, 115 f., 183 ff.; Eilmansberger, in: Streinz (Hrsg.), EUV/AEUV, Art. 101, Rn. 78 ff.

685 Art. 32 AEUV; Präambel.

686 Art. 179 AEUV.

687 Fritzsche, ZHR 160 (1996), 31 [54].

688 Ackermann, Rule of Reason, 106 ff.; Roth/Ackermann, in: Frankfurter Kommentar zum Kartellrecht, Art. 81 Abs. 1 Grundfragen, Rn. 353. Siehe hierzu auch: Mestmäcker/Schweitzer, Europäisches Wettbewerbsrecht, § 7, Rn. 62.

689 Säcker/Molle, MüKo, EU-WettbewerbsR, Art. 81, Rn. 485 ff.; Zimmer/Paul, JZ 2008, 611 [618].

690 Everling, WuW 1990, 995 1002; Frenz, Hdb. EuropaR Bd. 2, Rn. 70, 720 ff.; Mestmäcker/Schweitzer, Europäisches Wettbewerbsrecht, § 7, Rn. 56 ff.; Hengst, in: Langen/Bunte (Hrsg.), KartellR Kommentar, Bd. 2, Art. 101 Kartellverbot, Rn. 190; Schröter, in: Schröter/Jakob/Mederer (Hrsg.), Kommentar zum Europäischen Wettbewerbsrecht, Art. 81, Rn. 108; Emmerich, in: Immenga/Mestmäcker (Hrsg.), WettbewerbsR Kommentar Bd. 1 EU/Teil 1, Art. 101 Abs. 1 AEUV, Rn. 135; Whish, Competition Law, 131; Goyder/Albors-Llorens, EC Competition Law, 111 f.; Emmerich, Kartellrecht, § 4, Rn. 88.

691 EuG, 18.09.2001, Rs. T-112/99, „M6/TF1“, Slg. 2001 S. II-2459, Rn. 72 ff.; EuG, 25.06.2006, Rs. T-328/03, „O2“, Slg. 2006 II-1234, Rn. 69

692 „[S]elbst wenn sie [die „rule of reason“] einen Platz im Rahmen von Art. 85 Abs. 1 des Vertrages haben sollte“, EuGH, 08.07.1999, Rs. C-235/92, „Montecatini“, Slg. 1999 I-4575, Rn. 133.

vom Absatz 1 ausgeschlossenen Fallgruppen wertet das Gericht als eine Rechtsprechung, die nicht völlig abstrakt und unterschiedslos davon ausgeht, dass jede die Handlungsfreiheit beschränkende Maßnahme zwangsläufig von dem Kartellverbot erfasst wird. Die Maßnahme ist vielmehr in ihrem wirtschaftlichen und rechtlichen Kontext zu sehen und auch die Art der Waren und/oder Dienstleistungen, auf die sich die Vereinbarung bezieht, sowie die tatsächlichen Bedingungen der Funktion und der Struktur des relevanten Marktes sind zu beachten.[693]

Die Problematik, der Verortung der Abwägungsprüfung in Absatz 1 oder 3, ist durch die Einführung des Prinzips der Legalausnahme und der damit einhergehenden direkten Anwendung von Absatz 3 in den Mitgliedsstaaten nunmehr von geringer Relevanz.[694] Gegen eine *rule of reason* spricht, dass dadurch die Freistellungsregelung des Art. 101 Abs. 3 AEUV ihre praktische Bedeutung verlieren würde.[695] Die dort geregelten Kriterien für eine Freistellung würden so umgangen.[696] Insbesondere die Prüfung der letzten beiden Merkmale des Absatzes 3 (Unerlässlichkeit der Wettbewerbsbeschränkung und keine Ausschaltung des Wettbewerbs) würde obsolet werden.[697] Auch würde die Annahme einer ungeschriebenen Ausnahmeregel in Art. 101 Abs. 1 AEUV der Normstruktur des Art. 101 AEUV mit der klaren Trennung von Tatbestand (Abs. 1) und Rechtfertigung (Abs. 3) zuwiderlaufen.[698] Weiterhin spricht gegen eine *rule of reason* Abwägung im Rahmen des Absatzes 3 die klare Struktur der dort geregelten Freistellungstatbestände.[699] Die Einführung einer ökonomisch-effizienzbezogenen *rule of reason*, wie sie das *U.S. Antitrust Law* (die Lage in Südafrika ist insoweit unklar) vorsieht, würde dem europäischen Ansatz, der eine rein ökonomische Betrachtungsweise verbietet,

---

693 EuG, 18.09.2001, Rs. T-112/99, „M6/TF1“, Slg. 2001 S. II-2459, Rn. 76.

694 Hengst, in: Langen/Bunte (Hrsg.), KartellR Kommentar, Bd. 2, Art. 101 Kartellverbot, Rn. 190; Säcker/Molle, MüKo, EU-WettbewerbsR, Art. 81, Rn. 488; Habermeier in: Martinek/Semler/Habermeier/Flohr (Hrsg.), Vertriebsrecht, § 36, Rn. 56; Eilmansberger, in: Streinz (Hrsg.), EUV/AEUV, Art. 101, Rn. 84; Goyder/Albors-Llorens, EC Competition Law, 112.

695 EuG, 18.09.2001, Rs. T-112/99, „M6/TF1“, Slg. 2001 S. II-2459, Rn. 74; Hengst, in: Langen/Bunte (Hrsg.), KartellR Kommentar, Bd. 2, Art. 101 Kartellverbot, Rn. 190; Schröter, in: Schröter/Jakob/Mederer (Hrsg.), Kommentar zum Europäischen Wettbewerbsrecht, Art. 81, Rn. 108; Brinker, in: Schwarze (Hrsg.), EU-Kommentar, Art. 101 AEUV, Rn. 51; Callery, ECLR, 42 [49]. Anders jedoch: Eilmansberger, in: Streinz (Hrsg.), EUV/AEUV, Art. 101, Rn. 78.

696 Hengst, in: Langen/Bunte (Hrsg.), KartellR Kommentar, Bd. 2, Art. 101 Kartellverbot, Rn. 191.

697 Brinker, in: Schwarze (Hrsg.), EU-Kommentar, Art. 101 AEUV, Rn. 51.

698 Frenz, Hdb. EuropaR Bd. 2, Rn. 70; Fritzsche, ZHR 160 (1996), 31 [54]; Säcker/Molle, MüKo, EU-WettbewerbsR, Art. 81, Rn. 484; Whish, Competition Law, 131; so jedoch: Ackermann, Rule of Reason, 53 ff., 208.

699 Frenz, Hdb. EuropaR Bd. 2, Rn. 70; Schröter, in: Schröter/Jakob/Mederer (Hrsg.), Kommentar zum Europäischen Wettbewerbsrecht, Art. 81, Rn. 108.

widersprechen.[700] Eine *rule of reason* ist auch gar nicht notwendig. Vielmehr ist eine Betrachtung der Maßnahme in ihrem Gesamtzusammenhang und insbesondere in ihrem wirtschaftlichen Kontext über das Tatbestandsmerkmal des relevanten Marktes des Art. 101 Abs. 1 AEUV möglich.[701]

2. Spürbarkeit

Das Verbot des Art. 101 Abs. 1 AEUV greift nur dann ein, wenn der Wettbewerb durch das Verhalten der beteiligten Unternehmen spürbar beeinträchtigt wurde. Dieses Merkmal ist nicht im Gesetz niedergelegt, sondern wurde von dem Gerichtshof der Europäischen Union entwickelt, um eine zu weite Anwendung des Verbots des Art. 101 AEUV zu verhindern, so dass kleinere, unbedeutende Wettbewerbsbeschränkungen (sogenannte Bagatellfälle) schon gar nicht tatbestandsmäßig sind.[702] Dies erleichtert die Zusammenarbeit von Franchisegebern mit kleinen und mittelständischen Unternehmen als Franchisenehmer. Zur Feststellung der Spürbarkeit einer Wettbewerbsbeschränkung wird die derzeitige Situation mit einer hypothetischen, ohne die Wettbewerbsbeschränkung also mit funktionierendem Wettbewerb, verglichen. Dabei sind immer die Umstände des Einzelfalls zu beachten.[703]

a. Kommission

Die Europäische Kommission legt in ihrer sogenannten *de minimis*-Bekanntmachung oder Bagatellbekanntmachung dem Kriterium der „Spürbarkeit" eine quantitative Beurteilung zugrunde.[704] Für Wettbewerber liegt die Marktanteilsschwelle bei 10 %; bei 15 %, wenn die beteiligten Unternehmen nicht im Wettbewerb stehen.[705] Diese Konkretisierung des Merkmals „Spürbarkeit" soll als Leitlinie für die Gerichte und Behörden der Mitgliedsstaaten dienen und ist Ausfluss des Ermessens der Kommission. Die *de minimis*-Bekanntmachung ist weder für die Kommission noch für die nationalen oder europäischen Gerichte verbindlich, gewährt jedoch Vertrauensschutz.[706]

---

700 Schröter, in: Schröter/Jakob/Mederer (Hrsg.), Kommentar zum Europäischen Wettbewerbsrecht, Art. 81, Rn. 108; Frenz, Hdb. EuropaR Bd. 2, Rn. 722.

701 Frenz, Hdb. EuropaR Bd. 2, Rn. 724.

702 St. Rspr.: EuGH, 30.06.1966, Rs. 56/65, „Société Technique Minière/Maschinenbau Ulm", Slg. 1966 S. 282 [306]; EuGH, 09.07.1969, Rs. 5/69. „Völk/Vervaecke", Slg. 1969 S. 295, Rn. 7; EuGH, 28.04.1998, Rs. C-306/96, „Javico", Slg. 1998 S. I-1983, Rn. 17 ff.; EuGH, 21.01.1999, verb. Rs. C-215 und 216/96, „Bagnasco", Slg. 1999 S. I-161, Rn. 46 ff.

703 Emmerich, in: Immenga/Mestmäcker (Hrsg.), WettbewerbsR Kommentar Bd. 1 EU/Teil 1, Art. 101 Abs. 1 AEUV, Rn. 145; Lettl, WRP 2011, 710 [716].

704 Bekanntmachung der Kommission über Vereinbarungen von geringer Bedeutung, die den Wettbewerb gemäß Artikel 81 Absatz 1 des Vertrags zur Gründung der Europäischen Gemeinschaft nicht spürbar beschränken (de minimis) (2001/C 368/07), ABl. EU C 368/13.

705 Siehe Rn. 7 Buchst. a und b der *de minimis*-Bekanntmachung.

706 Siehe Rn. 4 der *de minimis*-Bekanntmachung.

Unterhalb dieser Schwelle stellt die Kommission keine Ermittlungen an. Etwas anderes gilt jedoch dann, wenn eine der Kernbeschränkungen des Art. 4 der GVO Nr. 330/2010 vorliegt. Diese sind von der *de minimis*-Bekanntmachung ausgeschlossen.[707]

Nach Ansicht der Kommission sind kleine und mittlere Unternehmen nicht dazu geeignet, den Handel zwischen den Mitgliedsstaaten spürbar zu beeinträchtigen, sodass die Frage der Spürbarkeit der Wettbewerbsbeschränkung sich gar nicht erst stellt.[708] Dies ist jedoch nicht mit der Rechtsprechung der europäischen Gerichte vereinbar, der ein solch pauschaler Ausschluss nicht zu entnehmen ist, und in der hauptsächlich auch auf andere Kriterien abgestellt wird.[709] Ebenso gibt der Wortlaut des Art. 101 Abs. 1 AEUV einen generellen Ausschluss kleiner und mittlerer Unternehmen vom Verbot nicht her.[710] Die Bekanntmachung der Kommission hat verfahrensrechtliche Auswirkung. Bei kleineren und mittleren Unternehmen wird die Behörde folglich kein Verfahren einleiten.[711]

b. Rechtsprechung

Die europäischen Gerichte lehnen eine rein quantitative Bestimmung des Merkmals „Spürbarkeit" ab[712] und ziehen neben quantitativen Kriterien, wie der Marktanteilsschwelle, auch qualitative Merkmale, wie die Schwere der Wettbewerbsbeschränkung, zur Beurteilung heran. Nur wenn der Marktanteil der Beteiligten unter 1 % liegt, wird die Spürbarkeit verneint, ohne dass eine Prüfung weiterer Kriterien erforderlich würde.[713] Weitere Bewertungsfaktoren sind die Größe und Bedeutung der beteiligten Unternehmen, die Art der Beschränkung, die Art und Anzahl der von der Vereinbarung betroffenen Produkte[714] oder auch die Anzahl konkurrierender

707 Rn. 11 Ziff. 2 der *de minimis*-Bekanntmachung; Siehe auch: KOME, 16.10.1980, (80/1074/EWG – Industrieverband Solnhofener Natursteinplatten e. V.), ABl. EU L 318/32, Rn. 30.

708 Rn. 3 der *de minimis*-Bekanntmachung; Mitt. Komm., LL für vert. Beschränkungen (2000/C 291/01), ABl. EG C 291/1, Rn. 11.

709 Roth/Ackermann, in: Frankfurter Kommentar zum Kartellrecht, Art. 81 Abs. 1 Grundfragen, Rn. 399; Emmerich, in: Immenga/Mestmäcker (Hrsg.), WettbewerbsR Kommentar Bd. 1 EU/Teil 1, Art. 101 Abs. 1 AEUV, Rn. 152.

710 Emmerich, in: Immenga/Mestmäcker (Hrsg.), WettbewerbsR Kommentar Bd. 1 EU/Teil 1, Art. 101 Abs. 1 AEUV, Rn. 152.

711 Mestmäcker/Schweitzer, Europäisches Wettbewerbsrecht, § 10, Rn. 87.

712 EuGH, 10.07.1980, Rs. 30/78, „Distillers", Slg. 1980 S. 2229, 2265; EuG, 15.09.1998, verb. Rs. T-374/94, T-375/94, T-384/94 and T-388/94, „European Night Services" Slg. 1998 S. II-3141Rn. 102.

713 EuGH, 09.07.1969, Rs. 5/69. „Völk/Vervaecke", Slg. 1969 S. 295 302.

714 Hengst, in: Langen/Bunte (Hrsg.), KartellR Kommentar, Bd. 2, Art. 101 Kartellverbot, Rn. 239; EuGH, 30.06.1966, Rs. C-56/65, „Société Technique Minière/Maschinenbau Ulm", Slg. 1966 S. 282 306; EuGH, 01.02.1978, 19/77, „Miller", Slg. 1978 S. 131, Rn. 15; EuGH, 25.10.1983, Rs. 107/82, „AEG", Slg. 1983, 3151, Rn. 56.

Unternehmen auf dem Markt.[715] Wenn die Parteien mit ihrer Vereinbarung eine Wettbewerbsbeschränkung bezwecken, sieht das EuG von einer Prüfung des Kriteriums der Spürbarkeit ab. Die Parteien können sich nicht auf die Unbedeutsamkeit der Vereinbarung für den Wettbewerb berufen.[716]

3. Relevanter Markt

Für die Anwendung von Art. 101 AEUV ist die Bestimmung des relevanten Marktes in mehrfacher Hinsicht von entscheidender Bedeutung.[717] Eine genaue Abgrenzung des sachlich, geografisch und zeitlich relevanten Marktes spielt insbesondere im Rahmen der Spürbarkeitsprüfung der Wettbewerbsbeschränkung eine Rolle. Auch bei der Prüfung der Zwischenstaatlichkeitsklausel und ebenso im Rahmen der Freistellung nach Art. 101 Abs. 3 AEUV ist die Marktabgrenzung von Relevanz. Denn die Freistellung hängt davon ab, ob den Beteiligten durch die wettbewerbsbeschränkende Maßnahme die Möglichkeit eröffnet wird, für einen wesentlichen Teil der betreffenden Waren den Wettbewerb auszuschalten. Ähnliche Regelungen sehen auch die Gruppenfreistellungsverordnungen vor. Zweck der Bestimmung des relevanten Marktes ist es, die Wettbewerbssituation der beteiligten Unternehmen auszuloten, um sicherzustellen, dass dritte Unternehmen in der Lage sind, einen funktionierenden Wettbewerb aufrechtzuerhalten.[718] Eine genaue Abgrenzung des relevanten Marktes ist nur erforderlich, wenn ohne eine solche Abgrenzung nicht bestimmt werden kann, ob ein Verstoß gegen Art. 101 Abs. 1 AEUV vorliegt.[719]

Der relevante Markt wird in sachlicher, räumlicher und zeitlicher Hinsicht bestimmt. Der zeitlich relevante Markt ist der Zeitraum, in dem die Wettbewerbssituation zu beurteilen ist und deckt sich in der Regel mit der Geltungsdauer der

---

715 Im Falle eines Marktes mit vielen konkurrierenden Unternehmen, kann ein Marktanteil von 3 % ausreichend sein, um die Spürbarkeit zu bejahen, vor allem wenn dieser Marktanteil den der Mitbewerber übersteigt und zu hohen Umsätzen führt; Bechtold/Bosch/Brinker/Hirsbrunner, EG-Kartellrecht, Art. 81, Rn. 101 unter Hinweis auf EuGH, 07.06.1983, Rs. 100/80, „Musique Diffusion francaise", Slg. 1983, 1825.

716 Hengst, in: Langen/Bunte (Hrsg.), KartellR Kommentar, Bd. 2, Art. 101 Kartellverbot, Rn. 237; EuG, 08.07.2004, Rs. T-44/00, „Mannesmannröhren-Werke", Slg. 2004 S. II-2223, Rn. 130 und 196; EuG, 27.07.2005, verb. Rs. T-49/02 bis 51/02, „Brasserie nationale", Slg. 2005 S. II-3033, Rn. 140.

717 EuGH, 28.02.1991, Rs. C-234/89, „Delimitis", Slg. 1991 S. I-935; EuG, 08.06.1995, Rs. 7/93, „Langnese-Iglo", Slg. 1995 S. II-1533.

718 Hengst, in: Langen/Bunte (Hrsg.), KartellR Kommentar, Bd. 2, Art. 101 Kartellverbot, Rn. 249.

719 EuG, 19.03.2003, Rs. T-213/00, „CMA/CGM", Slg. 2003 S. II-913, Rn. 206; EuG, 27.07.2005, verb. Rs. T-49/02 bis 51/02, „Brasserie nationale", Slg. 2005 S. II-3033, Rn. 144.

gegenständlichen wettbewerbsbeschränkenden Maßnahme. Er ist nur von untergeordneter Bedeutung.[720]

a. Sachlich relevanter Markt

Wie bereits weiter oben erläutert, stellt die Kommission bei ihrer Definition des sachlich relevanten Marktes auf die Substituierbarkeit der Waren ab.[721] Zur Analyse des Substituierbarkeitgrades der Produkte wird die sogenannte Kreuzpreiselastizität und der sogenannte SSNIP-Test verwendet. Die Vertikal-GVO Nr. 2790/99 enthielt in ihrem Art. 1 Buchst. a noch eine nahezu identische Definition. Diese wurde jedoch nicht in die Nachfolge-VO Nr. 330/2010 übernommen.

b. Räumlich relevanter Markt

Die Kommission definiert den räumlich relevanten Markt, wie bereits oben erwähnt, als „das Gebiet, in dem die beteiligten Unternehmen die relevanten Produkte oder Dienstleistungen anbieten, in dem die Wettbewerbsbedingungen hinreichend homogen sind und das sich von benachbarten Gebieten durch spürbar unterschiedliche Wettbewerbsbedingungen unterscheidet."[722] Sie sieht den Gemeinsamen Markt als räumlich relevanten Markt an. Allerdings kann eine engere Marktabgrenzung vorgenommen werden. Vor allem in Bezug auf Franchising kann der räumlich relevante Markt häufig der Franchisevereinbarung entnommen werden und umfasst dann das vereinbarte Gebiet.[723]

C. Freistellungen vom Verbot des Art. 101 Abs. 1 AEUV

Eine Klausel einer Franchisevereinbarung, die an sich unter das Verbot des Art. 101 Abs. 1 AEUV fällt, kann nach Art. 101 Abs. 3 AEUV freigestellt werden. Art. 101 Abs. 3 AEUV bietet nicht nur die Möglichkeit der Einzelfreistellung, sondern erlaubt der Kommission auch sogenannte Gruppenfreistellungsverordnungen mit beschränkter Geltungsdauer zu erlassen. Danach sind ganze Gruppen von Vereinbarungen, die in den Gruppenfreistellungsverordnungen näher benannt sind,

---

720 Emmerich, in: Immenga/Mestmäcker (Hrsg.), WettbewerbsR Kommentar Bd. 1 EU/Teil 1, Art. 101 Abs. 1 AEUV, Rn. 170.

721 Bekanntmachung der Kommission über die Definition des relevanten Marktes im Sinne des Wettbewerbsrechts der Gemeinschaft (1997/C 372/03) ABl. C 372 09.12.1997, Rn. 7. Siehe dazu auch die Rechtsprechung: EuG, 08.06.1995, Rs. 7/93, „Langnese-Iglo", Slg. 1995 S. II-1533, Rn. 61; EuGH, 09.11.1983, Rs. 322/81, „Michelin", Slg. 1983 3461 und EuGH, 21.02.1984, Rs. 86/82, „Hasselblad", Slg. 1984, S. 883.

722 Bekanntmachung der Kommission über die Definition des relevanten Marktes im Sinne des Wettbewerbsrechts der Gemeinschaft (1997/C 372/03) ABl. C 372 09.12.1997, Rn. 8.

723 Hengst, in: Langen/Bunte (Hrsg.), KartellR Kommentar, Bd. 2, Art. 101 Kartellverbot, Rn. 259.

vom Verbot des Art. 101 Abs. 1 AEUV freigestellt. Sie ermöglichen eine Gleichbehandlung ähnlich gelagerter Fälle.[724] Diese Vereinheitlichung vereinfacht auf der einen Seite den administrativen Aufwand, auf der anderen Seite gibt es einen Standardisierungseffekt, auch „Zwangsjackeneffekt" genannt, der die Vertragsgestaltung einschränkt und zu mangelnder Flexibilität führt.[725] Dieser Effekt wird jedoch durch die neueren Gruppenfreistellungsverordnungen, die sogenannten Schirm-GVOs, abgemildert, die im Verhältnis zu den älteren GVOs eine grundlegend andere, flexiblere Struktur aufweisen.[726] Eine Vereinbarung, die unter das Kartellverbot des Art. 101 Abs. 1 AEUV fällt und nicht nach Art. 101 Abs. 3 AEUV freigestellt ist, ist als von Anfang an nichtig anzusehen, Art. 101 Abs. 2 AEUV.

I. Kartellverfahrensrecht – von der Administrativfreistellung zum System der Legalausnahme

Unter der Verordnung Nr. 17/62[727] galt ein Verbot mit Erlaubnisvorbehalt.[728] Dies bedeutete, dass die betroffenen Unternehmen sämtliche Vereinbarungen, die sie freigestellt haben wollten, bei der Kommission anzumelden hatten. Diese besaß nach Art. 9 Abs. 1 VO Nr. 17/62 das alleinige Freistellungsmonopol, was zu einer Ausreizung ihrer Kapazitäten führte.[729] Die Notwendigkeit der Entlastung der Kommission gab Anstoß zu Reformen des europäischen Kartellrechts, die in der Verordnung Nr. 1/2003[730] mündeten und das Anmelde- und Genehmigungssystem in ein System der Legalausnahme änderte.[731] Nunmehr sind Maßnahmen, die zwar unter den Verbotstatbestand des Art. 101 Abs. 1 AEUV fallen, jedoch die Voraussetzungen der Freistellung nach Art. 101 Abs. 3 AEUV erfüllen, automatisch nach Art. 1 Abs. 2 VO Nr. 1/2003 freigestellt, ohne dass dies einer Entscheidung durch die Kommission bedarf. Die Kommission hat entschieden, dass der Wortlaut des Art. 101 Abs. 3 AEUV, der eine Entscheidung fordert, insoweit nicht angewendet

---

724 Saria, in: Liebscher/Flohr/Petsche (Hrsg.), Handbuch der EU-GVO, § 1 Rn. 84; Schuhmacher, in: Grabitz/Hilf/Nettesheim (Hrsg.), Recht der EU, Art. 101, Rn. 354; Lutz/Broderick, RIW 1986, 5 [5]; Wiedemann, GRUR Int. 1990, 807 [807].

725 Ellger, in: Immenga/Mestmäcker (Hrsg.), WettbewerbsR Kommentar Bd. 1 EU/Teil 1, Einl. Vertikal-GVO, Rn. 10; Wiedemann, Kommentar zu den GVO des EWG-Kartellrechts, Bd. 1, AT, Rn. 36.

726 Ellger, in: Immenga/Mestmäcker (Hrsg.), WettbewerbsR Kommentar Bd. 1 EU/Teil 1, Einl. Vertikal-GVO, Rn. 10.

727 VO (EWG) Nr. 17/1962 des Rates vom 21.02.1962 erste Durchführungsverordnung zu den Art. 85 und 86 des Vertrages, Abl. 1962 L 13/211.

728 Siehe Art. 2 VO Nr. 17/62

729 Wiedemann, GRUR Int. 1990, 807 [807 f.]; Hengst, in: Langen/Bunte (Hrsg.), KartellR Kommentar, Bd. 2, Art. 101 Kartellverbot, Rn. 409; Wiedemann, Kommentar zu den GVO des EWG-Kartellrechts, Bd. 1, AT, Rn. 38.

730 VO (EG) Nr. 1/2003 des Rates vom 16.12.2002 zur Durchführung der in den Art. 81 und 82 des Vertrages niedergelegten Wettbewerbsregeln, Abl. 2003 L 1/1.

731 Siehe Erwägungsgründe 2 bis 4 der VO Nr. 1/2003.

werden soll.[732] Seit dem 1. Mai 2004 gibt es demnach keine bindenden Einzelfreistellungen mehr.[733]

Die Abwendung von dem System der administrativen Genehmigung bedeutet auf der einen Seite eine Entlastung für die Unternehmen, die sich nun nicht mehr für jede Vereinbarung an die Kommission wenden müssen; auf der anderen Seite vermindert es die vorher bestehende Rechtssicherheit für die Unternehmen.[734] Diesen ist es nunmehr nicht mehr möglich, eine rechtsgestaltende und damit für jedermann bindende Entscheidung über die Freistellung durch die Europäische Kommission zu erwirken.[735] Das System der Legalausnahme führt vielmehr dazu, dass die betroffenen Unternehmen nunmehr selbst beurteilen müssen, ob ihr Verhalten verboten ist oder ob es die Freistellungsvoraussetzungen erfüllt. Während die Gruppenfreistellungsverordnungen recht einfach und ausführlich formuliert sind und daher eine gewisse Sicherheit bei der Auslegung bieten, ist die Freistellung nach Art. 101 Abs. 3 AEUV hingegen eher generalklauselartig formuliert und damit sehr vage. Die Unternehmen laufen also mit dem neuen System das Risiko einer Fehleinschätzung.[736]

Bislang hatte der Gerichtshof der Europäischen Union der Kommission einen Ermessensspielraum zugestanden.[737] Das neue System bindet jedoch die nationalen Wettbewerbsbehörden und -gerichte stärker in die Anwendung und Durchsetzung des europäischen Kartellrechts ein.[738] Um eine einheitliche Rechtsanwendung zu gewährleisten, wurde ein, die Behörden und Gerichte der Mitgliedsstaaten verbindendes, Netzwerk zur Konsultation und Information eingerichtet. Sich widersprechende Entscheidungen werden des Weiteren dadurch verhindert, dass die nationalen Behörden und Gerichte an Entscheidungen der Kommission gebunden sind.[739] Auch gibt es die Möglichkeit der Aussetzung eines anhängigen Verfahrens nach Art. 16 VO Nr. 1/2003, um eine Kommissionsentscheidung abzuwarten. Die

---

732 Siehe dazu: Sura, in: Langen/Bunte (Hrsg.), KartellR Kommentar, Bd. 2, Art. 1 VO Nr. 1/2003, Rn. 6; Jaeger, in: Frankfurter Kommentar zum Kartellrecht, Art. 1 VO 1/2003, Rn. 11.

733 Schmidt, in: Immenga/Mestmäcker (Hrsg.), WettbewerbsR Kommentar Bd. 1 EU/Teil 2, Art. 1 VO (EG) 1/2003, Rn. 8.

734 Siehe dazu auch: Wiedemann, in: FS Bechtold, S. 627 [627 ff.]; Schmidt, in: Immenga/Mestmäcker (Hrsg.), WettbewerbsR Kommentar Bd. 1 EU/Teil 2, Art. 1 VO (EG) 1/2003, Rn. 1, 17.

735 Früher war dies nach Art. 6 VO Nr. 17/62 möglich.

736 Siehe dazu auch: Ellger, in: Immenga/Mestmäcker (Hrsg.), WettbewerbsR Kommentar Bd. 1 EU/Teil 1, Einl. Vertikal-GVO, Rn. 15.

737 EuG, 27.02.1992, Rs. T-19/91, „Vichy“, Slg. 1992 S. II-415, Rn. 90; siehe auch: Weiß, in: Calliess/Ruffert (Hrsg.) EUV/AEUV, Art. 101, Rn. 154; Weiß, Die Verteidigungsrechte im EG-Kartellverfahrensrecht, 234 ff.

738 Siehe Art. 3, 5, 6 VO Nr. 1/2003.

739 Siehe Art. 16 VO Nr. 1/2003, der zurückgeht auf ein Urteil des EuGH, 14.12.2000, Rs. C-344/98; „Masterfoods“, Slg. 2000 S. I-11369, Rn. 52.

Kommission hat außerdem nach Art. 11 Abs. 6 VO Nr. 1/2003 die Möglichkeit ein (laufendes) Verfahren an sich zu ziehen.

Der Rat ist gemäß Art. 103 i. V. m. Art. 102 Abs. 2b AEUV zum Erlass von Gruppenfreistellungsverordnungen zuständig. Von einer generellen Übertragung dieser Kompetenz auf die Kommission durch die VO Nr. 1/2003 wurde abgesehen, so dass die Kommission nur im Rahmen von Einzelermächtigungen zuständig ist.[740] Die Zuständigkeit zum Erlass von Einzelfreistellungen wurde vom Rat durch Art. 10 VO Nr. 1/2003 hingegen gänzlich auf die Kommission übertragen.

Von besonderer Bedeutung für Franchisevereinbarungen sind die VO Nr. 30/2010 für vertikale Vereinbarungen[741] und die VO Nr. 772/2004[742] für Technologietransfervereinbarungen.

II. Gruppenfreistellung nach der Vertikal-GVO

Die für Franchisevereinbarungen wichtigste Gruppenfreistellungsverordnung ist die VO Nr. 30/2010 für vertikale Vereinbarungen. Sie stellt wettbewerbsbeschränkende Vereinbarungen oder abgestimmte Verhaltensweisen zwischen Unternehmen, die sich auf unterschiedlichen Wirtschaftsstufen befinden, vom generellen Kartellverbot des Art. 101 Abs. 1 AEUV frei.

1. Historische Entwicklung

Gruppenfreistellungsverordnungen für vertikale Vereinbarungen und insbesondere Franchisevereinbarungen blicken mittlerweile auf eine 40-jährige Entwicklung zurück, die in der VO Nr. 330/2010 mündete.[743]

a. Die Behandlung von Franchiseverträgen vor dem *Pronuptia*-Urteil

Obwohl es die erste franchise-spezifische Entscheidung erst im Jahr 1986 gab,[744] bedeutet dies nicht, dass sich die Europäische Kommission vorher nicht mit dem Thema der wettbewerbsrechtlichen Behandlung von Franchisevereinbarungen auseinandergesetzt hat.[745] In den frühen Jahren der Europäischen Wirtschaftsgemeinschaft

---

740 Vgl. Habermeier in: Martinek/Semler/Habermeier/Flohr (Hrsg.), Vertriebsrecht, § 36, Rn. 45 und so jedoch auf Vorschlag der Kommission noch in Art. 28 Abs. 1 des Verordnungsentwurfs, KOM (2000) 582 endgültig.

741 VO (EU) Nr. 330/2010 der Kommission vom 20.04.2010 über die Anwendung von Art. 101 Abs. 3 AEUV auf Gruppen von vertikalen Vereinbarungen und abgestimmten Verhaltensweisen, Abl. 2010 L 102/1.

742 VO (EG) Nr. 772/2004 der Kommission vom 27.04.2004 über die Anwendung von Art. 81 Abs. 3 EG-Vertrag auf Gruppen von Technologietransfer-Vereinbarungen, Abl. 2004 L 123/11.

743 Siehe dazu auch Ellger, in: Immenga/Mestmäcker (Hrsg.), WettbewerbsR Kommentar Bd. 1 EU/Teil 1, Einl. Vertikal-GVO, Rn. 8.

744 EuGH, 28.01.1986, Rs. 161/84, „Pronuptia“, Slg. 1986 S. 353.

745 De Cockborne, in: Joerges (Ed.), Franchising and the Law, 281 [289].

stand jedoch vor allem die Abschaffung althergebrachter Kartelle im Fokus von Gerichtshof und Kommission. Die potenzielle wettbewerbsbeschränkende Wirkung von vertikalen Vereinbarungen rückte dabei in den Hintergrund.[746]

1966 entschied der Gerichtshof im seinem *Consten/Grundig*-Urteil, dass vertikale Vereinbarungen in den Anwendungsbereich des heutigen Art. 101 Abs. 1 AEUV (ex. Art. 85 Abs. 1 EGV) fallen.[747] Nach dieser Klarstellung wurde eine wahre Flut von Einzelfreistellungsanträgen bei der Europäischen Kommission angemeldet, die diese kaum mehr bewältigen konnte. An den Rand ihrer Kapazitäten gebracht, machte die Kommission von der ihr vom Rat durch die Ermächtigungsverordnung Nr. 19/65[748] gegebene Möglichkeit, Gruppenfreistellungen zu erlassen, Gebrauch und erließ 1967 die erste Gruppenfreistellungsverordnung, die GVO Nr. 67/67[749] für Alleinvertriebsvereinbarungen.[750] Diese blieb jahrelang die einzige GVO.

Dies bedeutet jedoch nicht, dass sich die Kommission nicht auch mit Franchiseverträgen beschäftigte. In den 70er Jahren veröffentlichte sie Studien zu diesem Thema und unterstütze die *European Franchise Federation* (EFF) bei der Fertigstellung des Europäischen Verhaltenskodex für Franchising.[751] 1983 veranstaltete die Kommission gemeinsam mit den französischen Behörden ein Seminar, bei dem es vornehmlich um das Verhältnis des Franchisings zum Wettbewerbsrecht ging.[752] Das Verhältnis von Franchiseverträgen zum europäischen Kartellrecht blieb jedoch auch danach unklar.[753] Bis zur *Pronuptia*-Entscheidung war es umstritten, ob

---

746 Schulz, in: Ahlert/Ahlert (Hrsg.), Hdb. Franchising und Cooperation, 509 [511].

747 EuGH, 13.07.1966, verb. Rs. 56 und 58/64, „Consten und Grundig", Slg. 1966 S. 322 [387]; seitdem ständige Rechtsprechung, siehe etwa: EuGH, 24.10.1995, Rs. C-266/93, „Volkswagen und VAG-Leasing", Slg. 1995 S. I-3508, Rn. 17; EuGH, 14.12.2006, Rs. C-217/05, „Confederación Española de Empresarios de Estaciones de Servicio", Slg. 2006 S. I11987, Rn. 37; siehe dazu auch: Joerges, in: Joerges (Ed.), Franchising and the Law, 11 [54].

748 VO Nr. 19/65/EWG des Rates vom 02.03.1965 über die Anwendung von Art. 85 Abs. 3 des Vertrages auf Gruppen von Vereinbarungen und aufeinander abgestimmte Verhaltensweisen, Abl 1965 Nr. 36 S. 533–535.

749 VO Nr. 67/67/EWG der Kommission vom 22.03.1967 über die Anwendung von Art. 85 Abs. 3 des Vertrages auf Gruppen von Alleinvertriebsvereinbarungen, Abl. 1967 Nr. 57 S. 849–852.

750 Siehe dazu auch Ellger, in: Immenga/Mestmäcker (Hrsg.), WettbewerbsR Kommentar Bd. 1 EU/Teil 1, Einl. Vertikal-GVO, Rn. 9; Schulz, in: Ahlert/Ahlert (Hrsg.), Hdb. Franchising und Cooperation, 509 [511 f.].

751 De Cockborne, in: Joerges (Ed.), Franchising and the Law, 281 [289]; Schulz, in: Ahlert/Ahlert (Hrsg.), Hdb. Franchising und Cooperation, 509 [512]; Skaupy, WuW 1984, 383 [384].

752 De Cockborne, in: Joerges (Ed.), Franchising and the Law, 281 [289]; Schulz, in: Ahlert/Ahlert (Hrsg.), Hdb. Franchising und Cooperation, 509 [512].

753 Adams, Antitrust Bull. 1981, 815 [826 ff.]; Goebel, ELR 1985 (10), 87 [87 ff.]; Neumann, RIW 1985, 612 [613 ff.].

Franchiseverträge überhaupt unter das Europäische Kartellrecht fallen.[754] Uneinig war man sich des Weiteren darüber, ob Franchisevereinbarungen unter die Gruppenfreistellungsverordnung Nr. 67/67 für Alleinvertriebsvereinbarungen fallen.[755]

b. Vom *Pronuptia*-Urteil zur Franchise-GVO Nr. 4087/88

In seinem *Pronuptia*-Urteil aus dem Jahr 1986 entwickelte der Gerichtshof einige Grundsätze betreffend das Verhältnis von Franchisevereinbarungen zu dem Verbot des Art. 85 Abs. 1 EWG-Vertrag (heute Art. 101 Abs. 1 AEUV).[756] In seiner Entscheidung geht der Gerichtshof davon aus, dass Franchisevereinbarungen grundsätzlich dem Kartellverbot unterliegen, ohne dies näher zu erörtern.[757] Franchisevereinbarungen, die unerlässlich für die Funktionsfähigkeit des Franchisesystems sind, fallen jedoch nicht unter das Verbot des Art. 101 Abs. 1 AEUV.[758] Ferner entschied der Gerichtshof, dass, aufgrund des eindeutigen Wortlauts der GVO Nr. 67/67, diese nicht auf Franchisevereinbarungen Anwendung findet.[759]

Die in der *Pronuptia*-Entscheidungen und der ihr folgenden Kommissionsentscheidungen[760] entwickelten Grundsätze, waren Grundlage für die Gruppenfreistellungsverordnung Nr. 4087/88 betreffend Franchisevereinbarungen,[761] die im Februar 1989 in Kraft trat. In ihrem Art. 1 Abs. 3 wurde zum ersten Mal eine EU-weite Definition für Franchising festgelegt. Erfasst waren Franchiseunternehmen, die dem Business-Format-Modell folgen, nicht jedoch das sogenannten Produktionsfranchising.[762] Die Franchise-GVO regelte, welche Vereinbarungen nicht unter Art. 101 Abs. 1 AEUV fielen und damit nicht bei der Kommission angemeldet werden

754 De Cockborne, in: Joerges (Ed.), Franchising and the Law, 281 [289]; Schulz, in: Ahlert/Ahlert (Hrsg.), Hdb. Franchising und Cooperation, 509 [512].

755 Schulz, in: Ahlert/Ahlert (Hrsg.), Hdb. Franchising und Cooperation, 509 [512]; siehe dazu auch Skaupy, WuW 1984, 383 [383 ff.]; Ders., BB 1969, 113 [117]; Langen/Niederleithinger/Ritter/Schmidt, Kommentar zum Kartellgesetz, § 18 EG 212; Crossick, International Business Lawyer 1985, 294 [295]; OLG Frankfurt am Main, Urt. v. 2.12.1982, Az. 6 U (Kart) 31/82, GRUR 1983, 461 [462].

756 Siehe hierzu schon die Anmerkungen zur Franchisevereinbarung als Wettbewerbsbeschränkung.

757 EuGH, 28.01.1986, Rs. 161/84, „Pronuptia“, Slg. 1986 S. 353, Rn. 13 ff.

758 EuGH, 28.01.1986, Rs. 161/84, „Pronuptia“, Slg. 1986 S. 353, Rn. 16.

759 EuGH, 28.01.1986, Rs. 161/84, „Pronuptia“, Slg. 1986 S. 353, Rn. 33 f.

760 KOME, 17.12.1986, (87/14/EWG – Yves Rocher) ABl. 10.01.1987 L 8/49; KOME, 17.12.1986, (87/17/EWG – Pronuptia) ABl. 15.01.1987 L 13/39; KOME, 13.07.1987, (87/407/EWG – Computerland) ABl. 10.08.1987 L 222/12; KOME, 14.11.1988, (88/604/EWG – ServiceMasters) ABl. 03.12.1988 L 332/38; KOME, 02.12.1988, (89/94/EWG – Charles Jourdan) ABl. 07.02.1989 L 35/31.

761 VO (EWG) Nr. 4087/1988 der Kommission vom 30.11.1988 über die Anwendung von Art. 85 Abs. 3 des Vertrages auf Gruppen von Franchisevereinbarungen, Abl. 1988 L 359/46.

762 Siehe auch Erwägungsgrund 4 der VO Nr. 4087/88.

mussten.[763] Die Kommission hatte jedoch die Möglichkeit, die Gruppenfreistellungsverordnung für nicht anwendbar zu erklären, insbesondere, wenn der Wettbewerb durch die Klausel in erheblichem Maße eingeschränkt wurde.[764]

Art. 3 VO Nr. 4087/88 enthielt eine sogenannte „weiße Liste", die die Verpflichtungen eines Franchisenehmers aufzählte, die nicht den Wettbewerb beschränken. Diese nicht erschöpfende Liste enthielt vor allem Klauseln, die die Einheitlichkeit des Franchisesystems und dessen Ansehen wahren sollten oder dem Schutz des Know-hows des Franchisegebers dienten.[765] Weitaus wichtiger war jedoch die in Art. 5 VO Nr. 4087/88 enthaltene Liste von Klauseln, die nicht freigestellt waren: die sogenannte „schwarze Liste".

Die Franchise-GVO gab den Franchisegebern bei der Gestaltung ihrer Verträge ein hohes Maß an Rechtssicherheit.[766] Solange sie sich an die Vorgaben der Gruppenfreistellungsverordnung hielten, bestand keine Gefahr, dass die Wirksamkeit ihrer Verträge kartellrechtlich angezweifelt wurde, auch nicht bei entgegenstehendem nationalem Kartellrecht; denn nach Rechtsprechung des EuGH durfte nationales Kartellrecht nicht die praktische Wirksamkeit der europäischen Wettbewerbsregeln ausschalten.[767]

Die Franchise-GVO trat am 1. Juni 2000 außer Kraft.[768] Sie wurde durch die Vertikal-GVO Nr. 2790/99[769] ersetzt. Die Franchise-GVO dient jedoch immer noch als Leitfaden für die Gestaltung von Verträgen, soweit ihre Bestimmungen nicht durch die Vertikal-GVO abgelöst wurden.

c. Der Umbruch im GVO-System, die Vertikal-GVO Nr. 2790/99

Die Vertikal-GVO Nr. 2790/99 löste nicht nur die Franchise-GVO ab, sondern ersetzte auch die Alleinvertriebs-GVO[770] sowie die GVO für Alleinbezugsvereinbarung;[771]

---

763 Erwägungsgrund 16 der VO Nr. 4087/88.

764 Erwägungsgrund 15 der VO Nr. 4087/88.

765 Erwägungsgrund 11 der VO Nr. 4087/88.

766 Schulz, in: Ahlert/Ahlert (Hrsg.), Hdb. Franchising und Cooperation, 509 [523 f.]; Zwecker, Inhaltskontrolle von Franchise-Verträgen, 166.

767 EuGH, 01.10.1987, Rs. 311/85, „Vereniging van Vlaamse Reisb" Slg. 1987 3801, Rn. 10, 24.

768 Art. 12 VO Nr. 2790/99.

769 VO (EU) Nr. 2790/1999 der Kommission vom 22.12.1999 über die Anwendung von Art. 81 Abs. 3 des Vertrages auf Gruppen von vertikalen Vereinbarungen und aufeinander abgestimmten Verhaltensweisen, Abl. 1999 L 336/21.

770 VO (EWG) Nr. 1983/1983 der Kommission vom 22.06.1983 über die Anwendung von Art. 85 Abs. 3 des Vertrages auf Gruppen von Alleinvertriebsvereinbarungen, Abl. 1983 L 173/1.

771 VO (EWG) Nr. 1984/1983 der Kommission vom 22.06.1983 über die Anwendung von Art. 85 Abs. 3 des Vertrages auf Gruppen von Alleinbezugsvereinbarungen, Abl. 1983 L 173/5.

einzig die KFZ-GVO blieb in Kraft.[772] Sie war die erste Gruppenfreistellungsverordnung neuen Typs, eine sogenannte Schirm-GVO, die grundsätzlich auf alle vertikalen Vereinbarungen anwendbar war und insoweit nicht nach einzelnen Typen vertikaler Vereinbarungen unterschied. Dies erleichtert die Rechtsanwendung, da es nunmehr weniger Gruppenfreistellungsverordnungen für ein Vertriebssystem gibt.

Allerdings sorgte die einheitliche Behandlung aller vertikalen Beschränkungen auch für Unsicherheiten im Franchisebereich. Es wurde befürchtet, dass die bevorzugte Behandlung von Franchisevereinbarungen durch die Kommission aufgegeben würde und die wettbewerbsfördernden Auswirkungen des Franchising nicht mehr oder nur in einem geringeren Maße berücksichtigt würden.[773] Aus den Leitlinien für vertikale Beschränkungen der Kommission[774] wurde jedoch deutlich, dass dem nicht so ist. Allerdings waren die Bestimmungen in der Vertikal-GVO allgemeiner gefasst und nicht speziell auf die Bedürfnisse des Franchisings zugeschnitten. Die konkrete und spezifische Art der Anwendung der Freistellungsmöglichkeiten auf Franchisevereinbarungen wurde erst in den Leitlinien festgelegt. Dies barg Rechtsunsicherheiten, da sich zwar die Kommission zur Einhaltung der Leitlinien bei der wettbewerbsrechtlichen Beurteilung von Franchisevereinbarungen verpflichtet hatte, der EuGH und das EuG durch sie jedoch nicht gebunden wurden.[775]

Die Verordnung trat am 31. Mai 2010 außer Kraft und wurde von der Verordnung Nr. 330/2010 abgelöst.

d. Der vorläufige Endpunkt: Die Vertikal-GVO Nr. 330/2010 und ihre Zielsetzung

Vorläufiger Endpunkt der Entstehungsgeschichte ist die neue Vertikal-GVO Nr. 330/2010, die am 1. Juni 2010 in Kraft getreten ist. Sie bleibt bis zum 31. Mai 2022 maßgeblich für Vertikalvereinbarungen und gilt folglich zwölf Jahre lang.[776] Im Vergleich zur ihrer Vorgänger-VO weist sie nur geringfügige Änderungen auf. Die wesentlichen Ziele und Strukturen ebenso wie der wettbewerbspolitische Ansatz wurden von der Kommission nicht geändert.

Die Vertikal-GVO Nr. 2790/99 war nicht nur die erste GVO neueren Typs, sondern mit ihr änderte sich auch die Zielsetzung der Kommission. Hauptziel ist seitdem, und das gilt für die VO Nr. 330/2010 fort, der Schutz des Wettbewerbs zum Wohle des Verbrauchers und zur effizienteren Ressourcenallokation sowie die Marktintegration.

---

772 VO (EWG) Nr. 123/1985 der Kommission vom 12.12.1984 über die Anwendung von Art. 85 Abs. 3 des Vertrages auf Gruppen von Vertriebs- und Kundendienstvereinbarungen über Kraftfahrzeuge, Abl. 1985 L 15/16.

773 Fritzemeyer, BB 2002, 1658 [1659]; Schulz, in: Ahlert/Ahlert (Hrsg.), Hdb. Franchising und Cooperation, 509 [524].

774 Mitt. Komm., LL für vert. Beschränkungen (2000/C 291/01), ABl. EG C 291/1.

775 Rn. 4 der Leitlinien.

776 Art. 10 VO Nr. 330/2010.

Weitere Ziele sind die Rechtssicherheit für die Marktteilnehmer und die Dezentralisierung.[777]

Mit der Vertikal-GVO Nr. 2790/99 änderte die Kommission ihren Ansatz betreffend die Beurteilung vertikaler Beschränkungen. Lange Zeit wurden diese als wettbewerbsfeindlich angesehen. Unter dem Einfluss der Chicago School, verfolgt die Kommission nunmehr einen stärker ökonomischen Ansatz, den sogenannten „more economic approach", der an der Marktmacht der Parteien orientiert ist.[778] Für die Beurteilung einer Vereinbarung steht nicht mehr deren Inhalt im Vordergrund, sondern ihre Auswirkung auf den Wettbewerb.[779] Dieser neue Ansatz spiegelt sich vor allem in den Marktanteilsschwellen wider,[780] unterhalb derer alle vertikale Vereinbarungen, die unter die Verordnung fallen, freigestellt sind, es sei denn sie enthalten Kernbeschränkungen.[781]

Die Vertikal-GVO soll des Weiteren den Unternehmen mehr Rechtssicherheit gewähren. Es wird ein sogenannter „sicherer Hafen" („safe harbour") eingerichtet.[782] Danach gilt für vertikale Vereinbarungen zwischen Unternehmen ohne Marktmacht eine Vermutung der Rechtmäßigkeit.[783] Seit Inkrafttreten der VO Nr. 1/2003 haben Unternehmen, im Gegensatz zum früheren System der Administrativfreistellung, nicht mehr die Möglichkeit eine Freistellung ihrer Vereinbarungen durch eine bindende Kommissionsentscheidung zu erreichen und somit deren Rechtmäßigkeit feststellen zu lassen. Sie müssen vielmehr selbst einschätzen, ob ihre Vereinbarung die Freistellungsvoraussetzungen erfüllen. Das „safe harbour"-Konzept hat folglich mit der Einführung des Systems der Legalausnahme durch die VO Nr. 1/2003 an Bedeutung gewonnen.[784]

---

777 Mitt. Komm., über die Anwendung der EG-Wettbewerbsregeln auf vertikale Beschränkungen, KOM (1998) 544 endg. S. 7.

778 Baron, in: Loewenheim/Meesen/Riesenkampff (Hrsg.), Kartellrecht, Einf. Vert.-GVO, Rn. 5; Veelken, ZVglRWiss 97 (1998), 241 [246 ff.]; Polley/Seeliger, WRP 2001, 494 [496]; Griffiths, ECLR 2000, 241 [241], der jedoch einen noch stärkeren wirtschaftlichen Ansatz fordert: „the regulation is still plagued by an ignorance of economics".

779 Mitt. Komm., LL für vert. Beschränkungen (2000/C 291/01), ABl. EG C 291/1, Rn. 7; Mitt. Komm., über die Anwendung der EG-Wettbewerbsregeln auf vertikale Beschränkungen, KOM (1998) 544 endg. S. 6; siehe dazu auch: Bueren, WRP 2004, 567 [570].

780 Art. 3 VO Nr. 330/2010.

781 Art. 43 VO Nr. 330/2010.

782 Siehe dazu Mitt. Komm., über die Anwendung der EG-Wettbewerbsregeln auf vertikale Beschränkungen, KOM (1998) 544 endg. S. 6; Ellger, in: Immenga/Mestmäcker (Hrsg.), WettbewerbsR Kommentar Bd. 1 EU/Teil 1, Einl. Vertikal-GVO, Rn. 14 f.; Nolte, in: Langen/Bunte (Hrsg.), KartellR Kommentar, Bd. 2, Nach Art. 101, Rn. 295 ff.

783 Mitt. Komm., LL für vert. Beschränkungen (2000/C 291/01), ABl. EG C 291/1, Rn. 21; siehe auch Schütz, in: FS Bechtold, S. 455 [463].

784 Ellger, in: Immenga/Mestmäcker (Hrsg.), WettbewerbsR Kommentar Bd. 1 EU/Teil 1, Einl. Vertikal-GVO, Rn. 15.

Ein weiteres Anliegen der GVO war zunächst die Entlastung der Kommission von der Vielzahl der Freistellungsanträge unter dem System des administrativen Genehmigungsverfahrens unter der VO Nr. 17/62.[785]. Dieses Ziel ist letztlich durch die Einführung des Systems der Legalausnahme durch Art. 3 Abs. 1 VO Nr. 1/2003 und die Dezentralisierung der Wettbewerbspolitik in der Europäischen Union entfallen.[786] Mitgliedsstaatliche Behörden und Gerichte sind nunmehr verstärkt an der Durchsetzung des europäischen Kartellrechts beteiligt. Die einheitliche Rechtsanwendung in den Mitgliedsstaaten wird durch die umfassenden Gruppenfreistellungsverordnungen erleichtert.[787] Einzelbetrachtungen sind für die Beurteilung vertikaler Beschränkungen in der Regel nicht notwendig.[788]

2. Anwendungsbereich der Vertikal-GVO

Der Anwendungsbereich der Gruppenfreistellungsverordnung Nr. 330/2010 wird in ihrem Art. 2 allgemein auf vertikale Vereinbarungen festgelegt. Der Begriff „vertikale Vereinbarung“ ist in Art. 1 Abs. 1 Buchst. a der Verordnung legaldefiniert. Danach sind alle Vereinbarungen oder abgestimmte Verhaltensweisen vertikal, die zwischen zwei oder mehr Unternehmen geschlossen werden, von denen jedes für die Zwecke der Vereinbarung oder abgestimmten Verhaltensweise auf einer anderen Produktions- oder Vertriebsebene tätig ist, und die die Konditionen festlegen, zu denen die Beteiligten Waren oder Dienstleistungen beziehen, verkaufen oder weiterverkaufen dürfen. Da Franchisegeber und Franchisenehmer sich auf unterschiedlichen Stufen der Produktions- oder Vertriebskette stehen, fallen Vereinbarungen zwischen ihnen grundsätzlich unter die Vertikal-GVO.[789]

Allerdings ist die Vertikal-GVO nach ihrem Art. 2 Abs. 5 subsidiär zu anderen Gruppenfreistellungen und tritt folglich grundsätzlich hinter der Gruppenfreistellungsverordnung Nr. 772/2004 über Technologietransfer-Vereinbarungen zurück. Franchiseverträge enthalten ihrem Wesen nach Klauseln zur Nutzung von Immaterialgüterrechten, wie z.B. Urheber- und Patentrechte, Markenrechte, Ausstattungsrechte, Gebrauchs- und Geschmacksmusterrechte und auch Klauseln, die die Zugänglichmachung von Know-how regeln. Sie könnten folglich unter die Technologietransfer-GVO fallen.[790] Allerdings ist die VertikalGVO nach ihrem Art. 2 Abs. 3 auf vertikale Vereinbarungen anwendbar, die vertikale Klauseln über die Übertragung von geistigen Eigentumsrechten einschließlich Technologielizenzen enthalten, soweit sie nicht Hauptgegenstand des Vertrages sind und direkt mit dem Verkauf von Waren oder Dienstleistungen im Zusammenhang stehen. Des Weiteren dürfen

---

785 Hoffmann, in: Handbuch des EU-Wirtschaftsrechts, H I § 2, Rn. 231.

786 Ellger, in: Immenga/Mestmäcker (Hrsg.), WettbewerbsR Kommentar Bd. 1 EU/Teil 1, Einl. Vertikal-GVO, Rn. 16 f.

787 Ackermann, EuZW 1997, 271 [275].

788 Hoffmann, in: Handbuch des EU-Wirtschaftsrechts, H I § 2, Rn. 231.

789 Metzlaff, BB 2000, 1201 [1203].

790 So jedenfalls Lachmann, EWS 1998, 240 [240 ff.].

sie keine Wettbewerbsbeschränkungen enthalten, die den gleichen Zweck verfolgen, wie nicht durch diese Verordnung freigestellte vertikale Beschränkungen. Dies wäre etwa der Fall, wenn sie eine Kernbeschränkung im Sinne der Vertikal-GVO enthielten. Art. 2 Abs. 3 VO Nr. 330/2010 geht als *lex specialis* der Subsidiaritätsklausel des Art. 2 Abs. 5 VO Nr. 330/2010 vor.[791] Gleichzeitig stellt ein solcher Vertrag jedoch nach Art. 2 VO Nr. 772/2004 auch häufig eine Technologietransfer-Vereinbarung dar.

Die Lizenzierung geistigen Eigentums darf also nicht Hauptgegenstand des Vertrages sein. Dies ist in den Franchisesystemen unproblematisch der Fall, in denen der Franchisenehmer in ein Verkaufskonzept eingegliedert ist, in dem der Franchisegeber selbst oder ein von ihm Benannter Hersteller der Waren oder Lieferant der Dienstleistungen ist.[792] Bezieht der Franchisenehmer jedoch seine Waren oder Dienstleistungen von einem von ihm ausgewählten Lieferanten, wird ihm vom Franchisegeber also nur ein Verkaufskonzept zur Verfügung gestellt, dann steht eigentlich die Übertragung geistigen Eigentums im Mittelpunkt des Vertrages. Allerdings ist die Vertikal-GVO auch auf solche Franchisekonzepte anwendbar, da die Zugänglichmachung des Know-hows und die Übertragung von Immaterialgüterrechten allein der Vermarktung des Vertriebs für Waren und Dienstleistungen dienen und die kommerzielle und technische Unterstützung des Franchisenehmers im Vordergrund steht.[793] Gleiches gilt auch für das sogenannte Master- oder Hauptfranchising, einem mehrstufigen Franchisesystem, bei dem der Franchisegeber an einen Master-Franchisenehmer allein ein Franchisekonzept lizenziert und dieser dann mit seinem Franchisenehmer ein Waren- oder Dienstleistungsfranchising vereinbart.[794] Die Vereinbarung zwischen Master-Franchisenehmer und Franchisenehmer würde unproblematisch unter die Vertikal-GVO fallen. Daher wäre es auch nicht sachgerecht, würde die Vereinbarung zwischen Franchisegeber und Master-Franchisenehmer nicht auch in ihren Anwendungsbereich fallen.[795]

Die Beurteilung unter welche GVO eine Franchisevereinbarung fällt und damit verbunden welche Voraussetzungen für eine Freistellung vorliegen müssen, obliegt den Unternehmen. Sie tragen das Risiko einer Fehleinschätzung. Für etwas Rechtssicherheit in diesem Zusammenhang sorgen die, allerdings nicht rechtsverbindlichen, Leitlinien für vertikale Beschränkungen der Kommission, wonach Franchisevereinbarungen, die als Hauptgegenstand die Lizenzierung von Eigentumsrechten haben,

---

791 Ellger, in: Immenga/Mestmäcker (Hrsg.), WettbewerbsR Kommentar Bd. 1 EU/Teil 1, Einl. Vertikal-GVO, Rn. 55.

792 Metzlaff, BB 2000, 1201 [1203]; Nolte, in: Langen/Bunte (Hrsg.), KartellR Kommentar, Bd. 2, Nach Art. 101, Rn. 346 f.; Haager, NJW 2002, 1463 [1472].

793 Metzlaff, BB 2000, 1201 [1203]; Hoffmann, in: Handbuch des EU-Wirtschaftsrechts, H I § 2, Rn. 230; Nolte, in: Langen/Bunte (Hrsg.), KartellR Kommentar, Bd. 2, Nach Art. 101, Rn. 346 f.; a. A. Haager, NJW 2002, 1463 [1472].

794 Metzlaff, BB 2000, 1201 [1203]; Nolte, in: Langen/Bunte (Hrsg.), KartellR Kommentar, Bd. 2, Nach Art. 101, Rn. 346 f.; Ellger, in: Immenga/Mestmäcker (Hrsg.), WettbewerbsR Kommentar Bd. 1 EU/Teil 1, Art. 2 Vertikal-GVO, Rn. 92.

795 Metzlaff, BB 2000, 1201 [1203 f.].

zwar grundsätzlich nicht unter die Vertikal-GVO fallen, die in ihr niedergelegten Grundsätze dennoch grundsätzlich Anwendung finden.[796]

Nicht von der Vertikal-GVO umfasst, ist jedoch das Produktionsfranchising, bei dem der Franchisenehmer Waren nach den Anweisungen des Franchisegebers herstellt und diese dann unter dessen Warenzeichen absetzt. Die horizontale Beziehung zwischen den Herstellern ist laut Kommission hier prägendes Element.[797] Eine Freistellung ist nur unter den Voraussetzungen der Technologietransfer-GVO Nr. 272/2004 und den einschlägigen Verordnungen für horizontale Kooperationen möglich.[798]

Problematisch sind auch die Fälle, in denen der Franchisegeber noch eigene Filialen neben dem Franchisesystem hat, er auf der Vertriebsebene also Wettbewerber des Franchisenehmers ist.[799] Nach Art. 2 Abs. 4 VO Nr. 330/2010 ist eine Freistellung bei einer vertikalen Vereinbarung zwischen Wettbewerbern grundsätzlich nicht möglich, es sei denn, es liegt eine der beiden in Buchst. a und b des Absatzes niedergelegten Ausnahmen vor. Danach ist die Vertikal-GVO in einer solchen Situation anwendbar, solange der Franchisenehmer nicht auf Herstellungsebene tätig ist (Buchst. a). Auch wenn der Franchisegeber auf mehreren Ebenen tätig wird, kann eine Vereinbarung zwischen ihm und dem Franchisenehmer freigestellt sein, wenn der Franchisenehmer seine Waren oder Dienstleistungen auf der Einzelhandelsstufe anbietet und er kein konkurrierendes Unternehmen auf der Handelsstufe ist, von der er die Vertragsdienstleistungen erwirbt (Buchst. b).

3. Marktanteilsschwellen

Eine Befreiung vom Verbot des Art. 101 Abs. 1 AEUV kann nach Art. 3 Abs. 1 VO Nr. 330/2010 nur gewährt werden, wenn die Marktanteile des Franchisegebers und des Franchisenehmers jeweils nicht höher als 30 % sind. Wird die Marktanteilsschwelle überschritten, bleibt Art. 101 Abs. 1 AEUV anwendbar und nur eine Einzelfreistellung nach Art. 101 Abs. 3 AEUV ist möglich. Ob dies der Fall ist, wird anhand der allgemeinen Vorschriften des Art. 3 VO Nr. 330/2010 bestimmt. Noch unter der VO Nr. 2790/99 musste nur der Marktanteil des Franchisegebers unterhalb dieser Schwelle liegen.[800] Die neue Verordnung berücksichtigt folglich erstmals die Nachfragemacht, der bislang nur in Ausnahmefällen im Rahmen von Alleinbelieferungsverpflichtungen Rechnung getragen wurde, die jedoch auch

---

796 Siehe Rn. 44 der Mitteilung.

797 Haager, NJW 2002, 1463 [1472]; Liebscher/Petsche, EuZW 2000, 400 [401]; Nolte, in: Langen/Bunte (Hrsg.), KartellR Kommentar, Bd. 2, Nach Art. 101, Rn. 350.

798 Nolte, in: Langen/Bunte (Hrsg.), KartellR Kommentar, Bd. 2, Nach Art. 101, Rn. 350; Ellger, in: Immenga/Mestmäcker (Hrsg.), WettbewerbsR Kommentar Bd. 1 EU/Teil 1, Einl. Vertikal-GVO, Rn. 54.

799 Giesler, in: Büchting/Heussen, Beck'sches RA-Handbuch, § 43 Rn. 16; siehe auch Metzlaff, BB 2000, 1201 [1204].

800 Siehe Art. 3 Abs. 1 VO Nr. 2790/99.

potenziell wettbewerbsschädigende Auswirkungen haben kann.[801] Werden die Marktanteilsschwellen überschritten, bedeutet dies jedoch nicht automatisch, dass ein Verstoß gegen Art. 101 Abs. 1 AEUV vorliegt oder dass keine Freistellung nach Art. 101 Abs. 3 AEUV mehr möglich ist.[802]

Der Marktanteil als zentrales Kriterium spiegelt die Ansicht wieder, dass vertikale Beschränkungen nur bei einer marktbeherrschenden Stellung von Relevanz sind, wenn die beteiligten Unternehmen den Willen haben, den Markt durch vertikale Beschränkungen abzuschotten und so den interbrand Wettbewerb zu beeinträchtigen.[803] Die starre Marktanteilsgrenze vermeidet, im Gegensatz zu einer Abwägung anhand mehrerer Kriterien im Einzelfall, Abgrenzungsschwierigkeiten und bietet den Unternehmen somit Rechtssicherheit.[804] Auch führt das alleinige Abstellen auf Marktanteile zu einer effizienteren Gestaltung des Verfahrens vor der Kommission, denn es erlaubt eine einfachere und damit schnellere Beurteilung als eine Gesamtabwägung.[805]

Andererseits ist das alleinige Abstellen auf Marktanteile zur Bemessung der Marktmacht der Unternehmen kritisch zu sehen.[806] Die Beurteilung der Marktanteile ist mit Rechtsunsicherheit verbunden, denn es hängt von der Marktabgrenzung ab, wie groß der Marktanteil ist, und trotz der Definition des relevanten Marktes durch die Kommission[807] bleibt dessen Bestimmung schwierig.[808] Auch führt die Marktanteilsschwelle dazu, dass kleine und mittelständische Unternehmen, die in einem Nischenbereich tätig sind, etwa weil sie ein neues Produkt entwickelt haben oder hochspezialisierte Produkte verkaufen, die Marktanteilsschwelle überschreiten und damit nicht nach der GVO freigestellt werden können.[809] Die wettbewerbsbeeinträchtigende Wirkung von vertikalen Beschränkungen hängt nicht nur von dem Marktanteil, sondern auch von anderen Faktoren, wie etwa der Marktstärke der

---

801 Siehe Art. 3 Abs. 2 VO Nr. 2790/99; siehe auch Malec/von Bodungen, BB 2010, 2383 2385; kritisch dazu: Lettl, WRP 2010, 807 [811]; Schulz, in: Ahlert/Ahlert (Hrsg.), Hdb. Franchising und Cooperation, 509 [543 f.].

802 Vgl. Erwägungsgrund 9 der VO Nr. 330/2010.

803 Weiß, in: Calliess/Ruffert (Hrsg.) EUV/AEUV, Art. 101, Rn. 202; siehe dazu auch Veelken, ZVglRWiss 97 (1998), 241 [278 ff.].

804 Blaurock, in: Schwarze (Hrsg.), Neuere Entwicklungen auf dem Gebiet des europäischen Wettbewerbsrechts, 75.

805 Nolte, BB 1998, 2429 [2431].

806 So etwa Griffiths, ECLR 2000, 241 [245 f.].

807 Bekanntmachung der Kommission über die Definition des relevanten Marktes im Sinne des Wettbewerbsrechts der Gemeinschaft (1997/C 372/03) ABl. C 372 09.12.1997, Rn. 7. Siehe auch: EuG, 08.06.1995, Rs. 7/93, „Langnese-Iglo", Slg. 1995 S. II-1533, Rn. 61; EuGH, 09.11.1983, Rs. 322/81, „Michelin", Slg. 1983 S. 3461 und EuGH, 21.02.1984, Rs. 86/82, „Hasselblad", Slg. 1984 S. 883.

808 Semler/Bauer, DB 2000, 193 [195]; Ackermann, EuZW 1999, 741 [743]; Nolte, BB 1998, 2429 [2431]; Polley/Seeliger, WRP 2000, 1203 [1210]; Bueren, WRP 2004, 567 [575]; Rittner/Kulka, Wettbewerbs- und Kartellrecht, § 9 Rn. 25.

809 Nolte, in: Langen/Bunte (Hrsg.), KartellR Kommentar, Bd. 2, Nach Art. 101, Rn. 373.

Konkurrenzunternehmen, dem interbrand Wettbewerb oder auch branchenspezifischen Besonderheiten, ab.[810] Es ist außerdem zu beachten, dass sich der Marktanteil eines Unternehmens ändern kann. Die Versagung der Freistellung aufgrund Überschreitung der 30 %-Marktanteilsschwelle erfolgt jedoch automatisch und gerade nicht aufgrund einer förmlichen Feststellung durch die Kommission oder eines Gerichts. Eine Freistellung von Marktanteilsschwellen abhängig zu machen, führt daher auch unter diesem Aspekt zu Rechtsunsicherheiten.[811]

In Art. 7 VO Nr. 330/2010 wird versucht diesem Problem mit einer recht komplizierten Regelung Rechnung zu tragen, indem die starre 30 % Schwelle dort ein wenig gelockert wird. Danach gilt die Freistellung für zwei Jahre fort, wenn der Marktanteil 30 % überschreitet, jedoch unter 35 % bleibt.[812] Sie gilt für ein Jahr fort, wenn der Marktanteil 35 % überschreitet.[813] Allerdings darf die Weitergeltung der Freistellung bei Kombination dieser beiden Vorteile zwei Jahre nicht überschreiten.[814]

4. Genereller Aufbau

Die Gruppenfreistellungsverordnungen neuen Typs sind alle ähnlich aufgebaut. Zunächst werden die wichtigsten Begriffe definiert und der Anwendungsbereich der GVO wird festgelegt. In den früheren Gruppenfreistellungsverordnungen folgten danach stets eine sogenannte weiße Liste und eine sogenannte schwarze Liste. Die weiße Liste enthielt einen Katalog von Klauseln, die wettbewerbsrechtlich als unbedenklich einzustufen sind und folglich vom Kartellverbot freigestellt sind. Die schwarze Liste umfasste hingegen Klauseln, die grundsätzlich nicht freigestellt werden können. Das Vorliegen nur einer schwarzen Klausel in einem Vertrag, führte dazu, dass der ganze Vertrag nicht freigestellt werden konnte. Sollte eine Klausel weder in der weißen noch in der schwarzen Liste aufgeführt worden sein, gab es noch die Möglichkeit eines Widerspruchverfahrens. Die fragliche Vereinbarung wurde bei der Kommission angemeldet und galt als freigestellt, sollte die Kommission nicht innerhalb von vier bzw. sechs Monaten Widerspruch gegen die Freistellungswirkung eingelegt haben.[815] Die Verwendung einer Klausel in einem Vertrag, die nicht in der jeweiligen GVO geregelt war, führte zur Nichtanwendbarkeit der GVO und damit konnte der Vertrag im Ganzen nicht freigestellt werden. Dieses „Alles-oder-Nichts-Prinzip" oder auch

---

810 Bayreuther, EWS 2000, 106 [108].

811 Siehe dazu auch Rahlmeyer, in: Martinek/Semler/Habermeier/Flohr (Hrsg.), Vertriebsrecht, § 37, Rn. 41.

812 Art. 7 Buchst. d VO Nr. 330/2010.

813 Art. 7 Buchst. e VO Nr. 330/2010.

814 Art. 7 Buchst. f VO Nr. 330/2010.

815 Brinker, in: Schwarze (Hrsg.), EU-Kommentar, Art. 101 AEUV, Rn. 83; Ellger, in: Immenga/Mestmäcker (Hrsg.), WettbewerbsR Kommentar Bd. 1 EU/Teil 1, Einl. Vertikal-GVO, Rn. 10.

„Zwangsjackeneffekt“ wurden als zu unflexibel und als zu stark in die Vertragsfreiheit eingreifend empfunden.[816]

Mit der Vertikal-GVO Nr. 2790/99 wurde erstmals ein neues, flexibleres System eingeführt, das so auch in der VO Nr. 330/2010 fortgeführt wurde. Die weiße Liste wurde abgeschafft. Nunmehr sind grundsätzlich alle vertikalen Vereinbarungen freigestellt, es sei denn es liegt eine nicht freistellungsfähige Klausel vor.

Verordnung Nr. 330/2010 unterscheidet betreffend Beschränkungen, die nicht freigestellt werden sollen, zwischen „Kernbeschränkungen“ in Artikel 4 und „nicht freigestellten Beschränkungen“ in Artikel 5. Beide Vorschriften enthalten spezielle Regelungen für selektive Vertriebssysteme.

Art. 4 Vertikal-GVO nennt drei verbotene allgemeine Vertragsklauseln: vertikale Preisbindungen, Gebiets- sowie Kundenbeschränkungen und Ersatzteilmarktbeschränkungen. Des Weiteren werden zwei Regelungen für selektive Vertriebssysteme niedergelegt; danach dürfen Aktivverkäufe und Querlieferungen nicht untersagt werden. Art. 5 Vertikal-GVO regelt die Bedingungen unter denen Wettbewerbsverbote unzulässig sind.

Enthält eine Vereinbarung auch nur eine Kernbeschränkung, ist die gesamte Vereinbarung von einer Freistellung nach der Gruppenfreistellungsverordnung ausgeschlossen. Eine Freistellung ist auch dann nicht möglich, wenn die Marktanteilsschwellen aus Art. 3 Vertikal-GVO eingehalten werden. Darüber hinaus wird vermutet, dass die Vereinbarung unter das Verbot des Art. 101 Abs. 1 AEUV fällt und dass es unwahrscheinlich ist, dass sie die Voraussetzungen des Art. 101 Abs. 3 AEUV erfüllt.[817] Die in Art. 5 der Verordnung aufgezählten Klauseln haben keinen Einfluss auf die Wirksamkeit des Vertrages als Ganzen, sondern fallen selbst nicht unter die Freistellung und sind daher gemäß Art. 101 Abs. 2 AEUV nichtig.[818] Eine Einzelfreistellung nach Art. 101 Abs. 3 AEUV bleibt jedoch immer möglich.

a. Kernbeschränkungen, Art. 4 Vertikal-GVO

Die erste und wohl wichtigste Kernbeschränkung gemäß Art. 4 Buchst. a Vertikal-GVO betrifft Preisbindungen. Eine Klausel, die dem Abnehmer Preise vorschreibt, kann nicht freigestellt werden und ist demnach verboten. Ausgenommen und damit erlaubt ist jedoch das Vorschreiben von Höchstverkaufspreisen oder Preisempfehlungen.

---

816 Axster, WuW 1994, 615 [616 ff.]; Bechtold, EWS 2001, 49 [50]; Blaurock, in: Neuere Entwicklungen auf dem Gebiet des europäischen Wettbewerbsrechts, 73 f.; Pukall, DB 1998, 2353 [2353]; Ellger, in: Immenga/Mestmäcker (Hrsg.), WettbewerbsR Kommentar Bd. 1 EU/Teil 1, Einl. Vertikal-GVO, Rn. 10; siehe auch Grünbuch zur EG-Wettbewerbspolitik gegenüber vertikalen Wettbewerbsbeschränkungen KOM (96) 721, Rn. 37; Martinek/Habermeier, ZHR 158 (1994), 107 [131 ff.].

817 Siehe Wortlaut Art. 4 VO Nr. 330/2010; Mitt. Komm., LL für vert. Beschränkungen (2010/C 130/01), ABl. EU C 130/1, Rn. 47.

818 Siehe Wortlaut Art. 5 VO Nr. 330/2010; Mitt. Komm., LL für vert. Beschränkungen (2010/C 130/01), ABl. EU C 130/1, Rn. 65.

In Art. 4 Buchst. b Vertikal-GVO ist der Freistellungsauschluss von Gebiets- und Kundengruppenbeschränkungen geregelt. Hierbei geht es um das Verbot der Aufteilung des Marktes nach Gebieten oder Kundengruppen. Von diesem Verbot der Marktaufteilung sind in Art. 4 Buchst. b Vertikal-GVO vier Ausnahmen geregelt. Das heißt in diesen vier abschließend aufgezählten Fällen greift der Freistellungsauschluss nicht. Die Beschränkung des aktiven Verkaufs in Gebiete oder Kundengruppen, die der Franchisegeber sich selbst vorbehalten hat oder ausschließlich einem anderen Franchisenehmer zugewiesen hat, ist nach Buchst. b (i) zulässig, wenn dadurch der Verkauf durch die Kunden des Franchisenehmers nicht beschränkt wird. Nach Buchst. b (ii) ist das Verbot von Sprunglieferungen zulässig, d. h. Hauptfranchisenehmern, die auf der Großhandelsstufe tätig sind, darf der Franchisegeber verbieten, an Endverbraucher zu liefern. Buchst. b (iii) betrifft selektive Vertriebssysteme. In diesen ist die Beschränkung des Verkaufs an nicht autorisierte Händler erlaubt. Zulässig sind gemäß Buchst. b (iv) auch Beschränkungen der Weiterveräußerung von industriellen Zwischenerzeugnissen an einen Kunden, der in Konkurrenz zum Hersteller steht. Art. 4 Buchst. b Vertikal-GVO enthält folglich eine Kombination aus weißen und schwarzen Klauseln.[819]

Die Kernbeschränkungen in Buchst. c und d des Art. 4 Vertikal-GVO betreffen selektive Vertriebssysteme. Buchst. c verbietet Beschränkungen des Verkaufs an Endverbraucher. Zulässig ist hingegen das an Mitglieder des Systems gerichtete Verbot, Geschäfte von nicht zugelassenen Niederlassungen aus zu betreiben. Buchst. d betrifft das Verbot, Querlieferungen zwischen Händlern eines Vertriebssystems zu beschränken.

Die letzte, in Art. 4 Buchst. e Vertikal-GVO geregelte, Kernbeschränkung bezieht sich auf die Möglichkeit Ersatzteile an Dritte zu liefern. Sie betrifft eine Wettbewerbsbeschränkung zu Lasten des Lieferanten. Diesem darf nicht untersagt werden Ersatzteile an Endverbraucher, Reparaturbetriebe oder andere Dienstleister zu veräußern, die der Abnehmer nicht mit der Reparatur oder Wartung betraut hat.

b. Nicht freigestellte Beschränkungen, Art. 5 Vertikal-GVO

Art. 5 Vertikal-GVO regelt die Bedingungen, im Rahmen derer Wettbewerbsverbote zulässig sind. Unterschieden wird zwischen vertraglichen und nachvertraglichen Wettbewerbsverboten. In Abs. 1 Buchst. c der Vorschrift ist eine Sonderregelung für selektive Vertriebssysteme niedergelegt.

Wird ein Wettbewerbsverbot für eine Dauer von mindestens fünf Jahren oder auf unbestimmte Zeit vereinbart, so verstößt dies gegen Art. 5 Abs. 1 Buchst. a der Verordnung. Von der fünfjährigen Höchstdauer macht Absatz 2 der Vorschrift eine

819 Ellger, in: Immenga/Mestmäcker (Hrsg.), WettbewerbsR Kommentar Bd. 1 EU/Teil 1, Art. 4 Vertikal-GVO, Rn. 32; Nolte, in: Langen/Bunte (Hrsg.), KartellR Kommentar, Bd. 2, Nach Art. 101, Rn. 458. Anders jedoch: Baron, in: Loewenheim/Meesen/Riesenkampff (Hrsg.), Kartellrecht, Vert.-GVO, Rn. 173, Fn. 63.

Ausnahme, solange die Vertragswaren oder -dienstleistungen vom Franchisenehmer in Räumlichkeiten oder auf Grundstücken des Franchisegebers vertrieben werden.

Ebenso unzulässig gemäß Art. 5 Abs. 1 Buchst. b Vertikal-GVO sind nachvertragliche Herstellungs-, Bezugs- oder Veräußerungsverbote. Dies gilt jedoch nicht, wenn die in Abs. 3 Buchst. a-d der Vorschrift geregelten Tatbestände kumulativ erfüllt sind. Danach sind nachvertragliche Wettbewerbsverbote zulässig, wenn es sich um Konkurrenzprodukte handelt, die in, schon während der Vertragszeit genutzten, Räumlichkeiten oder Grundstücken vertrieben werden, die dem Schutz des Know-hows dienen und auf ein Jahr nach Beendigung des Vertragsverhältnisses beschränkt sind. Zulässig sind des Weiteren unbefristete Beschränkungen, die die Nutzung und Offenlegung von nicht allgemein zugänglichem Know-how betreffen.[820] In selektiven Vertriebssystemen ist es nach Buchst. c unzulässig, den Vertrieb von Konkurrenzprodukte zu verbieten.

5. *Selektiver Vertrieb und Franchising*

Sowohl Art. 4 als auch Art. 5 Vertikal-GVO enthalten spezielle Regelungen für selektive Vertriebssysteme. Selektive Vertriebssysteme sind, nach der Legaldefinition des Art. 1 Abs. 1 Buchst. e VO Nr. 330/2010, solche Vertriebssysteme, in denen der Anbieter verpflichtet ist, die Vertragswaren oder -dienstleistungen unmittelbar oder mittelbar nur an Händler zu veräußern, die anhand festgelegter Kriterien ausgewählt werden, und in denen es diesen Händlern nicht gestattet ist, die Waren oder Dienstleistungen an nicht zum Vertrieb zugelassene Händler weiterzuverkaufen. Es ist wichtig, dass die Händler aufgrund objektiver Kriterien ausgewählt wurden, um einen Imageverlust der Produkte und Dienstleistungen wegen beruflicher Unfähigkeit zu verhindern.

In den Leitlinien der Kommission zur Vertikal-GVO heißt es, dass „Franchisevereinbarungen in der Regel eine Kombination unterschiedlicher vertikaler Beschränkungen hinsichtlich der Produkte, die vertrieben werden, insbesondere Selektivvertrieb und/oder Wettbewerbsverbot und/oder Alleinvertrieb oder eine Kombination aus schwächeren Formen derselben“ enthalten.[821] Dies hat zu Unsicherheiten geführt, ob Franchisesysteme selektive Vertriebssysteme sind.

Einige Autoren sehen alle Franchisesysteme als eine Art selektives Vertriebssystem an, da auch hier der Franchisenehmer vom Franchisegeber ausgewählt wird.[822] Dem ist jedoch entgegenzuhalten, dass die Franchisenehmer nur anhand

---

820 Siehe Art. 5 Abs. 3 letzter Satz Vertikal-GVO.

821 Rn. 189 der Leitlinien zur GVO Nr. 330/2010 und Rn. 199 der Leitlinien zur GVO Nr. 2790/99.

822 Siehe insoweit: Martinek/Habermeier, in: Martinek/Semler/Habermeier/Flohr (Hrsg.), Vertriebsrecht, § 28, Rn. 6; Flohr, Franchiserecht, Rn. 95 f., die dieser Ansicht jedoch entgegentreten; differenzierend, aber letztlich offen lassend: Liebscher/Petsche, EuZW 2000, 400 [401 f.]; Pukall, NJW 2000, 1375 [1378]; Meier, Der selektive Vertrieb Bd. 1, 35 ff.; Mathé, RabelsZ 48 (1984), 721 [721 ff.]; Pawlikowski,

allgemeiner Anforderungen (wie z.B. Zuverlässigkeit, Eignung zum Unternehmer) ausgesucht werden, wie es bei jedem Vertriebssystem der Fall ist.[823] Außerdem sind die Anforderungen, anhand derer der Franchisegeber seine Franchisenehmer auswählt, meist subjektiver Art und betreffen dessen individuelle Fähigkeit; eher selten dürften vorher festgelegte objektive Kriterien eine Rolle spielen.[824] Zusätzlich fehlt es häufig an der Verpflichtung des Franchisenehmers, seine Waren nur an andere, durch den Franchisegeber zugelassene, Franchisenehmer oder Endverbraucher zu veräußern.[825] Ebenso ist es kaum vorstellbar, dass sich der Franchisegeber dazu verpflichtet, nur an seine Franchisenehmer zu liefern und nicht andere Vertriebswege zu nutzen.[826] Außerdem enthält die Verordnung einige strengere Bestimmungen für selektive Vertriebssysteme, wie beispielsweise die Beschränkung des aktiven oder passiven Verkaufs an Verbraucher gemäß Art. 4 Buchst. c und die Beschränkung von Querlieferungen zwischen Händlern nach Art. 4 Buchst. d. Darüber hinaus ist eine Verpflichtung, keine Produkte bestimmter konkurrierender Lieferanten zu verkaufen, unzulässig, gemäß Art. 5 Abs. 1 Buchst. c. Die Anwendung dieser strengeren Regelungen, wie etwa des Art. 5 Abs. 1 Buchst. c, auf Franchisevereinbarungen ist nicht wünschenswert, da diese Art von Klauseln zum Schutz des einheitlichen Image des Franchisesystems unerlässlich sind.[827]

In seinem *Pronuptia*-Urteil hat der EuGH festgestellt, dass Franchisesysteme sich von anderen Vertriebssystemen, einschließlich selektiver Vertriebssysteme, unterscheiden, da sie vielmehr eine „Art wirtschaftliche Verwertung eines Wissensschatzes ohne Einsatz von eigenem Kapital" sind.[828] Franchisevereinbarungen können folglich, vorausgesetzt sie enthalten die typischen Franchiseelemente,[829] nicht als selektives Vertriebssystem angesehen werden.[830] Es besteht allerdings die Möglichkeit ein Franchisesystem mit einem selektiven Vertriebssystem zu verbinden,

---

Selektive Vertriebssysteme, S. 32 ff.; Duong Dinh/Gehrmann/Ahlert, in: Ahlert/Ahlert (Hrsg.), Hdb. Franchising und Cooperation, 29 [35 f.].

823 Metzlaff, BB 2000, 1201 [1207]; Flohr, Franchiserecht, Rn. 95.

824 Schulz, in: Ahlert/Ahlert (Hrsg.), Hdb. Franchising und Cooperation, 509 [531]; Habermeier/Ehlers, MüKo, EU-WettbewerbsR,GVO Nr. 2790/99, Rn. 21; Nebel, in: Nebel/Schulz/Wessels, Das Franchisesystem, 189 ff.

825 Seeliger, in: Wiedemann (Hrsg.), Kartellrecht, § 10 Rn. 189.

826 Schulz, in: Ahlert/Ahlert (Hrsg.), Hdb. Franchising und Cooperation, 509 [531].

827 Martinek/Habermeier, in: Martinek/Semler/Habermeier/Flohr (Hrsg.), Vertriebsrecht, § 28, Rn. 6.

828 EuGH, 28.01.1986, Rs. 161/84, „Pronuptia", Slg. 1986 S. 353, Rn. 15.

829 Petsche, in: Liebscher/Flohr/Petsche (Hrsg.), Handbuch der EU-Gruppenfreistellungen, 2003, § 7, Rn. 145.

830 So auch Schulz, in: Ahlert/Ahlert (Hrsg.), Hdb. Franchising und Cooperation, 509 [531 f.]; Martinek/Habermeier, in: Martinek/Semler/Habermeier/Flohr (Hrsg.), Vertriebsrecht, § 28, Rn. 6.

wenn es um den Vertrieb von Waren und Dienstleistungen unter einer bekannten Marke geht.[831]

III. *Freistellung nach der Technologietransfer-GVO*

Gerade im Bereich des Franchisings können sich Überschneidungen im Anwendungsbereich der Vertikal-GVO Nr. 330/2010 und der Technologietransfer-GVO Nr. 772/2004 ergeben. Der Anwendungsbereich der Technologietransfer-GVO erstreckt sich auf Vereinbarungen, deren Hauptgegenstand Patentlizenzen, Know-how, Softwarelizenzen oder gemischte Lizenzen sind.[832] In diesem Fall tritt die Vertikal-GVO gemäß ihrem Art. 2 Abs. 5 hinter der Technologietransfer-GVO zurück.

Die Technologietransfer-GVO unterscheidet sich nur in wenigen Punkten von der Vertikal-GVO, so dass grundsätzlich auf das zur Vertikal-GVO bereits Gesagte verwiesen werden kann. Ein Unterschied liegt in der Behandlung von Gebietsbeschränkungen. Nach Art. 4 Abs. 2 Buchst. b Technologietransfer-GVO ist eine Freistellung nach der GVO auch im Falle der Beschränkung des passiven Verkaufs des Lizenznehmers außerhalb seines Lizenzgebietes möglich; nach der Vertikal-GVO kann nur der aktive Verkauf dem Franchisenehmer verboten werden. Auch Wettbewerbsverbote sind grundsätzlich von der Freistellung der GVO erfasst und damit vom Verbot des Art. 101 Abs. 1 AEUV ausgenommen.[833] Ein weiterer Unterschied zur Vertikal-GVO ist die Höhe der Marktanteilsschwellen, ab der die Freistellung eingreift. Nach Art. 3 Abs. 1 Technologietransfer-GVO darf der gemeinsame Marktanteil der Parteien 20 % nicht überschreiten, wenn es sich um konkurrierende Unternehmen handelt; nach Abs. 2 der Vorschrift gilt eine individuelle Schwelle von 30 % im Falle von nicht konkurrierenden Unternehmen.[834]

IV. *Wirkung der Freistellung bei marktbeherrschender Stellung*

Franchisevereinbarungen unterfallen grundsätzlich auch der Missbrauchsaufsicht nach Art. 102 AEUV. Unterliegt eine Vereinbarung dem Verbot des Art. 101 Abs. 1 AEUV, ist sie jedoch gemäß Art. 101 Abs. 3 AEUV freigestellt, so besteht dennoch die Möglichkeit, dass sie unter Art. 102 AEUV fällt und nicht zulässig ist. Dies wird jedoch eher selten der Fall sein. Ist eine Vereinbarung nach Art. 101 AEUV verboten, so wird nur im Einzelfall ein Verstoß gegen Art. 102 AEUV vorliegen. Dies

---

831 Giesler, in: Büchting/Heussen (Hrsg.), Beck'sches RA-Handbuch, § 43 Rn. 15.

832 Art. 2 Abs. 1 Technologietransfer-GVO i. V. m. Art. 2 Abs. 3 Vertikal-GVO; siehe auch die Definition von „Technologietransfer-Vereinbarung“ in Art. 1 Technologietransfer-GVO.

833 Siehe Rn. 196 ff. der Bekanntmachung der Kommission, Leitlinien zur Anwendung von Art. 81 EG-Vertrag auf Technologietransfer-Vereinbarungen (2004/C 101/02), ABl. EU 27.04.2004 C 101/2.

834 Siehe dazu auch: Gerstner, in: Giesler/Nauschütt (Hrsg.), Franchiserecht, 2. Kap., Rn. 105 f.

ist nur anzunehmen bei einem missbräuchlichen Ausnutzen der Marktmacht durch die wettbewerbsbeschränkende Vereinbarung selbst.[835]

Voraussetzung des Art. 102 AEUV ist, dass zumindest eine Partei des Vertrages, also Franchisegeber oder Franchisenehmer, auf dem relevanten Markt eine marktbeherrschende Stellung innehat. Vorliegend soll sich auf eine Marktbeherrschung durch den Franchisegeber konzentriert werden, da Konstellationen in denen der Franchisenehmer eine beherrschende Stellung auf dem Markt innehat, in der Praxis kaum vorkommen.[836] Auch beim Franchisegeber wird in nur wenigen Fällen eine beherrschende Stellung auf dem Markt bestehen.[837]

Zur Beurteilung der Position auf dem Markt werden vornehmlich die Marktanteile herangezogen. Hierbei werden jedoch vergleichsweise höhere Grenzen gesetzt als in Südafrika. Eine marktbeherrschende Stellung wird im EU-Recht bei einem Marktanteil von über 75 % angenommen.[838] Bei einem Marktanteil zwischen 40 % und 75 % kommt es auch auf die Marktanteile der Mitbewerber an.[839] Ist der übrige Markt stark fragmentiert, das heißt, ist er zwischen einer Vielzahl von Konkurrenten mit jeweils nur einem kleinen Marktanteil aufgeteilt, so kann von einer Marktbeherrschung ausgegangen werden. Zwischen 25 % und 40 % an Marktanteilen reichen nur dann zur Bejahung des Art. 102 AEUV aus, wenn der Markt stark fragmentiert und großen Fluktuationen unterworfen ist. Bei einem Marktanteil von unter 25 % kann in der Regel von keiner marktbeherrschenden Stellung ausgegangen werden.[840]

Weitere Voraussetzung des Art. 102 AEUV ist ein Missbrauch dieser marktbeherrschenden Stellung. Wann ein solcher vorliegt, ist beispielhaft in Art. 102 S. 2 AEUV aufgezählt. Von besonderer Relevanz für Franchisesysteme dürfte hierbei das zweite Regelbeispiel sein, das die Einschränkung des Absatzes zum Schaden der Verbraucher betrifft, da Franchiseverträge ihrem Wesen nach Absatzbeschränkungen des Franchisenehmers enthalten.[841] Letztlich ist eine Interessenabwägung vorzunehmen, bei der ähnliche Erwägungen wie unter Art. 101 Abs. 3 AEUV berücksichtigt werden können.[842]

Liegt eine marktbeherrschende Stellung vor, dann ist in aller Regel die in Art. 3 Vertikal-GVO geforderte Marktanteilsschwelle von 30 % überschritten, so dass auch

---

835 Fuchs/Möschel, in: Immenga/Mestmäcker (Hrsg.), WettbewerbsR Kommentar Bd. 1 EU/Teil 1, Art. 102, Rn. 27; Bellamy/Child, EC Competition Law, Rn. 10–006 f.; EuGH, 11.04.1989, Rs. 66/86, „Ahmed Saeed Flugreisen", Slg. 1989 S. 803, Rn. 37.

836 Gerstner, in: Giesler/Nauschütt (Hrsg.), Franchiserecht, 2. Kap., Rn. 61.

837 Gerstner, in: Giesler/Nauschütt (Hrsg.), Franchiserecht, 2. Kap., Rn. 109.

838 EuGH, 13.02.1979, Rs. 85/76, „Hoffmann-La Roche", Slg. 1979 S. 461 Rn. 41 ff.; Gerstner, in: Giesler/Nauschütt (Hrsg.), Franchiserecht, 2. Kap., Rn. 65.

839 EuGH, 13.02.1979, Rs. 85/76, „Hoffmann-La Roche", Slg. 1979 S. 461 Rn. 48; Gerstner, in: Giesler/Nauschütt (Hrsg.), Franchiserecht, 2. Kap., Rn. 65.

840 Siehe zu oben stehenden: Gerstner, in: Giesler/Nauschütt (Hrsg.), Franchiserecht, 2. Kap., Rn. 65.

841 Gerstner, in: Giesler/Nauschütt (Hrsg.), Franchiserecht, 2. Kap., Rn. 67 f.

842 Gerstner, in: Giesler/Nauschütt (Hrsg.), Franchiserecht, 2. Kap., Rn. 69.

eine Freistellung nach der Vertikal-GVO entfällt. Wenn eine Vereinbarung unter das Kartellverbot fällt, sie jedoch nach Art. 101 Abs. 3 AEUV im Rahmen einer Einzelfreistellung freigestellt ist, indiziert diese Freistellung, im Gegensatz zu einer Freistellung im Rahmen einer Gruppenfreistellungsverordnung, eine mangelnde wettbewerbsbeeinträchtigende Wirkung.[843]

V. Freistellung im Einzelfall nach Art. 101 Abs. 3 AEUV

Fallen Franchisevereinbarung unter das Verbot des Art. 101 Abs. 1 AEUV und ist eine Freistellung nach der Gruppenfreistellungsverordnung nicht möglich, bleibt die Möglichkeit einer Freistellung im Einzelfall nach Art. 101 Abs. 3 AEUV.

Gemäß Art. 101 Abs. 3 AEUV kann das Kartellverbot bei Vorliegen der dort genannten Voraussetzungen „für nicht anwendbar erklärt werden". Die in diesem Absatz geregelten Freistellungsgründe sind sehr allgemein gehalten. Ursprünglich waren sie Anhaltspunkt für die Behörden, um eine Entscheidung über eine Freistellung zu treffen. Die generalklauselartige Formulierung sollte ihnen einen gewissen Entscheidungsspielraum belassen. Seit der Verordnung Nr. 1/2003 sind alle Vereinbarungen, Beschlüsse und abgestimmten Verhaltensweisen, die die Voraussetzungen des Art. 101 Abs. 3 AEUV erfüllen, jedoch von vorneherein, das heißt ohne Freistellung, erlaubt.[844] Die beteiligten Unternehmen müssen nunmehr grundsätzlich selbst entscheiden, ob die Voraussetzungen des Art. 101 Abs. 3 AEUV erfüllt sind oder nicht. Dessen abstrakte Formulierung, die den Behörden eine gewisse Freiheit bei der Entscheidung gab, stellt nunmehr die Akteure in der Wirtschaft vor Interpretationsprobleme und erhebliche Rechtsunsicherheit.[845]

Eine Freistellung nach Art. 101 Abs. 3 AEUV ist nur möglich, wenn die Nachteile der Wettbewerbsbeschränkung kompensiert werden. Genannt werden dabei zwei „positive" und zwei „negative" Voraussetzungen, die kumulativ vorliegen müssen.[846] Zum einen muss eine „angemessene Beteiligung des Verbrauchers an dem entstehenden Gewinn" gegeben sein; zum anderen muss die Wettbewerbsbeschränkung

843 EuG, 10.07.1990, Rs. T-51/89, „Tetra Pak", Slg. 1990 S. II-309, Rn. 28 f.; Bellamy/Child, EC Competition Law, Rn. 10-008; Gerstner, in: Giesler/Nauschütt (Hrsg.), Franchiserecht, 2. Kap., Rn. 109.

844 Art. 1 Abs. 2 VO Nr. 1/2003.

845 So auch Habermeier in: Martinek/Semler/Habermeier/Flohr (Hrsg.), Vertriebsrecht, § 36, Rn. 67.

846 So die herrschende Meinung: EuGH, 13.07.1966, verb. Rs. 56 und 58/64, „Consten und Grundig", Slg. 1966 S. 322 [399]; Hengst, in: Langen/Bunte (Hrsg.), KartellR Kommentar, Bd. 2, Art. 101 Kartellverbot, Rn. 371; Habermeier in: Martinek/Semler/Habermeier/Flohr (Hrsg.), Vertriebsrecht, § 36, Rn. 68; Saria, in: Liebscher/Flohr/Petsche (Hrsg.), Handbuch der EU-GVO, § 1 Rn. 73; Ellger, in: Immenga/Mestmäcker (Hrsg.), WettbewerbsR Kommentar Bd. 1 EU/Teil 1, Art. 101 Abs. 3, Rn. 132; Brinker, in: Schwarze (Hrsg.), EU-Kommentar, Art. 101 AEUV, Rn. 85; Lübbig, in: Wiedemann (Hrsg.), Kartellrecht, § 7 Rn. 71.

„der Verbesserung der Warenerzeugung oder -verteilung dienen oder zur Förderung des technischen oder wirtschaftlichen Fortschritts beitragen". Nach den „negativen" Kriterien, ist die Freistellung ausgeschlossen, wenn keine Unerlässlichkeit der Beschränkung für die Verwirklichung der Ziele gegeben ist oder die Möglichkeit besteht, dass für einen wesentlichen Teil der betroffenen Waren der Wettbewerb ausgeschlossen wird.

1. Angemessene Gewinnbeteiligung der Verbraucher

Voraussetzung für eine Freistellung vom Kartellverbot des Art. 101 Abs. 1 AEUV ist nach Art. 101 Abs. 3 AEUV zunächst einmal, dass die Verbraucher angemessen am Gewinn beteiligt werden.

Der Verbraucherbegriff taucht mehrfach im Unionsrecht auf, unter anderem in Art. 169 AEUV und in den Verbraucherschutz-Richtlinien der Europäischen Union. In letzteren wird der Verbraucher als eine natürliche Person legaldefiniert, die beim Vertragsabschluss Zwecke verfolgt, die nicht ihrer gewerblichen, geschäftlichen, handwerklichen oder beruflichen Tätigkeit zugeordnet werden können.[847] Nach Sinn und Zweck des Art. 101 Abs. 3 AEUV kann diese Definition im Rahmen dieser Vorschrift nicht angewandt werden; vielmehr ist der Begriff des Verbrauchers weit auszulegen.[848] Wettbewerbsbeschränkende Vereinbarungen wirken sich nicht nur negativ für den Endverbraucher aus, der Produkte oder Dienstleistungen zu privaten Zwecken erwirbt, sondern betreffen die Gesamtheit aller Abnehmer auf den verschiedenen Ebenen der Produktions- und Vertriebskette.[849] Umfasst sind daher neben den unternehmerischen und privaten Endverbraucher auch die Produzenten, die die Ware als Vor- oder Ergänzungsprodukt weiterverarbeiten, aber auch

---

847 Siehe z.B. Art. 2 Nr. 1 der Richtlinie 2011/83/EU des Europäischen Parlamentes und des Rates vom 25. Oktober 2011 über die Rechte der Verbraucher, zur Abänderung der Richtlinie 93/13/EWG des Rates und der Richtlinie 1999/44/EG des Europäischen Parlaments und des Rates sowie zur Aufhebung der Richtlinie 85/577/EWG des Rates und der Richtlinie 97/7/EG des Europäischen Parlaments und des Rates, Amtsblatt Nr. L 304 vom 22.11.2011 S. 64–88; Art. 1 Abs. 2 Buchst. a der Richtlinie 87/102/EWG des Rates vom 22. Dezember 2011 zur Angleichung der Rechts- und Verwaltungsvorschriften der Mitgliedsstaaten über den Verbraucherkredit, Amtsblatt Nr. L 42 vom 12.02.1986 S. 48–53.

848 Ellger, in: Immenga/Mestmäcker (Hrsg.), WettbewerbsR Kommentar Bd. 1 EU/Teil 1, Art. 101 Abs. 3 AEUV, Rn. 224; Hoffmann, in: Handbuch des EU-Wirtschaftsrechts, H I § 2, Rn. 156.

849 Habermeier, in: Martinek/Semler/Habermeier/Flohr (Hrsg.), Vertriebsrecht, § 36, Rn. 69; Habermeier, MüKo, EU-WettbewerbsR, Art. 81, Rn. 676; Hoffmann, in: Handbuch des EU-Wirtschaftsrechts, H I § 2, Rn. 156.; Weiß, in Calliess/Ruffert (Hrsg.) EUV/AEUV, Art. 101, Rn. 162.

Absatzmittler, wie z.B. Groß- und Einzelhändler oder Franchisenehmer, solange sie nicht selbst Partei der Kooperation sind.[850]

Diese Abnehmer müssen angemessen am Gewinn beteiligt werden. Gewinn meint dabei alle Vorteile, die durch die wettbewerbsbeschränkende Vereinbarung entstehen.[851] Um die Voraussetzung des Art. 101 Abs. 3 AEUV zu erfüllen, müssen die negativen Auswirkungen einer Vereinbarung durch deren positiven Auswirkungen aufgehoben werden.[852] Als Vorteil kommt namentlich in Betracht: Preisermäßigung oder auch die Verbesserung der Leistungsqualität wie z.B. technische Verbesserung, Qualitätsverbesserung oder die Einführung neuer Produkte.[853] Der Vorteil aus der Vereinbarung muss dabei dem Verbraucher nicht mit Sicherheit zu Gute kommen, es genügt eine hinreichende Wahrscheinlichkeit.[854]

Franchisevereinbarungen erlauben regelmäßig eine angemessene Gewinnbeteiligung der Verbraucher aufgrund der positiven Auswirkungen des Franchisings auf den Herstellerwettbewerb und der freien Wahlmöglichkeit des Verbrauchers zwischen den verschiedenen Franchisenehmern.[855]

2. *Effizienzsteigerung*

Weitere Voraussetzung des Art. 101 Abs. 3 AEUV für eine Freistellung vom Kartellverbot nach Art. 101 Abs. 1 AEUV ist die Verbesserung der Warenerzeugung oder -verteilung oder die Förderung des technischen oder wirtschaftlichen Fortschritts. Die Vorschrift ist in dem Sinne weit zu verstehen, dass nicht nur Waren, sondern über den Wortlaut hinaus auch Dienstleistungen erfasst sind.[856] Die wettbewerbsbeschränkende

---

850 Hengst, in: Langen/Bunte (Hrsg.), KartellR Kommentar, Bd. 2, Art. 101 Kartellverbot, Rn. 387; Ellger, in: Immenga/Mestmäcker (Hrsg.), WettbewerbsR Kommentar Bd. 1 EU/Teil 1, Art. 101 Abs. 3 AEUV, Rn. 225; Mestmäcker/Schweitzer, Europäisches Wettbewerbsrecht, § 13, Rn. 59; Lübbig, in: Wiedemann (Hrsg.), Kartellrecht, § 7, Rn. 75.

851 Ellger, in: Immenga/Mestmäcker (Hrsg.), WettbewerbsR Kommentar Bd. 1 EU/Teil 1, Art. 101 Abs. 3 AEUV, Rn. 227; Hengst, in: Langen/Bunte (Hrsg.), KartellR Kommentar, Bd. 2, Art. 101 Kartellverbot, Rn. 384.

852 Bekanntmachung der Kommission, LL zur Anwendung von Art. 81 Abs. 3 EG-Vertrag (2004/C 101/08) ABl. C 101 27.04.2004, Rn. 85.

853 Hengst, in: Langen/Bunte (Hrsg.), KartellR Kommentar, Bd. 2, Art. 101 Kartellverbot, Rn. 384; Schulte, WRP 2005, 1500 [1503 f.].

854 KOME, 17.07.1968, (68/319/EWG – ACEC-Berliet) ABl. 12.08.1968 L 201/7 9; Habermeier, in: Martinek/Semler/Habermeier/Flohr (Hrsg.), Vertriebsrecht, § 36, Rn. 69; Hengst, in: Langen/Bunte (Hrsg.), KartellR Kommentar, Bd. 2, Art. 101 Kartellverbot, Rn. 384.

855 Erwägungsgrund 8 der VO Nr. 4087/88.

856 So unstreitig: Ellger, in: Immenga/Mestmäcker (Hrsg.), WettbewerbsR Kommentar Bd. 1 EU/Teil 1, Art. 101 Abs. 3 AEUV, Rn. 133; KOME, 16.07.2003, (2004/207/EG – T-Mobile Deutschland/O2 Germany: Rahmenvertrag über Gemeinsame Netznutzung), ABl. EU 12.03.2004 L 75/32 53 f.

Maßnahme muss zumindest mitursächlich sein.[857] Das Erfordernis der Verbesserung der Warenerzeugung oder -verteilung, beschreibt einen Effizienzgewinn und überschneidet sich folglich inhaltlich mit dem Merkmal des Gewinns für den Verbraucher. Das Kriterium der „Förderung des technischen oder wirtschaftlichen Fortschritts" meint das Begünstigen von Forschung und Innovationen durch die Kooperation der Unternehmen. Technischer Fortschritt erhöht die Produktivität, trägt zur wirtschaftlichen Entwicklung und damit zur Wohlfahrt aller bei.[858]

Franchisevereinbarungen sind generell dazu geeignet, zur Verbesserung der Warenverteilung beizutragen. Je mehr Know-how übertragen wird, desto eher sind Effizienzgewinne durch die wettbewerbsbeschränkende Maßnahme zu erwarten.[859] Die Uniformität des Geschäftsmodels erlaubt Einsparungen, ermöglicht dem Franchisegeber das Vermarkten seiner Waren oder Dienstleistungen zu niedrigen Investitionskosten und führt folglich zu Effizienzgewinnen.[860] Außerdem bietet ein Franchisesystem den Vorteil einer engen Beziehung und einer ständigen Kommunikation zwischen Franchisegeber und Franchisenehmer über eventuelle Rationalisierungs- und Verbesserungsmöglichkeiten und erleichtert die fortwährende Anpassung des Systems an die Nachfrage auf dem Markt.[861] Zudem trägt eine Franchisevereinbarung zur Verbesserung der Warenverteilung bei, da sie dem Franchisegeber den Zugang zu neuen Märkten erleichtert. Dieser kann, ohne eigenes Investitionsrisiko und ohne selbst eigene Filialen eröffnen zu müssen, expandieren.[862] Beschränkungen betreffend das Gebiet, außerhalb dessen der Franchisenehmer seine Waren oder

---

857 Habermeier, in: Martinek/Semler/Habermeier/Flohr (Hrsg.), Vertriebsrecht, § 36, Rn. 70; Ellger, in: Immenga/Mestmäcker (Hrsg.), WettbewerbsR Kommentar Bd. 1 EU/Teil 1, Art. 101 Abs. 3 AEUV, Rn. 136; KOME, 12.12.1990, (91/38/EWG – KSB/Goulds/Lowara/ITT) ABl. 25.01.1991 L 19/25, Rn. 26, wonach ein „einfacher Beitrag" ausreicht.

858 Ellger, in: Immenga/Mestmäcker (Hrsg.), WettbewerbsR Kommentar Bd. 1 EU/Teil 1, Art. 101 Abs. 3 AEUV, Rn. 206; Fritsch, Marktversagen und Wirtschaftspolitik, 16.

859 Siehe Mitt. Komm., LL für vert. Beschränkungen (2010/C 130/01), ABl. EU C 130/1, Rn. 190 Buchst. a; siehe auch Ellger, in: Immenga/Mestmäcker (Hrsg.), WettbewerbsR Kommentar Bd. 1 EU/Teil 1, Art. 101 Abs. 3 AEUV, Rn. 537.

860 KOME, 02.12.1988, (89/94/EWG – Charles Jourdan) ABl.07.02.1989 L35/31, Rn. 37; KOME, 17.12.1986, (87/14/EWG – Yves Rocher) ABl. 10.01.1987 L 8/49, Rn. 59; Ellger, in: Immenga/Mestmäcker (Hrsg.), WettbewerbsR Kommentar Bd. 1 EU/Teil 1, Art. 101 Abs. 3 AEUV, Rn. 185, 537.

861 KOME, 17.12.1986, (87/14/EWG – Yves Rocher) ABl. 10.01.1987 L 8/49, Rn. 59; KOME, 02.12.1988, (89/94/EWG – Charles Jourdan) ABl. 07.02.1989 L 35/31, Rn. 37; Ellger, in: Immenga/Mestmäcker (Hrsg.), WettbewerbsR Kommentar Bd. 1 EU/Teil 1, Art. 101 Abs. 3 AEUV, Rn. 185, 537; Erwägungsgrund 8 der VO Nr. 4087/88.

862 KOME, 17.12.1986, (87/17/EWG – Pronuptia) ABl. 15.01.1987 L 13/39, Rn. 34; KOME, 17.12.1986, (87/14/EWG – Yves Rocher) ABl. 10.01.1987 L 8/49, Rn. 58; KOME, 02.12.1988, (89/94/EWG – Charles Jourdan) ABl. 07.02.1989 L35/31, Rn. 37; Ellger, in: Immenga/Mestmäcker (Hrsg.), WettbewerbsR Kommentar Bd. 1 EU/Teil 1, Art. 101 Abs. 3 AEUV, Rn. 185, 537; Erwägungsgrund 7 der VO Nr. 4087/88.

Dienstleistungen nicht absetzen darf, führen dazu, dass der Franchisenehmer sich auf sein Vertragsgebiet konzentriert und seinen Vertrieb dort optimiert.[863]

3. *Unerlässlichkeit der Wettbewerbsbeschränkung*

Art. 101 Abs. 3 AEUV fordert als dritte Voraussetzung, dass die Wettbewerbsbeschränkungen, die den Unternehmen auferlegt werden, für die Verwirklichung dieser Ziele unerlässlich ist. Das Merkmal der Unerlässlichkeit führt den Grundsatz der Verhältnismäßigkeit bei der Prüfung der Freistellung von Wettbewerbsbeschränkungen ein. Das bedeutet, dass es keine, nach objektiven Maßstäben weniger einschränkende wettbewerbsbeschränkende Maßnahme geben darf, die den Parteien zumutbar ist. Die Maßnahme darf nicht weitergehen, als es für das Erreichen des Ziels, der Verbesserung der Warenerzeugung oder -verteilung oder zur Förderung des technischen oder wirtschaftlichen Fortschritts, notwendig ist.[864]

Bei Franchiseverträgen ist eine wettbewerbsbeschränkende Klausel häufig von der Kommission als unerlässlich angesehen worden, wenn sie dem Schutz des geistigen Eigentums des Franchisegebers dient.[865] Des Weiteren hat die Kommission aber auch die Unerlässlichkeit wettbewerbsbeschränkende Maßnahmen bejaht, solange sie dem Schutz der Investitionen des Franchisenehmers dienen. So sind etwa Gebietsschutzklauseln, soweit diese nicht absolut wirken, unerlässlich, da sie den Franchisenehmer, der im Franchisesystem im Gegensatz zu einem Filialsystem das volle wirtschaftliche Risiko trägt, vor Konkurrenz durch andere Franchisenehmer oder den Franchisegeber in seinem Vertragsgebiet schützen. Ohne diese Sicherung der territorialen Ausschließlichkeit wäre ein Franchisenehmer zu einer Investition in die Einrichtung eines selbstständigen Geschäftes nicht bereit.[866] Außerdem fördern Franchisevereinbarungen den Wettbewerb, indem sie den großen filialisierten Vertriebsketten eine Kette gleichartiger Einzelhandelsgeschäfte entgegensetzen.[867]

---

863 KOME, 17.12.1986, (87/14/EWG – Yves Rocher) ABl. 10.01.1987 L 8/49, Rn. 60; siehe dazu auch: Ellger, in: Immenga/Mestmäcker (Hrsg.), WettbewerbsR Kommentar Bd. 1 EU/Teil 1, Art. 101 Abs. 3 AEUV, Rn. 185, 537.

864 Saria, in: Liebscher/Flohr/Petsche (Hrsg.), Handbuch der EU-GVO, § 1 Rn. 76; Weiß, in: Calliess/Ruffert (Hrsg.) EUV/AEUV, Art. 101, Rn. 164; Brinker, in: Schwarze (Hrsg.), EU-Kommentar, Art. 101 AEUV, Rn. 88; Ellger, in: Immenga/Mestmäcker (Hrsg.), WettbewerbsR Kommentar Bd. 1 EU/Teil 1, Art. 101 Abs. 3 AEUV, Rn. 253.

865 Ellger, in: Immenga/Mestmäcker (Hrsg.), WettbewerbsR Kommentar Bd. 1 EU/Teil 1, Art. 101 Abs. 3 AEUV, Rn. 279.

866 KOME, 17.12.1986, (87/17/EWG – Pronuptia) ABl. 15.01.1987 L 13/39, Rn. 36; KOME, 17.12.1986, (87/14/EWG – Yves Rocher) ABl. 10.01.1987 L 8/49, Rn. 63; KOME, 02.12.1988, (89/94/EWG – Charles Jourdan) ABl.07.02.1989 L 35/31, Rn. 39; Ellger, in: Immenga/Mestmäcker (Hrsg.), WettbewerbsR Kommentar Bd. 1 EU/Teil 1, Art. 101 Abs. 3 AEUV, Rn. 279.

867 KOME, 17.12.1986, (87/14/EWG – Yves Rocher) ABl. 10.01.1987 L 8/49, Rn. 58.

4. *Keine Ausschaltung des Wettbewerbs*

Vierte und letzte Voraussetzung der Freistellung nach Art. 101 Abs. 3 AEUV ist, dass der Wettbewerb für einen wesentlichen Teil der Waren oder Dienstleistungen durch die Maßnahme nicht ausgeschaltet wird. Damit wird deutlich gemacht, dass bei Art. 101 AEUV der Schutz des unverfälschten Wettbewerbs im Vordergrund steht und eine Maßnahme, die den Wettbewerb ausschaltet, nicht freigestellt werden kann, unabhängig davon, wie hoch die durch sie gewonnene Effizienzsteigerung ist. Zur Feststellung, ob die Möglichkeit einer Ausschaltung des Wettbewerbs durch die Maßnahme besteht, ist eine Gesamtwürdigung der Umstände im Einzelfall vorzunehmen. Maßgeblicher Beurteilungsfaktor ist dabei der Marktanteil der Beteiligten. Aber auch die Marktstruktur, das Vorliegen von Marktzutrittsschranken sowie Art und Umfang der Beschränkung werden berücksichtigt.[868]

3. Teil: Abschließende Bemerkungen

Sowohl das Wettbewerbsrecht der EU als auch das Südafrikas regulieren das Verhältnis zwischen Wettbewerbern und sind darauf gerichtet, Wettbewerb zu fördern und dadurch den Verbraucher mit wettbewerbsfähigen Preisen und Produktauswahl zu versorgen. Allerdings bestehen grundrundlegende systematische Unterschiede.

Die Regelung bezüglich vertikaler Beschränkungen ist in Südafrika am System des *U.S. Antitrust Law* orientiert. Die südafrikanische Regelung ist folglich weit entfernt von einer detaillierten Kodifikation. Teilweise wurden jedoch auch Begriffe aus dem EU-Recht übernommen. Die europäische Regelung im AEUV und den Gruppenfreistellungsverordnungen ist deutlich detaillierter. Zusätzliche Rechtssicherheit wird durch die ausführlichen Leitlinien der Europäischen Kommission zur Behandlung von vertikalen Beschränkungen gewährt.

Das südafrikanische Wettbewerbsrecht ist ein modernes Wettbewerbsrecht. Der Gesetzgeber hat versucht, das Beste aus anderen Rechtsordnungen zu übernehmen. Die Änderungen, die in den letzten Jahrzehnten bei der Beurteilung vertikaler Beschränkungen gemacht wurden, sind in das südafrikanische Recht übernommen worden.

Während in Südafrika zwischen der Behandlung von vertikalen und horizontalen Wettbewerbsbeschränkungen unterschieden wird, gilt in der Europäischen Union nach Art. 101 Abs. 1 AEUV unterschiedslos ein Verbot von vertikalen und horizontalen Wettbewerbsbeschränkungen. Erst bei den Freistellungen von diesem grundsätzlichen Verbot wird nach vertikalen und horizontalen Beschränkungen unterschieden.

---

868 Ellger, in: Immenga/Mestmäcker (Hrsg.), WettbewerbsR Kommentar Bd. 1 EU/Teil 1, Art. 101 Abs. 3 AEUV, Rn. 80, 285 ff.; Lübbig, in: Wiedemann (Hrsg.), Kartellrecht, § 7, Rn. 78; EuG, 08.10.2002, verb. Rs. T-185/00, T-216/00, T-299/00 und T-300/00 „Métropole télévision (M6)“, Slg. 2002 S. II-3805, Rn. 68.

Das südafrikanische Wettbewerbsrecht beurteilt sämtliche vertikalen Beschränkungen nach der *rule of reason*, allein Mindestpreisbindungen werden einem *per se* Verbot unterworfen, von dem keine Ausnahme möglich ist. Das europäische System ist hingegen etwas flexibler gestaltet, da auch bei Kernbeschränkungen eine Einzelfreistellung immer möglich ist. Auch wenn das südafrikanische Recht von der Herangehensweise nicht dem europäischen Recht entspricht, mit seinem generellen Verbot und dem System der Legalausnahme, so findet doch in beiden Rechtsordnungen eine ähnliche Abwägung der wettbewerbsfördernden und wettbewerbshindernden Auswirkungen vertikaler Beschränkungen statt.

Der südafrikanische *Competition Act*, an dem auch Wissenschaftler aus dem Ausland beratend mitgewirkt haben, ebenso wie die, durch ihn geschaffene, institutionelle Struktur orientieren sich stark an den Wettbewerbsrechten von Industrieländern.[869] Einige kritisieren das Gesetz daher dafür, dass es zu komplex sei. Auf der Erfahrung anderer Rechtssysteme konzipiert, soll es die Vorteile der verschiedenen Systeme vereinen. Dies, so nach Meinung der Autoren, führe dazu, dass es eine Fülle von Regeln gebe, die die Komplexität anderer Rechtssysteme in das südafrikanische übertragen und teilweise noch verstärken.[870] Ob Südafrika ein solch komplexes System braucht, wird angezweifelt. Ein so hochentwickeltes Recht sei in einer Erste-Welt-Wirtschaft angemessen, Entwicklungsmärkte bräuchten jedoch größeren Handlungsspielraum, so dass Konglomerate entstehen können, die weltweit wettbewerbsfähig sind.[871] Einige befürworten das System, wie es vor dem *Competition Act 89 of 1998* bestand. Also eine Wirtschaft, die von nur einer Handvoll großer Unternehmen beherrscht wird. Die Nachteile durch die Monopolisierung müssten in Kauf genommen werden für eine funktionierende Wirtschaft.

Dieser Ansicht liegt jedoch die Annahme zugrunde, dass ein Wettbewerbsbeschränkungsrecht die wirtschaftliche Entwicklung hemmt statt fördert, was von vielen zurückgewiesen wird.[872] Die Zusammenhänge zwischen Wettbewerb, Wettbewerbsfähigkeit und wirtschaftlichem Wachstum wurden in vielen Industrienationen erforscht. Es gibt jedoch bislang wenig empirische Daten betreffend Entwicklungsländer. Die bisherigen Untersuchungen legen jedoch nahe, dass sich Wettbewerb förderlich auf das wirtschaftliche Wachstum und insbesondere die Entwicklung von kleinen Unternehmen auswirkt.[873] Größe im Inland bedeutet nicht zwangsläufig Erfolg im Ausland. Vielmehr kann historisch belegt werden, dass Unternehmen,

869 Brooks, 34 CILSA 2001, 295 [305].

870 So etwa: Krusche/Fouché/Maphisa, Developing SA-Specific Law, 1; Siehe auch: Brassey, in: Brassey (Hrsg.), Competition Law, 56 f.

871 Siehe hierzu: Cohen, An Outsider's view of the Curious Link between National Competitiveness and The Profumo Affair, 1 [1], der diese Ansicht selbst jedoch nicht vertritt.

872 Brassey, in: Brassey (Hrsg.), Competition Law, 56 f.; Hartzenberg, Competition Policy Review, 35; Cohen, An Outsider's view of the Curious Link between National Competitiveness and The Profumo Affair, 1 [2]; Brooks, 34 CILSA 2001, 295 [305].

873 Hartzenberg, Competition Policy Review, 35.

die erfolgreich auf dem nationalen, wettbewerbsgeprägten Markt agieren, auch in anderen Ländern sich besser durchsetzen können. Dies bedeutet, dass eine Förderung des nationalen Wettbewerbs dazu führt, dass Unternehmen international konkurrenzfähig werden.[874] Allerdings hilft Größe einem Unternehmen natürlich bei seiner Expansion, da Anfangsverluste leichter kompensiert werden können.[875]

Südafrika hebt sich, als Folge der Apartheid-Ära, in seinem Wettbewerbsrecht und seiner Wettbewerbspolitik von anderen Ländern durch die besondere Berücksichtigung öffentlicher Interessen ab. Dies macht es möglich wichtige Faktoren, wie etwa Beschäftigung, die Entwicklung bestimmter Industriezweige, die Förderung kleiner Unternehmen und *Black Empowerment*, bei der Beurteilung von Sachverhalten zu berücksichtigen.[876] Auf lange Sicht könnte dies eine besonders signifikante Rolle bei der Entwicklung des nationalen Marktes spielen. Die Märkte nicht sich selbst zu überlassen, sondern eingreifend einzuwirken, um auch weitergehende Faktoren zu berücksichtigen, ist absolut essentiell für Entwicklungsländer im Allgemeinen und Südafrika im Hinblick auf seine geschichtlichen Hintergründe im Besonderen.[877]

Die Ziele des *Competition Act* sind, abstrakt gesehen, lobenswert und die Förderung historisch Benachteiligter ist begrüßenswert, ebenso die Förderung des sozialen und wirtschaftlichen Wohlstands der Nation. Die Förderung einer breiteren Streuung des Eigentums, insbesondere unter dem historisch benachteiligten Teil der Bevölkerung, zeigt die Besorgnis über die ungleiche Verteilung von Einkommen und Vermögen. Südafrika hatte jahrzehntelang eine der unausgeglichensten Einkommensverteilungen weltweit zu Ungunsten der nichtweißen Population. „Black Empowerment" ist ein wichtiges bereichsübergreifendes politisches Thema. Eine gleichmäßigere Eigentumsverteilung und die Förderung von KMUs sind wichtige Faktoren, um auf lange Sicht eine ausgewogene und nachhaltige Entwicklung zu ermöglichen.[878] Denn eine Wirtschaft, die bislang nur von einem kleinen Teil der Bevölkerung beherrscht wurde und den Großteil der Bevölkerung ausschloss, ist oft nicht in der Lage ihr

874 Cohen, An Outsider's view of the Curious Link between National Competitiveness and The Profumo Affair, 1 [2]; Brooks, 34 CILSA 2001, 295 [305].

875 Dem kann auch nicht entgegengehalten werden, dass *South African Breweries (SAB)* eines der marktbeherrschendsten südafrikanischen Unternehmen großen Erfolg mit seiner internationalen Expansion hatte. Dies ist weniger auf seine Monopolstellung in Südafrika zurückzuführen, als vielmehr darauf, dass das Unternehmen wirtschaftlich effektiv braut und sein Gebrautes vertreibt. Es ist eher trotz und nicht ob seiner beherrschenden nationalen Stellung international erfolgreich. Siehe hierzu: Cohen, An Outsider's view of the Curious Link between National Competitiveness and The Profumo Affair, 1 [2].

876 Brooks, 34 CILSA 2001, 295 [305]; Hartzenberg, Competition Policy Review, 35; Neethling/Rutherford, in: Joubert/Faris (Hrsg.), LAWSA 2/2, Rn. 234.

877 Hartzenberg, Competition Policy Review, 35.

878 Hartzenberg, Competition Policy Review, 12.

Potenzial voll auszuschöpfen bis ein gewisses Maß an Gleichberechtigung erreicht ist.[879] Diese Besonderheiten finden im *Competition Act* Berücksichtigung.

Allerdings sind die Ziele des *Competition Act* kaum miteinander zu vereinen. So erfordert eine Steigerung der Effizienz beispielsweise oft einen Personalabbau und die Förderung kleiner Unternehmen wird nicht immer zum Vorteil der Verbraucher sein. Denn KMUs werden aufgrund von fehlenden Größenvorteilen selten geringere Preise oder eine größere Auswahl anbieten können. Durch die Vielzahl an teilweise kaum miteinander zu vereinbarenden Zielen besteht außerdem die Gefahr, dass sich eine uneinheitliche Behandlung von vertikalen Beschränkungen herausbildet. Dies würde zu Rechtsunsicherheit führen und auch Lobbyismus erlauben.[880] Gerade das Berufen auf *black economic empowerment* könnte vorgeschoben werden, um wettbewerbsschädliches Verhalten zu verdecken.[881]

Die speziellen Bedürfnisse eines Entwicklungslandes rechtfertigen, dass Wettbewerbspolitik genutzt wird, um makro-ökonomische Stabilität und Wachstum zu erreichen. Die Vielzahl an sozialen Zielen ist nicht ungewöhnlich in einem Entwicklungsland.[882] Allerdings sollte der Fokus auf der Förderung des Wettbewerbs als oberstes Ziel liegen und dieses nicht für entwicklungspolitische Zwecke geopfert werden.[883]

Dennoch ist es insbesondere in Südafrika wichtig, dass die bestehenden Konglomerats-Strukturen aufgelöst werden und die Marktkonzentration verringert wird. Um dies zu erreichen, ist eine Förderung von kleinen und mittleren Unternehmen notwendig. Für diese bestehen derzeit vielfach noch zu große Hindernisse, um auf dem Markt Fuß zu fassen.[884] Auch wenn der Verbraucher zunächst hinter diesem Ziel zurückstehen muss, auf lange Sicht ist das Stärken von KMUs essenziell.

Kleinere Unternehmen haben des Weiteren kaum Erfolg mit dem Vorbringen eines Verstoßes gegen das Wettbewerbsgesetz. Sie scheitern meist an dem nach Sec. 5 Competition Act zu erfüllenden Kriterium der Spürbarkeit, denn der Schaden,

---

879 Chabane, An Evaluation of the Influence of BEE on the Application of Competition Policy in South Africa, § 1.

880 OECD Studie, Competition Law and Policy in South Africa, 18; Chabane, An Evaluation of the Influence of BEE on the Application of Competition Policy in South Africa, § 1; Brooks, 34 CILSA 2001, 295 [305]; So Reekie, abgedruckt bei: Theron, The Economics of Competition Policy: Merger Analysis in South Africa, § 1; Neethling/Rutherford, in: Joubert/Faris (Hrsg.), LAWSA 2/2, Rn. 234; Kampel, 35 TIPS 2005, 20 [21].

881 So auch die Kritik der OECD: OECD Studie, Competition Law and Policy in South Africa, 52.

882 Chabane, An Evaluation of the Influence of BEE on the Application of Competition Policy in South Africa, § 1. Theron, The Economics of Competition Policy: Merger Analysis in South Africa, § 1.

883 Theron, The Economics of Competition Policy: Merger Analysis in South Africa, § 1.

884 Hartzenberg, Competition Policy Review, 12.

der ihnen zugefügt wird, hat kaum Auswirkungen auf dem Markt im Gesamten. Nur ein geringer Prozentsatz an Fällen wird von der *Competition Commission* an das Gericht zur näheren Untersuchung und Entscheidung verwiesen. Dieses Problem hat auch das *Competition Tribunal* in seiner *Nationwide Poles*-Entscheidung erkannt und in diesem Urteil die Rechte der kleinen Unternehmen gestärkt.[885]

885 *Nationwide Poles v. Sasol (Oil) Pty Ltd.* (72/CR/Dec03), 31.03.2005, *Rn.* 100 f.

Kapitel 4 Die wettbewerbsrechtliche Behandlung von vertikalen Wettbewerbsbeschränkungen

Vertragliche Vertriebssysteme enthalten ihrem Wesen nach Bindungen auf beiden Seiten: Seien es Absatzbindungen auf Seite der Absatzzentrale, Vertriebsbindungen des Absatzmittlers, Kopplungsbindungen oder auch sonstige Bindungen auf beiden Seiten. Es besteht ein erheblicher Koordinationsbedarf zwischen Absatzzentrale und Absatzmittler, um eine effiziente Zusammenarbeit gewährleisten zu können. Das Franchisesystem bildet hiervon keine Ausnahme, im Gegenteil, hier sind die Bindungen am stärksten ausgeprägt.[886] Nach Ansicht des Gerichtshofs der Europäischen Union ist Franchising weniger eine Vertriebsform, sondern vielmehr die wirtschaftliche Verwertung des Know-how des Franchisegebers.[887] Der Franchisegeber hat ein Interesse daran sein, Know-how, ebenso wie sein Image und seinen Namen zu schützen. Die Entscheidungen eines Franchisenehmers können Auswirkungen auf das gesamte Franchisesystem haben. Jeder Franchisenehmer trägt zum Erfolg oder Misserfolg des Systems bei. Der Franchisegeber wird daher dem Franchisenehmer zum Schutz seines Konzepts einige Verpflichtungen auferlegen, die dessen wirtschaftliche Handlungsfreiheit einschränken. Diese Bindungen sind vielfältig, jedoch aus wettbewerbsrechtlicher Sicht nicht unproblematisch.[888]

Von größerer Relevanz sind dabei die vertikalen Beschränkungen, die der Franchisegeber seinen Franchisenehmern auferlegt.[889] Allerdings gibt es auch in umgekehrter Richtung Bindungen, wie etwa Alleinvertriebsvereinbarungen. Diese liegen jedoch in den meisten Fällen im Interesse des Franchisegebers, um etwa Aufteilungen des Gebietes durchzusetzen.[890] In einigen Sektoren sind, zumindest in Europa, die Machtverhältnisse heutzutage allerdings ausgeglichen, so dass die vereinbarten Bindungen beide Parteien gleichermaßen in die Pflicht nehmen. Dies

---

886 Gerstner, in: Giesler/Nauschütt (Hrsg.), Franchiserecht, 2. Kap., Rn. 1.

887 EuGH, 28.01.1986, Rs. 161/84, „Pronuptia“, Slg. 1986 S. 353, Rn. 15.

888 Martinek, in: Martinek/Semler/Habermeier/Flohr (Hrsg.), Vertriebsrecht, § 2, Rn. 113.

889 Sundhoff, in: FS Seÿffert, 479 [485]; Bidlingmaier, Marketing Bd. 2, 352 f.; Tietz/Mathieu, Das Kontraktmarketing als Kooperationsmodell, 32 f.; Ahlert, Distributionspolitik, 193; Krasser, Der Schutz von Preis- und Vertriebsbindungen gegenüber Außenseitern, 9; Lehmpfuhl, Vertriebsbindungen, 21 f.; Meier, Selektiver Vertrieb Bd. 1, 192 f.; Pawlikowski, Selektive Vertriebssysteme, 208 ff.; Sandrock, Grundbegriffe des GWB, 395 ff.; Martinek, in: Martinek/Semler/Habermeier/Flohr (Hrsg.), Vertriebsrecht, § 2, Rn. 114.

890 Martinek, in: Martinek/Semler/Habermeier/Flohr (Hrsg.), Vertriebsrecht, § 2, Rn. 114.

zeigt die Abkehr von einem zentralen Marketing durch den Systemkopf hin zu einem gemeinsamen Marketing der verschiedenen Vertriebsstufen.[891]

Die Vielzahl und Vielfältigkeit der Bindungen, die in einem Franchisesystem bestehen, ebenso wie ihre ständige Adaption an Marktverhältnisse zur Kostenoptimierung, sind jedoch nicht nur von Interesse für die beteiligten Parteien, sondern auch von nationalökonomischer Relevanz. Der Schutz der Beteiligten, ebenso wie der Volkswirtschaft im Allgemeinen, war immer Ziel des Wettbewerbsrechts. Allerdings haben sich unterschiedliche Ansichten entwickelt, wie die Umsetzung des Schutzes vonstattengehen soll, also welche Ausrichtung das Wettbewerbsrecht haben soll.[892] Diese basieren alle auf dem klassischen Wirtschaftsliberalismus, wie ihn Adam Smith vertreten hat. Dieser ging davon aus, dass durch die „unsichtbare Hand" durch Steigerung des Reichtums des Einzelnen, gleichzeitig auch das Gemeinwohl verbessert wird.[893] Die sich daraus entwickelten Konzeptionen lassen sich zwei Hauptansätzen zuordnen: der Ansatz der Freiheit des Wettbewerbs, wonach versucht wird, den vollkommenen Markt zu schaffen, und dem Ansatz von der Funktionsfähigkeit des Wettbewerbs, der ergebnisorientiert ausgerichtet ist.[894]

Zum Ansatz der Freiheit des Wettbewerbs lässt sich beispielsweise die Neoklassik zählen, die den klassischen Liberalismus ablöste. Diese geht von einem Gleichgewicht auf den Märkten und von deren Funktionsfähigkeit sowie deren Stabilität aus.[895] Diese „vollständige Konkurrenz" kann jedoch in der Realität nicht verwirklicht werden, denn kein Markt ist vollkommen.[896] Diesen Nachteil der Theorie versucht der Ordoliberalismus mit seinem Ansatz auszugleichen.[897] Auch hier ist wichtigstes Ordnungsprinzip die Freiheit des Wettbewerbs.[898] Die wirtschaftliche

891 Martinek, in: Martinek/Semler/Habermeier/Flohr (Hrsg.), Vertriebsrecht, § 2, Rn. 114.

892 Martinek, in: Martinek/Semler/Habermeier/Flohr (Hrsg.), Vertriebsrecht, § 1, Rn. 28; Schmidt, Wettbewerbspolitik und Kartellrecht, 3 ff. Siehe hierzu auch: Herdzina, Wettbewerbspolitik, 7 ff.; Borchert/Grossekettler, Preis- und Wettbewerbstheorie, 132 ff.

893 Schmidt, Wettbewerbspolitik und Kartellrecht, 4 f.; Martinek, in: Martinek/Semler/Habermeier/Flohr (Hrsg.), Vertriebsrecht, § 1, Rn. 28.

894 Martinek, in: Martinek/Semler/Habermeier/Flohr (Hrsg.), Vertriebsrecht, § 1, Rn. 28; Glasow, Vertikale Preisbindung, Wettbewerbstheorie und Wettbewerbsrecht in den USA, Deutschland und Europa, 3.

895 Schmidt, Wettbewerbspolitik und Kartellrecht, 7; Martinek, in: Martinek/Semler/Habermeier/Flohr (Hrsg.), Vertriebsrecht, § 1, Rn. 28; Glasow, Vertikale Preisbindung, Wettbewerbstheorie und Wettbewerbsrecht in den USA, Deutschland und Europa, 4. Siehe hierzu auch: Fritsch, Marktversagen und Wirtschaftspolitik, 25 ff.

896 Martinek, in: Martinek/Semler/Habermeier/Flohr (Hrsg.), Vertriebsrecht, § 1, Rn. 28.

897 Der Ordoliberalismus wurde durch das Gedankengut der „Freiburger Schule" geprägt.

898 Günther, FS Böhm, 183 [193]; Martinek, in: Martinek/Semler/Habermeier/Flohr (Hrsg.), Vertriebsrecht, § 1, Rn. 28 f.

Handlungsfreiheit der beteiligten Wirtschaftssubjekte steht folglich an erster Stelle. Der Ordoliberalismus fordert zum Schutz derselben einen starken Staat, der den freien Leistungswettbewerb aufrechterhält.[899]

Im Gegensatz zu diesen auf der Freiheit des Wettbewerbs beruhenden Konzeptionen, steht die Theorie des funktionsfähigen Wettbewerbs (*workable competition*).[900] Danach ist allein das Vorliegen von Wettbewerbsbeschränkungen nicht relevant, sie können im Gegenteil sogar den Wettbewerb ankurbeln (sogenannte Gegengiftthese). Von alleiniger Relevanz sind deren negative Auswirkungen auf die Nationalökonomie und den Einzelnen, am Wirtschaftsleben Beteiligten.[901] Hierbei hat oberste Priorität nicht das Wohl des Einzelnen, sondern das der Gesamtwirtschaft. Auch die Schaffung eines vollkommenen Marktes tritt hinter dem Gemeinwohl zurück. Einschränkungen des Wettbewerbs können sich hiernach positiv auswirken, etwa durch die Geltendmachung von Größenvorteilen.[902] Die *Chicago School*, die seit den 70er Jahren maßgeblichen Einfluss auf das *U.S. Antitrust Law* hat, sieht, ganz ähnlich wie die Theorie des „workable competition", die Konsumentenwohlfahrt als maßgebliches Ziel an und prüft vor diesem Hintergrund, ob ein Verhalten effizient ist.[903] Die Art und Weise wie ein funktionsfähiger Wettbewerbs zustande kommt, ist dabei von geringerer Relevanz, solange er erreicht wird.[904] Mehrere Schüler der *Chicago School* gingen sogar so weit zu behaupten, dass alle vertikalen Vereinbarungen wettbewerbsfördernde Wirkung haben und folglich keine Notwendigkeit eines regulierenden Eingriffs durch den Gesetzgeber bzw. die Gerichte besteht.[905]

---

899 Müller-Uri, Kartellrecht, 25; Martinek, in: Martinek/Semler/Habermeier/Flohr (Hrsg.), Vertriebsrecht, § 1, Rn. 28; Glasow, Vertikale Preisbindung, Wettbewerbstheorie und Wettbewerbsrecht in den USA, Deutschland und Europa, 5 f.; Borchert/Grossekettler, Preis- und Wettbewerbstheorie, 133 f.

900 Siehe hierzu: Schmidt, Wettbewerbspolitik und Kartellrecht, 8; Martinek, in: Martinek/Semler/Habermeier/Flohr (Hrsg.), Vertriebsrecht, § 1, Rn. 29; Glasow, Vertikale Preisbindung, Wettbewerbstheorie und Wettbewerbsrecht in den USA, Deutschland und Europa, 6 f.; Borchert/Grossekettler, Preis- und Wettbewerbstheorie, 151 ff.; Herdzina, Wettbewerbspolitik, 34.

901 Martinek/Semler/Habermeier/Flohr (Hrsg.), Vertriebsrecht, § 1, Rn. 29. Siehe auch: Areeda, Antitrust Analysis, 40.

902 Grossekettler, in: Borchert/Grossekettler, Preis- und Wettbewerbstheorie, 163 f.; Martinek/Semler/Habermeier/Flohr (Hrsg.), Vertriebsrecht, § 1, Rn. 29; Kartte/Kulka, FS Stiefel, 381 [382].

903 Schmidt/Rittaler, Die Chicago School of Antitrust Analysis, 44; Martinek/Semler/Habermeier/Flohr (Hrsg.), Vertriebsrecht, § 1, Rn. 29; Kartte/Kulka, FS Stiefel, 381 [382 ff.]; Glasow, Vertikale Preisbindung, Wettbewerbstheorie und Wettbewerbsrecht in den USA, Deutschland und Europa, 8; Hovenkamp, The Antitrust Enterprise, 31 ff.

904 Martinek/Semler/Habermeier/Flohr (Hrsg.), Vertriebsrecht, § 1, Rn. 29.

905 Posner, 48 U. Chic. L. Rev. 1981, 6 [8 ff.]; Bork, The Antitrust Paradox, 288 ff.; Bork, 75 Yale L. J. 1966, 373 [375 ff.].

Das Wettbewerbsrecht der Europäischen Union war zunächst von dem Gedanken der Freiheit des Wettbewerbs geprägt. In den letzten Jahren zeichnet sich jedoch unter Einfluss des *more economic approach* ein Wandel in der Schutzrichtung der Wettbewerbsordnung ab. Wirtschaftliche Gesichtspunkte sollen nunmehr verstärkt Berücksichtigung finden und die Förderung der Konsumentenwohlfahrt soll in den Mittelpunkt gestellt werden.[906] Auch soll ergebnisorientiertes Betrachten nunmehr in den Vordergrund rücken, so dass nicht mehr das Vorliegen einer Wettbewerbsbeschränkung maßgebliches Kriterium ist, sondern die Beurteilung der Folgen.[907]

Das noch relativ junge südafrikanische Wettbewerbsrecht einzuordnen, fällt aufgrund der gering ausgebildeten Rechtsprechung schwer. Von der Konzeption her hat vor allem das *U.S. Antitrust Law* maßgeblichen Einfluss. Allerdings wird auch das Europäische Recht bei der Beurteilung von Sachverhalten häufig herangezogen.[908] Im Mittelpunkt steht die Konsumentenwohlfahrt, die oberstes Ziel des Wettbewerbsrechts ist. Allerdings werden auch diverse entwicklungspolitische Gründe berücksichtigt.[909]

In der europäischen Wettbewerbsordnung findet keine unterschiedliche Behandlung der verschiedenen vertikalen Vertriebssysteme statt. Dies soll eine Bevorzugung oder Benachteiligung aufgrund der Wahl der Vertriebsform verhindern.[910] In Südafrika war dies bislang auch der Fall. Der neue *Consumer Protection Act* enthält nunmehr jedoch eine Sonderregel für Kopplungsbindungen in Franchisevereinbarungen. Die Behandlung von diesen soll daher im nächsten Kapitel näher erläutert werden.

Aufgrund ihrer Vielfalt ist es schwierig, vertikale Wettbewerbsbeschränkungen zu systematisieren. Auch unterscheiden sie sich in ihren Auswirkungen auf den Wettbewerb, in der Wahrscheinlichkeit mit der diese Auswirkungen auftreten und welches Ausmaß diese annehmen.[911] Zwar hat jede vertikale Wettbewerbsbeschränkung nach allen wettbewerbstheoretischen Ansätzen auch Vorteile für den Wettbewerb, allerdings nicht alle gleichermaßen. Daher sollten die verschiedenen Formen vertikaler Beschränkungen einzeln und unabhängig voneinander im Hinblick auf ihre Wirkung betrachtet werden. Besonders hervorzuheben und näher zu untersuchen sind: Preis-, Vertriebs-, Alleinbezugs-, Kopplungs- und Alleinvertriebsvereinbarungen.

---

906 Mitt. Komm., LL für vert. Beschränkungen (2000/C 291/01), ABl. EG C 291/1, Rn. 7; Heitzer, WuW 2007, 854 [855]; Immenga, ZWeR 2008, 3 [13].

907 Kritisch zusammenfassend Basedow, WuW 2007, 712 [712 ff.].

908 Sutherland/Kemp, Competition Law of SA, S. 2/3, 2/34; Brassey, in: Brassey (Hrsg.), Competition Law, 18; Manoim, in: Competition Commission/Competition Tribunal (Hrsg.), Competition Commission/Competition Tribunal, Unleashing Rivalry, 10; Mendelson, Introduction to and Analysis of South Africa's New Competition Law Regime, 1.

909 Siehe hierzu auch: Kampel, The Role of South African Competition Law in Supporting SMEs, 1.

910 Metzlaff, BB 2000, 1201 [1202].

911 Peeperkorn, 4 Eur. Competition J. 2008, 201 [205]; Woker, The Franchise Relationship, 227.

1. Teil: Vertikale Preisbindungen

Vertikale Preisbindungen, auch Preisbindungen der zweiten Hand genannt oder im Englischen *resale price maintenance*, beschränken den Wettbewerb in besonders schwerwiegender Art und Weise. Das südafrikanische *Competition Tribunal* in *Cancun Trading v. Seven Eleven* bezeichnet sie sogar als „pernicious violation“.[912]

A. Definition

Preisbindungen der zweiten Hand legen den Preis bzw. Preisrahmen, zu denen der Abnehmer Waren bzw. Dienstleistungen an Dritte weiterverkaufen darf, fest. Dabei kann es sich um Höchst-, Fest- oder Mindestpreisvorgaben handeln.[913] Die Bindung aus der Abstimmung zwischen Hersteller bzw. Lieferanten und Händler (beispielsweise Franchisegeber und Franchisenehmer) wirkt sich damit auch auf der nächsten Stufe, zwischen dem Händler und seinem Abnehmer (etwa einem Verbraucher), aus.[914]

I. Bindung des Vertragspartners

In Europa bezieht sich die Kernbeschränkung nur auf die Preisbildungsfreiheit des Abnehmers, also des Franchisenehmers. Obwohl die neue GVO Nr. 330/2010 im Gegensatz zur ihrer Vorgängerverordnung die Marktmacht des Abnehmers berücksichtigt, sind Beschränkungen, die den Anbieter oder Franchisegeber betreffen, hingegen nicht umfasst.[915] Zu denken wäre etwa an sogenannte Baisseklauseln[916]

912 *Cancun Trading No 24 CC v. Seven-Eleven Corporation SA (Pty) Ltd.* (18/IR/Dec99), 07.04.2000, Rn. 44.

913 Eine Definition der vertikalen Preisbindung findest sich in: Mitt. Komm., LL für vert. Beschränkungen (2010/C 130/01), ABl. EU C 130/1, Rn. 223. Siehe auch: Smith, 6 SA Merc LJ 1994, 63 [63].

914 Sutherland/Kemp, Competition Law of SA, S. 6/52; Pischel, EuZW 2005, 459 [461].

915 Siehe hierzu die Leitlinien der Kommission, die nur von Preisbindungen zulasten des Abnehmers sprechen: Mitt. Komm., LL für vert. Beschränkungen (2010/C 130/01), ABl. EU C 130/1, Rn. 48. Zu beachten ist jedoch die allgemeine Erwähnung von vom Abnehmer ausgehenden Preisbindungen in, Rn. 224 der Leitlinien. Siehe auch: Ellger, in: Immenga/Mestmäcker (Hrsg.), WettbewerbsR Kommentar Bd. 1 EU/Teil 1, Art. 4 Vertikal-GVO, Rn. 13; Ackermann, EuZW 1999, 741 [743]; Metzlaff, BB 2000, 1201 [1206]; Semler/Bauer, DB 2000, 193 [197]; Baron, in: Loewenheim/Meesen/Riesenkampff (Hrsg.), Kartellrecht, Vert.-GVO, Rn. 155; Schultze/Pautke/Wagener, Vertikal-GVO, Rn. 394. Zweifelnd, in jedem Falle kritisch: Bechtold, EWS 2001, 49 [52].

916 Baisseklauseln erlegen dem Anbieter die Verpflichung auf, allgemeine Preissenkungen (ggf. auch rückwirkend) auch dem Abnehmer zukommen zu lassen, der zuvor nicht von den Preissenkungen profitieren konnte. Siehe hierzu auch: Ellger, in: Immenga/Mestmäcker (Hrsg.), WettbewerbsR Kommentar Bd. 1 EU/Teil 1, Art. 4 Vertikal-GVO, Rn. 13

oder Meistbegünstigungsklauseln.[917] Diese unterliegen, wie sonstige vertikale Wettbewerbsbeschränkungen, den allgemeinen Freistellungsvoraussetzungen.

Auch die Regelung des südafrikanischen Rechts betrifft nur „resale price maintenance". Die Regelung für horizontale Preisbindungen in Sec. 4 Abs. 1 Buchst. b (i) Competition Act spricht hingegen von „fixing a purchase or selling price". Daraus lässt sich schließen, dass auch in Südafrika Beschränkungen, die den Anbieter betreffen, nicht berücksichtigt werden.

II. Direkte und indirekte Preisbindungen

In Europa sind sowohl direkte als auch indirekte Preisbindungen vom kartellrechtlichen Verbot erfasst.[918] Als indirekte Durchsetzung von Fest- oder Mindestpreise zählen Vereinbarungen über die Höhe der Absatzspanne, Rabatte und andere preisbildende Faktoren oder wenn der Weiterverkaufspreis an den Preis des Herstellers (sogenannte Spannenneutralität) gekoppelt ist.[919] Ebenso sind Maßnahmen untersagt, die den Händler dazu verleiten, Preisempfehlungen zu übernehmen, da sie ihm beispielsweise zusätzliche Arbeit ersparen oder abnehmen (etwa auf die Verpackung aufgedruckte oder geklebte unverbindliche Preisempfehlungen, Kalkulationshilfen).[920]

Auch nach dem südafrikanische Wettbewerbsrecht fallen nicht nur direkte, sondern auch indirekt Mindestpreisbindungen unter das *per se* Verbot von Sec. 5 Abs. 2 Competition Act.[921] In *Competition Commission v. Toyota South Africa Motors*

---

917 Meistbegünstigungsklauseln sichern einem Vertragspartner zu, dass Vorteile die anderen Vertragspartner gewährt werden, auch ihm gewährt werden. Im Endeffekt darf kein anderer Abnehmer bessere Konditionen haben, als der Abnehmer, zu dessen Gunsten die Meistbegünstigungsklausel greift. Siehe hierzu auch: Ellger, in: Immenga/Mestmäcker (Hrsg.), WettbewerbsR Kommentar Bd. 1 EU/Teil 1, Art. 4 Vertikal-GVO, Rn. 13; Seeliger, in: Wiedemann (Hrsg.), Handbuch des Kartellrechts, § 10, Rn. 149 ff.; Schultze/Pautke/Wagener, Vertikal-GVO, Rn. 437; Meyer, WRP 2004, 1456 [1456 ff.]; Ackermann, EuZW 1999, 741 [743].

918 Mitt. Komm., LL für vert. Beschränkungen (2010/C 130/01), ABl. EU C 130/1, Rn. 48; Lettl, WRP 2011, 710 [718]; Imgrund, BB 2012, 787 [789].

919 Des Weiteren nennt die Kommission (Rn. 48): die Gewährung von Nachlässen bzw. die Erstattung von Werbeaufwendungen nur bei Einhaltung eines gewissen Preisniveaus oder eine Bindung des Weiterverkaufspreis an die Preise von Konkurrenten. Eine verbotene indirekte Preisbindung liegt auch vor bei Drohungen, Einschüchterungen, Warnung, Strafen, Verzögerung oder Aussetzung von Lieferungen sowie bei Vertragskündigung im Falle der Nichteinhaltung eines Preisniveaus.

920 Imgrund, BB 2012, 787 [789]. Siehe dazu auch: BKartA, 11. Beschlussabteilung, Brief vom 13.04.2010, WuW 2010, 790.; So auch für Südafrika: Woker, The Franchise Relationship, 218 f.

921 Siehe auch den Vortrag der Competition Commission in: *Competition Commission v. Italite Franchising (Pty) Ltd.* (92/CR/dec02), 20.09.2005, Rn. 3.3, 5.1; *Federal Mogul*

(Pty) Ltd[922] verhängte das *Competition Tribunal* gegen *Toyota South Africa* eine Geldbuße in Höhe von 12 Mio. Rand wegen seiner Rabattpolitik.[923] *Toyota* schrieb seinen Händlern die Maximalhöhe für Preisnachlässe, die Kunden gewährt werden durften, vor. Bei Verstoß verhängte das Unternehmen eine Geldstrafe gegen seine Händler.[924]

B. Die Behandlung von Höchstpreisbindungen in den Rechtsordnungen

Über Jahrzehnte hinweg waren sich die Kartellrechtsordnungen der Europäischen Union und der USA und, mit Abstrichen, auch Südafrikas einig, was die Behandlung von vertikalen Preisbindungen anbelangt. Es galt ein generelles Verbot von Preisbindungen, ohne dass eine Unterscheidung zwischen Mindest-, Fest- oder Höchstpreisbindungen getroffen wurde. Dieses generelle Verbot wurde auch noch aufrechterhalten, nachdem unter Einfluss der *Chicago School* und eines stärker wirtschaftlichen Ansatzes andere vertikale Wettbewerbsbeschränkungen, für die jahrelang auch ein striktes Verbot galt, grundlegend neubewertet wurden. Erst in den 90er Jahren wurde diese einheitliche Beurteilung durch eine differenzierte Betrachtungsweise von Höchst- und Mindestpreisbindungen ersetzt.

I. Wettbewerbsrechtliche Auswirkungen von Höchstpreisbindungen

Insbesondere in Franchisesystemen spielen Höchstpreisbindungen, englisch *maximum resale price maintenance*, eine besonders wichtige Rolle, da durch sie ein einheitliches Preisniveau und damit letztlich ein einheitliches Image gewährleistet werden kann. Allerdings weisen sie die gleichen wettbewerbsbeschränkenden Aspekte wie Mindest- oder Festpreisbindungen auf. Auch Höchstpreisbindungen schränken die schützenswerte Händlerfreiheit in Bezug auf ihre Preisautonomie ein. Sie können zu einer Beschränkung des intrabrand Wettbewerbs, also des Wettbewerbs auf der Handelsstufe, führen. Ebenso besteht die Gefahr, dass die durch sie hervorgerufene Preistransparenz zur Förderung von Kartellierungen beiträgt.[925]

Gleichwohl gibt es auch einige wettbewerbsfördernde Auswirkungen von Höchstpreisbindungen. Im Falle von Händlern bzw. Franchisenehmern mit Marktmacht besteht die Gefahr des doppelten Preisaufschlags, sogenannte *Double Marginalization*. Gibt es wenig intrabrand Wettbewerb, besteht die Gefahr, dass Franchisenehmer die

---

Aftermarket Southern Africa (Pty) Ltd. v. Competition Commission (08/CR/Mar01), 28.01.2003, Rn. 173 ff., 180; Woker, The Franchise Relationship, 219.

922 (41/CR/May04), 02.06.2004.

923 Siehe dazu S. 7 des Urteils.

924 S. 4 des Urteils.

925 Siehe dazu: Hildebrand, WRP 2004, 470 [473 f.]; Kirchhoff, FS Hirsch, 249 [255]; Kirchhoff, in: Wiedemann (Hrsg.), Kartellrecht, § 11, Rn. 6; Ellger, in: Immenga/Mestmäcker (Hrsg.), WettbewerbsR Kommentar Bd. 1 EU/Teil 1, Art. 4 Vertikal-GVO, Rn. 19.

Preise künstlich über ein wettbewerbsfähiges Niveau erhöhen. Dadurch können die Verkaufszahlen sinken.[926] Um dies zu verhindern, kann der Franchisegeber Höchstpreise festsetzen, die die Wettbewerbsfähigkeit seiner Marke garantiert.[927]

Auch erlauben Höchstpreisbindungen, dass sich die Marke gegenüber anderen Marken im Angebot des Händlers, insbesondere dessen Eigenmarken, auch Handelsmarken genannt, behaupten kann.[928] Es besteht die Möglichkeit, sollte der Franchisenehmern neben Markenartikeln auch Eigenmarken führen, dass er die Markenartikel künstlich hochpreist, um so die Nachfrage für seine eigenen günstigeren Handelsmarken zu steigern.[929] Auch dies kann durch Höchstpreisbindungen des Lieferanten verhindert werden.

II. Die Behandlung von Höchstpreisbindungen in der Europäischen Union

Höchstpreisbindungen werden in den Rechtsordnungen der Europäischen Union und Südafrikas grundsätzlich einheitlich gehandhabt.

1. Der Einfluss der Chicago School

In der, mittlerweile außer Kraft getretenen, europäischen Franchise-GVO Nr. 4087/88 wurden sämtliche Beschränkungen des Franchisenehmers in seiner Preisgestaltung, also auch Höchstpreisbindungen, nach Art. 5 Buchst. e als Kernbeschränkung eingestuft. Allein Preisempfehlungen waren erlaubt. Dies entsprach auch der damaligen Rechtslage in den USA. Dort unterfielen Höchstpreisbindungen seit der Entscheidung *Albrecht v. Herald Co.*[930] einem *per se* Verbot. Allerdings änderte sich die generell ablehnende Haltung gegenüber *vertical restraints* grundlegend unter dem Einfluss der *Chicago School*.[931]

926 Sutherland/Kemp, Competition Law of SA, S. 6/17; Woker, The Franchise Relationship, 218; Mitt. Komm., LL für vert. Beschränkungen (2010/C 130/01), ABl. EU C 130/1, Rn. 229 und 107; Lettl, WRP 2011, 710 [720]; Blair/Esquibel, 65 Antitrust LJ 1996–1997, 157 [163 f.]; Hofmann, WM 2010, 920 [923]; Zevgolis, ECLR 2013, 25 [26]; Hildebrand, WRP 2004, 470 [471 f.]; Velez, ECLR 2011, 297 [297].

927 Mitt. Komm., LL für vert. Beschränkungen (2010/C 130/01), ABl. EU C 130/1, Rn. 229; Hildebrand, WRP 2004, 470 [471 f.]; Veelken, ZVglRWiss 97 (1998), 241 [262]; Unterhalter, in: Brassey (Hrsg.), Competition Law, 172; Woker, The Franchise Relationship, 218.

928 Lettl, WRP 2011, 710 [720]; Mitt. Komm., LL für vert. Beschränkungen (2010/C 130/01), ABl. EU C 130/1, Rn. 229.

929 Hildebrand, WRP 2004, 470 [471 f.].

930 390 U.S. 145 (1968).

931 Schmidt, Wettbewerbspolitik und Kartellrecht, 21.

Diese Lehre sieht als einziges und ausschließliches legitimes Ziel des *Antitrust Law* die Förderung des Verbraucherwohls.[932] Damit ist jedoch nicht das Wohl des einzelnen Wirtschaftssubjekts gemeint, sondern das der gesamten Nation und damit letztlich auch der Monopolinhaber.[933] Die Einkommensverteilung spielt folglich im Rahmen des *Antitrust Law* keine Rolle. Im Falle der Verteuerung aufgrund eines Monopols, wird das Einkommen nur von einer Kategorie von Verbrauchern zur anderen, der Monopolisten, verlagert.[934] Weitere Ziele, wie der Schutz des Mittelstandes und der Wettbewerbsfreiheit, werden von den Vertretern der *Chicago School* abgelehnt.[935] Sie würden den Richtern einen zu großen Ermessensspielraum zugestehen und zu willkürlichen Entscheidungen führen.[936] Wettbewerb herrscht nach der Lehre der *Chicago School* dann, wenn eine Änderung der wirtschaftlichen Umstände durch richterliche Entscheidung das Verbraucherwohl nicht steigern würde. Ist eine Verbesserung der Wohlfahrt hingegen möglich, dann liegt ein Monopol oder eine Wettbewerbsbeschränkung vor.[937] Die Messung des Konsumentenwohls erfolgt anhand des Kriteriums der Effizienz.[938] Die Auswirkungen auf das Verbraucherwohl werden auf Grundlage der Preistheorie ermittelt.[939] Mit vertikalen Wettbewerbsbeschränkungen, wie Gebiets- und Kundenbeschränkungen, Alleinvertriebs- und Alleinbezugsverträgen und Preisbindungen, bezwecke der Hersteller nicht etwa eine Drosselung des Outputs, sondern damit wolle er eine Effizienzsteigerung hervorrufen. Da dies auch im Interesse des Verbrauchers sei, bestehe insoweit Interessenidentität. Daher seien vertikale Wettbewerbsbeschränkungen, einschließlich der Preisbindung grundsätzlich zulässig.[940] Eine eventuell bestehende Marktmacht des Herstellers sei dabei unerheblich, da vertikale Wettbewerbsbeschränkungen keinen Einfluss auf diese haben.[941] Preisbindungen fördern Herstellerkartelle nur im geringen Maße und würden außerdem schnell entdeckt werden.[942]

---

932 Bork, The Antitrust Paradox, 7, 50 ff., 405; Schmidt/Rittaler, Die Chicago School of Antitrust Analysis, 13; Veelken, ZVglRWiss 97 (1998), 241 [250]; Schmidt, Wettbewerbspolitik und Kartellrecht, 24; Hovenkamp, The Antitrust Enterprise, 31 ff.

933 Bork, The Antitrust Paradox, 90, 110. Schmidt/Rittaler, Die Chicago School of Antitrust Analysis, 40; Veelken, ZVglRWiss 97 (1998), 241 [250].

934 Bork, The Antitrust Paradox, 90, 110; Veelken, ZVglRWiss 97 (1998), 241 [250]. Siehe dazu auch: Posner, Economic Analysis of Law, 10.

935 Bork, The Antitrust Paradox, 83; Kallfass, WuW 1980, 596 [597].

936 Bork, The Antitrust Paradox, 83; Schmidt/Rittaler, Die Chicago School of Antitrust Analysis, 39.

937 Bork, The Antitrust Paradox, 61; Veelken, ZVglRWiss 97 (1998), 241 [250 f.].

938 Bork, The Antitrust Paradox, 7; Kallfass, WuW 1980, 596 [597]; Schmidt/Rittaler, Die Chicago School of Antitrust Analysis, 44. Siehe dazu auch Posner, Economic Analysis of Law, 10 ff.

939 Bork, The Antitrust Paradox, 117; Posner, 127 U. Pa. L. Rev. 1979, 925 [932].

940 Bork, The Antitrust Paradox, 281 ff., 288 f.; Veelken, ZVglRWiss 97 (1998), 241 [251].

941 Bork, The Antitrust Paradox, 290; Veelken, ZVglRWiss 97 (1998), 241 [252].

942 Bork, The Antitrust Paradox, 293 f.; Veelken, ZVglRWiss 97 (1998), 241 [252].

Der Einfluss der *Chicago School* führte in den USA zur Aufgabe des *per se* Verbots von Höchstpreisbindungen. Der *U.S. Supreme Court* unterwarf diese in *State Oil Co. v. Kahn* im Jahr 1997 der *rule of reason*.[943] Das Verbot von Mindest- und Festpreisbindungen wurde jedoch zunächst aufrechterhalten.

2. *Die Rechtslage in Europa*

Im Anschluss an die Rechtsprechungsänderung in den USA änderte auch die Europäische Union ihre Haltung in Bezug auf Höchstpreisbindungen. Diese wurden nicht mehr als Kernbeschränkungen eingeordnet, vielmehr stufte die Vertikal-GVO Nr. 2790/1990, die als sogenannte Schirm-GVO auch Franchisevereinbarungen umfasste, Höchstpreisbindungen als zulässig ein.[944]

Auch in der derzeit gültigen Vertikal-GVO Nr. 330/2010 sind Höchstpreisbindungen zulässig, soweit der Marktanteil der Vertragsparteien jeweils nicht mehr als 30 % beträgt (doppelte Marktanteilsschwelle). Dies ergibt sich aus Art. 4 Buchst. a i. V. m. Art. 3 Abs. 1 Vertikal-GVO. Ihre Freistellung bedeutet jedoch auch, dass sie grundsätzlich unter das Verbot von Art. 101 Abs. 1 AEUV fallen. Insbesondere das Kriterium der Spürbarkeit sollte bei einer Überprüfung eingehend beleuchtet werden.[945] Höchstpreise sind dann nicht zulässig, wenn ein Weiterverkauf zu einem niedrigeren Preis für den Franchisenehmer wirtschaftlich nicht rentabel wäre und die Höchstpreisbindung sich damit faktisch als Fest- oder Mindestpreisbindungen darstellt.[946]

Auch unverbindliche (Mindest-, Höchst-, Fest-) Preisempfehlungen sind zulässig, solange die Unverbindlichkeit deutlich gemacht wird. Als einseitige Maßnahmen fallen sie schon nicht unter das Kartellverbot des Art. 101 Abs. 1 AEUV, da sie weder eine Vereinbarung noch eine abgestimmte Verhaltensweise darstellen.[947] Dabei ist zu beachten, dass das Befolgen einer Preisempfehlung durch einen oder auch mehrere Händler, ohne dass diese sich untereinander oder mit dem Hersteller bzw.

---

943 State Oil Co v. Khan 522 U.S. 3 (1997) S. 22: „we do not hold that all vertical maximum price fixing is *per se* lawful. Instead, vertical maximum price fixing, like the majority of commercial arrangements subject to the antitrust laws, should be evaluated under the rule of reason." Damit wurde *Albrecht v. Herald Co*, 390 U.S. 145 (1968) außer Kraft gesetzt.

944 Siehe auch KOME, 05.07.2000, (2001/135/EG – Nathan-Bricolux) Abl. 2001 L 54/1, Rn. 87.

945 Ellger, in: Immenga/Mestmäcker (Hrsg.), WettbewerbsR Kommentar Bd. 1 EU/Teil 1, Art. 4 Vertikal-GVO, Rn. 19 f. EuGH, 30.04.1998, Rs. C-230/96, „Cabour", Slg. 1998 S. I-2055, Rn. 48 f.

946 Mitt. Komm., LL für vert. Beschränkungen (2010/C 130/01), ABl. EU C 130/1, Rn. 226; Nolte, in: Langen/Bunte (Hrsg.), KartellR Kommentar, Bd. 2, Nach Art. 101, Rn. 450; Imgrund, BB 2012, 787 789; Kirchhoff, FS Hirsch, 249 258; a. A.: Ellger, in: Immenga/Mestmäcker (Hrsg.), WettbewerbsR Kommentar Bd. 1 EU/Teil 1, Art. 4 Vertikal-GVO, Rn. 23.

947 Nolte, in: Langen/Bunte (Hrsg.), KartellR Kommentar, Bd. 2, Nach Art. 101, Rn. 444.

Lieferanten abstimmen, nicht notwendigerweise auf eine Willensübereinstimmung hindeutet.[948] Ein Schluss vom tatsächlichen Verhalten auf eine Übereinkunft zwischen den Parteien ist nicht zwingend.[949]

III. Die Behandlung von Höchstpreisbindungen in Südafrika

Auch bei der Behandlung von Höchstpreisbindungen in Südafrika wird, ähnlich wie im EU-Recht, der Einfluss des *U.S. Antitrust Law* deutlich. Vor dem Inkrafttreten des derzeit geltenden *Competition Act 89 of 1998* war *resale price maintenance* im Allgemeinen, das heißt Mindest-, Fest- und Höchstpreisbindungen unterschiedslos, verboten. Dies war jedoch nicht durchgehend der Fall. Zwischen 1979 und 1986 waren Preisbindungen grundsätzlich zulässig. Denn der *Maintenance and Promotion of Competition Act 96 of 1979* hob das seit 1967 bestehende Preisbindungsverbot auf. Erst der Erlass des *Minister of Trade and Industry* im Jahr 1986 führte das Preisbindungsverbot wieder ein.[950]

Allerdings galt dieses Preisbindungsverbot nur bedingt in Franchisesystemen. Allein wenn der Franchisegeber Ware zum direkten Weiterverkauf an den Franchisenehmer lieferte, war eine vertikale Preisbindung unzulässig. *Resale Price Maintenance* durch den Franchisegeber für vom Franchisenehmer weiterverarbeitete Produkte war grundsätzlich möglich und fiel nicht unter die *Government Notice 801.* Sobald das vom Franchisegeber gelieferte Produkt sich folglich von dem vom Franchisenehmer verkauften Produkt unterschied, war eine vertikale Preisbindung möglich.[951]

In dem derzeit geltenden *Competition Act 89 of 1998* wird nunmehr, im Einklang mit europäischem und amerikanischem Recht, zwischen Höchst- und Mindestpreisbindungen unterschieden. Höchstpreisbindungen sind nicht vom *per se*-Verbot der Sec. 5 Abs. 2 Competition Act erfasst. Ihre Wirksamkeit wird vielmehr anhand des allgemeinen Verbots des Absatzes 1 und damit nach der *rule of reason* beurteilt.[952]

Einseitige Preisempfehlungen sind gemäß Sec. 5 Abs. 3 Competition Act nicht verboten, wenn deutlich gemacht wird, dass die Empfehlung nicht bindend ist,

---

948 EuG, 13.01.2004, Rs. T-67/01, „JCB-Service“, Slg. 2004 S. II-49, Rn. 126; Lettl, WRP 2011, 710 [714].

949 Lettl, WRP 2011, 710 [714].

950 GN 801 in GG 10211 vom 02.05.1986. Siehe auch: Smith, 6 SA Merc LJ 1994, 63 [68 f.]; Sutherland/Kemp, Competition Law of SA, S. 3/33; United Nations, Issues Related to Competition Law of Particular Relevance to Development, 28; Potgieter, 3 Juta's Bus. L. 1995, 185 [187].

951 Potgieter, 3 Juta's Bus. L. 1995, 185 [187].

952 Siehe *Cancun Trading No 24 CC v. Seven-Eleven Corp SA (Pty) Ltd* (18/IR/Dez 99), 07.04.2000, Rn. 43; Sutherland/Kemp, Competition Law of SA, S. 6/17 f. Auch hier gilt, dass Höchstpreisbindungen, die sich faktisch als Mindestpreisbindungen darstellen, nach Section 5 Abs. 2 Competition Act fallen. Siehe dazu Sutherland/Kemp, Competition Law of SA, S. 6/18.

und wenn neben dem Preis, falls dieser auf dem Produkt angegeben sein sollte, die Angabe „unverbindliche Preisempfehlung“ abgedruckt ist.

C. Die Behandlung von Mindestpreisbindungen in den Rechtsordnungen

Die kartellrechtliche Behandlung von vertikalen Mindestpreisbindungen, englisch *minimum resale price maintenance*, ist in den letzten Jahren verstärkt in den Fokus geraten. Anstoß war die grundlegende Rechtsprechungsänderung in den USA im Juni 2007 durch das *Leegin*-Urteil des *U.S. Supreme Court*.[953] Sowohl in der europäischen, als auch in der südafrikanischen Literatur wird seither diskutiert, ob und gegebenenfalls wie dem amerikanischen Beispiel gefolgt werden sollte.

I. Derzeitige Rechtslage in der Europäischen Union

Der EuGH hat in seinem *Pronuptia*-Urteil festgestellt, dass „Bestimmungen, die die Möglichkeit des Franchisenehmers zur freien Preisgestaltung beeinträchtigen, eine Einschränkung des Wettbewerbs darstellen.“[954] Art. 101 Abs. 1 Buchst. a AEUV nennt als Regelbeispiel einer Wettbewerbsbeschränkung „die unmittelbare oder mittelbare Festsetzung der An- und Verkaufspreise“. Vertikale Mindest- oder Festpreisbindungen fallen des Weiteren unter Art. 4 Buchst. a Vertikal-GVO Nr. 330/2010 und sind damit als Kernbeschränkungen grundsätzlich nicht freistellungsfähig vom Kartellverbot des Art. 101 Abs. 1 AEUV. Durch die Aufnahme von Preisbindungen als erstes Regelbeispiel im Gesetzestext und die Einstufung als Kernbeschränkung in der Gruppenfreistellungsverordnung wird deutlich, dass das europäische Kartellrecht Preisbindungen als „unmittelbar dem Wesen des Wettbewerbs zuwiderlaufend“ ansieht.[955]

Das Verbot der Festsetzung von Fest- oder Mindestpreisen betrifft nicht nur die Waren, die der Franchisenehmer vom Franchisegeber bezieht, sondern auch die Produkte, die der Franchisenehmer aus der vom Franchisegeber gelieferten Ware herstellt, sowie einzelne Preisbestandteile (z. B. Verpackungs-, Transport und Lagerkosten) oder auch andere den Preis bestimmende Faktoren (z. B. Rabatte oder Gewinnspannen).[956]

---

953 *Leegin Creative Leather Products, Inc. v. PSKS, Inc., DBA Kay's Klose.... Kay's Shoes*, 551 U.S. 877 (2007).

954 EuGH, 28.01.1986, Rs. 161/84, „Pronuptia“, Slg. 1986 S. 353, Rn. 25.

955 So prägnant: Mestmäcker/Schweitzer, Europäisches Wettbewerbsrecht, § 13, Rn. 52.

956 Mitt. Komm., LL für vert. Beschränkungen (2010/C 130/01), ABl. EU C 130/1, Rn. 48; Hoffmann, in: Handbuch des EU-Wirtschaftsrechts, H I § 2, Rn. 242; Ellger, in: Immenga/Mestmäcker (Hrsg.), WettbewerbsR Kommentar Bd. 1 EU/Teil 1, Art. 4 Vertikal-GVO, Rn. 17; Nolte, in: Langen/Bunte (Hrsg.), KartellR Kommentar, Bd. 2, Nach Art. 101, Rn. 419.

In den Leitlinien zur Vertikal-GVO Nr. 2790/99 vertrat die Kommission noch die Ansicht, dass eine Freistellung bei Preisbindungen „unwahrscheinlich“ sei.[957] Nach den aktuellen Leitlinien zur derzeit geltenden Vertikal-GVO Nr. 330/2010 können Preisbindungen der zweiten Hand die Voraussetzungen des Art. 101 Abs. 3 AEUV erfüllen und wären folglich kraft Gesetzes freigestellt. Die Kommission nennt einige Beispiele, wann ein Effizienzgewinn vorliegen könnte, der eine Freistellung rechtfertigen würde: erleichterter Marktzutritt, Sonderangebotskampagnen und unter gewissen Umständen die Verhinderung von *Free-Riding*.[958]

II. Derzeitige Rechtslage in Südafrika

Das *Competition Tribunal* bezeichnet Mindest- und Festpreisbindungen als „pernicious violation“.[959] Das südafrikanische Wettbewerbsrecht lässt ihnen dementsprechend eine Sonderbehandlung zukommen. Nach Sec. 5 Abs. 2 Competition Act werden Mindestpreisbindungen, als einzige vertikale Wettbewerbsbeschränkung im *Competition Act*, einem *per se* Verbot unterworfen. Das *Competition Tribunal* begründete dies, wie folgt: „Minimum resale price maintenance is always harmful. It always restricts competition. It always leads to artificially high prices being maintained and disadvantages consumers. This is the reason that it is a per se prohibition.”[960] Auch für Franchisesysteme gilt das *per se* Verbot uneingeschränkt.[961]

Dieser Ansatz ist dem *U.S. Antitrust Law* vor der Rechtsprechungsänderung im Jahr 2007 entnommen. Nach der bis 2007 geltenden sogenannten *Dr. Miles* Doktrin[962] verstießen Mindestpreisbindungen gegen § 1 Sherman Act[963] und waren *per se* rechtswidrig. Im Jahr 2007 wurde *Dr. Miles* abgelöst durch das *Leegin*-Urteil des U.S *Supreme Court*. Auf diese Änderung des *U.S. Antitrust Law* hat der südafrikanische Gesetzgeber bislang nicht reagiert. In der Literatur wird jedoch angezweifelt, ob der südafrikanische Ansatz zur Behandlung von Mindestpreisbindungen weiterhin vertretbar ist.[964] Neben einer legislativen Änderung des Competition Act wird auch vorgeschlagen, dass die Wettbewerbsbehörden das in Sec. 5 Abs. 2 Competition Act niedergelegte Verbot eng auslegen.[965]

---

957 Mitt. Komm., LL für vert. Beschränkungen (2000/C 291/01), ABl. EG C 291/1, Rn. 47.
958 Mitt. Komm., LL für vert. Beschränkungen (2010/C 130/01), ABl. EU C 130/1, Rn. 225.
959 *Cancun Trading No 24 CC v. Seven-Eleven Corp SA (Pty) Ltd* (18/IR/Dez99), 07.04.2000, Rn. 44.
960 *Cancun Trading No 24 CC v. Seven-Eleven Corp SA (Pty) Ltd* (18/IR/Dez99), 07.04.2000, Rn. 48.
961 Van Heerden/Neethling, Unlawful competition, 32 Fn. 163.
962 *Dr. Miles Medical Co. v. John D. Park & Sons Co.* 220 U.S. 373 (1911).
963 15 U.S.C.
964 Sutherland/Kemp, Competition Law of SA, S. 6/12; Sutherland/Kemp, Competition Law of SA, S. 6/12, 6/38, 6/50 f.
965 Sutherland/Kemp, Competition Law of SA, S. 6/39, 6/55.

III. Das Leegin-*Urteil des* U.S. Supreme Court

In der Entscheidung *Leegin Creative Leather Products, Inc. v. PSKS, Inc., DBA Kay's Klose... Kay's Shoes*[966] des *U.S. Supreme Court* aus dem Jahre 2007 ging es um einen Hersteller von Lederbekleidung, der sich weigerte, an Händler zu liefern, wenn sie die Ware unter dem empfohlenen Preis veräußerten. In dieser Entscheidung wich der *Supreme Court* mit einer knappen Mehrheit (fünf gegen vier Stimmen) von seiner ständigen, fast hundertjährigen Rechtsprechung, der sogenannten *Dr. Miles* Doktrin,[967] ab, wonach Mindestpreisbindungen gegen § 1 Sherman Act verstoßen und *per se* rechtswidrig sind, und unterwarf Mindestpreisbindungen der *rule of reason.* Das Gericht argumentierte, dass Preisbindungen wettbewerbsfördernde Auswirkungen haben können und daher nicht in allen Fällen nach Beurteilung unter der *rule of reason* unwirksam wären. Für ein *per se* Verbot sei jedoch notwendig, dass immer oder fast immer eine Wettbewerbsbeschränkung gegeben sei.[968] Die Entscheidung wurde unter anderem dafür kritisiert, dass sie selbst keine Merkmale festlegt, anhand derer beurteilt werden kann, ob eine Klausel wirksam ist oder nicht. Allerdings können diese Kriterien auch nach und nach durch die Gerichte entwickelt werden.[969]

IV. Einfluss auf das südafrikanische Wettbewerbsrecht

Mindestpreisbindungen beschränken den Wettbewerb in vielerlei Hinsicht. Es ist fraglich, ob das südafrikanische Recht nach der *Leegin*-Entscheidung des *U.S. Supreme Court* an die geänderte amerikanische Rechtsprechung angepasst wird, so dass die Wirksamkeit von Mindestpreisbindungen anhand der *rule of reason* beurteilt würde. Neben einer solchen legislativen Änderung wird auch vorgeschlagen, dass die Wettbewerbsbehörden das in Sec. 5 Abs. 2 Competition Act niedergelegte Verbot in Anlehnung an die U.S. *Colgate*-Doktrin eng auslegen.[970]

1. Anwendung der U.S. Colgate-*Doktrin?*

Bei Mindestpreisklauseln gilt nach Sec. 5 Abs. 2 Competition Act, sobald eine wettbewerbsbeschränkende Vereinbarung bejaht wird, ohne Ausnahme ein per *se* Verbot. Eine Abwägung im Einzelfall ist nicht möglich. Das Verbot greift vielmehr, ohne dass untersucht wird, ob eine negative Auswirkung auf den Wettbewerb wirklich gegeben ist oder, falls wettbewerbswidrige Folgen zu bejahen sind, ob es dafür nicht einen rechtfertigenden Grund gibt.

Damit rücken die übrigen Voraussetzungen, insbesondere das Vorliegen einer Vereinbarung, in den Fokus der Prüfung. Liegt eine Vereinbarung zwischen den

---

966 551 U.S. 877 (2007).

967 *Dr. Miles Medical Co. v. John D. Park & Sons Co.* 220 U.S. 373 (1911).

968 551 U.S. 877 (2007) S. 894 ff.

969 Hofmann, WM 2010, 920 [922].

970 Sutherland/Kemp, Competition Law of SA, S. 6/39, 6/55.

beteiligten Unternehmen vor, dann greift das *per se* Verbot. Wird das Vorliegen einer Vereinbarung hingegen verneint, ist die Klausel über eine Mindestpreisbindung wirksam. Mit dem Vorliegen einer Vereinbarung steht und fällt somit die Wirksamkeit einer Mindestpreisklausel.[971]

a. Die U.S. *Colgate*-Doktrin

Bis zur Rechtsprechungsänderung im Jahr 2007 wurde im *U.S. Antitrust Law*, um das strenge *per se* Verbot im Falle von Wiederverkaufspreisklauseln etwas abzumildern, nach der sogenannten *Colgate*-Doktrin sehr hohe Anforderungen an das Vorliegen einer nach § 1 Sherman Act notwendigen Vereinbarung gestellt.

Die *Colgate*-Doktrin ist zurückzuführen auf das Urteil im Fall *United States v. Colgate & Co*[972] des *U.S. Supreme Court*. Danach ist die Androhung eines Lieferanten, nicht mehr an einen Weiterverkäufer zu liefern, sollte dieser sich nicht an die Preisempfehlungen halten, nicht ausreichend, um eine Vereinbarung über eine Preisbindung zwischen den Parteien anzunehmen.[973] Ein Unternehmen soll selbst entscheiden, mit wem es Geschäfte abschließt. Die einseitige Kündigung des Vertrages sei daher jederzeit möglich.[974] Die den Vertrag kündigende Partei muss folglich nicht fürchten, gegen § 1 Sherman Act zu verstoßen.[975]

b. Kritik an der *Colgate*-Doktrin

Die durch die Colgate-Entscheidung eingeführte Abgrenzung zwischen Vereinbarungen und einseitigen Verhaltensweisen fiel den unteren Gerichten nicht leicht und die von ihnen erlassenen Entscheidungen waren daher sehr uneinheitlich.[976] 1960 wurde die *Colgate*-Doktrin zunächst durch die Entscheidung in *United States*

---

971 Siehe dazu auch: Sutherland/Kemp, Competition Law of SA, S. 6/14 f.

972 250 U.S. 300 (1919).

973 250 U.S. 300 (1919) 305 f.

974 250 U.S. 300 (1919) [305].

975 Siehe dazu auch: Blair/Boylston-Herndon/Lopatka, 83 Wash. U. L. Q. 2005, 657 [678 f.].

976 Es wird grundsätzlich zwischen erlaubten Druck (*pressure, Yentsch v. Texaco*, 630 F.2d 46 (1980) [53]) und nicht mehr erlaubten Zwang (*coercion, Martindell v. News Group Publications*, 671 f. Supp. 672 (1985)) unterschieden. Das Vorliegen von „Zwang" wurde von Gerichten bejaht: bei Androhung der Kündigung des Vertrages oder Androhung oder Verhängen von Sanktionen oder wenn Verträge mit einer geringen Laufzeit angeboten werden, die eine Beendigung des Vertragsverhältnisses mit Franchisenehmern, die sich nicht an die vorgegebene Preise halten, erleichtern (*Bowen v. New York News*, 580 f. Supp 330 (1984); *Lehrman v. Gulf Oil Corporation*, 464 F.2d 26, 38; *Sahm v. V-1 Oil Co.*,402 F.2d 69 (1968)). Preisempfehlungen und sogar das Werben mit empfohlenen Preisen durch den Franchisegeber stellen keinen „Zwang" dar. Siehe dazu auch: Lockerby, Franchise L. J. 2007, 112 [113].

v. Parke, Davis & Co.[977] eingeschränkt,[978] dann jedoch, im Jahr 1984, durch *Monsanto Co. v. Spray-Rite Service Corp.*[979] bestätigt.[980] Sie wurde zwischenzeitlich auch auf Fälle erweitert, die nach der *rule of reason* beurteilt werden, und bleibt folglich auch nach dem *Leegin*-Urteil anwendbar.[981] Die Einführung der *Colgate*-Doktrin und ihre Anwendung waren folglich mit erheblichen Rechtsunsicherheiten verbunden.

Diese durch das *Colgate*-Urteil angeregte Unterscheidung zwischen einseitigen Verhaltensweisen und Vereinbarungen lässt sich auf der einen Seite zwar mit dem Wortlaut von § 1 Sherman Act begründen, der von „contract, combination .... or conspiracy, in restraint of trade" spricht und damit einseitige Verhaltensweisen gerade nicht umfasst, sondern vielmehr immer eine Verständigung voraussetzt. Auf der anderen Seite erlaubt die *Colgate*-Doktrin solche Verhaltensweisen als einseitig anzusehen, die nur auf den ersten Blick einseitig sind, jedoch zum gleichen Ergebnis führen wie eine ausdrückliche Parteivereinbarung und folglich auch als eine solche verstanden werden sollten.[982] Es macht für den Verbraucher keinen Unterschied, ob Fest- oder Mindestpreisbindungen durch eine Vereinbarung festgelegt werden oder aber durch einseitige Verhaltensweisen, die letztlich die gleiche Wirkung haben.[983] Die Auswirkungen auf den Wettbewerb sind im Ergebnis die gleichen.[984]

---

977 362 U.S. 29 (1960).

978 Danach wird einseitiges Verhalten verneint und damit eine Absprache angenommen, wenn der Hersteller weitergeht als die bloße Ankündigung seiner Preispolitik und die Verweigerung von Geschäftsbeziehungen. 362 U.S. 29 (1960) S. 40; siehe dazu auch: Jacobson, Antitrust law developments I, 17; Blair/Boylston-Herndon/Lopatka, 83 Wash. U. L. Q. 2005, 657 [680].

979 465 U.S. 752 (1984).

980 Siehe vor allem S. 764. Danach reichen Beschwerden anderer Händler oder eine daran im Anschluss folgende Beendigung des Vertriebsverhältnisses nicht aus.

981 *Parkway Gallery Furniture v. Kittinger/Pennsylvania House Group*, 878 F.2d 801 (1989) [805]; siehe auch abweichendes Votum von Breyer, J. auf S. 18, in: *Leegin Creative Leather Products, Inc. v. PSKS, Inc., DBA Kay's Klose.... Kay's Shoes*, 551 U.S. 877 (2007); Kasten, RIW 2007, 649 [657].

982 So auch Kusske, The American University Law Review 33 (1984), 463 [469 f.].

983 Blair/Boylston-Herndon/Lopatka, 83 Wash. U. L. Q. 2005, 657 [680].

984 „Personally, and with all due respect, permit me to say that I can see no real difference upon the facts between the *Dr. Miles Medical Company* case and the *Colgate Company* case. The only difference is that, in the former, the arrangement for marketing its product was put in writing, whereas in the latter the wholesale and retail dealers observed the prices fixed by the vendor. This is a distinction without a difference. The tacit acquiescence of the wholesalers and retailers in the prices thus fixed is the equivalent for all practical purposes of an express agreement...." *United States v. A. Schrader's Son, Inc.* 252 U.S. 85 (1920) [97], dabei den District Court of Ohio (264 F 175, [183 f.] (Ohio, 1919)) zitierend. Treffend auch: *Beech- Nut Packing Co. v. FTC*, 264 F 885 [889] (1920): "It is difficult to say why a different conclusion should be reached, if the same result is attained by acquiescence and

Die Doktrin diente letztlich der Aufweichung des *per se*-Verbotes von Mindest- und Festpreisbindungen und führte dazu, dass Unternehmen kostspielige Rechtsabteilungen einsetzten, um die Gratwanderung zwischen erlaubten einseitigen Maßnahmen und unzulässigen kooperativen Absprachen rechtlich einzuhalten.[985] Neben den hohen Kosten, die dies verursachte, führte die Doktrin auch dazu, dass eine Kündigung, obwohl eine ungleich härtere Maßnahme, die einzige Möglichkeit gegen von der Preisempfehlung abweichende Unternehmen war. Eine vergleichsweise mildere Maßnahme, wie etwa Gespräche zwischen Hersteller und Händler über den Grund der Preisempfehlung oder umgekehrt den Grund der Nichteinhaltung der Preisempfehlung, war nicht möglich, da hierdurch der Anschein einer kartellrechtlich verbotenen Vereinbarung erweckt worden wäre.[986]

c. Die Abgrenzung von Preisempfehlungen im EU-Kartellrecht

Das europäische Wettbewerbsrecht unterscheidet zwischen einseitigem Verhalten und „scheinbar einseitigem" Verhalten.[987] Die Kommission stellt Preisempfehlungen vom Verbot des Art. 101 Abs. 1 AEUV frei.[988] Dies bedeutet jedoch im Umkehrschluss, dass sie zunächst jede Preisempfehlung, als vom Kartellverbot umfasst, ansieht. Die europäischen Gerichte gehen nicht ganz so weit. Sie nehmen eine Parteivereinbarung dann an, wenn einer einseitigen Maßnahme (ausdrücklich oder konkludent) zugestimmt wird.[989]

---

co-operation without express agreement between the manufacturer and his purchasers severally."

985 Kasten, WuW 2007, 994 [996].

986 Kasten, WuW 2007, 994 [996]. Siehe zu den Kosten und Aufwand der Einhaltung der Doktrin, zwei amicus curiae-Schriftsätze im Leegin-Verfahren vor dem U.S. *Supreme Court*: Brief of CTIA – The wireless Association as Amicus Curiae Supporting Petitioner, Januar 2007, S. 14 ff., abrufbar unter: http://apps.americanbar.org/antitrust/at-committees/at-df/pdf/knowledge-database/CTIA_Merits_Amicus_Brief_FINAL.pdf (06.08.2013); Brief of PING, Inc. as Amicus Curiae Supporting Petitioner, 22.01.2007. S. 3 f., abrufbar unter: http://apps.americanbar.org/antitrust/at-committees/at-df/pdf/knowledge-database/Leegin_PING_Amicus.pdf (06.08.2013).

987 EuG, 26.10.2000, Rs. T-41/96, „Bayer", Slg. 2000 S. II-3383, Rn. 71.

988 Vgl. Art. 4 Buchst. a VO (EU) Nr. 330/2010.

989 Eine ausdrücklich Zustimmung wurde in folgenden Fällen angenommen: EuGH, 12.07.1979, verb. Rs. 32/78 und 36 bis 82/78, "BMW Belgium", Slg. 1979 S. 2435, Rn. 28 ff. und 36 f. und EuGH, 29.10.1980, verb. Rs. 209 bis 215 und 218/78, „van Landewyck", Slg. 1980 S. 3125, Rn. 86. In den folgenden Entscheidungen gingen die Gerichte von einer konkludenten Zustimmung durch stillschweigendes Folgeleisten aus: EuGH, 17.09.1985, verb. Rs. 25 und 26/84, "Ford", Slg. 1985 S. 2725, Rn. 21; EuGH, 24.10.1995, Rs. C-70/93, "Bayerische Motorenwerke", Slg. 1995 S. I-3439, Rn. 16 ff. und EuGH, 18.09.2003, Rs. C-338/00 P, "Volkswagen", Slg. 2003 S. I-9189, Rn. 60.

Es ist fraglich, ob diese Rechtsprechung auf Franchisesysteme übertragbar ist. In seiner *Pronuptia*-Entscheidung hat der EuGH Richtpreise im Franchiseverhältnis als unbedenklich eingestuft.[990] Angesichts der Rechtsprechungsentwicklung in den letzten Jahren in anderen Vertriebsverhältnissen ist jedoch fraglich, ob dies auch heute noch gilt. Ebenso ungeklärt ist die Frage der Behandlung anderer einseitiger Maßnahmen, wie etwa Anordnungen von Preisen. In Anbetracht der besonderen Konzeption von Franchisesystemen, scheinen Bemühungen des Franchisegebers zur Vereinheitlichung der Absatzpolitik, sei es durch unverbindliche Empfehlungen oder sogar durch Anordnungen, jedoch grundsätzlich gerechtfertigt. Allerdings sollte scheinbar einseitiges Verhalten auch bei Franchisesystemen nicht unter die Freistellung fallen. Wenn eine einseitige Maßnahme nur dazu dient, eine Vereinbarung zwischen den Parteien zu verschleiern, kann sie nicht freigestellt sein. Dies ist vor allem in zwei Fällen denkbar:

Franchisegeber und Franchisenehmer könnten in ihrem Vertrag den Franchisegeber dazu ermächtigen, nachträglich und einseitig die Bedingungen des Vertrages festzulegen oder auch abzuändern. Dafür ist keine ausdrückliche Ermächtigung erforderlich. Vielmehr können auch an sich neutrale Klauseln, die ihrem Wortlaut nach nicht unter Art. 101 Abs. 1 AEUV fallen, eine solche Befugnis erteilen, wenn sich aus dem Gesamtzusammenhang ergibt, dass eine Ermächtigung zur Konkretisierung der vertraglichen Beziehung durch beispielsweise Preisempfehlungen gewollt ist.[991] Eine Vereinbarung wird aufgrund der vorherigen Zustimmung zum einseitigen Verhalten angenommen. Ob eine solche Ermächtigungs-Klausel vorliegt, ist durch Auslegung zu ermitteln. Die Unionsorgane wenden dabei einen weiten Maßstab an, so dass es ausreicht, wenn allein der Wille zu einer gemeinsamen Vertriebspolitik deutlich wird.[992]

Auch die nachträgliche, ausdrückliche, aber auch konkludente Zustimmung lässt ein einseitiges Verhalten zu einer Vereinbarung anwachsen. Wann von einer solchen ausgegangen werden kann, hängt von den Umständen des Einzelfalls ab. Daher lassen sich Entscheidungen der Unionsorgane auch nur schwer verallgemeinern.[993] Von einer Vereinbarung ausgegangen wurde beispielsweise bei einer öffentlichen Erklärung bzw. einseitigen Aktion des Herstellers, welche die Vertragsbeziehung konkretisiert, und stillschweigender Akzeptanz dieses Vorgehens durch den Händler.[994] Auch kann die Ablehnung der Aufnahme eines an sich geeigneten Händlers in ein

---

990 EuGH, 28.01.1986, Rs. 161/84, „Pronuptia“, Slg. 1986 S. 353, Rn. 25.

991 EuGH, 13.07.2006, Rs. C-74/04 P, “Volkswagen II”, Slg. 2006 S. I-6602, Rn. 35 ff.; Emmerich, in: Immenga/Mestmäcker (Hrsg.), WettbewerbsR Kommentar Bd. 1 EU/Teil 1, Art. 101 Abs. 1 AEUV, Rn. 70.

992 Siehe hierzu: Emmerich, in: Immenga/Mestmäcker (Hrsg.), WettbewerbsR Kommentar Bd. 1 EU/Teil 1, Art. 101 Abs. 1 AEUV, Rn. 70.

993 Emmerich, in: Immenga/Mestmäcker (Hrsg.), WettbewerbsR Kommentar Bd. 1 EU/Teil 1, Art. 101 Abs. 1 AEUV, Rn. 71.

994 EuGH, 24.10.1995, Rs. C-70/93, „Bayerische Motorenwerke”, Slg. 1995 S. I-3439, Rn. 16 ff.; KOME, 18.12.1987, (88/172/EWG – Konica) ABl. 23.03.1988 L 78/34, Rn. 35 f.

selektives Vertriebssystem als gemeinsame Politik des Herstellers und seiner Händler angesehen werden.[995] Das Erteilen von (unzulässigen) Ausfuhrverboten[996] oder die Verweigerung von Garantieleistung für außerhalb eines selektiven Vertriebssystems stehende Händler wurde als Vereinbarung angesehen.[997] Für Franchisesysteme besonders relevant ist auch, dass die Geltendmachung gewerblicher Schutzrechte, wenn sie Bestandteil, Folge oder auch Mittel einer Vereinbarung ist, unter das Verbot des Art. 101 Abs. 1 AEUV fallen kann.[998]

Im EU-Kartellrecht ist die Frage, ob eine (erlaubte) einseitige Verhaltensweise oder bereits eine Vereinbarung vorliegt, stark vom Einzelfall abhängig. Aus der EU-Rechtsprechung ergibt sich noch keine klare, einheitliche Linie, so dass in diesem Bereich noch Rechtsunsicherheit für die Unternehmen besteht, auch wenn der Nachweis eines Kartellverstoßes der Kommission obliegt. Das EU-Recht ist im Vergleich zum U.S. *Antitrust Law* deutlich strenger und fasst auch dem Anschein nach einseitige Maßnahmen unter das Kartellverbot, die nach der U.S. *Colgate*-Rechtsprechung nicht darunter fallen würden.

d. Ablehnung der *Colgate*-Doktrin durch südafrikanische Gerichte

Der *Competition Appeal Court* hat sich in seiner Entscheidung im *Federal Mogul Aftermarket*-Fall mit der *Colgate*-Doktrin auseinandergesetzt. Das Gericht weist in dem Urteil auf die Gefahren hin, die eine Übernahme fremden Rechts in das eigene mit sich bringt. Eine Anleihe bei fremden Rechtsordnungen könne nur mit größter Vorsicht vorgenommen werden. Insbesondere solle eine rechtsvergleichende Betrachtung nicht zu gedankenlosem Rosinenpicken führen.[999] Das Gericht hebt hervor, dass sich der Wortlaut von § 1 Sherman Act und Sec. 5 Abs. 2 Competition Act unterscheiden. Die südafrikanische Regelung erfordert keine Vereinbarung, sondern spricht allein von „practice". Während in vorangegangenen Gerichtsentscheidungen keine einheitliche Linie gefunden wurde, wie „practice" zu definieren sei,[1000] stellt der *Competition Appeal Court* nunmehr klar, dass einseitige Handlungen ausreichend sind, um den Verbotstatbestand der Sec. 5 Abs. 2 Competition

995 KOME, 06.01.1982, (82/267/EWG – AEG-Telefunken) ABl. 30.04.1982 L 117/15, Rn. 18 ff., 23, 56 f.; EuGH, 25.10.1983, Rs. 107/82, „AEG", Slg. 1983, 3151, Rn. 37.

996 Mitt. Komm., LL für vert. Beschränkungen (2000/C 291/01), ABl. EG C 291/1, Rn. 49; KOME, 13.07.1987, (87/409/EWG – Sandoz) ABl. 10.08.1987 L 222/28, Rn. 26 f.

997 EuGH, 13.01.1994, Rs. C-376/92, „Metro/Cartier", Slg. 1994, I-15, Rn. 32.

998 EuGH, 29.02.1968, Rs. 24/67, „Parke Davis", Slg. 1968, 86 [111 f.]; EuGH, 18.02.1971, Rs. 40/707, „Sirena/Eda", Slg. 1971, 69, Rn. 9. Siehe zu oben gesagtem auch: Emmerich, in: Immenga/Mestmäcker (Hrsg.), WettbewerbsR Kommentar Bd. 1 EU/Teil 1, Art. 101 Abs. 1 AEUV, Rn. 72.

999 *Federal Mogul Aftermarket Southern Africa (Pty) Ltd. v. Competition Commission* (33/CAC/Sep03), 23.09.2004, S. 5 f.

1000 Siehe hierzu auch die näheren Erläuterungen in Kapitel 3.

Act zu erfüllen.[1001] Dabei ist jedoch zu beachten, dass Preisempfehlungen gemäß Sec. 5 Abs. 3 Competition Act nicht verboten sind, wenn deutlich gemacht wird, dass die Empfehlung nicht bindend ist, und wenn neben dem Preis, falls dieser auf dem Produkt angegeben sein sollte, die Angabe „unverbindliche Preisempfehlung" abgedruckt ist.

In der Literatur wird diese Entscheidung des *Competition Appeal Court* teilweise heftig kritisiert.[1002] Gegen die Annahme, dass „practice" auch einseitige Verhaltensweisen umfasse, spreche zum einen die systematische Stellung im Gesetz.[1003] Sec. 4 und 5 Competition Act betreffen grundsätzlich nur zwei- und mehrseitige Handlungen, während Sec. 7 bis 9 Competition Act schon einseitiges Verhalten ausreichen lassen.[1004] Dass Sec. 7 bis 9 Competition Act, die den Missbrauch einer marktbeherrschenden Stellung regeln, naturgemäß auch einseitige Verhaltensweisen genügen lassen, da ein Unternehmen mit Marktmacht nicht auf eine Vereinbarung angewiesen ist, bedeutet jedoch nicht, dass für Sec. 4 und 5 Competition Act im Umkehrschluss immer eine Vereinbarung notwendig wäre. Dagegen spricht auch schon der Wortlaut von Sec. 5 Abs. 2 Competition Act, der von „practice" und gerade nicht von „agreement", wie Absatz 1 der Vorschrift, spricht. Auch ist zu beachten, dass Wettbewerbsbeschränkungen häufig durch einseitiges Verhalten herbeigeführt werden.[1005]

Den Gerichten wird vorgeworfen, sich nicht tiefgehend mit dem Wettbewerbsrecht, insbesondere mit den aktuellen Entwicklungen in Bezug auf Preisbindungen, auseinanderzusetzen und dadurch die Entwicklung des südafrikanischen Rechts zu behindern.[1006] Allerdings ist zu beachten, dass der Richter an das Gesetz gebunden ist und die Anwendung der *Colgate*-Doktrin zu einer sehr weiten Auslegung *contra legem* führt. Der südafrikanische Gesetzgeber hat Preisbindungen offensichtlich als absolut wettbewerbsfeindlich eingestuft.[1007] Die *Colgate*-Doktrin sollte und kann daher nicht benutzt werden, um die Wirkung von Sec. 5 Abs. 2 Competition

---

1001 *Federal Mogul Aftermarket Southern Africa (Pty) Ltd. v. Competition Commission* (33/CAC/Sep03), 23.09.2004, S. 9.

1002 Sutherland/Kemp, Competition Law of SA, S. 6/50 f. So auch der verteidigende Anwalt im *Federal Mogul Aftermarket*-Fall: *Federal Mogul Aftermarket Southern Africa (Pty) Ltd. v. Competition Commission* (33/CAC/Sep03), 23.09.2004, S. 4 f.

1003 So der Verteidiger von Midas im *Mogul Aftermarket*-Fall.

1004 *Federal Mogul Aftermarket Southern Africa (Pty) Ltd. v. Competition Commission* (08/CR/Mar01), 28.01.2003, Rn. 22. So auch: Sutherland/Kemp, Competition Law of SA, S. 6/49.

1005 So auch die Gegenmeinung: siehe: Sutherland/Kemp, Competition Law of SA, S. 6/50.

1006 Sutherland/Kemp, Competition Law of SA, S. 6/51: „South African competition courts appear to be loath to engage in substantive competition law issues and this is harming the development of our law." Die Aussage der Autoren ist nicht ganz eindeutig, aber sie beziehen sich dabei wohl auf die Rechtsprechungsänderung im U.S. Antitrust Law durch das Leegin Urteil aus dem Jahr 2007.

1007 So auch: *Federal Mogul Aftermarket Southern Africa (Pty) Ltd.* v. *Competition Commission* (33/CAC/Sep03), 23.09.2004, S. 8: „The drafters of the Act clearly regarded

Act einzuschränken.[1008] Vielmehr sollte „practice" so verstanden werden, dass auch scheinbar einseitige Verhaltensweisen, also Verhaltensweisen, die sich nur vordergründig als einseitig darstellen, bei näherer Betrachtung jedoch in eine Vereinbarung auswachsen, hierunter fallen. Eine genauere Abgrenzung wird dabei vom Einzelfall abhängen.

2. *Legislativer Wechsel zur* rule of reason?

Da der Wortlaut von Sec. 5 Abs. 2 Competition Act eine weite Auslegung des *per se* Verbots nicht erlaubt, stellt sich die Frage, ob eine Änderung des Gesetzestextes nach dem Vorbild der neuen U.S.-Rechtsprechung sinnvoll wäre. Die *Competition Commission* geht nicht von einer Abkehr vom *per se* Verbot in naher Zukunft aus.[1009] Südafrikanische Autoren fordern hingegen, dass vom *per se* Verbot für Mindestpreisbindungen Abstand genommen wird und stattdessen eine *rule of reason* Abwägung durchgeführt wird. Sie bringen dabei das Argument vor, dass es keinen Grund gebe, anzunehmen, dass eine vertikale Beschränkung zu wettbewerbsfördernden oder wettbewerbswidrigen Zwecken vereinbart wurde. Es komme auf die Auswirkungen auf dem relevanten Markt an und diese müssten objektiv bestimmt werden. Ein generelles Verbot sei zu weit, denn es erfasse auch harmloses Verhalten. Daher käme allein eine *rule of reason* Prüfung in Betracht.[1010]

Wirtschaftswissenschaftler sind sich einig, dass Preisbindungen der zweiten Hand, wie alle vertikalen Wettbewerbsbeschränkungen, einen ambivalenten Charakter haben. Sie weisen folglich zumindest vereinzelt auch wettbewerbsfördernde Auswirkungen auf. Eine Abwägung nach der *rule of reason* würde es erlauben, dass wirtschaftlich unproblematische Preisbindungen nicht mehr *per se* verboten wären.[1011] Allerdings ist in Anbetracht ihrer Häufigkeit zweifelhaft, ob der Wechsel zu einer Betrachtung nach der *rule of reason* sinnvoll ist.

Sieht man sich das *Leegin*-Urteil näher an, so stellt man fest, dass diese Rechtsprechungsänderung nur mit einer knappen Mehrheit von fünf gegen vier Stimmen ergangen ist. Interessant ist in diesem Zusammenhang auch, dass 37 U.S.-Bundesstaaten sich im *Leegin*-Verfahren in einem Amicus-Schriftsatz gegen eine Abkehr vom *per se* Verbot hin zu einer *rule of reason* Abwägung ausgesprochen haben. In

---

resale price maintenance as an egregiously anti competitive activity and wished to state so in terse and clear terms."

1008 *Federal Mogul Aftermarket Southern Africa (Pty) Ltd.* v. *Competition Commission* (33/CAC/Sep03), 23.09.2004, S. 8.

1009 Siehe Competition Commission, Franchising Notice, Rn. 5.8, allerdings nur mit Verweis auf den Status Südafrikas als Entwicklungsland, ohne jedoch eine weitergehende Begründung hierfür zu geben.

1010 Unterhalter, in: Brassey (Hrsg.), Competition Law, 170, 172; Sutherland/Kemp, Competition Law of SA, S. 6/39.

1011 So: Kasten, WuW 2007, 994 [1007].

vielen Bundesstaaten sind Mindestpreisbindungen auch weiterhin unzulässig.[1012] Des Weiteren entfaltet das *Leegin*-Urteil, in dessen Zusammenhang immer von einem großen Rechtsprechungswechsel gesprochen wird, nur Wirkung auf nationaler, jedoch nicht auf bundesstaatlicher Ebene. Seit dem Rechtsprechungswechsel auf nationaler Ebene im Jahr 2007 haben viele bundesstaatliche Gerichte weiterhin ein *per se* Verbot angewandt.[1013] Ein Rechtsprechungswechsel hat folglich nur auf föderaler Ebene stattgefunden.

Außerdem ist zu beachten, dass das Recht und insbesondere das Wettbewerbsrecht politischen Einflüssen und sozioökonomischen Präferenzen unterworfen ist. Gerade das *U.S. Antitrust Law* weist eine große Unbeständigkeit bei der Beurteilung von vertikalen Wettbewerbsbeschränkungen im Allgemeinen auf. Sie wurden zunächst als *per se* zulässig beurteilt, um dann einer *rule of reason* Abwägung unterworfen zu werden, diese wurde abgelöst durch ein *per se* Verbot, um dann letztlich wieder zu einer Betrachtung nach der *rule of reason* zurückzukehren.[1014] Es ist daher nicht unwahrscheinlich, dass sich die amerikanischen Gerichte in den nächsten Jahren wieder für ein *per se* Verbot von Mindestpreisbindungen entscheiden. Von der zwiegespaltene Haltung in den USA zeugt auch ein Gesetzesvorschlag, der direkt im Anschluss an das *Leegin*-Urteil die legislative Rückgängigmachung der Entscheidung zum Ziel hatte.[1015]

a. Wettbewerbsfördernde Auswirkungen von Mindestpreisbindungen

Der *U.S. Supreme Court* begründet seinen Paradigmenwechsel mit ökonomischen Gründen. Mindestpreisbindungen sind die den Wettbewerb am stärksten beeinträchtigenden vertikalen Beschränkungen. Dennoch können sie den Wettbewerb sowohl intensivieren als auch schwächen. Im Folgenden sollen diese Gründe näher erläutert und kritisch betrachtet werden.

aa. Erleichterter Marktzutritt

Ein wettbewerbsfördernder Aspekt der vertikalen Preisbindungen ist die erleichterte Einführung eines neuen Produktes oder einer neuen Marke auf dem Markt durch den Franchisegeber.[1016] Dem Franchisenehmer wird durch den vom Franchisegeber

1012 Allen/Singleton, International Law News Winter 2014, Abschnitt: U.S. State Law. Bundesstaaten, in denen weiterhin ein *per se* Verbot gilt: California, Illinois, Indiana, Kansas, Maryland, Michigan und New Jersey. Siehe auch: Simon, in: Ahlert/Kenning/Olbrich/Schröder (Hrsg.), Vertikale Preis- und Markenpflege im Kreuzfeuer des Kartellrechts, 249 [250].

1013 Allen/Singleton, International Law News Winter 2014, Abschnitt: U.S. Federal Law.

1014 Böni, WuW 2012, 699 [704]. Letzteres durch: *Continental T.V., Inc. v. GTE Sylvania, Inc.* 433 U.S. 36 (1977).

1015 Siehe hierzu auch: Böni, WuW 2012, 699 [709]; Martinek, ZVertriebsR 2013, 3 [11].

1016 Kasten, RIW 2007, 419 [424]; Velez, ECLR 2011, 297 [300]; Lettl, WRP 2011, 710 [712, 734]; Doty, Berkeley Tech. LJ 2008, 655 [659]; Ellger, in: Immenga/Mestmäcker (Hrsg.), WettbewerbsR Kommentar Bd. 1 EU/Teil 1, Art. 4 Vertikal-GVO, Rn. 27.

festgesetzten höheren Weiterverkaufspreis eine größere Gewinnmarge garantiert. Diese kann er nutzen, um das neue Produkt zu bewerben oder um seinen Kundendienst weiter auszubauen. Aufgrund der bestehenden Mindestpreisbindung muss er dabei nicht befürchten, dass andere Franchisenehmer seine Preise unterbieten. Durch die Werbung wird das Produkt auf dem Markt Fuß fassen und damit den interbrand Wettbewerb verstärken, was sich positiv für den Verbraucher auswirkt.[1017]

Allerdings ist zu beachten, dass diese Preisbindung nur für eine kurze Zeitspanne, bis sich das Produkt auf dem Markt etabliert hat, notwendig ist.[1018] Für etablierte Marken und bestehende Märkte kann das Argument nicht angeführt werden.[1019] Außerdem gibt es auch die Möglichkeit weniger einschneidender Maßnahmen, wie etwa die vertragliche Verpflichtung der Franchisenehmer zu verkaufsfördernden Aktionen.[1020] Ebenso wäre es denkbar, dass der Franchisegeber dem Franchisenehmer für die Dauer der Etablierung geringere Preise als den anderen Franchisenehmern anbietet oder die Werbung des Franchisenehmers zur Produkteinführung durch einen Pauschalbetrag honoriert. Auf diese Weise könnte der Franchisegeber den Marktzutritt erleichtern, ohne dabei aber den Preiswettbewerb auf Händlerebene einzuschränken.[1021]

bb. Sonderangebotskampagnen

Gerade in Franchisesystemen, aber auch in anderen Systemen mit einer einheitlichen Vertriebsmethode, kann eine zeitlich begrenzte Preisbindung, um eine Rabattaktion zu ermöglichen, wettbewerbsbelebende Wirkung haben. Die Kommission sieht eine Dauer von zwei bis sechs Wochen vor.[1022] Nicht nur die niedrigen Preise, sondern vor allem auch der werbewirksame Effekt einer solchen Aktion stärken den interbrand Wettbewerb und kommen den Konsumenten zugute.[1023] Allerdings

---

1017 Schwaderer, WuW 2008, 653 [656 f.]; Kasten, RIW 2007, 419 [424]; Mitt. Komm., LL für vert. Beschränkungen (2010/C 130/01), ABl. EU C 130/1, Rn. 225; Martinek, ZVertriebsR 2013, 3 [9 f.]; Sutherland/Kemp, Competition Law of SA, S. 6/39; Peeperkorn, 4 Eur. Competition J. 2008, 201 [211].

1018 So auch: Breyer, J., in seiner dem Mehrheitsvotum widersprechenden Beurteilung, *Leegin Creative Leather Products, Inc. v. PSKS, Inc., DBA Kay's Klose.... Kay's Shoes*, 551 U.S. (2007) S. 12; Ellger, in: Immenga/Mestmäcker (Hrsg.), WettbewerbsR Kommentar Bd. 1 EU/Teil 1, Art. 4 Vertikal-GVO, Rn. 27; Peeperkorn, 4 Eur. Competition J. 2008, 201 [211].

1019 Peeperkorn, 4 Eur. Competition J. 2008, 201 [211].

1020 Martinek, ZVertriebsR 2013, 3 [9 f.]; Petsche/Lager, in: Liebscher/Flohr/Petsche (Hrsg.), Handbuch der EU-GVO, § 7, Rn. 99; Schwaderer, WuW 2008, 653 [656 f.].

1021 Peeperkorn, 4 Eur. Competition J. 2008, 201 [212].

1022 Mitt. Komm., LL für vert. Beschränkungen (2010/C 130/01), ABl. EU C 130/1, Rn. 225; Funke/Just, DB 2010, 1389 [1395].

1023 Siehe dazu: Mitt. Komm., LL für vert. Beschränkungen (2010/C 130/01), ABl. EU C 130/1, Rn. 225; Petsche/Lager, in: Liebscher/Flohr/Petsche (Hrsg.), Handbuch der EU-GVO, § 7, Rn. 99; Martinek, ZVertriebsR 2013, 3 [10]; Imgrund, BB 2012, 787

ist auch hier eine Preisbindung nur für einen kurzen Zeitraum notwendig, so dass eine allgemeine Preisbindung hierdurch nicht gerechtfertigt ist.

cc. *Free-Rider* Problematik

Die Festsetzung von Mindestpreisen kann des Weiteren das sogenannte Trittbrettfahrerproblem (sogenanntes „free riding") verringern.[1024] Diese Problematik tritt im Rahmen von vorverkäuflichen Dienstleistungen (wie etwa Kundenberatung) auf, die der Franchisenehmer nicht gesondert in Rechnung stellen kann und die auch nicht zu einer Verpflichtung zum Kauf führen. Die Franchisenehmer, die einen (kostenintensiven) Kundendienst anbieten, laufen dabei Gefahr, dass ihr Preis durch einen Wettbewerber ohne diesen Zusatzdienst unterboten wird.[1025] Durch die Fest- oder Mindestpreisbindungen wird den Franchisenehmern eine gewisse Gewinnmarge garantiert. Sie verhindert, dass ein Kunde sich durch die Werbung oder die Beratung durch den Kundenservices für den Kauf des Produkts entscheidet, das Produkt aber letztlich bei der billigeren Konkurrenz, dem Trittbrettfahrer, kauft, der selbst weder Werbung schaltet noch einen Kundendienst anbietet. Franchisenehmer könnten sich, bei Vorliegen einer vertikalen Preisbindung, nur noch über die Qualität der Ware sowie den Dienst am Kunden und nicht durch Unterbieten des Preises voneinander absetzen. Diese Art von Konkurrenz würde sich positiv für den Kunden auswirken und gleichzeitig den interbrand Wettbewerb fördern.[1026]

Allerdings wird das *Free-rider* Argument dadurch entkräftet, dass Gebietsbeschränkungen die gleiche Wirkung haben, sich jedoch weniger wettbewerbsbeschränkend auswirken.[1027] Außerdem garantieren Preisbindungen nicht, dass andere Franchisenehmer auch wirklich Werbung schalten und einen Kundendienst einrichten.[1028]

---

[791]; Möschel, ECLR 2013, 233 [235]; Ellger, in: Immenga/Mestmäcker (Hrsg.), WettbewerbsR Kommentar Bd. 1 EU/Teil 1, Art. 4 Vertikal-GVO, Rn. 28.

1024 Hylton, Antitrust Law, 259; Bueren, WRP 2004, 567 [569]; Schwaderer, WuW 2008, 653 [655 f.]; Comanor, 98 Harv. L. Rev. 1985, 983 [987]; Jones/Sufrin, EU Competition Law, 777 ff.

1025 Schwaderer, WuW 2008, 653 [655 f.]; Comanor, 98 Harv. L. Rev. 1985, 983 [987]; Jones/Sufrin, EU Competition Law, 777 ff.; Bueren, WRP 2004, 567 [569].

1026 Siehe dazu: Sutherland/Kemp, Competition Law of SA, S. 6/40 ff.; Unterhalter, in: Brassey (Hrsg.), Competition Law, 169 f.; Schwaderer, WuW 2008, 653 [655 f.]; Martinek, ZVertriebsR 2013, 3 [10]; Mitt. Komm., LL für vert. Beschränkungen (2010/C 130/01), ABl. EU C 130/1, Rn. 225; Rey/Caballero-Sanz, The Policy Implications of the Economic Analysis of Vertical Restraints, S. 28; Lao, IIC 2008, 253 [255 f.]; Peeperkorn, 4 Eur. Competition J. 2008, 201 [208]; Telser, 3 J. L. and Econ. 1960, 86 [91 f.]; Doty, Berkeley Tech. LJ 2008, 655 [657]; Marvel/McCafferty, 15 Rand. J. Econ. 1984, 346 [348]; Posner, 127 U. Pa. L. Rev. 1979, 925 [926 f.].

1027 Sutherland/Kemp, Competition Law of SA, S. 6/40; Peeperkorn, 4 Eur. Competition J. 2008, 201 [209]; Tirole, The Theory of Industrial Organization, 182 f.

1028 Bis zur zweiten GWB-Novelle im Jahre 1973 waren Preisbindungen für Markenartikel in Deutschland erlaubt. Allerdings nutzten die Händler die garantierte

Des Weiteren können, gerade in einem Franchisesystem, vertikale Preisbindungen dadurch umgangen werden, dass der Franchisegeber an Stelle der einzelnen Franchisenehmer das Marketing für das gesamte Franchisesystem übernimmt. Allerdings gibt es auch gute Gründe dafür, dass der einzelne Franchisenehmer Werbung schaltet. Denn dieser kennt die lokalen Gegebenheiten und Besonderheiten besser und kann besser einschätzen, welche Werbung Erfolg versprechend ist.[1029]

Gegen das *Free-rider* Argument spricht weiterhin, dass es nur bei technischen komplexen, relativ teuren, langlebigen und daher beratungsintensiven Produkten zum Tragen kommt.[1030] Wenn jedoch ein wirklicher Informations- und Beratungsbedarf besteht, gibt es die Möglichkeit zur Kundenbindung. Einzelhändler können nicht nur Kundenberatung im Vorfeld eines Verkaufs anbieten, sondern auch eine Betreuung nach dem Kauf. Gerade im Falle eines komplexen, hochtechnisierten Produktes brauchen Kunden auch noch häufig nach Erwerb der Ware Unterstützung und Beratung.[1031] Wenn sie dann nicht bei jemandem gekauft haben, der diesen Service anbietet, dann kommen auf sie eventuell Mehrkosten durch die Nutzung von Hotlines etc. zu. Das Erbringen von zusätzlichen Dienstleistungen ist daher als Wettbewerbsfaktor nicht zu unterschätzen.[1032] Auch ist es nicht unwahrscheinlich, dass Kunden durchaus gewillt sind, für besonderen Service und geschultes Personal mehr zu zahlen.[1033]

Hierbei ist jedoch auch die wachsende Konkurrenz des Internets zu beachten. Gerade über Produkte wie Smartphones, Kameras, Laptops, Kühlschränke, um nur einige wenige zu nennen, kann man sich nun leicht im Internet oder technischen Fachzeitschriften informieren;[1034] und dies meist besser als im Einzelhandel. Gerade über die Haltbarkeit, Benutzerfreundlichkeit und Qualität des Produktes, also alles, was über die rein technischen Daten hinausgeht, ist der Informationsfluss durch Erfahrungsaustausch in Foren oder durch Kundenrezensionen im Internet detaillierter und hilfreicher. Der Erfahrungsschatz Vieler, online gesammelt, schafft auch Abhilfe bei eventuell auftretenden technischen Problemen. Wenn ein Kunde keine Beratung braucht, sollte ihm die Möglichkeit eingeräumt werden, die Ware für einen

---

Gewinnspanne kaum, um Werbung zu schalten, vielmehr waren es allein die Hersteller, die das Marketing betrieben. Siehe dazu Möschel, 140 ZgS 1984, 156 [167]. Siehe auch Sutherland/Kemp, Competition Law of SA, S. 6/19 f.; Unterhalter, in: Brassey (Hrsg.), Competition Law, 171; Peeperkorn, 4 Eur. Competition J. 2008, 201 [209].

1029 Sutherland/Kemp, Competition Law of SA, S. 6/20.

1030 Wie etwa Fernseher, Laptops, Smartphones, Kühlschränke, Autos und dergleichen. Siehe dazu: Schwaderer, WuW 2008, 653 [656]; Doty, Berkeley Tech. LJ 2008, 655 [657]; Unterhalter, in: Brassey (Hrsg.), Competition Law, 170.

1031 Kasten, RIW 2007, 419 [423]; Sosnitza/Hoffmann, AG 2008, 107 [113]; Hofmann, WM 2010, 920 [926].

1032 Hofmann, WM 2010, 920 [926].

1033 Unterhalter, in: Brassey (Hrsg.), Competition Law, 171.

1034 Lao, 14/9 Journal of Internet Law 2011, 14 [16 f.]; Hofmann, WM 2010, 920 [926].

geringeren Preis von einem Einzelhändler zu kaufen, der keine Kundenberatung anbietet und daher auch keine so hohe Gewinnspanne bedarf. Zu denken wäre hier insbesondere an den Internetversandhandel.[1035]

dd. Förderung von Werbeaktivitäten auf Händlerebene

In der Begründung der *Leegin*-Entscheidung wird des Weiteren als Argument angeführt, dass auch, wenn kein Trittbrettfahrer-Problem bestehe, Mindestpreisbindungen dennoch die Werbeaktivitäten auf Händlerebene, also bei den Franchisenehmern, ankurbeln könnten und zwar in den Fällen, in denen es für den Franchisegeber kaum möglich oder auch zu kostspielig ist, seinen Franchisenehmern vertraglich vorzuschreiben, wie sie ihr Geschäft zu führen haben und wie sie ihre Verkäufe ankurbeln können.[1036] Auf diese Art und Weise könnten Franchisenehmer ihre eigene Erfahrungen und Ideen zur Steigerung des Absatzes einbringen.[1037] Die Mindestpreisbindung des Franchisegebers gewährt ihnen eine feste Gewinnmarge, die ihnen Investitionen in diesem Bereich erlauben. Sollten die Bemühungen des Franchisenehmers nicht erfolgreich sein, kann der Hersteller ihn durch Aufhebung der Mindestpreisbindung oder sogar Kündigung des Belieferungsvertrages abstrafen.[1038]

Allerdings stellt sich die Frage, warum ein Franchisenehmer in Abwesenheit von Trittbrettfahrern nicht auf eigene Initiative hin seine Werbeaktivität erhöhen sollte. Dies würde ihm erlauben, seinen Marktanteil auszubauen und seine Gewinne zu steigern. Eine Anregung durch den Franchisegeber ist daher unnötig.[1039]

Des Weiteren wirkt sich die Bestrafung des Franchisenehmers, d. h. die Aufhebung der Mindestpreisbindung, wenn die Verkaufszahlen nicht zur Zufriedenheit des Franchisegebers sind, kontraproduktiv aus. In diesem Fall wäre der Franchisenehmer gerade im Vorteil gegenüber den anderen Franchisenehmern, die weiterhin an die Mindestpreisbindung gebunden sind. Denn er könnte seine Preise senken und dadurch mehr Kunden anlocken. Die Vorteile einer Mindestpreisbindung sind für einen Franchisenehmer nicht unbedingt der Preis, der nicht unter ein gewisses Niveau gesenkt werden darf, sondern vielmehr der Fakt, dass seine Konkurrenten, ihre Preise ebenfalls nicht senken dürfen. Für einen Franchisenehmer wäre die Aufhebung der Mindestpreisbindung folglich keine Strafe, sondern die Möglichkeit

---

1035 Sosnitza/Hoffmann, AG 2008, 107 [113]; Kasten, RIW 2007, 419 [425]; Hofmann, WM 2010, 920 [927].

1036 *Leegin Creative Leather Products, Inc. v. PSKS, Inc., DBA Kay's Klose.... Kay's Shoes*, 551 U.S. 877 (2007) S. 12. Siehe hierzu auch: Lockerby, Franchise L. J. 2007, 112 [114]; Sutherland/Kemp, Competition Law of SA, S. 6/39.

1037 Kasten, WuW 2007, 994 [999].

1038 Peeperkorn, 4 Eur. Competition J. 2008, 201 [209].

1039 So auch: abweichendes Votum von Breyer, J. auf S. 14 f; Peeperkorn, 4 Eur. Competition J. 2008, 201 [210]; a. A. Kasten, WuW 2007, 994 [999].

sich gegen seine Konkurrenten durchzusetzen, denen weiterhin die Hände gebunden sind.[1040]

b. Wettbewerbsbeschränkende Auswirkungen von Mindestpreisbindungen

Von vertikalen Mindestpreisbindungen gehen jedoch auch nicht zu unterschätzende Gefahren für den Wettbewerb aus.

aa. Händlerfreiheit und Preisautonomie

Preisbindungen schränken die Freiheit der Franchisenehmer ein, ihre Preise frei und unabhängig zu bestimmen. Die Autorität im Bereich der Preisgestaltung sollte jedoch diesem überlassen bleiben. Gegen dieses oft vorgebrachte Argument wird eingewandt, dass die Preisgestaltungsfreiheit nicht von Natur aus beim Händler liege. Es sei wirtschaftlich nicht nachvollziehbar, warum dieser die Preishoheit haben sollte. Preisgestaltung sei ein wichtiges Marketinginstrument und es sei nicht einsehbar, warum diese nicht auch den Systemköpfen zustehen sollte.[1041] Dagegen ist, zumindest für das EU-Kartellrecht einzuwenden, dass dieses neben einem funktionsfähigen Wettbewerb noch weitere Ziele verfolgen darf und auch verfolgt. Es besteht kein *full economic approach*, sondern nur ein *more economic approach*. Schutzgut des EU-Rechts ist auch die Handlungsfreiheit der Marktteilnehmer und damit auch die Preisgestaltungsfreiheit des Handels.[1042]

Der Franchisenehmer ist außerdem schutzwürdig in seiner unternehmerischen Preisbildungsfreiheit, denn er trägt letztlich das wirtschaftliche Risiko.[1043] Auch kann er die lokalen Gegebenheiten, und damit welcher Preis auf seinem eigenen Markt der angemessene ist, selbst am besten einschätzen.[1044] Für eine erfolgreiche Teilnahme am Wettbewerb ist daher erforderlich, dass er den Preis seiner Waren oder Dienstleistungen anhand der speziell sein Unternehmen betreffenden wirtschaftlichen Umstände selbst bestimmt. Der Franchisegeber sollte diese Preisbildungsfreiheit nicht durch Vorgaben einschränken.[1045]

1040 Peeperkorn, 4 Eur. Competition J. 2008, 201 [210]; a. A. Kasten, WuW 2007, 994 [999 f.].

1041 Ahlert/Schefer, in: Ahlert/Kenning/Olbrich/Schröder (Hrsg.), Vertikale Preis- und Markenpflege im Kreuzfeuer des Kartellrechts, 7 [24 f.]; Ahlert, ZVertriebsR 2012, 207 [208]; Ahlert/Kenning/Olbrich/Schröder, in: Ahlert/Kenning/Olbrich/Schröder, Vielfalt durch Gestaltungsfreiheit im Wettbewerb, 5 f.

1042 Martinek, ZVertriebsR 2013, 3 [11].

1043 Klotz, in: von der Groeben/Schwarze (Hrsg.), EUV/EGV Kommentar, Art. 81, Rn. 80; Martinek, ZVertriebsR 2013, 3 [9]; Kiethe, WRP 2004, 1004 [1006].

1044 Kirchhoff, FS Hirsch, 249 [255].

1045 Kiethe, WRP 2004, 1004 [1008]. Siehe dazu auch die Entscheidung des Bundesgerichtshofes zu § 15 GWB a. F.: BGH, Urt. v. 02.02.1990, KZR 11/97, BGHZ 140, 342, Rn. 37; a. A.: Ahlert/Kenninger/Olbrich/Schröder, Vielfalt durch Gestaltungsfreiheit im Wettbewerb, S. 5.

bb. Beschränkung des intrabrand Wettbewerbs

Die Vorgabe von Weiterverkaufspreisen durch den Franchisegeber führt zu einer Beschränkung oder sogar Beseitigung des Preiswettbewerbs auf der Handelsstufe (beispielsweise der Franchisenehmer untereinander).[1046] Preise können sich nicht mehr, wie gewöhnlich, durch Angebot und Nachfrage am Markt entwickeln. Ein Konkurrenzkampf um Verbraucher über den Preis mit anderen Franchisenehmern aus dem Franchisesystem ist nicht mehr möglich.[1047] Diese Verringerung des produktinternen, intrabrand Wettbewerbs führt letztlich zu höheren Verkaufspreisen im Einzelhandel.[1048]

Um dies zu unterlegen, kann auf die Erfahrung zurückgegriffen werden, die mit Preisbindungen in verschiedenen Ländern gemacht wurde. In Deutschland waren Preisbindungen für Markenartikel bis zur zweiten GWB-Novelle im Jahre 1973 erlaubt. Die Kritiken, die vielfach am Verbot von Preisbindungen geäußert wurden,[1049] erwiesen sich als unbegründet und die Preise im Einzelhandel sanken nach dem Verbot drastisch.[1050] Die gleiche Erfahrung wurde in den USA gemacht. Dort erlaubten einige Staaten Preisbindungen, wenn die Ware den Namen des Herstellers trug.[1051] Umfragen zeigten, dass die Preise in diesen Bundesstaaten um 19 % bis 27 % höher waren, als in Bundesstaaten, in denen vertikale Preisbindungen verboten waren. Eine andere Studie legte dar, dass Preise um 3,1 % in den Staaten anstiegen, in denen Preisbindungen nicht verboten waren.[1052] Auch in Frankreich hatte ein Gesetz (das sogenannte *Loi Galland*), das zwar für andere Zwecke gedacht war, jedoch faktisch zu Mindestpreisbindungen führte, zur Folge, dass sowohl der Markenwettbewerb als auch der Wettbewerb innerhalb einer Marke nachließen. Die Preise in Frankreich waren in Vergleich zu Deutschland um 10 % höher. Der Durchschnitt der restlichen Eurozone wurde um immerhin 3 % überschritten. Nach Änderung des Gesetzes ließen die Preise innerhalb von 14 Monaten um 4 % nach. Auch in Großbritannien sanken die Preise nach Aufhebung der Buchpreisbindung im Jahr 1997 und der Buchverkauf stieg.[1053]

1046 Ellger, in: Immenga/Mestmäcker (Hrsg.), WettbewerbsR Kommentar Bd. 1 EU/Teil 1, Art. 4 Vertikal-GVO, Rn. 12; Martinek, ZVertriebsR 2013, 3 [9]; Competition Commission, Franchising Notice, Rn. 4.7.

1047 Pischel, EuZW 2005, 459 [462].

1048 Giovannetti/Stallibrass, ECJ 2009, 641 [645]; Woker, 18 SA Merc LJ 2006, 107 [113].

1049 Huber, Grundgesetz und vertikale Preisbindung, 10 ff., 64 ff.

1050 Sosnitza/Hoffmann, AG 2008, 107 [113]; Hofmann, WM 2010, 920 [925].

1051 Rechtsgrundlage waren der *Miller-Tydings Fair Trade Act* und der *McGuire Act*. Der *Consumer Goods Pricing Act* von 1975 erlaubte eine bundesweit einheitliche Regelung.

1052 Doty, Berkeley Tech. LJ 2008, 655 [659 f.].

1053 Simon, in: Ahlert/Kenning/Olbrich/Schröder (Hrsg.), Vertikale Preis- und Markenpflege im Kreuzfeuer des Kartellrechts, 249 [251 f.].

cc. Förderung von Kartellierungen

Des Weiteren werden durch vertikale Preisbindungen Kartellabsprachen erleichtert.[1054] Kartellwidrige Preissenkungen einzelner Kartellanten können durch die Einheitlichkeit der Preise leichter aufgedeckt werden.[1055] Diese Preistransparenz begünstigt insbesondere auf oligopolistischen Märkten horizontale Kollusionen sowohl zwischen den Franchisenehmern untereinander als auch zwischen Franchisegebern, Lieferanten bzw. Hersteller untereinander. Diese Kollusionen beeinträchtigen folglich nicht nur den intrabrand, sondern auch den interbrand Wettbewerb.[1056]

Teilweise wird angeführt, dieses Argument sei nicht überzeugend, da ein Kartell für eine bestimmte Marke dieser Marke nicht Marktmacht gebe. Sollten Einzelhändler versuchen, den Preis entsprechend ihrer horizontalen Preisabsprache anzuheben, würden Verbraucher zu einer anderen Marke, die zu wettbewerbsfähigen Preisen angeboten wird, wechseln. Sollte der Hersteller Marktmacht haben, gäbe es für ihn keinen Grund, Preisabsprachen zwischen Einzelhändlern zu deren Vorteil zu fördern. Zwar ist denkbar, dass Preisabsprachen horizontale Kollusionen fördern, allerdings erfordere dies einen ausgeklügelten Plan, an dem viele Hersteller und Einzelhändler beteiligt sein müssten. Dies sei kaum zu realisieren, wenn auch nicht unmöglich.[1057] Allerdings wird bei dieser Argumentation die Kaufkraft der Händler vernachlässigt. Große Einzelhandelsketten, wie etwa Supermarktketten, haben eine so große Nachfragemacht, dass eine Preisabsprache möglich ist.[1058] Diese würde verhindern, dass effizientere, kostengünstiger arbeitende Franchisenehmer ihre Ware zu einem niedrigeren Preis verkaufen können und dadurch ihren Produktabsatz erhöhen. In diesem Fall würde eine Preisbindung allein dazu

---

1054 Competition Commission, Franchising Notice, Rn. 4.7.; *Leegin Creative Leather Products, Inc. v. PSKS, Inc., DBA Kay's Klose.... Kay's Shoes*, 551 U.S. 877 (2007) S. 12. Siehe hierzu auch: Unterhalter, in: Brassey (Hrsg.), Competition Law, 171; Peeperkorn, 4 Eur. Competition J. 2008, 201 [206]; Schwalbe, in: Ahlert/Kenning/Olbrich/Schröder (Hrsg.), Vertikale Preis- und Markenpflege im Kreuzfeuer des Kartellrechts, 156 [164].

1055 *Leegin Creative Leather Products, Inc. v. PSKS, Inc., DBA Kay's Klose.... Kay's Shoes*, 551 U.S. 877 (2007) S. 12. Siehe hierzu auch: Unterhalter, in: Brassey (Hrsg.), Competition Law, 171; Peeperkorn, 4 Eur. Competition J. 2008, 201 [206]; Hylton, Antitrust Law, 253; Schwalbe, in: Ahlert/Kenning/Olbrich/Schröder (Hrsg.), Vertikale Preis- und Markenpflege im Kreuzfeuer des Kartellrechts, 156 [164].

1056 Smith, 6 SA Merc LJ 1994, 63 [64 ff.]; Sutherland/Kemp, Competition Law of SA, S. 6/47; Pischel, EuZW 2005, 459 [462]; Kasten, WuW 2007, 994 [1002]; Martinek, ZVertriebsR 2013, 3 [9]; Giovannetti/Stallibrass, ECJ 2009, 641 [645]; Blair/Boylston-Herndon/Lopatka, 83 Wash. U. L. Q. 2005, 657 [689].

1057 Unterhalter, in: Brassey (Hrsg.), Competition Law, 171 f.

1058 Sutherland/Kemp, Competition Law of SA, S. 6/45; Smith, 6 SA Merc LJ 1994, 63 [65]; Unterhalter, in: Brassey (Hrsg.), Competition Law, 172; Zevgolis, ECLR 2013, 25 [26]; Ellger, in: Immenga/Mestmäcker (Hrsg.), WettbewerbsR Kommentar Bd. 1 EU/Teil 1, Art. 4 Vertikal-GVO, Rn. 12.

dienen, unwirtschaftlich arbeitenden Absatzmittlern eine hohe Gewinnmarge zu garantieren.[1059]

Darüber hinaus ermöglicht eine Mindest- oder Festpreisbindung auch Herstellerkartelle. Durch Absprachen der Hersteller bzw. Lieferanten oder auch Franchisegeber untereinander wären diese nicht mehr in der Lage, ihre Preise zu senken, was zu einem generellen Preisanstieg führen würde.[1060]

Hersteller mit Marktmacht können Preisbindungen missbräuchlich nutzen, um andere Hersteller bzw. Lieferanten vom Markt zu verdrängen. Sie können ihren Händlern übermäßig hohe Gewinnmargen durch Mindestverkaufspreise garantieren. Im Gegenzug kann der Händler Zugeständnisse machen, wie etwa seine Ware nicht von anderen Herstellern zu beziehen. Auch ohne diese Zugeständnisse wird es dem Hersteller mit Preisbindung möglich sein, kleinere oder neu auf dem Markt befindliche Konkurrenten auszuschalten. Denn Hersteller, die keine vergleichbaren Konditionen anbieten können, sind für Händler weniger interessant, so dass sie von einem Vertrieb derer Waren absehen werden.[1061] Sie könnten den Kunden zum Kauf von Waren einer bestimmten Marke raten, obwohl dies nicht zu deren Vorteil gereicht. Der Schaden, der dadurch verursacht würde, wäre besonders signifikant, da dies den Verbraucher direkt betrifft.[1062] Durch die Einführung von Mindestpreisbindungen gibt es letztlich keinen Anreiz mehr, Prozesse zu optimieren, was Innovationen und Effizienzgewinne verhindert.[1063]

c. Administrative Gründe gegen eine Neubewertung

Es gibt demnach viele gute Gründe, die gegen eine Mindestpreisbindung sprechen. Von Justice Breyer in seinem abweichenden Votum wurde der Mehrheitsentscheid des *Leegin*-Urteils auch dafür kritisiert, dass in diesem keine neuen Argumente

---

1059 Martinek, ZVertriebsR 2013, 3 9; *Leegin Creative Leather Products, Inc. v. PSKS, Inc., DBA Kay's Klose.... Kay's Shoes*, 551 U.S. 877 (2007) S. 13; Kasten, WuW 2007, 994 [1002]. Beispiele aus der Praxis finden sich in: Marvel/McCafferty, J. L. and Econ. 1985, 363 [373].

1060 Mitt. Komm., LL für vert. Beschränkungen (2010/C 130/01), ABl. EU C 130/1, Rn. 224.

1061 Kasten, WuW 2007, 994 [1002]; Zevgolis, ECLR 2013, 25[26]; Hofmann, WM 2010, 920 [925]; *Leegin Creative Leather Products, Inc. v. PSKS, Inc., DBA Kay's Klose.... Kay's Shoes*, 551 U.S. 877 (2007) S. 14; Sutherland/Kemp, Competition Law of SA, S. 6/47; Doty, Berkeley Tech. LJ 2008, 655 [662 f.].

1062 Mitt. Komm., LL für vert. Beschränkungen (2010/C 130/01), ABl. EU C 130/1, Rn. 224.

1063 Sutherland/Kemp, Competition Law of SA, S. 6/43 ff.; Mitt. Komm., LL für vert. Beschränkungen (2010/C 130/01), ABl. EU C 130/1, Rn. 224.

gebracht wurden.[1064] Eine Abkehr von einem seit einem Jahrhundert geltenden *per se* Verbot sei jedoch gerade nur mit neuen, fundierten Erkenntnissen möglich.[1065]

Eine Anwendung der *rule of reason* hat den Vorteil, dass sie in jedem Einzelfall eine Abwägung aller Gründe zulässt. Fälle, in denen eine Mindestpreisbindung (ausnahmsweise) zu einer Wettbewerbsintensivierung führt, wären dann nicht direkt unzulässig. In den USA führt eine Beurteilung von vertikalen Beschränkungen nach der *rule of reason* jedoch zu einer Quasi-Legalität. Die gerichtliche Beurteilung unterliegt großen Unwägbarkeiten, was den Ausgang des Prozesses anbelangt. Dies und die notwendigen, kostenintensiven Gutachten durch Wirtschaftsexperten auf beiden Seiten, führen dazu, dass vertikale Beschränkungen weitgehend nicht verfolgt werden.[1066] Daher sprechen einige in diesem Zusammenhang auch von einer „*de-facto* Legality".[1067] Der vertikalen Preisbindung könnte nun ein ähnliches Schicksal zuteilwerden.[1068] Diese Unwägbarkeiten im Hinblick auf den Prozessausgang werden in diesem Fall jedoch noch verstärkt, weil das *Leegin*-Urteil den unteren Gerichten keine wirklichen Hinweise gegeben hat, wie Mindestpreisbindungen nunmehr beurteilt werden sollen. Eine einheitliche Linie müssen die Gerichte folglich erst in den nächsten Jahren entwickeln. Eine Quasi-Legalität kann im Hinblick auf die Erheblichkeit von Mindestpreisbindungen nur schwerlich gewollt sein. Der Preis zählt zu den wichtigsten Wettbewerbsparametern. Eingriffe in seine freie Bestimmung sind daher von größerer Relevanz als andere vertikale Beschränkungen und sollten folglich auch anders beurteilt werden. Ein Wechsel vom grundsätzlichen Verbot zur *de facto* Zulässigkeit ist nicht zu empfehlen.[1069]

Auch sind die Kosten, die eine *rule of reason* Abwägung mit sich bringt, zu beachten. Gerade im Hinblick auf den Verwaltungsaufwand kann ein *per se* Verbot sinnvoll sein, wenn die Fälle, in denen sich Beschränkungen positiv auswirken, von vernachlässigbarer Anzahl sind.[1070] Das *per se* Verbot erlaubt den südafrikanischen Wettbewerbseinrichtungen Zeit und Kosten einzusparen.[1071] Wie bereits erläutert, fokussierte die Kommission in ihren Anfangsjahren auf die Fusionskontrolle und

---

1064 „What is remarkable about the majority's arguments is that *nothing* in this respect is *new*." S. 14 des Minderheitenvotums.

1065 S. 14 des Minderheitenvotums.

1066 Böni, WuW 2012, 699 [704]; Lao, 14/9 Journal of Internet Law 2011, 14 [20].

1067 Lao, 14/9 Journal of Internet Law 2011, 14 [20]. Danach wird die *rule of reason* auch als „defendant's paradise" oder „euphemism for nonliability" und „euphemism for endless economic inquiry resulting in a defense verdict" bezeichnet.

1068 So auch: Lao, 14/9 Journal of Internet Law 2011, 14 [14].

1069 Böni, WuW 2012, 699 [704].

1070 Peeperkorn, 4 Eur. Competition J. 2008, 201 [205]. Andere, der Großteil, haben sich noch nicht dazu geäußert.

1071 So wohl auch: Woker, The Franchise Relationship, 227 f.; Ebenso auch die Gegenmeinung: siehe: Sutherland/Kemp, Competition Law of SA, S. 6/50. Diese geht jedoch davon aus, dass die Kosten eines *per se* Verbots gegenüber den Einsparungen höher sind. Erläutert diese Aussage jedoch nicht weiter.

schenkte Wettbewerbsbeschränkungen kaum Beachtung.[1072] Dies hängt natürlich zum einen damit zusammen, dass sie den hohen Marktkonzentrationen in der südafrikanischen Wirtschaft entgegenwirken wollte. Grund dafür war jedoch zum anderen auch Mangel an erfahrenem und gut ausgebildetem Personal.[1073] Ein *per se* Verbot, bei dem allein eine „practice" und eine Preisbindung nachgewiesen werden muss, erleichtert der *Competition Commission* ihre Arbeit. Auch das Gerichtsverfahren ist bei einer *rule of reason* Abwägung deutlich länger. Es muss der sachlich und räumlich relevante Markt abgegrenzt werden, was einer eingehenden, langwierigen Prüfung bedarf. Auch sind die Fälle nie ganz eindeutig, weder in die eine noch in die andere Richtung. Es gibt in der Regel viele verschiedene Faktoren; die einen sprechen für die eine Seite, andere unterstützen die Argumentation der Gegenseite. Ein Gerichtsverfahren kann sich daher über Jahre hinziehen und sein Ausgang ist nie wirklich vorhersehbar. Dies bedeutet nicht nur, dass die Gerichte ihre Kapazitäten aufstocken müssten, auch die Parteien, also auch die *Competition Commission*, müssten mit deutlich höheren Kosten rechnen.[1074]

Zu beachten ist in diesem Zusammenhang auch, dass gerade mit Franchisesystemen Vielen in Südafrika die Möglichkeit zur Existenzgründung gegeben werden soll. Dafür wird auch gezielt von staatlicher Seite aus geworben, um der sehr hohen Arbeitslosenquote und der Armut, gerade unter dem nichtweißen Teil der Bevölkerung, entgegenzuwirken. Diese Existenzgründer haben wenig Erfahrung und auch nicht das rechtliche Wissen oder die finanziellen Ressourcen, um gegen ihre Franchisegeber vorzugehen.[1075] Viele können sich die rechtliche Beratung nicht leisten und stehen, gleich einem Kampf David gegen Goliath, einer ganzen Schar von Anwälten aus einer Großkanzlei gegenüber, die vor Gericht mit allen juristischen Mitteln kämpfen. Prozesse werden durch juristische Finessen und Tricks häufig in die Länge gezogen oder sogar ganz zum Stillstand gebracht.[1076] Dieses ungleiche Verhältnis besteht jedoch nicht nur in Franchisesystemen, sondern zieht sich durch alle Bereiche des Wirtschaftslebens.[1077] In der Wirtschaft im Allgemeinen und in der breiten südafrikanischen Bevölkerungsmasse fehlt es an einer Wettbewerbskultur. Man ist sich der Wettbewerbsregeln häufig nicht bewusst.[1078] Die Kommission ist jedoch darauf angewiesen, Hinweise auf Wettbewerbsbeschränkungen zu erhalten. Für eine eigene Untersuchung fehlen die Mittel. Ein strenges *per se* Verbot, wie es derzeit im südafrikanischen Recht gilt, senkt die Hemmschwelle der Franchisenehmer gegen ihre Franchisegeber im Falle von Wettbewerbsverstößen vorzugehen

1072 Hartzenberg, Competition Policy Review, 35.
1073 Hartzenberg, Competition Policy Review, 33 f.
1074 Siehe hierzu auch: Pitofsky, 71 Geo. L. J. (1982–1983), 1487 [1489].
1075 Woker, 17 SA Merc LJ 2005, 49 [52]; Hartzenberg, Competition Policy Review, 23.
1076 CUTS, Competition Policy and Law in South Africa, 29 f.
1077 Kampel, 35 TIPS 2005, 20 [22].
1078 Competition Commission/Competition Tribunal, Unleashing Rivalry, 73; Hartzenberg, Competition Policy Review, 35.

d. Ablehnung einer Änderung von Sec. 5 Abs. 2 Competition Act

Auch wenn eine *rule of reason* Abwägung eine Berücksichtigung aller relevanten Umstände des Einzelfalles erlaubt, so gibt es doch zu viele Kritikpunkte an der U.S.-Rechtsprechungsänderung. Nicht nur spielt die *Leegin*-Entscheidung die wettbewerbsschädlichen Auswirkungen von Mindestpreisbindungen herunter, auch mögen die im *Leegin*-Urteil aufgezählten Effizienzgründe nicht zu überzeugen. Der Effizienz-Ansatz der Chicago School dient dem Schutz von Innovationen und technischen Entwicklungen eines bestimmten Unternehmens vor Wettbewerbern, die diese Innovationen gerne als Trittbrettfahrer.[1079] nutzen würden. In einem Entwicklungsland mit einer eher kleinen Wirtschaft, wie Südafrika, sind rücksichtslose kleine Konkurrenten, die von Erfindungen ihrer großen Konkurrenten profitieren und deren Innovationen kopieren, eher selten. Im Gegenteil, diese KMUs haben gelernt, innovativer, effektiver und abwechslungsreicher als ihre großen Wettbewerber zu sein, allein, um sich auf dem Markt halten zu können.[1080]

Außerdem werden verbotene Verhaltensweisen in den meisten Entwicklungsländern nur selten verfolgt und Südafrika bildet da keine Ausnahme. Große Interessengruppen oder Unternehmen haben die Ressourcen, die Expertise und die Infrastruktur, um das Wettbewerbsgesetz des Landes nach ihren Vorstellungen anzuwenden, zu interpretieren und zu gestalten.[1081] Eine Abkehr vom *per se* Verbot würde diesen Trend nur weiter unterstützen.

Ebenso sprechen die bisherigen Erfahrungen mit Mindestpreisbindungen in Europa und auch den USA, ebenso wie der administrative Mehraufwand, den eine Abkehr vom *per se* Verbot verursachen würde, gegen eine Änderung des südafrikanischen *Competition Act*. Denkbar wäre jedoch eine genau umgrenzte, restriktive Ausnahmeregelung für die seltenen Fälle zu schaffen, in denen eine Mindestpreisbindung tatsächlich hauptsächlich zur Förderung des Wettbewerbs beiträgt. Zu denken wäre etwa an eine zeitlich begrenzte Mindestpreisbindung zur Einführung eines neuen Produktes. Klar definierte Ausnahmeregelungen zu schaffen, bedeutet jedoch keine Abkehr vom *per se* Verbot. Sie erlauben eine effektive Verfolgung von Mindestpreisbindungen, während gleichzeitig auch die Situationen, die einer genaueren Abwägung bedürfen, berücksichtigt werden können.[1082]

1079 Sosnitza/Hoffmann, AG 2008, 107 [113]; Kasten, RIW 2007, 419 [425]; Hofmann, WM 2010, 920 [927].

1080 Kampel, 35 TIPS 2005, 20 [23].

1081 Kampel, 35 TIPS 2005, 20 [22].

1082 So der Vorschlag für das U.S.-Recht von Breyer, J., in seiner dem Mehrheitsvotum widersprechenden Beurteilung, *Leegin Creative Leather Products, Inc. v. PSKS, Inc., DBA Kay's Klose.... Kay's Shoes*, 551 U.S. (2007) S. 21; Pitofsky, 71 Geo. L. J. (1982–1983), 1487 [1495].

V. Einfluss auf Europa

Das *U.S. Antitrust Law* hat traditionell einen starken Einfluss auf das europäische Wettbewerbsrecht. Als der *Supreme Court* seine Rechtsprechung in Bezug auf Höchstpreisbindungen im Jahre 1997 aufgab,[1083] folgte der europäische Gesetzgeber dieser neuen Rechtsprechung und stellte Klauseln, die Preisobergrenzen festlegten, vom allgemeinen Kartellverbot frei.[1084] Die Europäische Kommission hat jedoch die Rechtsprechungsänderung der USA durch das *Leegin*-Urteil nicht in europäisches Recht übernommen, als sie die neue Vertikal-GVO Nr. 330/2010 im Jahre 2010 erließ. Mindestpreisbindungen werden noch immer als Kernbeschränkungen eingeordnet. Gegen eine Übernahme des U.S. Paradigmenwechsel auch ins EU-Wettbewerbsrecht sprechen, neben den bereits erwähnten Gründen, weitere, im Folgenden näher erläuterte Erwägungen.

1. Konzeptionelle Unterschiede

Im Gegensatz zum U.S.-Recht besteht in Deutschland kein starres *per se* Verbot, vielmehr ist eine Freistellung vom Verbot des Art. 101 Abs. 1 AEUV gemäß Art. 101 Abs. 3 AEUV immer möglich.[1085] Diese Freistellungsmöglichkeit wurde, durch den Einfluss des *Leegin*-Urteils, noch ein wenig aufgeweicht. Die Kommission geht nun nicht mehr davon aus, dass eine Freistellung „unwahrscheinlich" sei, sondern dass Mindestpreisbindungen die Freistellungsvoraussetzungen des Art. 101 Abs. 3 AEUV unter bestimmten Bedingungen erfüllen können.[1086] Auch das EuG hat betont, dass es keine Wettbewerbsbeschränkung gibt, die nicht freigestellt werden könnte. Ein *per se* Verbot gäbe es gerade nicht.[1087] Durch das *Leegin*-Urteil sah sich die Kommission gezwungen, bei Erlass der Gruppenfreistellungsverordnung eine detaillierte Begründung abzugeben, warum sie Beschränkungen betreffend den Wiederverkaufspreis unter die Kernbeschränkungen zählt.

Die Streichung der Preisbindung als Kernbeschränkung aus der Gruppenfreistellungsverordnung würde eine generelle Freistellung bedeuten, bei der erst bei Überschreitung der Marktanteilsgrenzen nach Art. 3 Abs. 1 Vertikal-GVO durch einen der Beteiligten eine Einzelfallabwägung möglich wäre. Diese Änderung würde damit weit über die *rule of reason* Regelung im U.S.-Recht hinausgehen. Die Gruppenfreistellungsverordnung hat des Weiteren als Ziel, Rechtssicherheit für die Unternehmen bezüglich der Behandlung bestimmter Vertragsklauseln zu schaffen. Eine

---

1083 *State Oil Co v. Khan* 522 U.S. 3 (1997).

1084 Nolte, in: Langen/Bunte (Hrsg.), Kommentar zum dt. und eur. KartellR, Bd. 2, Art. 81 Fallgr., Rn. 505.

1085 Peeperkorn, 4 Eur. Competition J. 2008, 201 [203]; Callery, ECLR 2011, 42 [42].

1086 Mitt. Komm., LL für vert. Beschränkungen (2010/C 130/01), ABl. EU C 130/1, Rn. 223.

1087 EuG, 15.07.1994, Rs. T-17/93, „Matra Hachette SA", Slg. 1994 S. II-598, Rn. 85. Siehe auch: Kasten, WuW 2007, 994 [996 f.].

Abwägung im Einzelfall wäre dieser jedoch abträglich; denn es wäre nur schwer absehbar, wie die Beurteilung einer Preisbindung im Einzelfall ausfallen würde.[1088]

Demnach gibt es konzeptionelle Unterschiede zwischen dem U.S. *per se* Verbot und dem EU-Recht mit seinen Kernbeschränkungen. Wie oben bereits dargestellt, ist bei einem *per se* Verbot allein relevant, ob die in Frage stehende Verhaltensweise Mindestpreisbindungen betrifft. Eine weitere Abwägung findet in keinem Fall statt. Im EU-Recht ist eine Abwägung hingegen immer möglich. Mindestpreisbindungen sind zwar als Kernbeschränkungen grundsätzlich untersagt, allerdings besteht, wie bereits erläutert, die Möglichkeit, diese dennoch nach Art. 101 Abs. 3 AEUV freizustellen und in diesem Rahmen eine Abwägung nach Effizienzgründen vorzunehmen. Eine Änderung des EU-Rechts in Anlehnung an die U.S.-Rechtsprechung ist daher schon aus systematischen Gründen nicht notwendig.

2. Schutzwürdigkeit des markeninternen Wettbewerbs

In seiner *Leegin*-Entscheidung argumentierte der *U.S. Supreme Court*, dass eine Preisbindung nicht den Endpreis erhöht. Dies werde durch einen funktionierenden interbrand Wettbewerb verhindert und vertikale Preisbindungen können diesen gerade fördern.[1089] Durch Preisbindungen besteht der Preiswettbewerb nicht mehr innerhalb einer Marke, sondern findet allein zwischen den Herstellern statt. Eine Ausweitung des Kundenservices oder anderer Anreize stärke die Position gegenüber anderen Herstellern. Dies käme besonders dem Endverbraucher zugute. Diese könnten wählen, ob sie eine gute Kundenbetreuung möchten und dafür mehr bezahlen oder ob sie die Marke wählen, die billiger ist, aber auch einen schlechteren Service bietet. Des Weiteren erlaube eine Mindestpreisbindung aufgrund der feststehenden Preise den konkurrierenden Herstellern, Preise leichter zu vergleichen; damit werde das Unterbieten vereinfacht.[1090]

Gegen dieses Argument ist einzuwenden, dass es nur bei funktionierendem interbrand Wettbewerb greift. Ein solcher kann jedoch nicht garantiert werden. Wenn Hersteller oder Einzelhändler eine beherrschende Stellung auf dem Markt innehaben, wird ein Rückgang in der Qualität der Produkte oder des Kundendienstes nicht zu einem Verlust von Marktanteilen an Wettbewerber führen.[1091] Auch geht der *U.S.*

1088 Siehe hierzu auch: Nolte, in: Langen/Bunte (Hrsg.), KartellR Kommentar, Bd. 2, Nach Art. 101, Rn. 428.

1089 *Leegin Creative Leather Products, Inc. v. PSKS, Inc., DBA Kay's Klose.... Kay's Shoes*, 551 U.S. 877 (2007) 15 ff. Siehe auch: Kusske, The American University Law Review 33 (1984), 463 [487].

1090 Siehe hierzu: Hofmann, WM 2010, 920 [926]; Martinek, ZVertriebsR 2013, 3 [9]. So vertreten von: Kasten, RIW 2007, 419 [426]; Ahlert/Kenning/Olbrich/Schröder, in: Ahlert/Kenning/Olbrich/Schröder, Vielfalt durch Gestaltungsfreiheit im Wettbewerb, 5; Dieses Argument wird auch von der südafrikanischen Literatur aufgegriffen: Unterhalter, in: Brassey (Hrsg.), Competition Law, 170; Sutherland/Kemp, Competition Law of SA, S. 6/40.

1091 Hofmann, WM 2010, 920 [926].

Supreme Court von der Prämisse aus, dass der Schutz des interbrand Wettbewerbs höchste Priorität hat und der Schutz des intrabrand Wettbewerbs diesem untergeordnet ist. Maßgebliches Ziel der amerikanischen Wettbewerbsregeln ist folglich die Sicherstellung des Markenwettbewerbs.[1092] In der Europäischen Union und auch in Südafrika besteht jedoch ein anderes Verständnis des Kartellrechts. Die Europäische Union berücksichtigt, neben dem Schutz eines effektiven und funktionsfähigen Wettbewerbs, bei der Beurteilung vertikaler Beschränkungen im Gegensatz zum U.S.-Recht noch weitere Kriterien. Außer dem Verbraucherschutz spielen insbesondere die Marktintegration, der Mittelstandsschutz sowie die Verteilungsgerechtigkeit eine bedeutende Rolle.[1093] Auch Südafrika verfolgt, wie oben bereits dargelegt, weitere Ziele mit seinem Wettbewerbsrecht. Im Fokus stehen dabei, ähnlich wie in Europa, die Förderung des Mittelstandes, aber auch diverse Maßnahmen im Rahmen des *Black Economic Empowerment*, wie etwa die Förderung von Arbeitsplätzen und die gerechtere Verteilung des Eigentums.

Darüber hinaus wird in Europa der intrabrand Wettbewerb auf eine Stufe gestellt mit dem interbrand Wettbewerb. Beide werden als gleichermaßen schutzwürdig betrachtet. Ein Vertrauen allein auf die regulierenden Kräfte des Markenwettbewerbs ist dem europäischen Recht fremd.[1094] Dem Verbraucher soll die Gelegenheit gegeben werden, ein Produkt einer bestimmten Marke günstiger zu erhalten, als es bei einer Preisbindung und daraus resultierenden Einheitspreisen möglich wäre. Wenn er keinen Kundenservice oder andere Serviceleistungen wünscht, soll es ihm möglich sein, das Produkt günstiger ohne diese Leistungen zu erwerben.[1095] Eine andere Ansicht wird jedoch derzeit in Südafrika vertreten. Das *Competition Tribunal* hat in *Msomi t/a Minnie Cigarette Wholesalers v. British American Tobacco South Africa (Pty) Ltd.* die Ansicht vertreten, dass der Schutz des intrabrand Wettbewerbs grundsätzlich erst dann von Relevanz ist, wenn auch der interbrand Wettbewerb betroffen ist.[1096]

Allerdings gibt es überzeugende Gründe, den intrabrand Wettbewerb ebenso wie den Markenwettbewerb zu schützen. Wer dem Verbraucher günstigere Preise innerhalb einer Marke verweigert, übersieht die Markenloyalität vieler Verbraucher. Diese sind oft, insbesondere bei Markenprodukten, einer bestimmten Marke treu

---

1092 *Continental T.V., Inc. v. GTE Sylvania, Inc.* 433 U.S. 36 (1977) Fn. 19: „Interbrand competition ... is the primary concern of antitrust law." Siehe auch: Sosnitza/Hoffmann, AG 2008, 107 [114]; Hofmann, WM 2010, 920 [926].

1093 Jones/Sufrin, EU Competition Law, 799; Martinek, ZVertriebsR 2013, 3 [11]. Siehe auch: Simon, in: Ahlert/Kenning/Olbrich/Schröder (Hrsg.), Vertikale Preis- und Markenpflege im Kreuzfeuer des Kartellrechts, 249 [250].

1094 EuGH, 13.07.1966, verb. Rs. 56 und 58/64, „Consten und Grundig", Slg. 1966 S. 322 [391]; Sosnitza/Hoffmann, AG 2008, 107 114; Hofmann, WM 2010, 920 [926]. Eine andere Herangehensweise fordernd jedoch: Ahlert, ZVertriebsR 2014, 207 [209].

1095 Hofmann, WM 2010, 920 [927].

1096 (49/IR/Jul02), 30.08.2002, Rn. 49: „a reduction in intra-brand competition is not ordinarily a matter of concern unless there is a reduction in inter-brand competition".

und wählen nicht ein Produkt eines günstigeren Wettbewerbers. Diese Markenloyalität hängt dabei nicht von dem Marktanteil des Unternehmens ab. Die Marke *Apple* hat zum Beispiel keine Marktführerposition, jedoch einen treuen Kundenkreis. Viele Verbraucher sind gewillt, einen Aufpreis für eine gewisse Marke zu zahlen. Diese Kunden müssen auf einen funktionierenden intrabrand Wettbewerb vertrauen. Ein Preiswettbewerb auch innerhalb einer Marke ist vor diesem Hintergrund folglich als wesentlich anzusehen.[1097] Eine Übernahme des *Leegin*-Urteils und dessen Neubewertung von Mindestpreisbindungen würde, vor dem Hintergrund der unterschiedlichen Beurteilung der Schutzwürdigkeit des intrabrand Wettbewerbs, letztlich nicht nur eine Anpassung innerhalb einer abgegrenzten Gruppe bedeuten, sondern eine Änderung des Grundverständnisses des EU-Wettbewerbsrechts.[1098]

3. *Rechtsanwendungskosten*

Die Abgrenzung zwischen (erlaubten) einseitigen Maßnahmen und verbotenen Vereinbarungen ist, wie obige Erläuterungen im Rahmen der *Colgate*-Doktrin gezeigt haben, auch in Europa nicht einfach. Es gibt eine nicht klar abgegrenzte Grauzone. Es ist dabei nicht mit Sicherheit zu sagen, ob eine an sich erlaubte einseitige Maßnahme im Rahmen laufender Geschäftsbeziehungen nicht doch aufgrund der wirtschaftlichen Zwangslage als eine verbotene Vereinbarung über den Preis anzusehen ist.[1099] Unternehmen setzen daher ähnlich wie in den USA teuer geschultes Personal ein, das sicherstellen soll, dass das Unternehmen sich bei seiner Preispolitik im erlaubten Rahmen von einseitigen Handlungen befindet.[1100] Diese *Compliance*-Kosten können jedoch nicht zu einer Neubewertung von vertikalen Preisbindungen und einer Abkehr von der Einordnung als Kernbeschränkung führen.[1101] Die Unternehmen befinden sich zwar mit ihrem Verhalten im legalen Bereich, es ist allerdings nicht einsichtig, warum sie in ihrer juristischen Gratwanderung und den damit verbundenen Kosten schützenswert sein sollten. Wer seine Händler nicht in ihrer Preisbildung zu beeinflussen versucht, muss auch keine kostenträchtigen *Compliance*-Strategien finanzieren.[1102]

4. *Ablehnung einer Änderung des EU-Kartellrechts*

Vertikale Mindestpreisbindungen weisen, wie alle vertikalen Wettbewerbsbeschränkungen, einen ambivalenten Charakter auf. Allerdings intensivieren sie nur in wenigen Ausnahmefällen den Wettbewerb und führen nur selten zu Vorteilen für die

---

1097 EuGH, 13.07.1966, verb. Rs. 56 und 58/64, „Consten und Grundig", Slg. 1966 S. 322 [391]; Hofmann, WM 2010, 920 [92/]; Sosnitza/Hoffmann, AG 2008, 107 [114].

1098 Sosnitza/Hoffmann, AG 2008, 107 [114].

1099 So auch: Martinek, ZVertriebsR, 2013, 3 [7].

1100 Kasten, WuW 2007, 994 [998].

1101 Sosnitza/Hoffmann, AG 2008, 107 [115]. So jedoch wohl: Kasten, WuW 2007, 994 [998]; Kasten, RIW 2007, 419 [427].

1102 So auch: Sosnitza/Hoffmann, AG 2008, 107 [115].

Verbraucher. In den meisten Fällen kann das gleiche Ziel auch mit weniger eingreifenden Wettbewerbsbeschränkungen erreicht werden. Das EU-Recht kann auf die Ausnahmesituationen, in denen sich eine Mindestpreisbindung wettbewerbsförderlich auswirkt, reagieren. Es besteht gerade kein starres *per se* Verbot; vielmehr ist eine Freistellung vom Kartellverbot gemäß Art. 101 Abs. 3 AEUV immer möglich.

Eine Leitbildfunktion kann der *Leegin*-Entscheidung des *U.S. Supreme Court* nicht zugesprochen werden. Die Vertreter der *Chicago School* konnten sich in diesem Urteil nur denkbar knapp durchsetzen. Es ist ungewiss, ob sich der Rechtsprechungswechsel durchsetzen kann, denn das U.S.-Recht ist politischen und sozioökonomischen Einflüssen unterworfen und dadurch sehr unstet in seiner Beurteilung vertikaler Beschränkungen. Auch kommt in Europa dem Schutz des Markenwettbewerbs nicht die Bedeutung zu, die ihm in den USA und gerade in dem *Leegin*-Urteil zuteilwird. Außerdem verfolgen sowohl das europäische als auch das südafrikanische Kartellrecht noch weitere Ziele, wie den Schutz des Mittelstandes und die Verteilungsgerechtigkeit. Entgegen der im *Leegin*-Urteil vertretenen Ansicht sollte die Schutzwürdigkeit des intrabrand Wettbewerbs eigenständig bestehen und nicht hinter dem Schutz des interbrand Wettbewerbs zurücktreten.

Gerade auch die Erfahrungen mit Preisbindungen in den verschiedensten Ländern zeigen, dass von dem im EU-Recht bestehenden grundsätzlichen Verbot nicht abgewichen werden sollte. Für einen Wechsel zu einer Einzelfallwürdigung besteht kein Anlass. An dem flexiblen System des EU-Kartellrechts sollte auch in Zukunft festgehalten werden.

D. Festpreisbindungen

Sec. 5 Abs. 2 Competition Act verbietet seinem Wortlaut nach nur *minimum resale price maintenance*. Die südafrikanische Rechtsprechung behandelt Festpreisbindungen jedoch wie Mindestpreisbindungen.[1103] Dies wird von den beiden südafrikanischen Autoren *Sutherland* und *Kemp* in ihrem gemeinsamen Werk mit der Begründung kritisiert, dass Festpreisbindungen Sicherheit und Stabilität im Vertrieb schaffen und die Vermarktung eines Produktes vereinfachen sollen. Sie sollen nur unter das *per se* Verbot fallen, wenn sie einer Mindestpreisbindung gleichkommen und grundsätzlich anhand der *rule of reason* beurteilt werden.[1104] Aus den Erläuterungen der beiden Autoren wird nicht wirklich klar, warum sie zwischen Mindest- und Festpreisbindungen eine Unterscheidung treffen wollen. Festpreisbindungen wirken eher noch stärker wettbewerbsbeschränkend als Mindestpreisbindungen. Allerdings zeigt schon die von den Autoren gewählte Formulierung, dass sie selbst an ihrer Haltung zweifeln.[1105] Eine Erklärung für die Ansicht der Autoren könnte

---

1103 *Cancun Trading No 24 CC v. Seven-Eleven Corp SA (Pty) Ltd* (18/IR/Dez 99), 07.04.2000, Rn. 43 f.

1104 Sutherland/Kemp, Competition Law of SA, S. 6/54.

1105 S. 6/45: "The setting of specific resale prices is likened to minimum resale price maintenance. But this approach is *perhaps* not justifiable. .... *Perhaps* specific resale

ihre generell ablehnende Haltung gegenüber dem *per se* Verbot von Preisbindungen sein. Die Autoren vertreten in ihrem Buch die Haltung, dass das südafrikanische Recht dem amerikanischen Beispiel folgen und das *per se* Verbot für Mindestpreisbindungen abschaffen sollte.[1106] Es scheint, als wollten *Sutherland* und *Kemp* durch die unterschiedliche Behandlung von Fest- und Mindestpreisbindungen trotz deren wettbewerbsrechtlicher Gleichartigkeit nur ihrem eigentlichen Ziel, der Behandlung beider Preisbindungsmöglichkeiten nach der *rule of reason*, näher kommen und durch diese Argumentation zumindest die Festpreisbindung dem *per se* Verbot nach Sec. 5 Abs. 2 Competition Act entziehen.

2. Teil: Vertriebsbindungen

Vertriebsbindungen kommt in allen vertikalen Vertriebssystemen, insbesondere auch in Franchisesystemen, eine gewichtige Rolle zu. Besonderer Schwerpunkt ist die Frage nach dem Vertragsgebiet, dessen Umfang und Schutz. Häufig wird jedoch auch der Kundenkreis in Franchisevereinbarungen näher bestimmt.[1107] Dies soll den Franchisenehmer vor dem Verlust von finanziellen Investitionen, wie etwa der Lizenzgebühr oder auch der Eintrittsgebühr, schützen.[1108]

Beschränkungen des Vertriebs (engl. *exclusive distribution*) betreffen vornehmlich Kunden- oder Gebietsbindungen. Beschränkungen der Kundengruppe (sogenannte *customer restrictions*) sind eher selten. Sie liegen dann vor, wenn dem Franchisenehmer vorgeschrieben wird, nur an eine bestimmte Gruppe von Kunden zu liefern (z.B. kann dem Franchisenehmer vertraglich auferlegt werden, nur an Verbraucher zu verkaufen) oder wenn ihm der Verkauf an bestimmte Kundengruppen verboten wird (es kann dem Franchisenehmer beispielsweise untersagt werden, Großabnehmer oder andere Franchisenehmer zu beliefern).[1109]

Typische Vertriebsbindungen betreffen vor allem Gebietsbindungen (engl. *territorial restrictions*), die in einer Vielzahl von Formen auftreten können. Der Franchisenehmer ist für gewöhnlich lediglich in Bezug auf seine Werbemaßnahmen auf ein gewisses Gebiet beschränkt und darf zudem außerhalb des Bereichs auch kein Geschäft haben. Eine Sanktionierung durch den Franchisegeber wegen Absatztätigkeiten

---

price maintenance *should* only be *per se* prohibited if it can be shown that it is really disguised minimum resale price maintenance." [Hervorhebungen durch Verfasser].

1106 Dies wird an mehreren Stellen im Buch deutlich. Hier soll nur genannt werden: Sutherland/Kemp, Competition Law of SA, S. 6/39.

1107 Schulz, in: Ahlert/Ahlert (Hrsg.), Hdb. Franchising und Cooperation, 509 [534]; Competition Commission, Franchising Notice, Rn. 4.12 f.

1108 Metzlaff, BB 2000, 1201 [1206]; Woker, The Franchise Relationship, 222.

1109 Competition Commission, Franchising Notice, Rn. 4.12; Martinek/Habermeier, in: Martinek/Semler/Habermeier/Flohr (Hrsg.), Vertriebsrecht, § 28, Rn. 3; Behr, Der Franchisevertrag, 62 ff.; Kapp, Wettbewerbsbeschränkung durch vertikale Vertriebsbindungen?, 27 f.; Enghusen, Rechtliche Probleme der Franchiseverträge, 28 ff.

außerhalb seines Bereichs gibt es jedoch meist nicht. Manche Franchiseverträge sehen in einem solchen Fall jedoch Strafzahlungen oder sogenannte *profit pass-over* Klauseln (Pflicht zur Gewinnherausgabe) vor. Bei solchen Gebietsbindungen des Franchisenehmers verspricht der Franchisegeber im Gegenzug häufig einen Gebietsschutz, der ihm verbietet, weitere Franchisenehmer in dem Gebiet zuzulassen. Die Größe des Gebietes bestimmt sich meist nach der Bevölkerungszahl.[1110]

A. Behandlung von Vertriebsbindungen in der Europäischen Union

In der Europäischen Union wurden Vertriebsbindungen von jeher kritisch betrachtet. Dies hängt mit dem Unionsziel der Marktintegration zusammen. Die Aufrechterhaltung nationaler Schranken soll gerade verhindert werden.[1111] Die Vereinbarung eines absoluten Gebietsschutzes läuft den Zielen der EU zuwider. Allerdings war der Gebietsschutz bis zur ersten Schirm-GVO, der Vertikal-GVO Nr. 2790/99, durch Art. 2 a der Franchise-GVO ausdrücklich freigestellt.[1112] Seit dem Jahr 1999 fallen jedoch nunmehr alle Vertriebsvereinbarungen einheitlich unter die Vertikal-GVO. Diese sieht Vertriebsbindungen als Kernbeschränkungen an. Als solche unterfallen sie nicht dem Anwendungsbereich der *de minimis*-Bekanntmachung der Kommission, die erst ab einem gewissen Marktanteil von der Erfüllung des Merkmals der Spürbarkeit ausgeht und folglich erst bei Überschreitung der Schwelle Ermittlungen anstellt. Diese Marktanteilsschwelle gilt für Vertriebsbindungen daher gerade nicht.[1113]

Unbedenklich sind Beschränkungen, die sich der Franchisegeber selbst auferlegt. Es ist ihm folglich gestattet, sich selbst zu verbieten, bestimmte Gebiete oder Kunden zu beliefern. Anders sieht es jedoch bei Beschränkungen aus, die er seinen Franchisenehmern auferlegt.[1114] In Art. 4 Buchst. b Vertikal-GVO ist der Freistellungsausschluss von Gebiets- und Kundengruppenbeschränkungen geregelt. Diese

---

1110 Martinek/Habermeier, in: Martinek/Semler/Habermeier/Flohr (Hrsg.), Vertriebsrecht, § 28, Rn. 3.

1111 Böni, WuW 2012, 699 [706]; Jones/Sufrin, EU Competition Law, 210, 784, 790.

1112 Fritzemeyer, BB 2002, 1658 [1662]. Teilweise wurde daher auch eine Sonderregelung für Franchisesysteme in der ersten Vertikal-GVO gefordert, siehe: Metzlaff, BB 2000, 1201 [1206].

1113 Bekanntmachung der Kommission über Vereinbarungen von geringer Bedeutung, die den Wettbewerb gemäß Artikel 81 Absatz 1 des Vertrags zur Gründung der Europäischen Gemeinschaft nicht spürbar beschränken (de minimis) (2001/C 368/07), ABl. EU C 368/13, Rn. 11.

1114 Schulz, in: Ahlert/Ahlert (Hrsg.), Hdb. Franchising und Cooperation, 509 [534]; Ellger, in: Immenga/Mestmäcker (Hrsg.), WettbewerbsR Kommentar Bd. 1 EU/Teil 1, Art. 4 Vertikal-GVO, Rn. 36; Mestmäcker/Schweitzer, Europäisches Wettbewerbsrecht, § 14, Rn. 34; Baron, in: Loewenheim/Meesen/Riesenkampff (Hrsg.), Kartellrecht, Vert.-GVO, Rn. 177.

müssen den Verkauf betreffen, welcher im weiten Sinne zu verstehen ist, also auch Vermietung, Verpachtung oder Leasing erfasst. Die Beschränkung muss sich folglich auf die Absatztätigkeit des Franchisenehmers beziehen.[1115] Nicht umfasst ist hingegen die Nachfragetätigkeit des Abnehmers, so dass eine Beschränkung letzterer keine Kernbeschränkung im Sinne der Verordnung darstellt.[1116] Ebenso unterfallen Art. 4 Buchst. b Vertikal-GVO keine Importbeschränkungen. Diese werden jedoch möglicherweise genau wie Bezugsbindungen von Art. 4 Buchst. d. Vertikal-GVO erfasst.[1117]

Gegenstand der Beschränkung sind Vertragswaren oder -dienstleistungen. Diese sind bei Franchisevereinbarungen, grundsätzlich die Produkte, die der Franchisenehmer an seine Endkunden verkauft. Nur beim Masterfranchising, bei dem der Masterfranchisegeber sein Konzept an den Masterfranchisenehmer überträgt und dieser es wiederum an die Subfranchisenehmer weitergibt, ist das Franchisekonzept an sich als Vertragsdienstleistung zu verstehen. Im Falle eines „normalen" Franchisesystems sollen das Know-how, die gewerblichen und geistigen Eigentumsrechte jedoch gerade nicht Gegenstand von Verkäufen des Franchisenehmers sein und sind folglich auch nicht als „Vertragsdienstleistung" im Sinne des Art. 4 Buchst. b Vertikal-GVO einzuordnen.[1118]

Die von Art. 4 Buchst. b Vertikal-GVO vorausgesetzte Beschränkung meint die Aufteilung nach Gebieten oder Kundengruppen. Diese kann durch direkte Verpflichtungen erfolgen. Marktaufteilung kann allerdings auch indirekt durch Beschränkung der Liefermenge, Kündigungsandrohung, Preis- und Rabattgestaltung erreicht werden.[1119]

Standortklauseln fallen seit der neuen Vertikal-GVO Nr. 330/2010 nicht mehr unter Art. 4 Buchst. b. Sie sind folglich keine Kernbeschränkungen mehr und damit grundsätzlich freigestellt. Daher darf dem Franchisenehmer vorgeschrieben werden, wo er sich mit seinem Geschäft niederlässt.[1120] Damit kann der Franchisegeber verhindern,

---

1115 Vgl. hierzu: Ellger, in: Immenga/Mestmäcker (Hrsg.), WettbewerbsR Kommentar Bd. 1 EU/Teil 1, Art. 4 Vertikal-GVO, Rn. 37 f.

1116 Ellger, in: Immenga/Mestmäcker (Hrsg.), WettbewerbsR Kommentar Bd. 1 EU/Teil 1, Art. 4 Vertikal-GVO, Rn. 38; Baron, in: Loewenheim/Meesen/Riesenkampff, Kartellrecht, Vert.-GVO, Rn. 178.

1117 Vgl. hierzu: Ellger, in: Immenga/Mestmäcker (Hrsg.), WettbewerbsR Kommentar Bd. 1 EU/Teil 1, Art. 4 Vertikal-GVO, Rn. 38.

1118 Ellger, in: Immenga/Mestmäcker (Hrsg.), WettbewerbsR Kommentar Bd. 1 EU/Teil 1, Art. 4 Vertikal-GVO, Rn. 39.

1119 Mitt. Komm., LL für vert. Beschränkungen (2010/C 130/01), ABl. EU C 130/1, Rn. 50. Siehe hierzu auch: Petsche/Lager, in: Liebscher/Flohr/Petsche (Hrsg.), Handbuch der EU-GVO, § 7, Rn. 100; Martinek, in: Martinek/Semler/Habermeier/Flohr (Hrsg.), Vertriebsrecht, § 2, Rn. 118.

1120 Mitt. Komm., LL für vert. Beschränkungen (2010/C 130/01), ABl. EU C 130/1, Rn. 50; Ellger, in: Immenga/Mestmäcker (Hrsg.), WettbewerbsR Kommentar Bd. 1 EU/Teil 1, Art. 4 Vertikal-GVO, Rn. 44.

dass der Franchisenehmer seinen Standort am Rande des ihm zugeteilten Vertragsgebietes wählt und sein Gebiet so faktisch ausdehnt.[1121]

Von dem grundsätzlichen Verbot der Marktaufteilung gibt es nur wenige, sehr begrenzte Ausnahmen, welche in Art. 4 Buchst. b lit. i-iv geregelt sind. Die Beschränkung des aktiven Verkaufs in Gebiete oder Kundengruppen, die der Franchisegeber sich selbst vorbehalten hat oder ausschließlich einem anderen Franchisenehmer zugewiesen hat, ist nach Buchst. b (i) zulässig, wenn dadurch der Verkauf durch die Kunden des Franchisenehmers nicht beschränkt wird. „Aktiver Verkauf" meint die gezielte und direkte Ansprache von Kunden oder Kundengruppen, etwa mittels Werbung oder anderer verkaufsfördernder Maßnahmen.[1122] Durch die Beschränkung des aktiven Verkaufs darf jedoch bei einem mehrstufigen Vertriebssystem nicht der Verkauf durch die Subfranchisenehmer des Franchisenehmers beschränkt werden.[1123] Die Ausnahmeregelung des Art. 4 Buchst. b und damit die Freistellung vom grundsätzlichen Kartellverbot greift folglich nur bei einem Verbot des aktiven Verkaufs auf einer Vertriebsstufe. Dies soll einen absoluten Gebietsschutz bei mehrstufigen Vertriebssystemen verhindern.[1124]

Nicht von der Ausnahme erfasst, sind im Umkehrschluss folglich Beschränkungen des passiven Verkaufs.[1125] Diese sind damit als unzulässige Kernbeschränkungen einzuordnen. Unter „passivem Verkauf" versteht die Kommission, das Bearbeiten von Nachfragen eines Kunden, die dieser aus eigenem Antrieb gestellt hat.[1126] Der Franchisegeber darf seinem Franchisenehmer folglich nicht auferlegen, unaufgeforderten Bestellungen eines Kunden von außerhalb seines Gebiets an einen anderen Händler weiterzuleiten. Auch sind allgemeine Werbe- und Verkaufsförderungsmaßnahmen vom passiven Verkauf umfasst. Diese dürfen auch dann nicht durch den Franchisegeber untersagt werden, sollten sie Kunden außerhalb des Vertragsgebietes erreichen. Dies gilt allerdings nur unter der Prämisse, dass sie für den Franchisenehmer auch dann attraktiv wären, wenn sie die Kunden, die anderen zugewiesen sind, nicht erreichen würden.[1127] Auch der Vertrieb über das

---

1121 Ellger, in: Immenga/Mestmäcker (Hrsg.), WettbewerbsR Kommentar Bd. 1 EU/Teil 1, Art. 4 Vertikal-GVO, Rn. 44.

1122 Mitt. Komm., LL für vert. Beschränkungen (2010/C 130/01), ABl. EU C 130/1, Rn. 51.

1123 Art. 4 Buchst. b (i) letzter Hs.

1124 Baron, in: Loewenheim/Meesen/Riesenkampff (Hrsg.), Kartellrecht, Vert.-GVO, Rn. 199; Nolte, in: Langen/Bunte (Hrsg.), KartellR Kommentar, Bd. 2, Nach Art. 101, Rn. 503; Ellger, in: Immenga/Mestmäcker (Hrsg.), WettbewerbsR Kommentar Bd. 1 EU/Teil 1, Art. 4 Vertikal-GVO, Rn. 64.

1125 Metzlaff, BB 2000, 1201 [1206]; Fritzemeyer, BB 2002, 1658 [1662]; Ellger, in: Immenga/Mestmäcker (Hrsg.), WettbewerbsR Kommentar Bd. 1 EU/Teil 1, Art. 4 Vertikal-GVO, Rn. 50.

1126 Mitt. Komm., LL für vert. Beschränkungen (2010/C 130/01), ABl. EU C 130/1, Rn. 51.

1127 Mitt. Komm., LL für vert. Beschränkungen (2010/C 130/01), ABl. EU C 130/1, Rn. 51; siehe dazu auch: Nolte, in: Langen/Bunte (Hrsg.), KartellR Kommentar,

Internet wird grundsätzlich als passiver Verkauf gewertet und steht damit allen Franchisenehmern offen.[1128]

Nach Buchst. b (ii) ist das Verbot von Sprunglieferungen zulässig, d. h. Hauptfranchisenehmern, die auf der Großhandelsstufe tätig sind, darf der Franchisegeber verbieten, an Endverbraucher zu liefern. Diese Vorschrift ist eng auszulegen.[1129] Durch diese Regelung wird an die Entscheidungen von Kommission[1130] und EuGH[1131] angeknüpft, die Sprungverkäufe als ungerechtfertigte Wettbewerbsvorteile der Großhändler gegenüber dem Einzelhändler ansehen; diese seien nicht leistungsgerecht und daher auch nicht nach den Kartellvorschriften schützenswert.[1132]

Die weiteren Ausnahmen betreffen den Selektivvertrieb. Franchisesysteme werden von der Kommission grundsätzlich nicht als selektive Vertriebssysteme eingeordnet.[1133] Allerdings gibt es in Franchisevereinbarungen häufig Klauseln, die den Selektivvertrieb betreffen.[1134] Nach Art. 4 Buchst. b (iii) Vertikal-GVO kann der Anbieter in einem selektiven Vertriebssystem seinem Vertragshändler, unabhängig davon auf welcher Handelsstufe dieser tätig ist, den Vertrieb an nicht zugelassene Händler verbieten, wenn diese ihre Niederlassung in einem Gebiet haben, in dem das System betrieben wird oder in dem der Anbieter die Vertragsprodukte noch nicht vertreibt.[1135] Der Anbieter kann des Weiteren gemäß Art. 4 Buchst. b (iii) Vertikal-GVO dem Abnehmer Beschränkungen im Hinblick auf den Weiterverkauf von vom Anbieter gelieferten (Zwischen-) Produkten an Konkurrenten des Anbieters auferlegen.[1136]

Mit dem Ausschluss von Vertriebsbindungen von der Freistellung durch die Vertikal-GVO soll die wirtschaftliche Integration der Mitgliedsstaaten erreicht werden.[1137] Vertriebsbindungen sind als Kernbeschränkungen nicht nur grundsätzlich verboten und nur in engen Ausnahmefällen nach der Gruppenfreistellungsverordnung freigestellt, auch dürfte eine Einzelfreistellung nach Art. 101 Abs. 3 AEUV,

---

Bd. 2, Nach Art. 101, Rn. 486 f.; Ellger, in: Immenga/Mestmäcker (Hrsg.), WettbewerbsR Kommentar Bd. 1 EU/Teil 1, Art. 4 Vertikal-GVO, Rn. 50 f.

1128 Mitt. Komm., LL für vert. Beschränkungen (2010/C 130/01), ABl. EU C 130/1, Rn. 52. Siehe hierzu auch: Fritzemeyer, BB 2002, 1658 [1662], Metzlaff, BB 2000, 1201 [1206].

1129 Hoffmann, in: Handbuch des EU-Wirtschaftsrechts, H I § 2, Rn. 245.

1130 KOME, 15.12.1975, (76/159/EEC – SABA), ABl. EU 1976 L 28/19.

1131 EuGH, 25.10.1977, Rs. 26/76, „Metro", Slg. 1977 S. 1875, Rn. 28.

1132 Bechtold/Bosch/Brinker/Hirsbrunner, EG-Kartellrecht, Art. 4 VO 2790/99, Rn. 17; Ellger, in: Immenga/Mestmäcker (Hrsg.), WettbewerbsR Kommentar Bd. 1 EU/Teil 1, Art. 4 Vertikal-GVO, Rn. 67; Fritzemeyer, BB 2002, 1658 [1662].

1133 Fritzemeyer, BB 2002, 1658 [1662].

1134 Mitt. Komm., LL für vert. Beschränkungen (2010/C 130/01), ABl. EU C 130/1, Rn. 189; Giesler, in: Büchting/Heussen (Hrsg.), Beck'sches RA-Handbuch, § 43 Rn. 15.

1135 Mitt. Komm., LL für vert. Beschränkungen (2010/C 130/01), ABl. EU C 130/1, Rn. 55.

1136 Mitt. Komm., LL für vert. Beschränkungen (2010/C 130/01), ABl. EU C 130/1, Rn. 55.

1137 Grünbuch zur EG-Wettbewerbspolitik gegenüber vertikalen Wettbewerbsbeschränkungen KOM (96) 721, Rn. 70 ff.

aufgrund der für das Unionsrecht besonders wichtigen Marktintegration, kaum möglich sein.[1138] Art. 4 Buchst. b Vertikal-GVO soll absoluten Gebietsschutz ausschließen, der darauf abzielt den Markt gegenüber Dritten abzuschotten und so Parallelimporte verhindert.[1139]

B. Behandlung von Vertriebsbindungen in Südafrika

Im Gegensatz zum EU-Recht unterliegen Vertriebsbindungen in Südafrika nicht einem *per se* Verbot. Wie in Südafrika mit Vertriebsbindungen umgangen wird, ist aufgrund mangelnder Entscheidungen der *Competition Commission* oder der Gerichten unklar. Die herrschende Meinung in der Literatur schlägt vor, zunächst zu prüfen, ob der Lieferant Marktmacht hat.[1140] Sollte es genügend interbrand Wettbewerb geben, sei ein Einschreiten der *Competition Commission* nicht notwendig. Allerdings könne auch bei Marktmacht nicht in jedem Fall von einer wettbewerbsbeschränkenden Wirkung der Beschränkungen ausgegangen werden; denn es sei denkbar, dass der Lieferant wettbewerbsfördernde Gründe verfolge. Eine pauschalisierende Feststellung sei nicht möglich; vielmehr muss jeder Fall einzeln beurteilt werden. Dabei müsse geprüft werden, ob eine Kollusion, die die Beschränkung begünstige, zwischen den verschiedenen Anbietern vorliege oder zumindest denkbar wäre.[1141] Ebenso müsse das Bestehen von Preisdiskriminierungen überprüft werden.[1142]

Die beiden Autoren schlagen vor, dass bei Vorliegen einer Beschränkung des intrabrand Wettbewerbs der erste Teil der *rule of reason* Prüfung abgeschlossen sei, die Beweislast von diesem Punkt an die wettbewerbsbeschränkende Partei trage und diese nachweisen müsse, dass ein technischer Nutzen, Effizienzgewinn oder ein anderer wettbewerbsfördernder Vorteil gegeben sei. Sollte der interbrand Wettbewerb durch die Beschränkung gestärkt werden, so sei dies als wettbewerbsfördernder Vorteil zu würdigen. Ähnlich wie im U.S. Urteil *Continental T.V., Inc. v. GTE Sylvania, Inc.*[1143] sollen die Folgen für den interbrand Wettbewerb und die Auswirkungen auf den intrabrand Wettbewerb gegeneinander abgewogen werden. Dabei sei zu beachten, dass eine Beschränkung des intrabrand Wettbewerbes nicht notwendigerweise eine Verringerung des Wettbewerbs im Allgemeinen bedeutet.[1144]

1138 So auch: Böni, WuW 2012, 699 [707].

1139 Siehe dazu Hoffmann, in: Handbuch des EU-Wirtschaftsrechts, H I § 2, Rn. 244. Ellger, in: Immenga/Mestmäcker (Hrsg.), WettbewerbsR Kommentar Bd. 1 EU/Teil 1, Art. 4 Vertikal-GVO, Rn. 64.

1140 Unterhalter, in: Brassey (Hrsg.), Competition Law, 173; Sutherland/Kemp, Competition Law of SA, S. 6/21.

1141 Unterhalter, in: Brassey (Hrsg.), Competition Law, 175; Siehe zu Obenstehenden: Sutherland/Kemp, Competition Law of SA, S. 6/21.

1142 Siehe zu Obenstehenden: Sutherland/Kemp, Competition Law of SA, S. 6/21.

1143 433 U.S. 36 (1977).

1144 Sutherland/Kemp, Competition Law of SA, S. 6/5 f., 6/22; Unterhalter, in: Brassey (Hrsg.), Competition Law, 173.

Eine Abwägung zwischen den verschiedenen Wettbewerbsarten sei nicht sinnvoll. Eine Beschränkung des intrabrand Wettbewerbs sollte bei bestehendem interbrand Wettbewerb vielmehr nicht verfolgt werden.[1145]

Die südafrikanische Literatur im Allgemeinen und insbesondere die Autoren des umfangreichsten Werks im kartellrechtlichen Bereich[1146] vertreten eine Haltung, die stark vom *U.S. Antitrust Law* und der *Chicago School* beeinflusst ist. Dies wird insbesondere bei den Ausführungen zur Preisbindung deutlich.[1147] Aber auch Vertriebsbindungen wird grundsätzlich eine wettbewerbsbeschränkende Wirkung abgesprochen. Erst bei Marktmacht wird eine Gefahr für den Wettbewerb überhaupt erst in Betracht gezogen.[1148] Es ist fraglich, ob die *Competition Commission* und die Wettbewerbsgerichte diesem Ansatz folgen werden. Zwar ist die Formulierung von Sec. 5 Competition Act dem amerikanischen Recht entlehnt, allerdings sind einige Begriffe auch dem europäischen Recht entnommen. Das europäische Recht genießt einen gewissen Einfluss und gerade die südafrikanischen Gerichte beziehen sich in ihren Urteilen häufig auch auf die Rechtsprechung des EuGH.[1149] Gerade die Rechtsprechung in Bezug auf Preisbindungen zeigt, dass sich das südafrikanische Recht vom *U.S. Antitrust Law* eher distanziert und sich mehr dem europäischen Recht zuwendet. Dies wird insbesondere bei der engen Auslegung der Sec. 5 Abs. 2 Competition Act und der Ablehnung der *Colgate*-Doktrin deutlich.

1145 Siehe Sutherland/Kemp, Competition Law of SA, S. 6/21 f. Vergleiche auch: Unterhalter, in: Brassey (Hrsg.), Competition Law, 173 f. So allgemein betreffend Wettbewerbsbeschränkungen und nicht speziell zu Vertriebsbindungen auch die Rechtsprechung: *Msomi t/a Minnie Cigarette Wholesalers v. British American Tobacco South Africa (Pty) Ltd.* (49/IR/Jul02), 30.08.2002, Rn. 49; mit Verweis auf das Urteil Competition Tribunal betreffen eine Fusion: *DaimlerChrysler South Africa (Pty) Ltd v. Sandown Motor Holdings (Pty) Ltd* (44/LM/Jul01), 15.11.2001, S. 8 f.

1146 Sutherland/Kemp, Competition Law of SA.

1147 Sutherland/Kemp, Competition Law of SA, S. 6/50 f. Die Autoren vertreten klar die Ansicht, dass das südafrikanische Kartellrecht in Anlehnung an den U.S. Paradigmenwechsel unter Einfluss der Vertreter der *Chicago School* im *Leegin*-Urteil dem *per se* Verbot von Preisbindungen den Rücken kehren sollte. Dabei werden von ihnen mehrere Wege vorgeschlagen, die alle dem U.S.-Recht entlehnt sind, wie etwa die Übernahme der U.S. *Colgate* Doktrin.

1148 Sutherland/Kemp, Competition Law of SA, S. 6/19; Woker, The Franchise Relationship, 225. Letztere geht davon aus, dass die Wettbewerbseinrichtungen Vertriebsbindungen nicht verbieten werden, weil Franchisenehmer sie in Franchisevereinbarungen erwarten. Wirklich stichhaltige Gründe werden allerdings nicht genannt.

1149 Beispielsweise der Verweis des *Competition Appeal Court* in *Federal Mogul Aftermarket Southern Africa (Pty) Ltd. v. Competition Commission* (33/CAC/Sep03), 23.09.2004, S. 8 f. auf die Rechtsprechung des EuGHs (EuGH, 06.01.2004, verb. Rs. C-2 und 3/01 P „BAI/Bayer", Slg. 2004 S. I-23) zur Definition von „practice" in Sec. 5 Abs. 2 Competition Act.

Der in der südafrikanischen Literatur vertretenen Ansicht, dass Vertriebsbindungen (fast) nur wettbewerbsfördernde Wirkung zukommen, muss mit Vehemenz entgegengetreten werden. Gebietsschutz kann zwar durchaus zur Förderung des Wettbewerbs beitragen, zeigt jedoch wie alle vertikalen Wettbewerbsbeschränkungen einen ambivalenten Charakter. Die negativen Auswirkungen gerade bei Vertriebsbindungen sollten nicht unterschätzt werden, nicht umsonst werden sie gemäß Sec. 4 Abs. 2 Buchst. b (ii) Competition Act bei horizontalen Vereinbarungen mit einem *per se* Verbot belegt und in Europa als Kernbeschränkungen eingestuft.

C. Auswirkungen von Vertriebsbindungen

I. Wettbewerbsfördernde Auswirkungen von Vertriebsbindungen

Vertriebsbeschränkungen können Einsparung aufgrund von Größenvorteilen auf Franchisenehmerseite ermöglichen. Diese Größenvorteile erlauben den Vertriebsprozess effizienter zu gestalten, was letztlich sowohl dem Franchisegeber als auch dem Endkunden zugutekommt.[1150]

Ebenso wie Mindestpreisbindungen können Vertriebsbindungen das *Free-Rider* Problem verringern.[1151] Dem Franchisenehmer wird durch den Franchisegeber ein bestimmtes Gebiet exklusiv zugeordnet sein, so dass er in diesem Gebiet allein Waren oder Dienstleistungen vertreiben darf. Durch diesen Gebietsschutz kann er ohne Sorge, dass jemand das gleiche Produkt zu einem niedrigeren Preis in diesem Gebiet anbietet, höhere Kosten in Kundendienst oder Werbung investieren. Umgekehrt wird er bei Fehlen eines solchen Gebietsschutzes möglicherweise davon absehen, einen Kundendienst anzubieten oder Werbung zu schalten, weil die Gefahr besteht, dass Kunden durch seine Zusatzdienste angelockt werden, jedoch letztlich das Produkt bzw. die Dienstleistung bei einem Konkurrenten erwerben, der diese kostenträchtigen Investitionen nicht tätigt und daher einen niedrigeren Preis anbieten kann.[1152] Vertriebsbindungen können ein starker Anreiz für den Franchisenehmer sein, Werbung zu schalten, wenn die Gebiete so aufgeteilt sind, dass die Werbung nur dem Franchisenehmer zugutekommt, der sie auch bezahlt. Solange interbrand

---

1150 Siehe hierzu: Sutherland/Kemp, Competition Law of SA, S. 6/19. Dieser verweist auf das amerikanische Urteil: *Seagood Trading Corporation v. Jerrico Inc* 924 F.2d 1555 (11th Circuit, 1991) 1571.

1151 So: Woker, The Franchise Relationship, 222; Woker, 18 SA Merc LJ 2006, 107 [116]; Unterhalter, in: Brassey (Hrsg.), Competition Law, 170 f.; Sutherland/Kemp, Competition Law of SA, S. 6/19; Böni, WuW 2012, 699 [706]; Kapp, Wettbewerbsbeschränkung durch vertikale Vertriebsbindungen?, 54; Martinek, in: Martinek/Semler/Habermeier/Flohr (Hrsg.), Vertriebsrecht, § 2, Rn. 118.

1152 Sutherland/Kemp, Competition Law of SA, S. 6/19 mit Verweis auf: *O.S.C. Corporation v. Apple Computer, Inc.* 792 F.2d 1464 (9th Circuit, 1986) 1468; *Trans Sport, Inc. v. Starter Sportswear, Inc.* 964 F.2d 186 (Second Circuit, 1992) 190 f.; *H.L. Hayden Co. of New York, Inc. v. Siemens Medical Systems, Inc.* 879 F.2d 1005 (Second Circuit, 1989) 1014; *Continental T.V., Inc. v. GTE Sylvania, Inc.* 433 U.S. 36 (1977) 55.

Wettbewerb besteht, wird der Franchisenehmer auch solche Zusatzdienste anbieten müssen, auch wenn kein intrabrand Wettbewerb besteht.[1153]

Allerdings kann das *Free-Rider* Argument mit den gleichen Argumenten entkräftet werden, wie auch bei Mindestpreisbindungen. Gerade in Franchisesystemen könnten Werbemaßnahmen vom Franchisegeber übernommen werden. Zumal es keine Garantie gibt, dass die Franchisenehmer wirklich diese Zusatzdienste anbieten werden. Das Anbieten von Kundendiensten ist des Weiteren nur bei exklusiven, hochtechnisierten Produkten, die Beratung vor und nach dem Kauf erfordern, notwendig.[1154] Die jüngere Generation informiert sich jedoch mittlerweile verstärkt im Internet über Produkte, ihre technischen Voraussetzungen, Haltbarkeit etc.[1155] Das *Free-rider* Argument kann daher weitgehend entkräftet werden.

Vertriebsbindungen fördern, ähnlich wie Mindestpreisbindungen, die Erschließung neuer Märkte durch den Franchisegeber. Dieser kann Produkte bzw. Dienstleistungen oder eine neue Marke leichter auf dem Markt einführen, indem er Franchisenehmern durch Vertriebsbindungen einen Anreiz zum Ausbau von Kundendienst und Werbemaßnahmen gibt.[1156] Diese verkaufsfördernden Maßnahmen werden dabei helfen, das Produkt auf dem Markt zu etablieren. Damit wird letztlich der horizontale Wettbewerb gestärkt.

II. Wettbewerbsbeschränkende Auswirkungen von Vertriebsbindungen

Vertriebsbindungen haben aber nicht nur marktbelebende, sondern auch wettbewerbsbeschränkende Auswirkungen. Zum einen können sie die Folge von Kollusionen auf horizontaler Ebene zwischen Lieferanten, Herstellern bzw. Franchisegebern sein, wenn diese untereinander Vereinbarungen zur Aufteilung der Märkte treffen.[1157] Zum anderen führen Vertriebsbindungen auch zur einer Beschränkung oder sogar Beseitigung des intrabrand Wettbewerbs.[1158] Wird dem Franchisenehmer ein Gebietsschutz garantiert, ist er markenintern keinem Wettbewerb mehr ausgesetzt

---

1153 Sutherland/Kemp, Competition Law of SA, S. 6/19.

1154 Wie etwa Fernseher, Laptops, Smartphones, Kühlschränke, und dergleichen. Siehe dazu: Schwaderer, WuW 2008, 653 [656]; Doty, Berkeley Tech. LJ 2008, 655 [657]. Siehe dazu auch: Kasten, RIW 2007, 419 [423]; Sosnitza/Hoffmann, AG 2008, 107 [113]; Hofmann, WM 2010, 920 [926].

1155 Hofmann, WM 2010, 920 [926].

1156 Sutherland/Kemp, Competition Law of SA, S. 6/20 mit Verweis auf: *Continental T.V., Inc. v. GTE Sylvania, Inc.* 433 U.S. 36 (1977) [55].

1157 Sutherland/Kemp, Competition Law of SA, S. 6/20; Ellger, in: Immenga/Mestmäcker (Hrsg.), WettbewerbsR Kommentar Bd. 1 EU/Teil 1, Art. 4 Vertikal-GVO, Rn. 33.

1158 Mitt. Komm., LL für vert. Beschränkungen (2010/C 130/01), ABl. EU C 130/1, Rn. 168; Ellger, in: Immenga/Mestmäcker (Hrsg.), WettbewerbsR Kommentar Bd. 1 EU/Teil 1, Art. 4 Vertikal-GVO, Rn. 33; Sutherland/Kemp, Competition Law of SA, S. 6/20; Competition Commission, Franchising Notice, Rn. 4.13.

und kann ohne Druck anderer konkurrierender Franchisenehmer der Marke Preise festsetzen. Dies wird letztlich zu einer Erhöhung der Verkaufspreise führen.[1159]

Vertriebsbindungen können jedoch auch durch Franchisenehmer mit Marktmacht gegenüber ihrem Franchisegeber durchgesetzt werden. Diese würden dadurch ihre Marktmacht noch weiter ausbauen. Allerdings kann ein Franchisenehmer nur Marktmacht haben, wenn sein Franchisegeber auch Marktmacht hat. Es wird daher für ihn schwer werden, letzteren dazu zu überreden, seine Monopolgewinne zu teilen.[1160]

Des Weiteren erleichtern Vertriebsbindungen es dem Franchisegeber, Preisdiskriminierungen, auch Preisdifferenzierungen genannt, durchzusetzen.[1161] Danach könnte der Franchisegeber für gleiche Waren oder Dienstleistungen unterschiedlich hohe Preise verlangen, um die Zahlungsbereitschaft der Endkunden optimal auszuschöpfen. Dadurch wird es ihm möglich seinen Profit zu maximieren.[1162] Einen Wechsel der Nachfrager zu einem anderen, günstigeren Franchisenehmer oder Händler könnte er durch die Zuteilung von Kundengruppen und Gebieten an bestimmte Franchisenehmer verhindern. Dem Kunden wird es also unmöglich gemacht, im Falle eines Preisanstiegs seine Produkte woanders zu kaufen.[1163]

D. Fazit

Vertriebsbindungen sind von besonderer Relevanz in Franchisesystemen, da sie Bestandteil fast aller Franchisevereinbarungen sind. Das europäische Kartellrecht hat sie einheitlich für alle vertikalen Vertriebssysteme als Kernbeschränkung eingestuft. Allerdings lässt es Ausnahmen zu, so dass es den Beteiligten eines Franchisesystems ohne Weiteres möglich ist, die Voraussetzung der Vertikal-GVO zu erfüllen. Die Einstufung von Vertriebsbindungen als Kernbeschränkung lässt sich mit dem Unionsziel der Marktintegration erklären. Die Schaffung eines gemeinsamen Binnenmarktes ist von größter Bedeutung in der Europäischen Union. Alles was diesem Ziel abträglich ist, wie Vertriebsbindungen, wird sehr kritisch betrachtet.

Der Schutz des Binnenmarktes ist ein gewichtiger Beurteilungsfaktor, der sich so nicht auf Südafrika übertragen lässt. Allerdings gibt es auch andere Gründe, die für eine strenge Beurteilung von Vertriebsbindungen sprechen: Vertriebsbindungen erlauben nicht nur Preisdifferenzierungen, sondern ermöglichen auch Beschränkungen des markeninternen Wettbewerbs. Der intrabrand Wettbewerb wurde von dem *Competition Tribunal* zwar als nicht schützenswert eingestuft, solange genügend

1159 Sutherland/Kemp, Competition Law of SA, S. 6/20.
1160 Sutherland/Kemp, Competition Law of SA, S. 6/21.
1161 Mitt. Komm., LL für vert. Beschränkungen (2010/C 130/01), ABl. EU C 130/1, Rn. 168; Ellger, in: Immenga/Mestmäcker (Hrsg.), WettbewerbsR Kommentar Bd. 1 EU/Teil 1, Art. 4 Vertikal-GVO, Rn. 33; Sutherland/Kemp, Competition Law of SA, S. 6/21.
1162 Sutherland/Kemp, Competition Law of SA, S. 6/21.
1163 Sutherland/Kemp, Competition Law of SA, S. 6/21.

interbrand Wettbewerb vorhanden ist,[1164] allerdings ist diese Ansicht gerade in Anbetracht der Wirtschaftsstruktur Südafrikas bedenklich. Diese ist, historisch bedingt, von hohen Konzentrationen nicht nur auf dem Markt, sondern auch in der Verteilung des Unternehmenseigentums, gekennzeichnet. Diese Konzentrationen ziehen sich durch eine Vielzahl von Sektoren, vom Herstellungssektor, über den Dienstleistungs- und sogar den Agrarsektor.[1165] Ein funktionierender Markenwettbewerb kann daher gerade in Südafrika nicht garantiert werden und der Schutz des intrabrand Wettbewerbs erscheint umso wichtiger. Auch sollte dem Verbraucher ermöglicht werden, das Produkt einer bestimmten Marke auch innerhalb der Marke günstiger zu erhalten.

Die Literatur vertritt zudem die Auffassung, dass eine Vertriebsbindung nur bei Marktmacht eines Unternehmens untersagt werden könnte. Sie geht sogar noch weiter und argumentiert, dass selbst im Falle von Marktmacht die Unternehmen mit Vertriebsbindungen noch wettbewerbsfördernde Ziele verfolgen können und daher nur, wenn zu der Marktmacht noch weitere negative Umstände kommen, wie Kollusion und Preisdifferenzierung, ein Verbot der Vereinbarung ausgesprochen werden sollte.[1166]

Auch das Unionsrecht stellt bei der Beurteilung vertikaler Beschränkungen durch das Kriterium der „Spürbarkeit“ auf die Marktmacht ab. Allerdings ist eine Vertriebsvereinbarung, die etwa den passiven Verkauf des Franchisenehmers in ein anderes Gebiet einschränkt, unabhängig vom Marktanteil der beteiligten Unternehmen untersagt. Denn die Marktanteilsschwelle, notwendig zur Erfüllung des Merkmals der Spürbarkeit, gilt bei Kernbeschränkungen gerade nicht.[1167]

Die Ansicht aus der südafrikanischen Literatur, dass ein Einschreiten der *Competition Commission* erst bei Marktmacht einer Partei erforderlich sei, bedeutet im Umkehrschluss, dass alle Vertriebsvereinbarungen zunächst unterschiedslos als wettbewerbsfördernd einzustufen sind. Dem muss angesichts der Vielfalt an wettbewerbsbeschränkenden Auswirkungen von Vertriebsvereinbarungen entgegengetreten werden.

Die noch weitergehende Meinung, dass Marktmacht einer Partei für ein Verbot der Vertriebsbindung allein nicht ausreicht, sondern noch weitere negative Umstände hinzukommen müssen, wie Kollusion und Preisdifferenzierung, lässt sich am ehesten mit der Situation im EU-Wettbewerbsrecht vergleichen, wenn eine Vertriebsvereinbarung unter die Ausnahmeregelung des Art. 4 Buchst. b Vertikal-GVO fällt. Eine Klausel, die den aktiven Verkauf in andere Gebiete verbietet, ist nach der Gruppenfreistellungsverordnung grundsätzlich erlaubt. Bei einer solchen grundsätzlich

1164 *Msomi t/a Minnie Cigarette Wholesalers v. British American Tobacco South Africa (Pty) Ltd.* (49/IR/Jul02), 30.08.2002, Rn. 49.

1165 Hartzenberg, Competition Policy Review, 33.

1166 Sutherland/Kemp, Competition Law of SA, S. 6/21.

1167 Bekanntmachung der Kommission über Vereinbarungen von geringer Bedeutung, die den Wettbewerb gemäß Artikel 81 Absatz 1 des Vertrags zur Gründung der Europäischen Gemeinschaft nicht spürbar beschränken (de minimis) (2001/C 368/07), ABl. EU C 368/13, Rn. 11.

freigestellten Vertriebsvereinbarung wird dann verstärkt der Marktanteil zur Beurteilung herangezogen. Ein Marktanteil von mehr als 30 % schließt eine Freistellung nach der Gruppenfreistellungsverordnung gemäß Art. 3 Abs. 1 VO Nr. 330/2010 aus. Allerdings gilt auch im Unionsrecht kein absolutes Verbot von vertikalen Beschränkungen bei Marktmacht der Parteien, vielmehr bleibt eine Einzelfreistellung gemäß Art. 101 Abs. 3 AEUV möglich. Trotz Marktmacht ist die Zulässigkeit einer Beschränkung daher grundsätzlich möglich.

Marktmacht ist ein wichtiges Indiz bei der Beurteilung einer vertikalen Beschränkung. Eine Beurteilung einer Vereinbarung vornehmlich anhand der Marktanteile der Beteiligten vermeidet, im Gegensatz zu einer Abwägung anhand mehrerer Kriterien, Abgrenzungsschwierigkeiten. Dadurch wird der Wettbewerbsbehörde nicht nur ihre Beurteilung erleichtert, auch den beteiligten Parteien wird Rechtssicherheit gewährt.[1168] Die Haltung der südafrikanischen Literatur, die Marktmacht einer Partei alleine nicht ausreichen zu lassen, um eine Vertriebsbindung zu verbieten, ist grundsätzlich vertretbar. Eine Beurteilung allein anhand des Marktanteils würde dazu führen, dass neue Produkte oder Nischenprodukte von Mittelstandsunternehmen verboten würden.[1169] Dadurch würden innovative Bemühungen behindert werden. Bei der Beurteilung von Vertriebsbindungen sollten daher auch andere Faktoren, wie die Marktstärke der Wettbewerber, der markeninterne Wettbewerb und auch branchenspezifischen Besonderheiten, berücksichtigt werden.[1170] Allerdings deutet sich eine allgemeine Haltung der südafrikanischen Autoren an, Vertriebsbindungen auch bei Marktmacht grundsätzlich zu erlauben. Dies wird der generell eher wettbewerbsbeschränkenden Wirkung von Vertriebsbindungen jedoch nicht gerecht. Marktmacht ist das wichtigste Beurteilungskriterium für die wettbewerbsbeschränkende Wirkung von Vereinbarungen und bei Vorliegen von Marktmacht sollten Vertriebsbindungen nur in Ausnahmefällen nicht verboten werden.

3. Teil: Bezugsbindungen

Bezugsbindungen, auch Markenzwang genannt, sind die wohl häufigsten und auch wichtigsten vertikalen Bindungen für den Absatzmittler.[1171] Bei Bezugsbindungen legt der Franchisegeber dem Franchisenehmer die Verpflichtung auf, einige oder alle Waren und Rohstoffe von ihm oder einem von ihm zugelassenen Zulieferer zu beziehen. Sie reichen von einfachen Mindestabnahmequoten bis hin zur Verpflichtung zur Abnahme des gesamten Sortiments (sogenannte Alleinbezugsbindungen).[1172]

1168 Blaurock, in: Schwarze (Hrsg.), Neuere Entwicklungen auf dem Gebiet des europäischen Wettbewerbsrechts, 75; Nolte, BB 1998, 2429 [2431].

1169 Nolte, in: Langen/Bunte (Hrsg.), KartellR Kommentar, Bd. 2, Nach Art. 101, Rn. 373.

1170 Bayreuther, EWS 2000, 106 [108].

1171 Martinek, in: Martinek/Semler/Habermeier/Flohr (Hrsg.), Vertriebsrecht, § 2, Rn. 115; Martinek, Franchising, 435.

1172 Behr, Der Franchisevertrag, 73 ff.; Kapp, Wettbewerbsbeschränkung durch vertikale Vertriebsbindungen?, 3; Martinek, Franchising, 435 ff.; Sutherland/Kemp,

Auch bei einfachen Mindestabnahmequoten ist denkbar, dass diese so hoch angesetzt werden, dass der Franchisenehmer Waren nur noch in geringen Mengen von anderen beziehen kann.[1173] Bezugsbindungen werden häufig mit einer Mindestumsatzklausel verbunden, um zu verhindern, dass der Franchisenehmer die Preise und damit seine Gewinnspanne unter Inkaufnahme sinkender Verkaufszahlen erhöht und dadurch dem Franchisegeber schadet.[1174] Alleinbezugsbindungen sind das Gegenstück zu Alleinvertriebsvereinbarungen, bei denen der Franchisegeber sich zur Abgabe seiner Produktion an nur einen Franchisenehmer verpflichtet. Beide Bindungen zusammen führen zu einem gemeinsamen Ausschluss von Konkurrenten.[1175]

Bei Alleinbezugsverpflichtungen sind nicht nur die Produkte umfasst, die für den Weiterverkauf durch den Franchisenehmer bei Vertriebsfranchising vorgesehen sind. Denkbar sind im Rahmen des Dienstleistungsfranchisings auch die Beschaffung von Arbeitsmittel (beispielsweise die Kaffeemaschine in der Gastronomie) oder auch der Erwerb von Halbfertigwaren, die vom Franchisenehmer weiterverarbeitet werden.[1176]

A. Auswirkungen von Bezugsbindungen auf den Wettbewerb

Bezugsbindungen sind wie alle vertikalen Wettbewerbsbeschränkungen ambivalent und können sowohl wettbewerbsfördernde als auch wettbewerbswidrige Auswirkung haben.

I. *Wettbewerbsfördernde Auswirkungen*

Einerseits können Alleinbezugsbindungen zu Preissenkungen führen, da sie eine effiziente Zusammenarbeit zwischen Franchisegeber und Franchisenehmer fördern.[1177]

Competition Law of SA, S. 6/7; Unterhalter, in: Brassey (Hrsg.), Competition Law, 175. Siehe auch: Weiß, in: Calliess/Ruffert (Hrsg.) EUV/AEUV, Art. 101, Rn. 206; Jung, in: Grabitz/Hilf/Nettesheim (Hrsg.), Recht der EU, Art. 102, Rn. 201. Competition Commission, Franchising Notice, Rn. 4.18; Woker, 18 SA Merc LJ 2006, 107 [115]; *Silent Pond Investments CC v. Woolworths (Pty) Ltd* 2011 (6) SA 343 (D) [348].

1173 Martinek, in: Martinek/Semler/Habermeier/Flohr (Hrsg.), Vertriebsrecht, § 2, Rn. 115. Siehe zu dem Gegenstück von Vertriebsbindungen, nämlich Alleinvertriebsvereinbarungen: *Nuco Chrome (Pty) Ltd. v. Xstrata South Africa (Pty) Ltd.* (31/IR/Apr04), 18.08.2004. Siehe hierzu auch Sutherland/Kemp, Competition Law of SA, S. 6/8 Fn. 44.

1174 Martinek, in: Martinek/Semler/Habermeier/Flohr (Hrsg.), Vertriebsrecht, § 2, Rn. 116.

1175 Martinek, in: Martinek/Semler/Habermeier/Flohr (Hrsg.), Vertriebsrecht, § 2, Rn. 115.

1176 Martinek, in: Martinek/Semler/Habermeier/Flohr (Hrsg.), Vertriebsrecht, § 2, Rn. 115.

1177 *Natal Wholesale Chemists (Pty) Ltd. v. Astra Pharmaceuticals (Pty) Ltd.* (98/IR/Dec00), 21.03.2001, Rn. 69; Sutherland/Kemp, Competition Law of SA, S. 6/22; Ellger, in:

Die Risiken und Kosten der beteiligten Parteien werden minimiert.[1178] Oft wird es dem Franchisenehmer nicht möglich sein, genau seinen Umsatz vorherzusagen. Daher wird es ihm auch schwer fallen, für die Zukunft festzulegen, welche Mengen er seinem Lieferanten abnimmt. Alleinbezugsbindungen garantieren dem Franchisenehmer eine gesicherte Belieferung und dem Franchisegeber einen zuverlässigen Abnehmer. Der Franchisenehmer muss nicht bei dringendem Bedarf Waren zu einem hohen Preis auf dem freien Markt kaufen, sondern er wird vom Franchisegeber zu gleichbleibenden Preisen beliefert.[1179]

Ebenso erlauben Alleinbezugsbindungen dem Franchisegeber auch größere Investitionen zu tätigen, die er eher nicht tätigen würde, wenn er sich nicht sicher wäre, stabile Absatzmöglichkeiten für seine Produkte zu haben.[1180] Durch die Alleinbezugsbindung wird ein Teil des Investitionsrisikos auf den Franchisenehmer übertragen.

Immenga/Mestmäcker (Hrsg.), WettbewerbsR Kommentar Bd. 1 EU/Teil 1, Art. 101 Abs. 3 AEUV, Rn. 520; Kirchhoff, in: Wiedemann (Hrsg.), Kartellrecht, § 10, Rn. 232; KOME, 30.04.1991, (91/329/EWG – Scottish Nuclear, Kernenergievereinbarung) ABl. 06.07.1991 L 178/31, Rn. 33; KOME, 16.06.1999, (99/473/EG – Bass) ABl. 19.07.1999 L 186/1, Rn. 269; KOME, 16.06.1999, (99/474/EG – Scottish and Newcastle) ABl. 19.07.1999 L 186/28, Rn. 138; Weiß, in: Calliess/Ruffert (Hrsg.) EUV/AEUV, Art. 101, Rn. 197, 206.

1178 Ellger, in: Immenga/Mestmäcker (Hrsg.), WettbewerbsR Kommentar Bd. 1 EU/Teil 1, Art. 101 Abs. 3 AEUV, Rn. 520; KOME, 09.07.1980, (80/917/EWG – National Sulphuric Acid Association) ABl. 03.10.1980 L 260/24, Rn 39 ff., 47; KOME, 09.06.1989, (89/408/EWG – National Sulphuric Acid Association) ABl. 05.07.1989 L 190/22, Rn. 7 ff.; KOME, 30.04.1991, (91/329/EWG – Scottish Nuclear, Kernenergievereinbarung) ABl. 06.07.1991 L 178/31, Rn. 33 ff.; KOME, 11.11.1994, (94/771/EG – Olivetti-Digital) ABl. 02.12.1994 L 309/24, Rn. 30; KOME, 16.06.1999, (99/473/EG – Bass) ABl. 19.07.1999 L 186/1, Rn. 168 ff.; KOME, 16.06.1999, (99/474/EG – Scottish and Newcastle) ABl. 19.07.1999 L 186/28, Rn. 137 ff.; Sutherland/Kemp, Competition Law of SA, S. 6/22; Krattenmaker/Salop, 96 Yale L. J. 1986, 209 [228]; Unterhalter, in: Brassey (Hrsg.), Competition Law, 176.

1179 Ellger, in: Immenga/Mestmäcker (Hrsg.), WettbewerbsR Kommentar Bd. 1 EU/Teil 1, Art. 101 Abs. 3 AEUV, Rn. 520; Teichmann, Die Verbesserung der Warenerzeugung oder -verteilung und die Förderung des technischen oder wirtschaftlichen Fortschritts, 71; Weiß, in: Calliess/Ruffert (Hrsg.) EUV/AEUV, Art. 101, Rn. 206; KOME, 12.07.1984, (84/381/EWG – Carlsberg), ABl. 02.08.1984 L 207/26, S. 34; Sutherland/Kemp, Competition Law of SA, S. 6/22; Woker, The Franchise Relationship, 221.

1180 Sog. Hold-up-Problematik. *Great Lakes Carbon Corp.* 82 F.T.C. 1529 (1973); Sutherland/Kemp, Competition Law of SA, S. 6/22; Unterhalter, in: Brassey (Hrsg.), Competition Law, 176; Martinek, in: Martinek/Semler/Habermeier/Flohr (Hrsg.), Vertriebsrecht, § 2, Rn. 116; Ellger, in: Immenga/Mestmäcker (Hrsg.), WettbewerbsR Kommentar Bd. 1 EU/Teil 1, Art. 101 Abs. 3 AEUV, Rn. 520, KOME, 30.04.1991, (91/329/EWG – Scottish Nuclear, Kernenergievereinbarung) ABl. 06.07.1991 L 178/31, Rn. 33; KOME, 23.03.1990, (90/186/EWG – Moosehead/Whitbread) ABl. 20.04.1990 L 100/32, Rn. 16.

Wenn der Franchisegeber ein spezialisiertes Produkt herstellt, kann der Franchisenehmer von hohen sogenannten *sunk costs* profitieren, indem er nach Tätigung der Investition den Preis herunterhandelt. Sollte keine Alleinbezugsbindung bestehen, könnte der Lieferant davon absehen, hohe Investitionen zu tätigen, um die vom Händler gewünschten Produkte herzustellen. Dies wird in Franchiseverhältnissen jedoch eine geringere Rolle spielen, sondern eher in Verhältnissen, in denen der Lieferant kaum Kenntnis von den Händlern hat.[1181]

Alleinbezugsbindungen können auch den Markenwettbewerb fördern; denn sie erlauben kleinen und mittleren Unternehmen leichter auf einem Markt Fuß zu fassen.[1182] Auch dienen sie der Förderung einer ordnungsgemäßen und effizienten vertikalen Zusammenarbeit. Sollten sie nicht erlaubt sein, ist es vorstellbar, dass Fusionen die vollständige vertikale Integration herbeiführen.[1183] Allerdings können vertikale Vereinbarungen effizienter sein als Fusionen. Der Händler bleibt unabhängig und hat daher ein Eigeninteresse, möglichst viele Produkte zu verkaufen, um seinen Gewinn zu steigern. Der Lieferant, auf der anderen Seite, kann seinen Vertrieb wirksam gestalten, ohne in einen Markt vorzudringen, der schon von spezialisierten Kräften bedient wird.[1184]

Alleinbezugsverpflichtungen verhindern schließlich, dass die Investitionen des Franchisegebers in das Marketing eines Produktes von konkurrierenden Lieferanten ausgenutzt werden (sogenanntes interbrand free riding). Es ist dann nicht mehr möglich, dass Kunden durch die Werbemaßnahmen des Franchisegebers angelockt werden und dann beim Franchisenehmer Produkte anderer Lieferanten entdecken und kaufen, die nicht beworben werden und daher günstiger sind.[1185] Der Franchisenehmer würde durch eine Alleinbezugsbindung außerdem den Anreiz erhalten, die Güter des Franchisegebers bestmöglich zu vertreiben.[1186]

1181 Sutherland/Kemp, Competition Law of SA, S. 6/22.

1182 KOME, 12.07.1984, (84/381/EWG – Carlsberg) ABl. 02.08.1984 L 207/26, S. 34; Weiß, in: Calliess/Ruffert (Hrsg.) EUV/AEUV, Art. 101, Rn. 197; Teichmann, Die Verbesserung der Warenerzeugung oder verteilung und die Förderung des technischen oder wirtschaftlichen Fortschritts, 72; Ellger, in: Immenga/Mestmäcker (Hrsg.), WettbewerbsR Kommentar Bd. 1 EU/Teil 1, Art. 101 Abs. 3 AEUV, Rn. 520.

1183 Sutherland/Kemp, Competition Law of SA, S. 6/23 mit Verweis auf: *Standard Oil Co. of California v. United States* 337 U.S. 293 (1949) [318 ff.].

1184 Sutherland/Kemp, Competition Law of SA, S. 6/23.

1185 Competition Commission, Franchising Notice, Rn. 4.20; Marvel, J. L. and Econ. 1982, 1 [7 f.]; Liebeler, 12 SW. U. L. Rev. (1981) 166 [186 ff.]; Woker, 18 SA Merc LJ 2006, 107 [115]; Woker, The Franchise Relationship, 221; Sutherland/Kemp, Competition Law of SA, S. 6/23; Unterhalter, in: Brassey (Hrsg.), Competition Law, 170 f., 176; Martinek, in: Martinek/Semler/Habermeier/Flohr (Hrsg.), Vertriebsrecht, § 2, Rn. 116; Weiß, in: Calliess/Ruffert (Hrsg.) EUV/AEUV, Art. 101, Rn. 197; Kirchhoff, in: Wiedemann (Hrsg.), Kartellrecht, § 10, Rn. 247.

1186 Ellger, in: Immenga/Mestmäcker (Hrsg.), WettbewerbsR Kommentar Bd. 1 EU/Teil 1, Art. 101 Abs. 3 AEUV, Rn. 520.

II. Wettbewerbsbeschränkende Auswirkungen

Bezugsbindungen wirken sich insbesondere dann negativ auf den Wettbewerb aus, wenn es sich um Alleinbezugsbindungen handelt. Alleinbezugsbindungen führen zu einer Abschottung des Marktes für andere Anbieter, da es ihnen unmöglich gemacht wird, diesen speziellen Händler zu beliefern.[1187] Sollte es einem Lieferanten möglich sein, alle Händler exklusiv an sich zu binden, dann haben andere Lieferanten keine Möglichkeit, sich auf dem Markt zu etablieren. Ebenso ist es denkbar, dass alle Händler an verschiedene Lieferanten gebunden sind und dadurch ein Markteintritt für neue Lieferanten unmöglich wird.[1188] Die Abschottungswirkung wird vor allem relevant, wenn der Standort der Händler von größerer Relevanz ist und alle Händler mit geeigneten Standorten bereits an einen Lieferanten exklusiv gebunden sind. Wichtig ist auch die Dauer dieser Vereinbarungen. Wenn Alleinbezugsbindungen nur für einen kurzen Zeitraum abgeschlossen wurden, sind sie von geringerer wettbewerbsrechtlicher Relevanz, als wenn sie für einen langen Zeitraum geschlossen wurden.[1189]

Auch können Alleinbezugsbindungen zu einer Kostensteigerung bei konkurrierenden Unternehmen auf Händlerebene führen. Sollte ein Lieferant bestimmte Händler an sich binden, steigen die Beschaffungskosten für andere Händler, wenn eine Beschaffung bei anderen Lieferanten nur zu höheren Preisen möglich ist.[1190] Diese Händler müssen dann folglich auch zu höheren Preisen verkaufen. Dies würde wiederum den anderen Händlern, die zu günstigeren Konditionen ihre Ware beziehen erlauben, einen künstlich teureren Preis über dem eigentlichen Wettbewerbsniveau zu verlangen.[1191] Ebenso ist es denkbar, dass die Anzahl der unabhängigen Händler so reduziert wird, dass diese sich zusammenschließen und so die Vertriebskosten für die anderen Lieferanten steigern.[1192]

1187 Mitt. Komm., LL für vert. Beschränkungen (2010/C 130/01), ABl. EU C 130/1, Rn. 130; Jung, in: Grabitz/Hilf/Nettesheim (Hrsg.), Recht der EU, Art. 102, Rn. 201; Ellger, in: Immenga/Mestmäcker (Hrsg.), WettbewerbsR Kommentar Bd. 1 EU/Teil 1, Art. 101 Abs. 3 AEUV, Rn. 519; Petsche/Lager, in: Liebscher/Flohr/Petsche (Hrsg.), Handbuch der EU-GVO, § 7, Rn. 146; Unterhalter, in: Brassey (Hrsg.), Competition Law, 176; Sutherland/Kemp, Competition Law of SA, S. 6/23; Woker, The Franchise Relationship, 220.

1188 Sutherland/Kemp, Competition Law of SA, S. 6/23; *Natal Wholesale Chemists (Pty) Ltd. v. Astra Pharmaceuticals (Pty) Ltd.* (98/IR/Dec00), 21.03.2001. Siehe auch: Unterhalter, in: Brassey (Hrsg.), Competition Law, 176.

1189 Sutherland/Kemp, Competition Law of SA, S. 6/23 f.

1190 Krattenmaker/Salop, 96 Yale L. J. 1986, 209 [231 ff.].

1191 *Natal Wholesale Chemists (Pty) Ltd. v. Astra Pharmaceuticals (Pty) Ltd.* (98/IR/Dec00), 21.03.2001, Rn. 69 mit Verweis auf: Krattenmaker/Salop, 96 Yale L. J. 1986, 209 [249 f.].

1192 Sutherland/Kemp, Competition Law of SA, S. 6/24 Fn. 159; Krattenmaker/Salop, 96 Yale L. J. 1986, 209 [240 f.].

Alleinbezugsbindungen führen schließlich zu weniger Konkurrenz zwischen Lieferanten, da diese nicht ständig im Wettbewerb zueinander stehen, und bergen folglich auch die Gefahr einer Kartellbildung.[1193]

B. Behandlung von Bezugsbindungen in der Europäischen Union

Das Recht der Europäischen Union fasst Alleinbezugsbindungen gemäß Art. 1 B uchst. d VO Nr. 330/2010 unter den Begriff Wettbewerbsverbot. Die Wirksamkeit von Bezugsbindungen, die den Franchisenehmer verpflichten, mindestens 80 % seines Gesamtbedarfs an Vertragsprodukten (berechnet nach dem Einkaufswert der Produkte im Vorjahr) vom Franchisegeber oder von einem von diesem benannten Lieferanten zu beziehen, richtet sich daher nach Art. 5 Vertikal-GVO. Alleinbezugsvereinbarungen, die für eine unbestimmte Dauer oder eine Zeitspanne von mehr als fünf Jahren vereinbart wurden, sind daher grundsätzlich nicht freigestellt;[1194] denn Verpflichtungen von einer längeren Dauer könnten zu einem Marktausschluss oder auch Kollusionen führen.[1195]

Allerdings gibt es speziell für Franchisevereinbarungen eine Ausnahmeregelung. Alleinbezugsvereinbarungen sind danach dann zulässig, wenn sie zur Aufrechterhaltung der Einheitlichkeit und des Rufs des Franchisesystems notwendig sind. In diesem Fall ist auch die Dauer der Verpflichtung nicht von Belang, solange sie nicht über die Laufzeit des Franchisevertrages selbst hinausgeht.[1196] Diese Ausnahmeregelung ist jedoch nicht in der Vertikal-GVO selbst festgehalten, sondern wird nur in den Leitlinien der Kommission niedergelegt. Dies wird von einigen stark kritisiert, da dies im Falle eines Rechtsstreits zu Rechtsunsicherheiten führen kann; denn die europäischen Gerichte sind an die Leitlinien nicht gebunden.[1197] Auch sei nicht klar, wann das Wettbewerbsverbot für den Schutz des Systems wirklich notwendig

---

1193 Siehe hierzu: Sutherland/Kemp, Competition Law of SA, S. 6/24; Ellger, in: Immenga/Mestmäcker (Hrsg.), WettbewerbsR Kommentar Bd. 1 EU/Teil 1, Art. 101 Abs. 3 AEUV, Rn. 519; Mitt. Komm., LL für vert. Beschränkungen (2010/C 130/01), ABl. EU C 130/1, Rn. 130; Petsche/Lager, in: Liebscher/Flohr/Petsche (Hrsg.), Handbuch der EU-GVO, § 7, Rn. 146.

1194 Art. 5 Abs. 1 Buchst. a Vertikal-GVO. Siehe hierzu auch: Ellger, in: Immenga/Mestmäcker (Hrsg.), WettbewerbsR Kommentar Bd. 1 EU/Teil 1, Art. 101 Abs. 3 AEUV, Rn. 520; Fritzemeyer, BB 2002, 1658 [1663]; Metzlaff, BB 2000, 1201 [1208]; Petsche/Lager, in: Liebscher/Flohr/Petsche (Hrsg.), Handbuch der EU-GVO, § 7, Rn. 147.

1195 Erwägungsgrund 11 der VO Nr. 330/2010. Siehe auch: Metzlaff, BB 2000, 1201 [1208].

1196 Mitt. Komm., LL für vert. Beschränkungen (2010/C 130/01), ABl. EU C 130/1, Rn. 190; Metzlaff, BB 2000, 1201 [1208].

1197 Fritzemeyer, BB 2002, 1658 [1663].

sei. Dies ist vom Einzelfall abhängig und damit ebenso mit Rechtsunsicherheiten verbunden.[1198]

Ein Wettbewerbsverbot ist nach der zweiten Ausnahmeregelung in Art. 5 Abs. 2 Vertikal-GVO des Weiteren dann zulässig, wenn der Abnehmer seinen Vertrieb von Räumlichkeiten aus betreibt, von denen der Anbieter der Eigentümer, Mieter oder Pächter ist. Diese Ausnahme gilt für die gesamte Dauer der Nutzung der Räumlichkeiten.[1199] Sollte eine Franchisevereinbarung für eine Dauer von mehr als fünf Jahren geschlossen worden sein und eine darin niedergelegte Alleinbezugsbindung nicht schon aufgrund ihrer Notwendigkeit für die Identitätswahrung des Franchisenetzes erlaubt sein, so kann die Unwirksamkeit der Verpflichtung dadurch umgangen werden, dass der Franchisegeber das Ladenlokal erwirbt oder mietet und dem Franchisenehmer dann (weiter-) vermietet.[1200]

Schließlich gilt auch bei Bezugsbindungen die allgemeine 30 % Marktanteilsgrenze aus Art. 3 Abs. 1 VO Nr. 330/2010, bei deren Überschreitung eine Freistellung nach der GVO nicht mehr möglich ist. Dann bleibt nur noch eine Freistellung nach Art. 101 Abs. 3 AEUV. Allerdings nimmt die Kommission auf die besondere Lage bei Franchisevereinbarungen Rücksicht und erleichtert eine Freistellung nach Art. 101 Abs. 3 AEUV. Eine Ausnahme nach Art. 101 Abs. 3 AEUV ist umso eher möglich, je weitreichender der Transfer von Know-how geht.[1201]

C. Behandlung von Bezugsbindungen in Südafrika

Die Wirksamkeit von Alleinbezugsbindungen in Südafrika wird anhand von Sec. 5 Abs. 1 Competition Act und folglich anhand der *rule of reason* beurteilt. Auch zu dieser vertikalen Bindung gibt es bislang kaum Rechtsprechung. Die Autoren *Sutherland* und *Kemp* schlagen vor, zunächst die Marktverhältnisse auf dem Versorgungsmarkt zu betrachten. Nach ihrer Ansicht ist Marktmacht oder zumindest Marktkonzentration notwendig, damit eine Alleinbezugsvereinbarung wettbewerbsbeschränkende Wirkung hat.[1202] Nur dann sei ein Ausschluss anderer Wettbewerber vom Markt oder das Hervorrufen einer Kostensteigerung bei den Wettbewerbern möglich. Dies solle jedoch nicht im Umkehrschluss bedeuten, dass Marktkonzentration oder -macht immer zu einer wettbewerbsschädlichen Wirkung von Alleinbezugsvereinbarungen führt. Denn ein Marktauschluss anderer Wettbewerber wird abhängig vom Markt nicht immer möglich sein. Auch das *Competition Tribunal* weist der Bestimmung

---

1198 Schultze/Pautke/Wagener, Vertikal-GVO, Art. 4, Rn. 522 ff.; Fritzemeyer, BB 2002, 1658 [1663].

1199 Siehe hierzu auch: Metzlaff, BB 2000, 1201 [1208]; Fritzemeyer, BB 2002, 1658 [1663]; Petsche/Lager, in: Liebscher/Flohr/Petsche (Hrsg.), Handbuch der EU-GVO, § 7, Rn. 157.

1200 Fritzemeyer, BB 2002, 1658 [1663].

1201 Mitt. Komm., LL für vert. Beschränkungen (2010/C 130/01), ABl. EU C 130/1, Rn. 190.

1202 Sutherland/Kemp, Competition Law of SA, S. 6/24. So wohl auch: Unterhalter, in: Brassey (Hrsg.), Competition Law, 173 ff.

der Marktmacht hohe Bedeutung zu.[1203] Bei Alleinbezugsvereinbarungen sei es auch möglich, dass sie trotz wettbewerbsbeschränkender Wirkung letztlich in der Gesamtsicht als wettbewerbsfördernd zu beurteilen seien. Dies wird insbesondere bei investitionsträchtigen Produkten angenommen.[1204] Nach Ansicht der *Competition Commission* sollen Alleinbezugsbindungen nur mit guter Begründung möglich sein. Dem Franchisenehmer soll es möglich sein, gleichwertige Waren beziehungsweise Dienstleistungen von Dritten zu beziehen, solange sie nicht das Ansehen, die Qualität und den Goodwill des Franchisesystems beeinträchtigen.[1205] Was unter einer guten Begründung zu verstehen ist, wird allerdings nicht näher erläutert.

Sollte eine horizontale Kollusion vorliegen, die die konkurrierenden Unternehmen zum Abschluss von Alleinbezugsbindungen zwingt, dann ist eine Analyse des Marktes nicht notwendig sein. Die Bindung ist vielmehr ohne weitere Prüfung unzulässig. Diese Fälle dürften jedoch selten sein. Sollte der Versorgungsmarkt anfällig für Kollusionen sein, auch wenn diese nicht nachgewiesen werden können, ist es wichtig, dass die Wettbewerbsbehörde darauf achtet, ob Alleinbezugsbindungen vereinbart wurden.[1206]

D. Fazit

Bezugsbindungen sind in der Praxis weit verbreitet. Insbesondere in Franchisesystemen gehören sie geradezu zu den Wesensmerkmalen einer Franchisevereinbarung.[1207] Der südafrikanische Ansatz, wie er von der Literatur vorgeschlagen wird, lässt sich gut vertreten. Bezugsbindungen sind, wie alle vertikalen Wettbewerbsbeschränkungen, ambivalent in ihren Folgen und wirken sich daher auch negativ auf den Wettbewerb aus. Allerdings haben sie nicht das Potenzial, den Wettbewerb so zu schwächen, wie etwa Gebietsbeschränkungen oder gar Preisbindungen. Die Beurteilung der Beschränkung vornehmlich anhand der Marktmacht der beteiligten Unternehmen ist sinnvoll. Nicht außer Acht sollte dabei jedoch die Dauer der Bindung gelassen werden. Denn je länger der Zeitraum ist, für den sie geschlossen werden, desto größer ist die Gefahr für den Wettbewerb.

In Europa werden Bezugsbindungen nicht als Kernbeschränkung, sondern als sogenannte graue oder auch gelbe Klausel eingestuft.[1208] Dies bedeutet, dass, wenn ein Vertrag eine solche unzulässige Beschränkung enthält, dies nicht die gesamte

---

1203 *Natal Wholesale Chemists (Pty) Ltd. v. Astra Pharmaceuticals (Pty) Ltd.* (98/IR/Dec00), 21.03.2001, Rn. 69 mit Verweis auf: Krattenmaker/Salop, 96 Yale L. J. 1986, 209 [249 f.].

1204 Unterhalter, in: Brassey (Hrsg.), Competition Law, 177; Sutherland/Kemp, Competition Law of SA, S. 6/24.

1205 Competition Commission, Franchising Notice, Rn. 4.21.

1206 Sutherland/Kemp, Competition Law of SA, S. 6/24.

1207 Baron, in: Loewenheim/Meesen/Riesenkampff (Hrsg.), Kartellrecht, Vert.-GVO, Rn. 251.

1208 Fritzemeyer, BB 2002, 1658 [1663]; Bechtold, EWS 2001, 49 [49].

Vereinbarung unwirksam werden lässt. Das Unionsrecht nutzt eine Kombination aus Marktanteil der Beteiligten und Dauer der Vereinbarung zur Beurteilung von Bezugsbindungen. Verboten sind Bindungen, die für länger als fünf Jahre vereinbart wurden, und es gilt die allgemeine 30 % Marktanteilsgrenze aus Art. 3 Abs. 1 VO Nr. 330/2010. Die starre Grenze von fünf Jahren erleichtert zwar die Kontrolle und Durchsetzung der Gruppenfreistellungsverordnung; sie bedeutet jedoch auch eine gewisse Inflexibilität, so dass auf Besonderheiten einer Vereinbarung nur in engen Grenzen Rücksicht genommen werden kann.[1209] Andererseits bleibt die Möglichkeit bestehen, bei Klauseln mit einer Geltungsdauer von mehr als fünf Jahren, die aufgrund des Schutzes von Investitionen notwendig sind, eine Einzelfreistellung nach Art. 101 Abs. 3 AEUV zu erwirken. Die Kommission nimmt in ihren Leitlinien besondere Rücksicht auf die Bedürfnisse in Franchisesystemen. Hier wird die einheitliche Behandlung vertikaler Beschränkungen durchbrochen. Gerade beim Franchising sind Bezugsbindungen für beide Seiten besonders wichtig, da durch fremde Produkte das Image des Systems geschädigt beziehungsweise gar nicht erst aufgebaut werden könnte. Franchising lebt von der Einheitlichkeit seiner einzelnen Betriebe was Ausstattung, Qualität und Stil angeht.[1210] Die Ausnahmeregel, dass Alleinbezugsvereinbarungen auch dann erlaubt sind, wenn sie zur Aufrechterhaltung der Einheitlichkeit und des Rufs des Franchisesystems notwendig sind, ist daher sinnvoll. Sie zeigt die offene Haltung der Kommission gegenüber Alleinbezugsvereinbarungen in Franchisenetzen, lässt ihr jedoch auch einen weiten Ermessenspielraum bei der Beurteilung der „Notwendigkeit" derselben für Franchisesysteme.

4. Teil: Alleinvertriebsvereinbarung

Alleinvertriebsvereinbarungen sind das Gegenstück zu Alleinbezugsbindungen. Hierbei handelt es sich um eine sogenannte „aufsteigende" Bindung, also eine Bindung des Franchisegebers zu Gunsten des Franchisenehmers. Sie zählen zu den wichtigsten vertikalen Beschränkungen der Absatzzentrale.[1211] Auch wenn es eine Bindung des Franchisegebers ist, bedeutet dies nicht, dass sie dem Franchisegeber, der doch meist der wirtschaftlich Überlegene ist, aufgezwungen wird. Vielmehr hat

---

1209 Siehe hierzu: Baron, in: Loewenheim/Meesen/Riesenkampff (Hrsg.), Kartellrecht, Vert.-GVO, Rn. 248, 252; Scheerer, Rechtsfragen der Gruppenfreistellungsverordnung für vertikale Wettbewerbsbeschränkungen, 101; Pukall, NJW 2000, 1375 [1378] zeigt das Bedürfnis nach einer längeren Dauer bei investitionsträchtigen Gütern insbesondere auch in Franchisesystemen auf. In anderen Bereichen wie dem Technologiesektor wird die Dauer von 5 Jahren hingegen als zu lange angesehen: Scheerer, Rechtsfragen der Gruppenfreistellungsverordnung für vertikale Wettbewerbsbeschränkungen, 101.

1210 Martinek, in: Martinek/Semler/Habermeier/Flohr (Hrsg.), Vertriebsrecht, § 2, Rn. 116.

1211 Martinek, in: Martinek/Semler/Habermeier/Flohr (Hrsg.), Vertriebsrecht, § 2, Rn. 126.

dieser häufig selbst ein Interesse an der durch diese Regelung erzeugten Aufteilung des Gebietes. In den seltensten Fällen wird der Franchisegebers zu einer solchen Vereinbarung durch seinen Franchisenehmer gezwungen werden.[1212]

Eine Alleinvertriebsvereinbarung beinhaltet eine Verpflichtung des Lieferanten, hier des Franchisegebers, in einem abgesteckten Gebiet nur einen bestimmten Händler bzw. Franchisenehmer zu beliefern.[1213] Dem Franchisegeber ist es untersagt, sowohl seine Absatztätigkeit in diesem Gebiet auf andere Händler auszuweiten als auch selbst an (potenzielle) Kunden zu verkaufen (Direktverkaufsverbot) oder gar dort eine eigene Niederlassung aufzubauen (Filialverbot).[1214] Alleinvertriebsvereinbarungen werden zumeist mit einer zusätzlichen Klausel in der Franchisevereinbarung verbunden, nach der der Franchisegeber den anderen Franchisenehmern Gebietsbeschränkungen auferlegt, durch welche diese daran gehindert werden, ihre Tätigkeit außerhalb ihres Gebietes auszuweiten. Hierdurch wird dem Franchisenehmer auch ein Schutz vor systemimmanenter Konkurrenz gewährt.[1215]

A. Behandlung in Südafrika

Zu Alleinvertriebsvereinbarungen gibt es noch keine südafrikanische Rechtsprechung; auch in der Lehre werden sie nicht weiter behandelt. Allerdings hatte das *Competition Tribunal* über *output restrictions* in zwei Fällen zu entscheiden. Von einer *output restriction* oder Alleinbelieferungsbindung spricht man dann, wenn sich der Anbieter dazu verpflichtet, seine gesamte oder nahezu gesamte Produktion an einen Anbieter zu verkaufen.[1216] Diese kommen in Franchisesystemen jedoch selten vor.[1217]

1212 Martinek, in: Martinek/Semler/Habermeier/Flohr (Hrsg.), Vertriebsrecht, § 2, Rn. 127; Ders., Franchising, 443; Meier, Der selektive Vertrieb Bd. 2, 247.

1213 Mitt. Komm., LL für vert. Beschränkungen (2010/C 130/01), ABl. EU C 130/1, Rn. 151; Ellger, in: Immenga/Mestmäcker (Hrsg.), WettbewerbsR Kommentar Bd. 1 EU/Teil 1, Art. 101 Abs. 3 AEUV, Rn. 522; Sutherland/Kemp, Competition Law of SA, S. 6/8; Weiß, in: Calliess/Ruffert (Hrsg.) EUV/AEUV, Art. 101, Rn. 197; Petsche/Lager, in: Liebscher/Flohr/Petsche (Hrsg.), Handbuch der EU-GVO, § 7, Rn. 159.

1214 Meier, Selektiver Vertrieb Bd. 1, 169 ff.; Martinek, in: Martinek/Semler/Habermeier/Flohr (Hrsg.), Vertriebsrecht, § 2, Rn. 126. Siehe auch: Ellger, in: Immenga/Mestmäcker (Hrsg.), WettbewerbsR Kommentar Bd. 1 EU/Teil 1, Art. 101 Abs. 3 AEUV, Rn. 522.

1215 Martinek, in: Martinek/Semler/Habermeier/Flohr (Hrsg.), Vertriebsrecht, § 2, Rn. 126; mit Verweis auf: Ulmer, der Vertragshändler, 122; Stumpf, der Vetragshändlervertrag, 30.

1216 Sutherland/Kemp, Competition Law of SA, S. 6/8; Mitt. Komm., LL für vert. Beschränkungen (2010/C 130/01), ABl. EU C 130/1, Rn. 192; Ellger, in: Immenga/Mestmäcker (Hrsg.), WettbewerbsR Kommentar Bd. 1 EU/Teil 1, Art. 101 Abs. 3 AEUV, Rn. 539.

1217 Mitt. Komm., LL für vert. Beschränkungen (2010/C 130/01), ABl. EU C 130/1, Rn. 189, in der häufig vorkommende Beschränkungen genannt werden, Alleinbelieferungsbindungen jedoch gerade nicht.

Im ersten Fall des *Competition Tribunal* zu *output restrictions*, die sogenannte *Patensie*-Entscheidung,[1218] wurde von der Gegenpartei kein technischer Nutzen, Effizienzgewinn oder anderer wettbewerbsfördernder Vorteil vorgetragen, der die Wettbewerbsbeschränkung rechtfertigen hätte können.[1219] Das Urteil trägt daher nur wenig Erkenntnis zur Behandlung von *output restrictions* bei. In *Nuco Chrome (Pty) Ltd. v. Xstrata South Africa (Pty) Ltd.*,[1220] dem zweiten Fall, der Alleinbelieferungsbindungen betraf, wurde die Klage aufgrund mangelnden Vorbringens der Parteien ohne weitere Ausführungen direkt abgewiesen. Das *Competition Tribunal* ließ in beiden Fällen die Chance ungenutzt, seine Sichtweise zur Prüfung von *output restrictions* darzulegen. Es wäre an dieser Stelle möglich gewesen, Klarheit in die Handhabung von *output restriction* zu bringen und damit den Unternehmen mehr Rechtssicherheit zu gewähren.[1221] Die südafrikanische Literatur vertritt die Ansicht, dass *output restrictions* ähnlich zu behandeln seien wie Alleinbezugsbindungen, da sie das „Spiegelbild“ von ihnen seien, äußert sich jedoch nicht zur Behandlung von Alleinvertriebsvereinbarungen.[1222]

B. Behandlung in der Europäischen Union

Alleinvertriebsbindungen unterfallen im Unionsrecht grundsätzlich dem Kartellverbot aus Art. 101 Abs. 1 AEUV.[1223] Allerdings kann eine Alleinvertriebsbindung auch

1218 *Bezuidenhout v. Patensie Sitrus Beherend Ltd.* (66/IR/May00), 19.07.2000. Dabei ging es um einen Landwirt, *Bezuidenhout*, der wie auch andere Landwirte in der Region, dazu gezwungen war seinen gesamten Ertrag an Zitrusfrüchten einem Unternehmen, *Patensie Sitrus Beherend Ltd.*, zu verkaufen, das diesen dann verpackte und vertrieb. Das Gericht stellte fest, dass der Wettbewerb im relevanten Markt beschränkt wird, da die Vereinbarung andere Unternehmen im Bereich Verpackung und Vertrieb vom Markt ausschließe. Das Unternehmen *Patensie* erlangte durch die Vereinbarung Marktmacht. Der Abnahmepreis wurde zwar anhand des Verkaufspreises, den *Patensie* erzielte, ermittelt, allerdings lag dennoch wettbewerbsbeschränkendes Verhalten vor. *Patensie* zog weitere Kosten vom erzielten Marktpreis ab, so dass der Preis, anhand dessen der Abnahmepreis berechnet wurde, letztlich geringer war. Das *Tribunal* entschied, dass das Unternehmen durch sein Nachfragemonopol weniger Anreiz hatte, wirtschaftlich zu handeln und die zusätzlich abziehbaren Kosten zu deckeln und bejahte einen Verstoß nach Sec. 5 Abs. 1 Competition Act.

1219 *Bezuidenhout v. Patensie Sitrus Beherend Ltd.* (66/IR/May00), 19.07.2000, Rn. 60.

1220 (31/IR/Apr04), 18.08.2004.

1221 Siehe hierzu auch: Sutherland/Kemp, Competition Law of SA, S. 6/28 f.

1222 Sutherland/Kemp, Competition Law of SA, S. 6/27.

1223 Siehe das grundlegende Urteil: EuGH, 13.07.1966, verb. Rs. 56 und 58/64, „Consten und Grundig", Slg. 1966 S. 322 [390 ff.]. In EuG, 02.07.1992, Rs. T-61/89, „Dansk Pelsdyravlerforening“, Slg. 1992 S. II-1931, Rn. 89 ff., stellte das Gericht erster Instanz klar, dass Ausschließlichkeitsvereinbarungen nicht als solche gegen das Kartellverbot aus damals Art. 85 Abs. 1 EWG-Vetrag verstoßen. Siehe auch: Ellger,

neuen Wettbewerb entstehen lassen. Diese positive Auswirkung auf den Wettbewerb tritt dann auf, wenn die Bindung für den Eintritt des Unternehmens in einen neuen Markt notwendig ist. In diesem Fall unterfällt sie nicht dem Kartellverbot.[1224]

Die Freistellung sowohl von Alleinvertriebsvereinbarungen als auch von Alleinbelieferungsbindungen richtet sich nach der Vertikal-GVO Nr. 330/2010. Diese werden von der Verordnung jedoch nicht im Speziellen behandelt. Sie sind daher freigestellt, solange sie nicht die Marktanteilsschwelle von 30 % aus Art. 3 Abs. 1 VO Nr. 330/2010 überschreiten.[1225] Sollte der Marktanteil diese Schwelle überschreiten, ist nur noch eine Einzelfreistellung nach Art. 101 Abs. 3 AEUV möglich.

Bei Alleinbelieferungsbindungen sind Effizienzgewinne vor allem bei „Hold-up-"Problemen denkbar, wenn also hohe Investitionen auf beiden Seiten für beispielsweise Spezialausrüstung oder Schulungen notwendig waren.[1226] Eine solche Bindung wäre dann freigestellt. Dies gilt insbesondere dann, wenn keine marktbeherrschende Stellung vorliegt.[1227] Andere Effizienzgewinne, vor allem die Verwirklichung von Größenvorteilen, führen meist nicht zur Freistellung, da es in der Regel weniger in den Wettbewerb eingreifende Alternativmaßnahmen gibt, wie beispielsweise Mengenvorgaben für den Anbieter.[1228] Die Europäische Kommission orientiert sich in ihren Leitlinien an der Dauer der Bindung. Ähnlich wie bei Alleinbezugsbindungen wird die Grenze bei fünf Jahren gezogen. Eine Alleinbelieferungsklausel, die einen längeren Zeitraum vorsieht, ist in den meisten Fällen nicht zulässig, da hier die Abschottungswirkungen zu ausgeprägt sind.[1229]

Bei Beurteilung der Einzelfreistellung von Alleinvertriebsvereinbarungen ist wichtigstes Kriterium die Marktstellung des Anbieters und seiner Konkurrenten. Je mehr Marktmacht der Franchisegeber hat, desto gravierender wirkt der Verlust an intrabrand Wettbewerb, ausgelöst durch die Bindung. Es müssen daher erhebliche Effizienzgewinne nachgewiesen werden.[1230] Besteht hingegen eine starke Konkurrenz

---

in: Immenga/Mestmäcker (Hrsg.), WettbewerbsR Kommentar Bd. 1 EU/Teil 1, Art. 101 Abs. 3 AEUV, Rn. 522.

1224 St. Rspr. EuGH, 30.06.1966, Rs. 56/65, „Société Technique Minière/Maschinenbau Ulm", Slg. 1966 S. 282 [304]; Ellger, in: Immenga/Mestmäcker (Hrsg.), WettbewerbsR Kommentar Bd. 1 EU/Teil 1, Art. 101 Abs. 3 AEUV, Rn. 522.

1225 Siehe hierzu: Mitt. Komm., LL für vert. Beschränkungen (2010/C 130/01), ABl. EU C 130/1, Rn. 152; Weiß, in: Calliess/Ruffert (Hrsg.) EUV/AEUV, Art. 101, Rn. 207; Petsche/Lager, in: Liebscher/Flohr/Petsche (Hrsg.), Handbuch der EU-GVO, § 7, Rn. 161; Kirchhoff, in: Wiedemann (Hrsg.), Kartellrecht, § 10, Rn. 268.

1226 Mitt. Komm., LL für vert. Beschränkungen (2010/C 130/01), ABl. EU C 130/1, Rn. 200.

1227 Mitt. Komm., LL für vert. Beschränkungen (2010/C 130/01), ABl. EU C 130/1, Rn. 198.

1228 Mitt. Komm., LL für vert. Beschränkungen (2010/C 130/01), ABl. EU C 130/1, Rn. 200 f.; Ellger, in: Immenga/Mestmäcker (Hrsg.), WettbewerbsR Kommentar Bd. 1 EU/Teil 1, Art. 101 Abs. 3 AEUV, Rn. 539.

1229 Mitt. Komm., LL für vert. Beschränkungen (2010/C 130/01), ABl. EU C 130/1, Rn. 195.

1230 Mitt. Komm., LL für vert. Beschränkungen (2010/C 130/01), ABl. EU C 130/1, Rn. 153; Weiß, in: Calliess/Ruffert (Hrsg.) EUV/AEUV, Art. 101, Rn. 207; Ellger, in:

durch Wettbewerber, dann kann die Einschränkung des intrabrand Wettbewerbs und die Gefahr der Kollusion sowie Aufweichung des Wettbewerbs durch ausreichend interbrand Wettbewerb ausgeglichen werden.[1231]

C. Auswirkungen von Alleinvertriebsvereinbarungen auf den Wettbewerb

Als erster marktbelebender und damit wettbewerbsfördernder Aspekt von Alleinvertriebsvereinbarungen, der zu einer Freistellung nach Art. 101 Abs. 3 AEUV oder einer positiven Bewertung im Rahmen der *rule of reason* nach Sec. 5 Abs. 1 Competition Act führt, ist die Verbesserung der Warenverteilung zu nennen. Aufgrund der Vereinbarungen gibt es weniger Händler, zu denen der Lieferant Geschäftsbeziehungen unterhält. Dies kann zum einen zu Kosteneinsparungen bei Transport und Vertrieb führen, da hierbei Größenvorteile genutzt werden können.[1232] Auch erleichtert eine geringere Anzahl von Händlern, an die geliefert werden muss, die kontinuierliche Absatzförderung durch den Hersteller. Gleichzeitig wird eine flexiblere Anpassung an wechselnde Bedingungen, eine bessere und intensive Vermarktung und eine leichtere und gleichmäßige Versorgung der Kunden ermöglicht.[1233]

Immenga/Mestmäcker (Hrsg.), WettbewerbsR Kommentar Bd. 1 EU/Teil 1, Art. 101 Abs. 3 AEUV, Rn. 524.

1231 Mitt. Komm., LL für vert. Beschränkungen (2010/C 130/01), ABl. EU C 130/1, Rn. 154; Ellger, in: Immenga/Mestmäcker (Hrsg.), WettbewerbsR Kommentar Bd. 1 EU/Teil 1, Art. 101 Abs. 3 AEUV, Rn. 524.

1232 Mitt. Komm., LL für vert. Beschränkungen (2010/C 130/01), ABl. EU C 130/1, Rn. 164; Erwägungsgrund 6 der VO 330/2010; Meier, Der selektive Vertrieb Bd. 2, 245 f.; Ellger, in: Immenga/Mestmäcker (Hrsg.), WettbewerbsR Kommentar Bd. 1 EU/Teil 1, Art. 101 Abs. 3 AEUV, Rn. 524; KOME, 19.12.1974, (75/94/EWG – Goodyear Italian-Euram), ABl. 12.02.1975 L 28/10, Rn. 12; KOME, 19.12.1974, (75/74/EWG – Duro-Dyne/Europair), ABl. 03.02.1975 L 29/11 [12]. Sutherland/Kemp, Competition Law of SA, S. 6/28, 6/22. Siehe auch: Weiß, in: Calliess/Ruffert (Hrsg.) EUV/AEUV, Art. 101, Rn. 197; Kirchhoff, in: Wiedemann (Hrsg.), Kartellrecht, § 10, Rn. 268.

1233 KOME, 08.07.1965, (65/366/EWG – D.R.U.-Blondel), ABl. 17.07.1965 131/2194 [2195]; KOME, 17.09.1965, (65/426/EWG – Hummel-Isbecque), ABl. 23.09.1965 156/2581 [2582]; KOME, 17.12.1965, (66/5/EWG – Maison Jallatte S.A. – Hans Voss KG, Vandeputte), ABl. 06.01.1966 2/37 [38 f.]; KOME, 28.10.1970, (70/488/EWG – Omega), Abl. 05.11.1970 L 242/22 [26]; KOME, 19.12.1974, (75/94/EWG – Goodyear Italiana-Euram), ABl. 12.02.1975 L 28/10, Rn. 12; KOME, 21.12.1976, (77/100/EWG – Junghans), ABl. 02.02.1977 L 30/10, Rn. 34; KOME, 27.11.1985, (85/559/EWG – Ivoclar), ABl. 31.12.1985 L 369/1, Rn. 20; KOME, 13.12.1985, (85/562/EWG – Whisky and Gin), ABl. 31.12.1985 L 369/19, Rn. 29; KOME, 06.10.1994, (94/770/EG – Pasteur Mérieux-Merck), ABl. 02.12.1994 L 309/1, Rn. 103; KOME, 24.06.1996, (96/454/EWG – Banque Nationale de Paris und Dresdner Bank), ABl. 27.07.1996 L 188/37, Rn. 18. Meier, Der selektive Vertrieb Bd. 2, 245 f.; Ellger, in: Immenga/Mestmäcker (Hrsg.), WettbewerbsR Kommentar Bd. 1 EU/Teil 1, Art. 101 Abs. 3 AEUV, Rn. 524.

Schließlich können Alleinvertriebsbindungen den Markteintritt erleichtern.[1234] Zur Einführung eines neuen Produktes sind flächendeckende Werbemaßnahmen notwendig, um das Produkt bekannt zu machen. Ein solches Marketing ist teuer. Es ist vorstellbar, dass der Franchisegeber diese Aufgabe dem Franchisenehmer übertragen wird, weil dieser mit den lokalen Gegebenheiten besser vertraut ist und daher besser einschätzen kann, welche Werbemaßnahmen effektiv sind. Der Franchisegeber muss dann dafür sorgen, dass sich die Investition für seinen Franchisenehmer auch lohnt und dieser nicht Gefahr läuft, dass Trittbrettfahrer von seiner Kampagne profitieren. Einen solchen Schutz kann eine Mindestpreisbindung beispielsweise nicht gewähren. Alleinvertriebsvereinbarungen sind jedoch ein geeignetes Mittel, um zu gewährleisten, dass sich die Werbemaßnahmen allein auf den eigenen Absatz auswirken.[1235] Ebenso kann eine Alleinvertriebsvereinbarungen dem Händler den Anreiz geben, ohne die Gefahr von Trittbrettfahrern verstärkt in Kundenservice zu investieren. Dies wäre vor allem bei beratungsintensiven Produkten von Relevanz.[1236] Dabei wird der markeninterne Wettbewerb jedoch nicht auf Dauer eingeschränkt. Denn sollte der Franchisenehmer Erfolg haben, so werden Wettbewerber ihm über Parallelimporte Konkurrenz machen. Diese werden dadurch möglich, dass absoluter Gebietsschutz als Kernbeschränkung nach der Vertikal-GVO nicht erlaubt ist.[1237]

Auf der anderen Seite bergen Alleinvertriebsvereinbarungen die Gefahr, dass Händler, die keine Ware von dem Lieferanten erhalten, vom Markt abgeschottet werden, was zu einem Wettbewerbsverlust auf der Händlerebene führen würde.[1238] Diese Marktzutrittsschranken sind jedoch nur von geringer Bedeutung. Sie sind insbesondere dann kaum relevant, wenn auf einem Markt viele Alleinvertriebshändler vorhanden sind, denen keine Beschränkungen bezüglich des Weiterverkaufs an andere, ungebundene Händler auferlegt werden. Alleinvertriebsvereinbarungen können jedoch dann zum Problem werden, wenn die Händler Nachfragemacht und Marktmacht haben. Insbesondere wenn die aufgeteilten Gebiete auf dem Markt sehr

1234 Sosnitza/Hoffmann, AG 2008, 107 [114 f.]; Weiß, in: Calliess/Ruffert (Hrsg.) EUV/AEUV, Art. 101, Rn. 197; Meier, Der selektive Vertrieb Bd. 2, 246 f.

1235 Sosnitza/Hoffmann, AG 2008, 107 [114 f.]; Mitt. Komm., LL für vert. Beschränkungen (2010/C 130/01), ABl. EU C 130/1, Rn. 164. Siehe auch: Ellger, in: Immenga/Mestmäcker (Hrsg.), WettbewerbsR Kommentar Bd. 1 EU/Teil 1, Art. 101 Abs. 3 AEUV, Rn. 524; Weiß, in: Calliess/Ruffert (Hrsg.) EUV/AEUV, Art. 101, Rn. 197; Sutherland/Kemp, Competition Law of SA, S. 6/28, 6/23.

1236 Ellger, in: Immenga/Mestmäcker (Hrsg.), WettbewerbsR Kommentar Bd. 1 EU/Teil 1, Art. 101 Abs. 3 AEUV, Rn. 524.

1237 Sosnitza/Hoffmann, AG 2008, 107 [115].

1238 Mitt. Komm., LL für vert. Beschränkungen (2010/C 130/01), ABl. EU C 130/1, Rn. 151, 194; Ellger, in: Immenga/Mestmäcker (Hrsg.), WettbewerbsR Kommentar Bd. 1 EU/Teil 1, Art. 101 Abs. 3 AEUV, Rn. 539; Petsche/Lager, in: Liebscher/Flohr/Petsche (Hrsg.), Handbuch der EU-GVO, § 7, Rn. 160; Meier, Der selektive Vertrieb Bd. 2, 251; Sutherland/Kemp, Competition Law of SA, S. 6/28, 6/23.

groß sind, es dementsprechend nur wenige oder nur einen Alleinvertriebshändler gibt, können Alleinvertriebsvereinbarungen sich schädlich auf den Wettbewerb auswirken. Die Beeinträchtigung des Wettbewerbs würde dann noch verschärft werden, wenn zugunsten des Abnehmers Alleinvertriebsvereinbarungen mehrerer Marken bestehen.[1239]

Sollten alle oder zumindest die meisten Anbieter Alleinvertriebsvereinbarungen nutzen, würde dies zu einer Aufweichung des Wettbewerbs sowie zu Kollusionen sowohl auf Lieferanten- bzw. Hersteller- als auch auf Händlerebene führen.[1240] Auch können Alleinvertriebsvereinbarungen den intrabrand Wettbewerb beeinträchtigen und zu einer Aufteilung des Marktes führen, was wiederum Preisdiskriminierungen fördern würde.[1241] Die Möglichkeit der Kunden, Preise zu vergleichen, wird durch Alleinvertriebsvereinbarungen eingeengt, da diese die Zahl der Händler einschränken.[1242]

D. Fazit

Alleinbelieferungsverträge sind das Gegenstück zu Alleinbezugsbindungen. Der Ansatz der Europäischen Kommission und der südafrikanischen Lehre, sie ähnlich wie diese zu behandeln, ist daher sinnvoll. Alleinvertriebsvereinbarungen führen hingegen zu keiner völligen Marktabschottung, solange es kein Verbot der Händler gibt, an andere Händler weiterzuverkaufen. Sollten Marktabschottungseffekte jedoch auftreten, werden sie durch Effizienzgewinne, insbesondere Größeneinsparungen, wieder wettgemacht. Insbesondere beim Franchising können Alleinvertriebsvereinbarungen zu Effizienzgewinnen führen, wenn der Franchisenehmer zu Investitionen in den Aufbau oder den Schutz des Franchiseimages, wie etwa Werbemaßnahmen oder auch verbesserter Kundendienst, verpflichtet wird.[1243] In Franchisesystemen können beziehungsweise sollten Alleinvertriebsvereinbarungen folglich sowohl nach südafrikanischem als auch nach europäischem Recht in vielen Fällen zulässig sein.

1239 Siehe zu oben Stehenden: Mitt. Komm., LL für vert. Beschränkungen (2010/C 130/01), ABl. EU C 130/1, Rn. 160.

1240 Mitt. Komm., LL für vert. Beschränkungen (2010/C 130/01), ABl. EU C 130/1, Rn. 151; Petsche/Lager, in: Liebscher/Flohr/Petsche (Hrsg.), Handbuch der EU-GVO, § 7, Rn. 160; Sutherland/Kemp, Competition Law of SA, S. 6/28, 6/24.

1241 Mitt. Komm., LL für vert. Beschränkungen (2010/C 130/01), ABl. EU C 130/1, Rn. 151; Petsche/Lager, in: Liebscher/Flohr/Petsche (Hrsg.), Handbuch der EU-GVO, § 7, Rn. 160.

1242 Mitt. Komm., LL für vert. Beschränkungen (2010/C 130/01), ABl. EU C 130/1, Rn. 159, 162.

1243 Mitt. Komm., LL für vert. Beschränkungen (2010/C 130/01), ABl. EU C 130/1, Rn. 164.

5. Teil: Selektiver Vertrieb

Bei Vereinbarungen über den selektiven Vertrieb werden, ähnlich wie bei Alleinvertriebsvereinbarungen, die Anzahl der zugelassenen Händler sowie die Weiterverkaufsmöglichkeiten beschränkt. Sie unterscheiden sich von diesen jedoch dadurch, dass die Beschränkung der Händlerzahl nicht von der Gebietszuweisung abhängt, sondern von Kriterien, die vor allem die Beschaffenheit des Produktes betreffen.[1244]

Franchising fällt nicht unter den selektiven Vertrieb;[1245] allerdings gibt es in Franchisevereinbarungen häufig Klauseln betreffend den Selektivvertrieb.[1246] Im südafrikanischen Wettbewerbsrecht werden Selektivvertriebsvereinbarungen nicht näher erläutert. Daher soll im Folgenden auch nur ein kurzer Überblick über das europäische Recht gegeben werden.

Für die Beurteilung, ob eine Vereinbarung über den selektiven Vertrieb unter das Kartellverbot des Art. 101 Abs. 1 AEUV fällt, muss zwischen zwei Arten von Selektivvertriebssystemen unterschieden werden: dem rein qualitativen und dem quantitativen Selektivvertrieb.[1247] Im rein qualitativen Vertriebssystem (sogenannte einfache Fachhandelsbindung) erfolgt eine Auswahl der Händler allein anhand objektiver qualitativer Kriterien.[1248] Diese sind einheitlich festzulegen und unterschiedslos

---

1244 Siehe die Definition in Art. 1 Abs. 1 Buchst. 3 Vertikal-GVO; Mitt. Komm., LL für vert. Beschränkungen (2010/C 130/01), ABl. EU C 130/1, Rn. 174; Ellger, in: Immenga/Mestmäcker (Hrsg.), WettbewerbsR Kommentar Bd. 1 EU/Teil 1, Art. 101 Abs. 3 AEUV, Rn. 526.

1245 Siehe zum Streitstand. Kapitel 3, 2. Teil, C II 5. Siehe auch: EuGH, 28.01.1986, Rs. 161/84, „Pronuptia", Slg. 1986 S. 353, Rn. 15; Martinek/Habermeier, in: Martinek/Semler/Habermeier/Flohr (Hrsg.), Vertriebsrecht, § 28, Rn. 6; Flohr, Franchiserecht, Rn. 95 f.; Liebscher/Petsche, EuZW 2000, 400 [401 f.]; Pukall, NJW 2000, 1375 [1378]; Meier, Der selektive Vertrieb Bd. 1, 35 ff.; Mathé, RabelsZ 48 (1984), 721 [721 ff.]; Pawlikowski, Selektive Vertriebssysteme, 32 ff.; Duong Dinh/Gehrmann/Ahlert, in: Ahlert/Ahlert (Hrsg.), Hdb. Franchising und Cooperation, 29 [35 f.].

1246 Mitt. Komm., LL für vert. Beschränkungen (2010/C 130/01), ABl. EU C 130/1, Rn. 189; Giesler, in: Büchting/Heussen (Hrsg.), Beck'sches RA-Handbuch, § 43 Rn. 15.

1247 Mitt. Komm., LL für vert. Beschränkungen (2010/C 130/01), ABl. EU C 130/1, Rn. 175; Ellger, in: Immenga/Mestmäcker (Hrsg.), WettbewerbsR Kommentar Bd. 1 EU/Teil 1, Art. 101 Abs. 3 AEUV, Rn. 526 f.

1248 Die Kriterien richten sich nach den Anforderungen des Produkts, wie etwa: bestimmte Anforderungen an die Verkaufsräume, die Schulung des Personals, den Kundenservice. Siehe hierzu: Mitt. Komm., LL für vert. Beschränkungen (2010/C 130/01), ABl. EU C 130/1, Rn. 175; Weiß, in: Calliess/Ruffert (Hrsg.) EUV/AEUV, Art. 101, Rn. 210; Ellger, in: Immenga/Mestmäcker (Hrsg.), WettbewerbsR Kommentar Bd. 1 EU/Teil 1, Art. 101 Abs. 3 AEUV, Rn. 527; Martinek/Habermeier, in: Martinek/Semler/Habermeier/Flohr (Hrsg.), Vertriebsrecht, § 28, Rn. 34; Eilmansberger, in: Streinz (Hrsg.), EUV/AEUV, Art. 101, Rn. 200; Brinker, in: Schwarze (Hrsg.), EU-Kommentar, Art. 101 AEUV, Rn. 93.

anzuwenden.[1249] Die Nutzung solcher Kriterien begrenzt die Anzahl der Händler nicht unmittelbar, vielmehr kann grundsätzlich jeder an diesem Vertriebssystem teilnehmen.[1250] Nach Ansicht der Kommission und der Gerichte der Europäischen Union fällt der qualitative Selektivvertrieb daher grundsätzlich nicht unter Art. 101 Abs. 1 AEUV;[1251] allein wenn noch zusätzliche Verhaltenspflichten des Händlers zu diesen Beurteilungskriterien hinzukommen, sind die Voraussetzungen des Art. 101 Abs. 1 AEUV erfüllt.[1252]

Bei einem quantitativen selektiven Vertrieb kommen zu den rein qualitativen Anforderungen noch weitere Kriterien hinzu, die die Anzahl der in Betracht kommenden Händler unmittelbar beschränken (sogenannte qualifizierte Fachhandelsbindung).[1253] Hier ist im Regelfall von einer erheblichen Beeinträchtigung des intrabrand Wettbewerbs auszugehen, so dass der quantitative selektive Vertrieb grundsätzlich unter das Kartellverbot des Art. 101 Abs. 1 AEUV fällt. Beide Vertriebsarten, sowohl der qualitativ selektive als auch der quantitativ selektive, können jedoch nach der Verordnung Nr. 330/2010 von diesem Verbot freigestellt werden. Eine Freistellung nach der Verordnung ist ausgeschlossen, wenn die Marktanteilsgrenze von 30 %

1249 Weiß, in: Calliess/Ruffert (Hrsg.) EUV/AEUV, Art. 101, Rn. 211; Mitt. Komm., LL für vert. Beschränkungen (2010/C 130/01), ABl. EU C 130/1, Rn. 175; Ellger, in: Immenga/Mestmäcker (Hrsg.), WettbewerbsR Kommentar Bd. 1 EU/Teil 1, Art. 101 Abs. 3 AEUV, Rn. 527.

1250 Mitt. Komm., LL für vert. Beschränkungen (2010/C 130/01), ABl. EU C 130/1, Rn. 175; Ellger, in: Immenga/Mestmäcker (Hrsg.), WettbewerbsR Kommentar Bd. 1 EU/Teil 1, Art. 101 Abs. 3 AEUV, Rn. 527.

1251 Mitt. Komm., LL für vert. Beschränkungen (2010/C 130/01), ABl. EU C 130/1, Rn. 175; KOME, 15.12.1975, (76/159/EEC – SABA), ABl. EU 1976 L 28/19, Rn. 33 ff.; bestätigt durch: EuGH, 25.10.1977, Rs. 26/76, „Metro", Slg. 1977 S. 1875; KOME, 21.12.1976, (77/100/EWG – Junghans), ABl. 02.02.1977 L 30/10, Rn. 20 ff.; KOME, 10.07.1985, (85/404/EWG – Grundig EG-Vertriebsbindung), ABl. 30.08.1985 L 233/1 [6]; KOME, 24.07.1992, (92/428/EWG – Parfums Givenchy), ABl. 19.08.1992 L 236/11 [15]; KOME, 21.12.1993, (94/29/EG – Grundig-EG-Vertriebsbindung), ABl. 25.01.1994 L 20/15 Rn. 23 ff.; EuGH, 11.12.1980, Rs. 31/80, „L'Oréal", Slg. 1980 S. 3775, Rn. 15 f.; Siehe hierzu auch: Weiß, in: Calliess/Ruffert (Hrsg.) EUV/AEUV, Art. 101, Rn. 210; Ellger, in: Immenga/Mestmäcker (Hrsg.), WettbewerbsR Kommentar Bd. 1 EU/Teil 1, Art. 101 Abs. 3 AEUV, Rn. 527; Petsche/Lager, in: Liebscher/Flohr/Petsche (Hrsg.), Handbuch der EU-GVO, § 7, Rn. 179.

1252 Mitt. Komm., LL für vert. Beschränkungen (2010/C 130/01), ABl. EU C 130/1, Rn. 175; Ellger, in: Immenga/Mestmäcker (Hrsg.), WettbewerbsR Kommentar Bd. 1 EU/Teil 1, Art. 101 Abs. 3 AEUV, Rn. 527.

1253 Zu nennen wäre etwa: Mindest- oder Höchstumsätze, die Abnahme einer Mindestmenge, die Verpflichtung zum Bezug des gesamten Warensortiments oder auch die ausdrückliche Begrenzung der Händlerzahl. Siehe hierzu: Mitt. Komm., LL für vert. Beschränkungen (2010/C 130/01), ABl. EU C 130/1, Rn. 175; KOME, 21.12.1993, (94/29/EG – Grundig-EG-Vertriebsbindung), ABl. 25.01.1994 L 20/15 Rn. 35; Ellger, in: Immenga/Mestmäcker (Hrsg.), WettbewerbsR Kommentar Bd. 1 EU/Teil 1, Art. 101 Abs. 3 AEUV, Rn. 527; Weiß, in: Calliess/Ruffert (Hrsg.) EUV/AEUV, Art. 101, Rn. 213.

überschritten ist,[1254] die Vereinbarung eine allgemeine Kernbeschränkung,[1255] wie etwa eine Preisbindung oder eine Vertriebsvereinbarung, oder eine speziell in selektiven Vertriebsvereinbarungen anzutreffende Kernbeschränkung enthält, wie zum Beispiel eine Beschränkung des aktiven oder passiven Verkaufs an Endverbraucher[1256] oder eine Einschränkung von Querlieferungen zwischen Händlern des selektiven Vertriebssystems.[1257] Denkbar ist auch, dass ein Wettbewerbsverbot nach Art. 5 Abs. 1 Buchst. c VO Nr. 330/2010 vorliegt. Dies würde jedoch nur zu der Unzulässigkeit dieser einen Klausel führen, den Vertrag im Gesamten jedoch unberührt lassen.[1258] Sollte eine Freistellung nach der Verordnung nicht möglich sein, kommt alleine noch eine Einzelfreistellung nach Art. 101 Abs. 3 AEUV in Betracht.[1259]

Selektive Vertriebsvereinbarungen können den Wettbewerb ankurbeln, denn sie fördern die Warenverteilung, führen zu Größenvorteilen und damit zu Einsparungen bei der Logistik, verhindern Trittbrettfahrerprobleme, bauen ein Markenimage auf und schützen die Investitionen der Parteien.[1260] Dennoch sind quantitative selektive Vertriebssysteme eher selten durch die Kommission freigestellt worden.[1261] In jedem Fall bedarf es einer eingehenden Analyse der Stellung des Anbieters und

---

1254 Art. 3 Abs. 1 VO Nr. 330/2010.

1255 Denn dann ist die gesamte Vereinbarung unwirksam, siehe Art. 4 VO Nr. 330/2010. Siehe auch: Mitt. Komm., LL für vert. Beschränkungen (2010/C 130/01), ABl. EU C 130/1, Rn. 47.

1256 Art. 4 Buchst. c VO Nr. 330/2010.

1257 Art. 4 Buchst. d VO Nr. 330/2010.

1258 Siehe Wortlaut Art. 5 VO Nr. 330/2010; Mitt. Komm., LL für vert. Beschränkungen (2010/C 130/01), ABl. EU C 130/1, Rn. 65. Siehe auch oben unter: Kapitel 3, 2. Teil, C II 4.

1259 Siehe hierzu: Ellger, in: Immenga/Mestmäcker (Hrsg.), WettbewerbsR Kommentar Bd. 1 EU/Teil 1, Art. 101 Abs. 3 AEUV, Rn. 528.

1260 EuGH, 25.10.1977, Rs. 26/76, „Metro", Slg. 1977 S. 1875; EuGH, 12.07.1984, Rs. 170/83, „Hydrotherm Gerätebau/Compact", Slg. 1984 S. 2999; EuGH, 03.07.1985, Rs. 243/83, „Binon", Slg. 1985 S. 2015; EuGH, 28.02.1991, Rs. C-234/89, „Delimitis", Slg. 1991 S. I-935; EuGH, 01.10.1998, Rs. C-279/95 P, „Langnese-Iglo", Slg. 1998, S. I-5609; KOME, 28.10.1970, (70/488/EWG – Omega), Abl. 05.11.1970 L 242/22, Rn. 6 ff.; KOME, 19.12.1974, (75/74/EWG – Duro-Dyne/Europair), ABl. 03.02.1975 L 29/11 [12 f.]; KOME, 15.12.1975, (76/159/EEC – SABA), ABl. EU 1976 L 28/19, Rn. 40; KOME, 27.11.1985, (85/559/EWG – Ivoclar), ABl. 31.12.1985 L 369/1, Rn. 20 ff.; KOME, 24.07.1992, (92/428/EWG – Parfums Givenchy), ABl. 19.08.1992 L 236/11 [19]; KOME, 21.12.1993, (94/29/EG – Grundig-EG-Vertriebsbindung), ABl. 25.01.1994 L 20/15 Rn. 36 ff.; KOME, 24.02.1999, (99/230/EG –Whitbread), ABl. 31.03.1999 L 88/26, Rn. 151; bestätigt durch: EuG, 21.03.2002, Rs. T-131/99, „Shaw und Falla", Slg. 2002 S. II-2023; Mitt. Komm., LL für vert. Beschränkungen (2010/C 130/01), ABl. EU C 130/1, Rn. 185; Ellger, in: Immenga/Mestmäcker (Hrsg.), WettbewerbsR Kommentar Bd. 1 EU/Teil 1, Art. 101 Abs. 3 AEUV, Rn. 529; Weiß, in: Calliess/Ruffert (Hrsg.) EUV/AEUV, Art. 101, Rn. 197.

1261 Ellger, in: Immenga/Mestmäcker (Hrsg.), WettbewerbsR Kommentar Bd. 1 EU/Teil 1, Art. 101 Abs. 3 AEUV, Rn. 531.

seiner Wettbewerber auf dem Markt. Denn je stärker die Position der Konkurrenten, desto eher ist die Beeinträchtigung des intrabrand Wettbewerbs durch vorhanden interbrand Wettbewerb ausgleichbar.[1262]

6. Teil: Abschließende Bemerkungen

Franchisesysteme sind grundsätzlich mit allen Wettbewerbsordnungen vereinbar. Allerdings unterscheiden sich die einzelnen Rechtsordnungen in der Beurteilung der Zulässigkeit der einzelnen Wettbewerbsbeschränkungen. Sowohl in Südafrika, als auch in der Europäischen Union und auch in den USA werden fast alle Wettbewerbsbeeinträchtigungen durch vertikale Vereinbarungen in Franchisesystemen grundsätzlich als nicht von vorneherein wettbewerbsschädlich eingestuft; es besteht im Gegenteil die Möglichkeit, dass sie sich auch marktbelebend auswirken. Sie können die Bereitschaft der Unternehmen fördern, in Forschung und technische Weiterentwicklung verstärkt zu investieren und somit neue Innovationen auf den Markt zu bringen. Insbesondere bei hochtechnisierten Produkten, die Beratung aber auch Wartung von den Händlern fordern, sind Bindungen notwendig, da ihr Vertrieb nur auf diese Weise rentabel sein kann.

Die meisten vertikalen Beschränkungen sind, sowohl im südafrikanischen Recht als auch im europäischen Recht, nur dann wettbewerbsrechtlich relevant, wenn eine oder auch beide der an der Vereinbarung beteiligten Parteien Marktmacht haben; auf mindestens einer Ebene der Vertriebskette folglich kein ausreichender Wettbewerb besteht.[1263] Franchisevereinbarungen unterfallen bei Überschreiten gewisser Marktanteilsgrenzen grundsätzlich auch der Missbrauchsaufsicht.[1264]

Sowohl im europäischen als auch im südafrikanischen Recht ist zur Bestimmung der Zulässigkeit einer vertikalen Bindung eine Güterabwägung der einzelnen Interessen notwendig. Im Rahmen dieser Abwägung findet in Europa nunmehr auch die Konzeption des funktionsfähigen Wettbewerbs aufgrund des *more economic approach*, den die Kommission mittlerweile vertritt, Berücksichtigung. Das U.S.-Recht war vielfach Vorbild für das Unionsrecht. Aber in Europa hat sich ein eigener Ansatz entwickelt, was die Behandlung vertikaler Beschränkungen angeht. Nicht nur was das System angeht, differiert man vom U.S.-Recht, gerade auch was Preisbindungen angeht, ist das EU-Wettbewerbsrecht deutlich strenger in deren Beurteilung. Das südafrikanische Recht ist im Gegensatz zum Unionsrecht vom

---

1262 Mitt. Komm., LL für vert. Beschränkungen (2010/C 130/01), ABl. EU C 130/1, Rn. 177 f.; Ellger, in: Immenga/Mestmäcker (Hrsg.), WettbewerbsR Kommentar Bd. 1 EU/Teil 1, Art. 101 Abs. 3 AEUV, Rn. 533.

1263 Mitt. Komm., LL für vert. Beschränkungen (2010/C 130/01), ABl. EU C 130/1, Rn. 23; *Natal Wholesale Chemists (Pty) Ltd. v. Astra Pharmaceuticals (Pty) Ltd.* (98/IR/Dec00), 21.03.2001, Rn. 69 mit Verweis auf: Krattenmaker/Salop, 96 Yale L. J. 1986, 209 [249 f.]; Sutherland/Kemp, Competition Law of SA, S. 6/21 ff.; Unterhalter, in: Brassey (Hrsg.), Competition Law, 173 ff.

1264 Siehe hierzu die Ausführungen in Kapitel 3, 2. Teil, C IV.

Aufbau her an das *U.S. Antitrust Law* angelehnt. Allerdings wird bei der Beurteilung einzelner Beschränkungen nicht blind die amerikanische Behandlungsweise übernommen. Dies sieht man vor allem bei der Beurteilung von Mindestpreisbindungen. In Südafrika hat sich der *Competition Appeal Court* entgegen Stimmen in der Literatur gegen eine Aufweichung des *per se* Verbots nach dem Vorbild der U.S. *Colgate*-Doktrin ausgesprochen.[1265] Dies war zwar vor dem Rechtsprechungswechsel durch das *Leegin*-Urteil im Jahr 2007, dennoch zeigt die bislang strengere Handhabung von Mindestpreisbindungen, dass wohl auch in Zukunft nicht von dem *per se* Verbot abgewichen werden wird. Hiervon geht auch die *Competition Commission*, allerdings ohne weitere Begründung, aus.[1266] Eine Orientierung am *U.S. Antitrust Law* auch bezüglich anderer vertikaler Bindungen erfolgte bislang, und sollte auch in Zukunft, nur mit Vorsicht und unter Berücksichtigung der eigenen Lage, erfolgen.

Das Wettbewerbsbeschränkungsrecht Südafrikas ist aufgrund mangelnder Rechtsprechung kaum entwickelt. Wettbewerbsbeschränkungen werden in den meisten Entwicklungsländern und so auch in Südafrika nur selten sanktioniert. In den ersten Jahren ihres Bestehens waren die südafrikanische Wettbewerbsbehörde und die Wettbewerbsgerichte starkem Zynismus und Widerstand ausgesetzt. Die Ambitionen der Einrichtungen waren in der bislang privilegierten Wirtschaftswelt nicht gerne gesehen.[1267]

Aufgrund der fehlenden Rechtsprechung im Wettbewerbsbeschränkungsrecht bestehen große Rechtsunsicherheiten bezüglich der Behandlung vertikaler Beschränkungen. Was genau notwendig ist, um die Voraussetzungen von Sec. 5 Competition Act zu erfüllen, und insbesondere welche Aspekte bei der *rule of reason* Abwägung von Relevanz sind und in welchem Verhältnis sie zueinander stehen, steht immer noch nicht eindeutig fest.

Die geringe Anzahl von Urteilen in diesem Bereich bedeutet jedoch nicht, dass es kaum wettbewerbsbeschränkenden Vereinbarungen zwischen Unternehmen gibt. Im Gegenteil, sie sind weitaus stärker verbreitet, als die Zahlen vermuten lassen. Während der Apartheid-Ära griff der Staat nicht nur über Gesetze und Vorschriften regulierend in die Wirtschaft ein, sondern verstaatlichte auch viele Unternehmen in Schlüsselsektoren. Die wirtschaftliche Situation wurde noch verschärft durch die Isolation Südafrikas aufgrund von internationalen wirtschaftlichen Sanktionen. Diese hinderten südafrikanische Unternehmen daran im Ausland zu investieren und damit am internationalen Markt teilzunehmen. Diese Umstände ebenso wie die protektionistischen staatlichen Maßnahmen, wie beispielsweise Importsubstitution und Devisenkontrolle, schränkten nicht nur die Wahlmöglichkeit der Verbraucher erheblich ein, sondern führten auch dazu, dass südafrikanische Unternehmen wenig

---

1265 *Federal Mogul Aftermarket Southern Africa (Pty) Ltd. v. Competition Commission* (33/CAC/Sep03), 23.09.2004, S. 5 f.

1266 Competition Commission, Franchising Notice, Rn. 5.8.

1267 Simelane, in: Competition Commission/Competition Tribunal (Hrsg.), Unleashing Rivalry, 70.

Wettbewerb durch Importe ausgesetzt waren. Der Mangel an Investitionsmöglichkeiten resultierte darin, dass Unternehmen aus den verschiedensten Wirtschaftsbereichen, einschließlich dem Agrar-, Bergbau-, Herstellungs- und Dienstleistungssektor, in Industrien fern von ihrem Kerngeschäft investierten. Dadurch wuchs die Marktkonzentration und die Entwicklung von Konglomeraten in der südafrikanischen Wirtschaft wurde begünstigt und gefördert.[1268]

Während der letzten fünfzehn Jahre ist eine Änderung in der Verteilung der Unternehmensanteile zu bemerken. Diese sind nunmehr nicht mehr in den Händen Weniger konzentriert. Dennoch deuten Fusionsaktivitäten und einige Fälle betreffend Wettbewerbsbeschränkungen darauf hin, dass viele Märkte immer noch hoch konzentriert sind. Dies wird auch deutlich durch eine vergleichsweise hohe vertikale Integration in vielen Lieferketten, die den Interessen von neuen und kleinen Marktteilnehmern zuwiderläuft.[1269] Insbesondere im Lebensmittel- und Telekommunikationssektor, aber auch auf den Märkten wichtiger industrieller Zwischenprodukte, wie Stahl und Chemierohstoffe, liegen Beteiligungen und Kontrolle immer noch bei nur wenigen Personen.[1270]

Diese Marktstruktur erleichtert kollusives Verhalten zum Nachteil einer funktionierenden Marktwirtschaft. Studien haben gezeigt, dass das geringe Wettbewerbsniveau sich negativ in hohen Preisaufschlägen zeigt, die mit geringer Produktivität und niedrigem Beschäftigungswachstum einhergehen.[1271] Die von Konglomeraten geprägte Struktur der südafrikanischen Wirtschaft wurde noch verstärkt durch Überkreuzbeteiligungen. Die große Anzahl von Holdinggesellschaften, die eine effektive Kontrolle über Tochtergesellschaften mit extrem geringen Anteilsquoten erlaubt, ist typisch für Südafrika. Diese industrielle Struktur bedroht die Leistungs- und Anpassungsfähigkeit der Wirtschaft durch die Ausbeutung oder den Ausschluss der wichtigsten, potenziellen Marktteilnehmer.[1272]

Die Wettbewerbsinstitutionen haben sich bislang, recht erfolgreich, auf die Beurteilung von Zusammenschlüssen konzentriert und zeigten (vor allem in der Anfangsphase) Schwierigkeiten in der Beurteilung von Wettbewerbsbeschränkungen.[1273] Seit dem Jahr 2004 sind Wettbewerbsbeschränkungen jedoch in das Blickfeld

---

1268 Hartzenberg, Competition Policy Review, 30 f. Siehe auch: Departement of Trade and Industry (DTI), Draft Green Paper on the Consumer Policy Framework 09/04, Driving Competitiveness, Consmer Confidence and business excellence, S. 22.

1269 Neethling/Rutherford, in: Joubert/Faris (Hrsg.), LAWSA 2/2, Rn. 234; Competition Commission/Competition Tribunal, Unleashing Rivalry, 2; Hartzenberg, Competition Policy Review, 31, 33.

1270 Competition Commission/Competition Tribunal, Unleashing Rivalry, 2; Neethling/Rutherford, in: Joubert/Faris (Hrsg.), LAWSA 2/2, Rn. 234.

1271 Aghion/Braun/Fedderke, Competition and Productivity Growth in South Africa, 10 ff.; Competition Commission/Competition Tribunal, Unleashing Rivalry, 2.

1272 Hartzenberg, Competition Policy Review, 31; Neethling/Rutherford, in: Joubert/Faris (Hrsg.), LAWSA 2/2, Rn. 234.

1273 CUTS, Competition Policy and Law in South Africa, 29.

der *Competition Commission* geraten.[1274] Dies ist unter anderem auf die Kritik der OECD zurückzuführen, die Südafrika dazu riet, diesem Bereich mehr Aufmerksamkeit zukommen zu lassen und Ressourcen und Kapazitäten dementsprechend aufzustocken.[1275] Dennoch bildet die Beurteilung von Zusammenschlüsse weiterhin mit großem Abstand den größten Teil der Arbeit der Richter.[1276] Dies liegt an den immer noch bestehenden hohen Konzentrationen in vielen Wirtschaftsbereichen, die eine Änderung in diesem Bereich zur höchsten Priorität werden lassen. Dies dürfte auch die Erklärung dafür sein, warum der finanzielle und personelle Fokus seit Einführung des *Competition Act* im Jahre 1998 auf dem Gebiet der Zusammenschlüsse liegt. Ein weiterer Grund ist die, im Verhältnis zur Kontrolle von Wettbewerbsbeschränkungen, relativ leichte Durchsetzbarkeit von Zusammenschlusskontrollen. Gerade in den Anfangsjahren brauchten die Wettbewerbseinrichtungen schnelle Erfolge, um sich eine Glaubwürdigkeit und Reputation aufzubauen, beziehungsweise diese zu stärken. Dies war und ist auch immer noch besonders wichtig, um eine Kultur der Rechtstreue aufzubauen.[1277]

Die Wettbewerbseinrichtungen haben in den letzten Jahren Maßnahmen in diversen Branchen, vom Automobil- bis hin zum Immobiliensektor, überprüft und Beschränkungen des Wettbewerbs festgestellt. Eine eingehende Untersuchung der Schlüsselsektoren durch die *Competition Commission* würde sicherlich noch mehr Verhaltensweisen zu Tage fördern, die von vorhergehenden Wettbewerbsbehörde anscheinend als nicht so schwerwiegend erachtet wurden.[1278] Gerade im Bereich Wettbewerbsbeschränkungen sind Kompetenz und eine wirksame Rechtsdurchsetzung besonders relevant. Hier hat insbesondere die Kommission noch Nachholbedarf, was Einstellung, aber auch Ausbildung ihres Personals anbelangt.[1279]

Dabei ist jedoch auch zu beachten, dass das Wettbewerbsrecht vergleichsweise jung ist und Rechtsprechung und auch Erfahrung sich erst aufbauen muss. Die Effektivität der *Competition Commission* wird auch durch das Verhalten der unternehmerischen Anwälte vor Gericht beeinflusst. Diesen war es möglich durch juristische Finessen und rechtliche Tricks Verfahren zu verlangsamen oder gar ganz

1274 Hartzenberg, Competition Policy Review, 35.

1275 OECD Studie, Competition Law and Policy in South Africa, 70; Competition Commission/Competition Tribunal, Unleashing Rivalry, 77.

1276 Siehe hierzu die *Annual Reports* des *Competition Tribunal*, abrufbar unter: http://www.comptrib.co.za/publications/annual-reports/ (12.05.2014). Danach betreffen nur rund 10 % der Urteile Wettbewerbsbeschränkungen. Pro Jahr werden nur drei bis vier Fälle betreffend vertikale Beschränkungen an das *Competition Tribunal* verwiesen. Siehe: Competition Commission/Competition Tribunal, Unleashing Rivalry, 40; Hartzenberg, Competition Policy Review, 35.

1277 Hartzenberg, Competition Policy Review, 33 f.; OECD Studie, Competition Law and Policy in South Africa, 64.

1278 Hartzenberg, Competition Policy Review, 31.

1279 Hartzenberg, Competition Policy Review, 35.

zum Erliegen zu bringen.[1280] Aber auch dies sollte im Laufe der Zeit mit einem immer größer werdenden Erfahrungsschatz und der Aufstellung von Regeln durch *Precedents* unterbunden werden können.

Der Umbau der Wirtschaftsstruktur ist ein schleichender Prozess, der nicht über das Knie gebrochen werden kann. Südafrika hat in den letzten Jahren eine große Entwicklung erlebt. Anfang der 2000er Jahre hatte kaum eine Anwaltskanzlei Experten im Wettbewerbsrecht, an eine ganze Abteilung spezialisiert auf Wettbewerbsrecht war nicht zu denken. Mittlerweile haben alle großen und viele kleinere Kanzleien Fachkenntnisse in diesem Bereich des Rechts und einige größere Kanzleien stellen sogar Wirtschaftswissenschaftler als Berater ein.[1281] Auch die Universitäten bieten vermehrt Vorlesungen im Wettbewerbsrecht an.[1282] Der stärkere Bedarf der Kanzleien bedeutete allerdings auch, dass Experten auf dem Gebiet des Wettbewerbsrechts aus den Wettbewerbsbehörden von den Kanzleien abgeworben werden.[1283] Gerade die *Competition Commission* hatte in ihren Anfangsjahren große Probleme fähiges Personal anzuwerben und es zu halten.[1284] Dass die *Commission* Personal teuer weiterbildet, um es dann an die Privatwirtschaft insbesondere Großkanzleien zu verlieren, ist für diese selbstverständlich von großem Nachteil. Es bedeutet jedoch auch, dass sich langfristig eine fähige und gut ausgebildete Personalstruktur im Fachgebiet Wettbewerbsrecht entwickelt, die eine Einhaltung und Durchsetzung der Wettbewerbsregeln überhaupt ermöglicht. Die Wettbewerbsgerichte hatten jedoch kaum Probleme mit Personalabwerbung. Diese Beständigkeit im Personal erlaubte ihnen eine konstantere Entwicklung.[1285]

Die gestiegene Anzahl an Fällen betreffend Wettbewerbsbeschränkungsrecht vor Gericht zeigt, dass die Kapazitäten und Erfahrungen der *Competition Commission* in der Abteilung, die zuständig ist für Wettbewerbsbeschränkungen, zugenommen haben. Sie machen auch deutlich, dass das Bewusstsein in der Privatwirtschaft und allgemein in der Bevölkerung für wettbewerbsrechtliche und -politische Aspekte gestiegen ist.[1286] Dies ist der Öffentlichkeitsarbeit der Wettbewerbseinrichtungen und

---

1280 CUTS, Competition Policy and Law in South Africa, 29 f.

1281 Im Jahr 1999 waren es ungefähr 18 Wettbewerbsanwälte, 2004 schon 63 und 2009 sogar schon 158. Siehe: Competition Commission/Competition Tribunal, Unleashing Rivalry, 2. Siehe auch: Hartzenberg, Competition Policy Review, 24.

1282 Hartzenberg, Competition Policy Review, 24.

1283 Competition Commission/Competition Tribunal, Unleashing Rivalry, 3; Hartzenberg, Competition Policy Review, 22.

1284 Hartzenberg, Competition Policy Review, 23.

1285 Hartzenberg, Competition Policy Review, 24.

1286 Siehe hierzu die *Annual Reports* des *Competition Tribunal*, abrufbar unter: http://www.comptrib.co.za/publications/annual-reports/ (12.05.2014). Danach betreffen nur rund 10 % der Urteile Wettbewerbsbeschränkungen. Pro Jahr werden nur drei bis vier Fälle betreffend vertikale Beschränkungen an das *Competition Tribunal* verwiesen. Siehe: Competition Commission/Competition Tribunal, Unleashing Rivalry, 40, 54.

den Medien zu verdanken. Auch die Kronzeugenregelung hat dazu geführt, dass mehr Fälle an die Kommission herangetragen wurden. Unternehmen haben angefangen, das Risiko der Aufdeckung eines Kartelles neu zu überdenken und interne Wettbewerbs-Compliance-Programme durchgeführt.[1287]

Die neueren Fälle von Wettbewerbsbeschränkungen vor den Gerichten zeigen jedoch, dass noch viele getan werden muss, um das Verhalten der Unternehmen im Allgemeinen und nicht nur allein in Franchisesystemen zu ändern.[1288] Die Notwendigkeit gegen den immer noch bestehenden offensichtlich mangelnden Respekt gegenüber Wettbewerbsprinzipien vorzugehen, geht einher mit dem Bedürfnis ein Wettbewerbsbewusstsein aufzubauen und zu einem besseren Verständnis von Wettbewerbsprinzipien in der breiten Bevölkerungsmasse und ihrer Vertretung im Parlament, aber auch in der Exekutiven und Judikativen beizutragen.[1289]

Auch kleinere und mittelständische Betriebe sind sich häufig der Bedeutung, die das Wettbewerbsrecht für ihr Unternehmen hat, nicht bewusst. Dabei spielen sie in Anbetracht der hohen Marktkonzentration eine wichtige Rolle und ihre Wettbewerbsfähigkeit gegenüber Großunternehmen ist ein wichtiger Aspekt für die südafrikanische Wirtschaft. Historisch bedingt fehlten jahrelang politische Mechanismen, die die Förderung von KMUs vorantreiben hätten können. Meist fehlt kleineren Unternehmen das Geld juristischen Rat einzuholen und es mangelt ihnen an Fachwissen, um den hohen Standards der Wettbewerbsbehörde gerecht zu werden.[1290] Auch entscheiden sie sich häufig gegen eine Beschwerde bei der Kommission aus Angst vor Boykotten und Repressalien. Eine Kultur der Marktbeherrschung hindert sie daran weiter zu expandieren. Viele trauen sich nicht auf andere Märkte vorzudringen oder werden von größeren Konkurrenten dazu gezwungen, von einem Markteintritt abzusehen. Trotz der Bemühungen der Wettbewerbseinrichtungen die bestehenden Strukturen aufzulösen, werden Wettbewerbsbeschränkungen und Ausschlusspraktiken als „business as usual“ akzeptiert. Marktbeherrschende Unternehmen halten ihre Position auf dem Markt, indem sie größere Kunden oder Lieferanten zufriedenstellen.[1291] In seiner *Nationwide Poles*-Entscheidung hat das *Competition Tribunal* anerkannt, dass strukturelle Ungleichgewichte in Südafrika bestehen und es für kleine Unternehmen schwierig ist, wettbewerbsbeschränkendes Verhalten nachzuweisen. Das auf die Förderung KMUs gerichtete Urteil hat den kleinen und mittleren Unternehmen gezeigt, dass es möglich ist, gegen ihre großen Konkurrenten vorzugehen.[1292]

1287 Competition Commission/Competition Tribunal, Unleashing Rivalry, 54.

1288 Hartzenberg, Competition Policy Review, 5 f.

1289 Competition Commission/Competition Tribunal, Unleashing Rivalry, 73; Hartzenberg, Competition Policy Review, 35.

1290 Hartzenberg, Competition Policy Review, 23.

1291 Kampel, 35 TIPS 2005, 20 [23].

1292 *Nationwide Poles v. Sasol (Oil) Pty Ltd.* (72/CR/Dec03), 31.03.2005; Kampel, 35 TIPS 2005, 20 [23].

Das von Vertretern des Effizienzansatzes, vornehmlich der *Chicago School*, vorgebrachte Argument, der Schutz eines Marktteilnehmers würde nur auf Kosten der Integrität der Marktmechanismen funktionieren und dadurch würde der Wettbewerb letztlich erstickt werden, scheint in Südafrika nicht zu greifen. Die Wettbewerbseinrichtungen haben bislang Versuche von sowohl großen als auch kleinen Unternehmen, die Funktionsmechanismen des Wettbewerbs für ihre eigenen wirtschaftlichen Zwecke auszunutzen, abgewehrt. Die meisten kleinen Unternehmen fordern nicht Vorteile irgendeiner Art, sondern wollen lediglich faire Möglichkeiten und gleiche Voraussetzungen für den Wettbewerb. Natürlich sollen nicht sämtliche rein wettbewerbsrechtliche Ziele aufgegeben werden. Allerdings kann der Marktmechanismus seine Funktion nicht erfüllen, wenn allein Großunternehmer die Spielregeln festlegen.[1293]

Eine Wettbewerbskultur aufzubauen braucht Zeit und bedarf der Unterstützung durch die verschiedensten Quellen. Die Wettbewerbseinrichtungen könnten ihre Aufklärungsarbeit erweitern. Die Finanzierung dieser erfordert jedoch natürlich auch zusätzliche Einnahmequellen. Des Weiteren könnten die verschiedenen Ministerien dem Wettbewerbsrecht verstärkt ihre Aufmerksamkeit widmen. Insbesondere diejenigen, die in den letzten Jahren interne Regulierungsreformprozesse in Gang gesetzt haben, wie etwa das Ministerium für Kommunikation, das Ministerium für Rohstoff- und Energiequellen und das Gesundheitsministerium, sollten ihre Sachkenntnis auf dem Gebiet des Wettbewerbsrechts ausbauen und verbessern. Dadurch könnten sie die Entwicklung eines wettbewerbsorientierten Marktes in ihren Bereichen unterstützen. Insbesondere die Stärkung des Wettbewerbs in Schwerpunktindustrien, wie Telekommunikation und Verkehr, würde sich positiv auf die Entwicklung des Wettbewerbs in anderen Industrien auswirken und somit letztlich auch Investoren anziehen.[1294]

Die Wettbewerbsbehörde sollte außerdem ihr Personal weiter ausbilden und versuchen mehr Kapazitäten für die Beurteilung von Wettbewerbsbeschränkungen frei zu machen. Die *Competition Commission* muss mehr Erfolge verzeichnen. Hierzu bestehen Gelegenheiten, wie einige Ermittlungen in der letzten Zeit in wichtigen Bereichen, wie der Molkerei- und Brotbranche, zeigen. Diese müssen jedoch auch genutzt werden.[1295] Die Aufhebung von bestehenden Wettbewerbsbeschränkungen in einigen Branchen könnte zu wirtschaftlichen Effizienzgewinnen führen und auf wichtige Anliegen von öffentlichem Interesse, wie etwa die Entwicklung kleiner und mittlerer Unternehmen und die Schaffung von Arbeitsplätzen, reagieren.

Bei einer Abwägung der wettbewerbsfördernden und wettbewerbsbeschränkenden Folgen im Rahmen der *rule of reason* Prüfung sollten auch die Konsequenzen auf lange Sicht überprüft werden. Das Verbraucherwohl sollte in manchen Fällen hinter dem Schutz kleiner und mittlerer Unternehmen hintenanstehen. Dies kann

1293 Kampel, 35 TIPS 2005, 20 [23].

1294 Hartzenberg, Competition Policy Review, 31 f.

1295 Hartzenberg, Competition Policy Review, 24.

gerade auf hoch konzentrierten Märkten langfristig zum Wohle des Verbrauchers sein. Auch sollte beachtet werden, dass Südafrika in einigen Wirtschaftsbereichen den Stand eines Entwicklungslandes hat. Wettbewerbsrechtliche Aspekte sollten in diesen Bereichen hinter öffentlichen Interessen und der Entwicklung der Wirtschaft zurücktreten. Dies erfordert eine Gratwanderung, die den südafrikanischen Wettbewerbseinrichtungen bislang gut gelungen ist. Entscheidungen, in denen öffentliche Interessen zur Beurteilung herangezogen wurden, weisen Transparenz auf und zeigen sich damit unabhängig von politischen Einflüssen. Trotz der diversen Ziele von öffentlichem Interesse, die der *Competition Act* in Section 2 vorsieht, ist positiv zu verzeichnen, dass die Wirtschaftlichkeit und der Schutz des Wettbewerbs im Mittelpunkt der Beurteilungen stehen.

Südafrika sollte vorsichtig sein, wenn es Gesetze, Rechtsprechung und Wettbewerbstheorien aus anderen weiterentwickelten Ländern übernimmt. Auf der anderen Seite spart es Zeit und Kosten, auf die Erfahrungen anderer zurückzugreifen. Zeit und Kosten, die anderweitig besser eingesetzt wären. Auf jeden Fall muss vor einer Übernahme fremden Rechts geprüft werden, ob diese sinnvoll ist. Das europäische Recht sollte immer vor dem Hintergrund betrachtet werden, dass die Schaffung eines Gemeinsamen Marktes hier höchste Priorität genießt und alles was diesem entgegenwirkt, wie etwa Vertriebsbindungen und auch Preisbindungen, sehr kritisch betrachtet wird. Allerdings ist auch zu beachten, dass je weiter die Integration Europas voranschreitet, desto weniger wird diesem Ziel Rechnung getragen werden.

Ob das Europäische Wettbewerbsrecht aus den Erfahrungen Südafrikas Lehren ziehen kann, ist fraglich, denn das südafrikanische Recht ist noch jung und nur sehr fragmentarisch entwickelt. Allerdings ist eine Orientierung in der Zukunft, wenn sich eine Rechtsprechung ausgebildet hat, durchaus denkbar. Südafrikas Wirtschaft ist von großen Ungleichheiten geprägt mit Wirtschaftszweigen, die fast gar nicht entwickelt und damit auf dem Level eines Entwicklungslandes stehen, bis zu hoch entwickelten Bereichen, auf dem Niveau einer Industrienation. Gerade der Umgang und die Erfahrung mit diesen Ungleichgewichten und ihre Berücksichtigung bei der Behandlung von vertikalen Wettbewerbsbeschränkungen könnte künftig als Orientierung für die Anwendung des Wettbewerbsbeschränkungsrechts in der Europäischen Union relevant werden, deren Mitgliedsstaaten sich auch in der Wirtschaftskraft stark unterscheiden.[1296]

1296 Von Industrienationen vor allem in West- aber auch Zentraleuropa bis hin zu Schwellen- und Entwicklungsländern in Ost- und auch Zentraleuropa.

Kapitel 5 Die verbraucherrechtliche und wettbewerbsrechtliche Beurteilung von Kopplungsbindungen

Der südafrikanische Gesetzgeber hat sich dazu entschlossen, eine der diversen vertikalen Beschränkungen, die in Franchisevereinbarungen auftauchen können, sogenannte Kopplungsbindungen, im neuen *Consumer Protection Act* zu regeln. Diese neue Vorschrift, insbesondere deren zweiter Absatz, ist speziell auf Franchisesysteme angelegt. Da Kopplungsbindungen bislang allein den Regelungen des *Competition Act* unterworfen waren, wirft dies nicht nur Fragen bezüglich ihrer zukünftigen Behandlung auf, sondern auch Probleme bei der Zuständigkeitsverteilung.

1. Teil: Begriff der Kopplungsbindung

Kopplungsbindungen (auch *tying restrictions, tie-ins* oder *tying agreements* bzw. *arrangements* genannt) sind eine Unterkategorie von Bezugsbindungen.[1297] Insbesondere in Franchisesystemen spielen sie eine gewichtige Rolle.[1298] Bei einer Kopplungsvereinbarung verkauft der Franchisegeber ein Produkt (Kopplungsprodukt oder *tying product*) nur unter der Bedingung an den Franchisenehmer, dass dieser ein weiteres Produkt oder auch eine weitere Vertragsleistung (gekoppeltes Produkt oder *tied product*) erwirbt.[1299] Wettbewerbsrechtlich problematisch ist auch das sogenannte *full line forcing*, bei dem der Franchisegeber seinen Franchisenehmer dazu zwingt, das gesamte Sortiment zu führen.[1300] Wird das gekoppelte Produkt von

1297 Kirchhoff, in: Wiedemann (Hrsg.), Kartellrecht, § 12, Rn. 1; Hengst, in: Langen/Bunte (Hrsg.), KartellR Kommentar, Bd. 2, Art. 101 Kartellverbot, Rn. 286; Sutherland/Kemp, Competition Law of SA, S. 6/8.

1298 Martinek, Franchising, 440 f.; Loewenheim, Warenzeichen und Wettbewerbsbeschränkungen, 111.

1299 Competition Commission, Franchising Notice, Rn. 4.22; Woker, 18 SA Merc LJ 2006, 107 [114]; Sutherland/Kemp, Competition Law of SA, S. 6/8 mit Verweis auf: *Northern Pacific Railway v. United States* 356 U.S. 1 (1958) [5 f.]; Mitt. Komm., LL für vert. Beschränkungen (2010/C 130/01), ABl. EU C 130/1, Rn. 214; Martinek, in: Martinek/Semler/Habermeier/Flohr (Hrsg.), Vertriebsrecht, § 2, Rn. 123; Ellger, in: Immenga/Mestmäcker (Hrsg.), WettbewerbsR Kommentar Bd. 1 EU/Teil 1, Art. 101 Abs. 3 AEUV, Rn. 541; Kirchhoff, in: Wiedemann (Hrsg.), Kartellrecht, § 12, Rn. 1; Petsche/Lager, in: Liebscher/Flohr/Petsche (Hrsg.), Handbuch der EU-GVO, § 7, Rn. 193; Kapp, Wettbewerbsbeschränkung durch vertikale Vertriebsbindungen?, 33; Hylton, Antitrust Law, 279.

1300 Competition Commission, Franchising Notice, Rn. 4.22; Martinek, in: Martinek/Semler/Habermeier/Flohr (Hrsg.), Vertriebsrecht, § 2, Rn. 124; Sutherland/Kemp, Competition Law of SA, S. 7/88.

einem vom Franchisegeber benannten Dritten geliefert, spricht man vom „third line forcing".[1301] Die Produkte müssen voneinander trennbar sein, was durch die Nachfrage des Verbrauchers bestimmt wird. Die Produkte sind dann trennbar, wenn der Verbraucher das eine Produkt erwerben würde, ohne auch gleichzeitig das andere beim selben Anbieter zu kaufen.[1302] Zum Beispiel sind Schuhe und Schnürsenkel nicht zwei trennbare Artikel, da der Kunde nur Schuhe mit Schnürsenkeln kaufen will und die Hersteller beide nur zusammen liefern. Der Verkauf von Schuhen mit Schnürsenkeln stellt keine Kopplungsbindung dar.[1303]

Kopplungsbindungen werden vom Franchisegeber häufig auch als zusätzliche Einkommensquelle genutzt, indem er für die vom Franchisenehmer bei Dritten bezogenen Waren und Dienstleistungen eine Provision verlangt.[1304] Dem Franchisegeber wird es durch Kopplungsbindungen möglich, die Franchisegebühr für die Nutzung seines Geschäftskonzeptes relativ niedrig anzusetzen und dies später durch die Provisionen oder auch durch den eigenen Verkauf von Waren oder Dienstleistungen an den Franchisenehmer zu über dem Wettbewerbsniveau liegenden Preisen wieder auszugleichen.[1305]

2. Teil: Auswirkungen von Kopplungsbindungen auf den Wettbewerb

Kopplungsbindungen haben wie alle vertikalen Vereinbarungen einen ambivalenten Charakter, was ihren Einfluss auf den Wettbewerb betrifft. Sie können folglich sowohl marktbelebende als auch wettbewerbsbeschränkende Auswirkungen aufweisen.

1301 Sutherland/Kemp, Competition Law of SA, S. 7/88.

1302 Mitt. Komm., LL für vert. Beschränkungen (2010/C 130/01), ABl. EU C 130/1, Rn. 215; Bulst, in: Langen/Bunte (Hrsg.), KartellR Kommentar, Bd. 2, Art. 102, Rn. 225; EuG, 17.09.2007, Rs. T-201/04, „Microsoft", Slg. 2007 S. II-3601, Rn. 917 ff.; Mitt. Komm., Erläuterungen zu den Prioritäten der Kommission bei der Anwendung von Art. 82 EGV auf Fälle von Behinderungsmissbrauch durch marktbeherrschende Unternehmen (2009/C 45/02), Abl. EU C 45/7, Rn. 51; Jung, in: Grabitz/Hilf/Nettesheim (Hrsg.), Recht der EU, Art. 102, Rn. 196 f.; Sutherland/Kemp, Competition Law of SA, S. 7/90.

1303 Mitt. Komm., LL für vert. Beschränkungen (2010/C 130/01), ABl. EU C 130/1, Rn. 215.

1304 Martinek, in: Martinek/Semler/Habermeier/Flohr (Hrsg.), Vertriebsrecht, § 2, Rn. 124; Martinek, Franchising, 441; Behr, Der Franchisevetrag, 78.

1305 Sutherland/Kemp, Competition Law of SA, S. 6/35 Beispiele aus dem U.S.-Recht nennend: *Siegel v. Chicken Deligh* 448 F.2d 43 (9th circuit, 1971) [47 f.]; *Queen City Pizza Inc. v. Domino's Pizza Inc.* 124 F.3d 430 (3rd circuit, 1997); *Kypta v. McDonald's Corp.* 671 F.2d 1282 (11th circuit, 1982); *Krehl v. Baskin-Robbins Ice Cream Co.* 4 F.2d 1348 (9th circuit, 1982); Martinek, Franchising, 441; Enghusen, Rechtliche Probleme der Franchiseverträge, 61 f.

Kopplungsbindungen werden vor allem von marktbeherrschenden Unternehmen genutzt, da sie ohne erhebliche Marktmacht kaum durchsetzbar sind.[1306] Die Durchsetzung von Kopplungsbindung ist daher auch ein Indiz dafür, dass ein Unternehmen eine beherrschende Stellung am Markt innehat.[1307]

A. Wettbewerbsfördernde Auswirkungen von Kopplungsbindungen

Kopplungsbindungen können eine Effizienzsteigerung in der Produktion, dem Vertrieb und bei Vertragsschlüssen bewirken.[1308] Der Hersteller einer bestimmten Maschine könnte beispielsweise Produkte und Dienstleistungen, die mit dieser Maschine genutzt werden, an den Kauf der Maschine koppeln. Dies ist insbesondere dann denkbar, wenn eine solche Kopplung das reibungslose Funktionieren der Maschine gewährleisten soll. Für den Hersteller ist ein fehlerloses Arbeiten wichtig, um seinen guten Ruf aufrechtzuerhalten. Allerdings ist hierbei zu beachten, dass es bessere Alternativen zur Kopplung gibt. Der Hersteller könnte einfach die Qualität der Produkte und Dienstleistungen, die mit seiner Maschine genutzt werden sollen, festlegen. In manchen Fällen wird dies jedoch nicht ausreichend sein und nur eine Kopplung wird einen adäquaten Schutz der Herstellerreputation gewährleisten können.[1309]

Des Weiteren können Kopplungsbindungen den Marktzutritt für neue Unternehmen erleichtern, denn sie garantieren diesen eine gewisse Mindestabnahme ihrer Ware. Dies wäre der Marktstruktur zuträglich, da der Wettbewerb erhöht würde. Die Produktvielfalt würde zunehmen, was sich letztlich positiv für den Verbraucher auswirkt.[1310]

Mit Kopplungsbindungen kann auch überprüft werden, wie oft die Maschine genutzt wird. Das könnte insbesondere dann interessant sein, wenn die Maschine geleast wurde. Wird beispielsweise ein Kopierer gemietet oder geleast, so könnte anhand des gekoppelten Produktes wie Papier oder Toner festgestellt werden, wie hoch der Verschleiß des Kopierers ist.[1311]

1306 Kirchhoff, in: Wiedemann (Hrsg.), Kartellrecht, § 12, Rn. 2; Bronnet, in: Wiedemann (Hrsg.), Kartellrecht, § 22, Rn. 79 ff.; Competition Commission, Franchising Notice, Rn. 4.22.

1307 Möschel, Recht der Wettbewerbsbeschränkungen, Rn. 424, 554; Kirchhoff, in: Wiedemann (Hrsg.), Kartellrecht, § 12, Rn. 2.

1308 Mitt. Komm., LL für vert. Beschränkungen (2010/C 130/01), ABl. EU C 130/1, Rn. 222; Ellger, in: Immenga/Mestmäcker (Hrsg.), WettbewerbsR Kommentar Bd. 1 EU/Teil 1, Art. 101 Abs. 3 AEUV, Rn. 541; Bulst, in: Langen/Bunte (Hrsg.), KartellR Kommentar, Bd. 2, Art. 102, Rn. 238; Sutherland/Kemp, Competition Law of SA, S. 6/30.

1309 Sutherland/Kemp, Competition Law of SA, S. 6/30.

1310 Sutherland/Kemp, Competition Law of SA, S. 6/30.

1311 Sutherland/Kemp, Competition Law of SA, S. 6/30.

Es ist auch denkbar, dass eine *tying restriction* genutzt wird, um eine Kartellvereinbarung indirekt zu umgehen. Der Kartellteilnehmer könnte ein Produkt, das nicht Teil der Kartellvereinbarung ist, an das Kartellprodukt koppeln. Indem er den Preis des gekoppelten Produktes unter den Marktpreis senkt, könnte er so den Verkauf des Kartellproduktes ankurbeln, ohne dabei den mit den anderen Kartellanten vereinbarten Preis für dieses Produkt zu unterbieten.[1312] Dies würde die Auswirkungen der Kollusion zwischen den Parteien mindern und sich daher förderlich auf den Wettbewerb auswirken.

B. Wettbewerbsbeschränkende Auswirkungen von Kopplungsbindungen

Andererseits können Kopplungsbindungen sich auch negativ auf den Markt auswirken.

I. Die Leverage-*Theorie*

Teilweise wurde vorgebracht, dass Kopplungsbindungen erlauben, Marktmacht vom Kopplungsmarkt auf den gekoppelten Markt zu übertragen (sogenannte *leverage theory*).[1313] Allerdings ist dies nicht ohne Weiteres möglich.[1314] Wenn die Nachfrage nach einem Produkt unabhängig ist von der Nachfrage nach dem anderen, werden Käufer des Kopplungsproduktes die Kosten für das gekoppelte Produkt als eine Zusatzausgabe für das Kopplungsprodukt ansehen. Dies wäre nur dann anders, wenn sie ohnehin das gekoppelte Produkt erwerben möchten oder wenn dieses zum Marktpreis verkauft wird. Eine allgemeine Ausweitung der Marktmacht wird nicht möglich sein; denn der zusätzliche Gewinn, der durch überhöhte Preise auf dem gekoppelten Markt erzielt wird, wird durch Verluste auf dem Kopplungsmarkt ausgeglichen werden.[1315] Sollte die Nachfrage nach dem einen Produkt von der Nachfrage nach dem anderen abhängen, wird der Gesamtpreis, den der Verbraucher zu zahlen bereit ist, sich nicht wegen des Bestehens einer Kopplung ändern. Es ist

---

1312 Sutherland/Kemp, Competition Law of SA, S. 6/30.

1313 Sutherland/Kemp, Competition Law of SA, S. 6/30 f. mit Verweis auf: *Carbice Corp. v. Patents Development Corp.* 283 U.S. 27 (1931) [31 f.]; *International Salt Co. Inc. v. United States* 332 U.S. 392 (1947); *Fortner Enterprises Inc. v. United States Steel Corp.* 394 U.S. 495 (1969) [498 f.]; *Jefferson Parish Hosp. Dist. v. Hyde* 466 U.S. 2 (1984) [14]; Kaplow, 85 Colum. L. Rev. 1985, 515 [515 ff.]; Hylton/Salinger, 69 Antitrust L.J. 2001, 469 [475, 484 f.]; Woker, 18 SA Merc LJ 2006, 107 [114]; Unterhalter, in: Brassey (Hrsg.), Competition Law, 178; Bulst, in: Langen/Bunte (Hrsg.), KartellR Kommentar, Bd. 2, Art. 102, Rn. 219.

1314 Sutherland/Kemp, Competition Law of SA, S. 6/ 30 f. mit Verweis auf: *Hirsh v. Martindale-Hubbel Inc.* 674 F.2d 1343 (9th Cirtcuit, 1982) [1349]; Hylton/Salinger, 69 Antitrust L.J. 2001, 469 [486]; Unterhalter, in: Brassey (Hrsg.), Competition Law, 178 f.; Hovenkamp, The Antitrust Enterprise, 33 f.

1315 Sutherland/Kemp, Competition Law of SA, S. 6/31; Hylton, Antitrust Law, 279 ff.

folglich für den Monopolisten eines Produktes wirtschaftlich am sinnvollsten, das andere Produkt zum Marktpreis zu verkaufen.[1316]

1. *Verhinderung der Substituierung*

Auch wenn es grundsätzlich nicht möglich ist, Marktmacht von einem Markt auf einen anderen zu übertragen, gibt es dennoch Ausnahmen. Wenn ein Unternehmen die Preise für ein bestimmtes Produkt erhöht, etwa weil es eine Monopolstellung innehat, könnten die Unternehmen, die dieses verwenden, auf ein Ersatzprodukt umsteigen. So wäre es etwa denkbar, dass die Hersteller von Kleidern statt Baumwolle Polyester verwenden. Indem das Unternehmen das Ersatzprodukt (Polyester) an sein Produkt (Baumwolle) koppelt, kann es die Nachfrage nach seinem Produkt wieder steigern.[1317] Durch die Kopplung wird die Produktionseffizienz erhöht, da die optimale Kombination an Inputfaktoren wiederhergestellt wird. Allerdings wird die Allokationseffizienz gemindert, da das Monopol wieder verstärkt wird.[1318]

2. *Successive Monopolies*

Kopplungsbindungen können ferner dazu genutzt werden, um eine bestehende Monopolstellung auch bezüglich eines neu entwickelten Produktes aufrechtzuerhalten (sogenannte *successive monopolies*). Wenn ein Unternehmen Marktmacht für ein Produkt hat und ein neues Produkt entwickelt hat, das das alte nach und nach ersetzen soll, so kann das neue Produkt an den Verkauf des alten Produktes gekoppelt werden. Dies würde dem Unternehmen ermöglichen, sich auf dem neuen Markt zu etablieren.[1319]

3. *Marktabschottungseffekt*

Sollten Kopplungsbindungen durch einen Monopolisten verwendet werden, so kann dies auch zu einem Marktausschluss anderer Marktteilnehmer führen.[1320] Wettbewerb

---

1316 Sutherland/Kemp, Competition Law of SA, S. 6/31; Hylton, Antitrust Law, 280 f.; Hylton/Salinger, 69 Antitrust L.J. 2001, 469 [486].

1317 Blair/Kaserman, 20 Conn. L. Rev. 1988, 523 [529 ff.]; Sutherland/Kemp, Competition Law of SA, S. 6/31; Mitt. Komm., LL für vert. Beschränkungen (2010/C 130/01), ABl. EU C 130/1, Rn. 217; Bulst, in: Langen/Bunte (Hrsg.), KartellR Kommentar, Bd. 2, Art. 102, Rn. 219, 235.

1318 Sutherland/Kemp, Competition Law of SA, S. 6/31.

1319 Sutherland/Kemp, Competition Law of SA, S. 6/31 f.; Bulst, in: Langen/Bunte (Hrsg.), KartellR Kommentar, Bd. 2, Art. 102, Rn. 219; Petsche/Lager, in: Liebscher/Flohr/Petsche (Hrsg.), Handbuch der EU-GVO, § 7, Rn. 194.

1320 Whinston, 80 Am. Econ. Rev. 1990, 837 [839]; Hylton/Salinger, 69 Antitrust L.J. 2001, 469 [514]; Sutherland/Kemp, Competition Law of SA, S. 6/32; Ellger, in: Immenga/Mestmäcker (Hrsg.), WettbewerbsR Kommentar Bd. 1 EU/Teil 1, Art. 101 Abs. 3 AEUV, Rn. 541; Bulst, in: Langen/Bunte (Hrsg.), KartellR Kommentar, Bd. 2, Art. 102, Rn. 219; Areeda, Antitrust Analysis, 735.

im Markt kann reduziert werden und der Markteintritt für neue Wettbewerber kann erschwert werden.

Kopplungsbindungen können wettbewerbswidrige Auswirkungen auf dem gekoppelten Markt haben, wenn es dem Verkäufer möglich ist, seinen Marktanteil so durch *tying* zu erhöhen, dass es den meisten oder sogar allen Wettbewerbern unmöglich wird, wirtschaftlich für die verbliebenen nicht gebunden Kunden zu produzieren. Dies wäre dann der Fall, wenn die Erwerber des gekoppelten Guts auch das Kopplungsprodukt benötigten und das koppelnde Unternehmen eine Monopolstellung über das Kopplungsprodukt innehat. Eine weitere Möglichkeit wäre, wenn Kostenvorteile durch Größeneinsparungen es anderen Lieferanten des gekoppelten Produktes unmöglich machen, Käufer zu beliefern, die das Kopplungsprodukt nicht benötigen. Aufgrund der Marktmacht des verbleibenden Lieferanten, wird der Wettbewerb beeinträchtigt und zwar unabhängig davon, ob der Lieferant zum Monopolisten wird oder der Wettbewerb im gekoppelten Markt so verringert wird, dass er nicht mehr wirksam ist. Es wird jedoch häufig nicht möglich sein, eine Preissteigerung für das gekoppelte Produkt gegenüber Kunden durchzusetzen, die das Gesamtpaket aus Kopplungsprodukt und gekoppelten Produkt kaufen.[1321] Denn die Preiserhöhung würde die Nachfrage auf dem Kopplungsmarkt beeinträchtigen.[1322]

Der gekoppelte Markt könnte des Weiteren gänzlich abgeschottet werden, wenn das koppelnde Unternehmen ein gesetzliches Monopol auf dem Kopplungsmarkt innehat. Einem konkurrierenden Unternehmen wäre ein Einstieg auf dem Kopplungsmarkt unmöglich, was dazu führen würde, dass er auch auf dem gekoppelten Markt nicht wettbewerbsfähig wäre.[1323]

II. Erschwerter Marktzutritt

Mit Kopplungsbindungen kann ein Unternehmen außerdem seine Marktmacht verfestigen. Denn Kopplungsbindungen können den Marktzutritt sowohl zum Kopplungsmarkt als auch zum gekoppelten Markt für andere Unternehmen erschweren.[1324]

1321 So: Sutherland/Kemp, Competition Law of SA, S. 6/32. Siehe allerdings: Whinston, 80 Am. Econ. Rev. 1990, 837; Hylton/Salinger, 69 Antitrust L.J. 2001, 469 [488 f.]: Danach ist es mögliche Kopplungsbindungen zu verwenden um eine Preiserhöhung auf dem gekoppelten Markt durchzusetzen, wenn der Markt oligopolistisch ist und Größenvorteile sowie hohe Marktzutrittsschranken bestehen.

1322 Sutherland/Kemp, Competition Law of SA, S. 6/32 f.

1323 Sutherland/Kemp, Competition Law of SA, S. 6/34.

1324 Siehe hierzu: Posner, 41 U. Chic. L. Rev. 1974, 506 [510]; Hylton/Salinger, 69 Antitrust L.J. 2001, 469 [488 ff.]; Whinston, 80 Am. Econ. Rev. 1990, 837 [839 ff.]; Sutherland/Kemp, Competition Law of SA, S. 6/33; Mitt. Komm., LL für vert. Beschränkungen (2010/C 130/01), ABl. EU C 130/1, Rn. 216; Ellger, in: Immenga/Mestmäcker (Hrsg.), WettbewerbsR Kommentar Bd. 1 EU/Teil 1, Art. 101 Abs. 3 AEUV, Rn. 541; Kirchhoff, in: Wiedemann (Hrsg.), Kartellrecht, § 12, Rn. 1; Bulst, in: Langen/Bunte (Hrsg.), KartellR Kommentar, Bd. 2, Art. 102, Rn. 219; Petsche/Lager, in: Liebscher/Flohr/Petsche (Hrsg.), Handbuch der EU-GVO, § 7, Rn. 194.

Aufgrund des Monopols auf dem gekoppelten Markt entfallen eventuelle zukünftige Teilnehmer am Kopplungsmarkt, nämlich die Wettbewerber auf dem gekoppelten Markt.[1325]

Des Weiteren könnte eine Kopplungsbindung neuen Teilnehmern an beiden Märkten erschweren, wettbewerbsfähig zu werden, da sie eventuell in beide Märkte eintreten müssen.[1326] Allerdings ist ein Eintritt in beide Märkte nur dann notwendig, wenn das Unternehmen, das die Kopplungsbindung verwendet, eine marktbeherrschende Stellung auf dem Kopplungsmarkt innehat und sich weigert die Produkte separat zu verkaufen. Auch muss der gekoppelte Markt so abgeschottet sein, dass es kein signifikantes unabhängiges Angebot der Ware gibt.[1327] Des Weiteren müssen neue Marktteilnehmer unwahrscheinlich oder wenig wahrscheinlich sein. Zu beachten ist außerdem, dass ein Einstieg in zwei Märkte nicht notwendigerweise schwieriger ist, als ein Eintritt in nur einen Markt. Der Marktzutritt wird nicht erschwert, sollte die Kopplung lediglich zu größerer Effizienz führen und es dadurch unmöglich werden in nur einen Markt einzutreten. Allerdings erhöht sich bei einem solchen doppelten Markteintritt die Risiken und Kosten des Eintritts und dadurch auch das benötigte Kapitel.[1328]

Außerdem ist ein erschwerter Marktzutritt denkbar, wenn der zweite Markt, dessen Zutritt aufgrund der Kopplung notwendig wurde, besondere technische Fähigkeiten erfordert oder dort Kostenersparnisse aufgrund von Größenvorteilen höher sind als auf dem eigentlichen Markt.

III. Förderung von Kartellierungen, Preissteigerung, Verhinderung von Innovationen

Kopplungsbindungen können außerdem Kollusionen sowie Oligopole fördern oder ihre Aufrechterhaltung erleichtern.[1329] Kopplungsbindungen führen des Weiteren

1325 Sutherland/Kemp, Competition Law of SA, S. 6/33.

1326 Sutherland/Kemp, Competition Law of SA, S. 6/33. Die Autoren verweisen auf das U.S. amerikanische Urteil *Times-Picayune Pub. Co. v. United States* 345 U.S. 594 (1953). In dem Urteil ging es um ein Unternehmen, das sowohl eine Morgen- als auch eine Abendzeitung herausgab. Marktzutrittsschranken für neue Marktteilnehmer wurden dadurch gesetzt, dass Anzeigen nur in beiden Zeitungen zusammen geschaltet werden konnten. Für Wettbewerber könnte es daher, nach Ansicht der Autoren, unmöglich sein, nur eine Morgen- oder eine Abendzeitung herauszugeben.

1327 Siehe Sutherland/Kemp, Competition Law of SA, S. 6/33. Sollte die Kopplung nicht effizient sein, so könnte sie einen Eintritt in beide Märkte unabhängig von einander fördern.

1328 Sutherland/Kemp, Competition Law of SA, S. 6/33 f. mit Verweis auf: *Fortner Enterprises, Inc. v. United States Steel Corp.* 394 U.S. 495 (1969) [513].

1329 Sutherland/Kemp, Competition Law of SA, S. 6/34 mit Verweis auf die Urteile *International Salt Co. Inc. v. United States* 332 U.S. 392 (1947); *Northern Pacific Railway v. United States* 356 U.S. 1 (1958). In beiden Urteilen war der Abnehmer

dazu, dass Kunden, die nur das gekoppelte Produkt erwerben, höhere Preise zahlen müssen.[1330] Auch werden Innovationen, Produktverbesserungen sowie Kostenreduzierung gebremst.[1331]

IV. Ausnutzung von Marktmacht

Kopplungsbindungen können ferner benutzt werden, um bereits bestehende Marktmacht auszunutzen.

1. Ermöglichen von Preisdiskriminierungen

Kopplungsbindungen können Preisdifferenzierungen erleichtern und auch verbergen.[1332] Preisdiskriminierungen sind jedoch nur schwer zu bewirken. Zum einen ist es schwierig, die verschiedenen Kunden nach ihrer Zahlungsbereitschaft zu unterscheiden. Zum anderen ist es auch diffizil, die Kunden, die das Produkt günstiger erworben haben, davon abzuhalten, es weiterzuverkaufen (sogenannte Arbitrage). Diese Probleme könnten durch Kopplungsbindungen überwunden werden.[1333]

Zu denken wäre zum einen an Kopplungen im variablen Verhältnis (sogenannte *variable proportion tie-ins*): Ein Verkäufer von Druckern mit einer marktbeherrschenden Stellung verkauft Drucker nur unter der Bedingung, dass auch die Tintenpatronen bei ihm gekauft werden. Der Drucker wird zu wettbewerbsfähigen Preisen oder sogar günstiger verkauft, während für die Patronen ein überhöhter Preis verlangt wird. Ein Kunde, der viel druckt und dadurch viel Tinte verbraucht, die er teuer nachkaufen muss, muss nun verhältnismäßig mehr zahlen für den Drucker als jemand, der nur wenig druckt. Allerdings muss der Verkäufer eine gewisse Marktmacht besitzen, um diese Art der Preisdifferenzierung durchzusetzen; es sei denn, es handelt sich um ein Produkt, bei dem es schwierig ist, die Gesamtkosten

---

an ein Unternehmen gebunden, es sei denn ein Konkurrent hatte ein günstigeres Angebot. In diesem Fall musste der Abnehmer die Preise des Konkurrenten offenlegen. Sollte ein Konkurrent also gegen eine Kartellvereinbarung verstoßen wurde dies sofort bemerkt. Siehe auch: Cummings/Ruhter, 22 J. L. and Econ. 1979, 329 [341 ff.].

1330 Sutherland/Kemp, Competition Law of SA, S. 6/33; Mitt. Komm., LL für vert. Beschränkungen (2010/C 130/01), ABl. EU C 130/1, Rn. 216; Bulst, in: Langen/Bunte (Hrsg.), KartellR Kommentar, Bd. 2, Art. 102, Rn. 234; Petsche/Lager, in: Liebscher/Flohr/Petsche (Hrsg.), Handbuch der EUGVO, § 7, Rn. 194.

1331 Sutherland/Kemp, Competition Law of SA, S. 6/33

1332 Sutherland/Kemp, Competition Law of SA, S. 6/34. Siehe auch: Bowman, 67 Yale L. J. 1957, 19 [19 ff., 33]; Markovits, 58 Tex. L. Rev. 1980, 1363 [1407 ff.]; Posner, 41 U. Chic. L. Rev. 1974, 506 [510 ff.]; Mitt. Komm., LL für vert. Beschränkungen (2010/C 130/01), ABl. EU C 130/1, Rn. 217.

1333 Sutherland/Kemp, Competition Law of SA, S. 6/34 f.

nach dem Kauf zu überblicken.[1334] Ohne eine marktbeherrschende Stellung wird der Kunde nicht bereit sein, einen über dem allgemeinen Wettbewerbsniveau liegenden Preis für ein Gesamtpaket zu zahlen.

Allerdings können Preisdifferenzierungen sich auch positiv auswirken. Sie können nicht nur zu einer Erhöhung der Produktion führen, sondern ermöglichen Kunden den Kauf einer Ware oder Dienstleistung, die sie sich ansonsten finanziell nicht hätten leisten können. Gerade Kopplungsbindungen im Bereich des Franchisings machen das deutlich. Der Franchisegeber kann die Eintrittsgebühr für die Nutzung seines Geschäftskonzeptes relativ niedrig ansetzen und dann später den Betrag wieder durch den Verkauf von Kopplungsprodukten zu über dem Wettbewerbsniveau liegenden Preisen hereinbringen.[1335] Erfolgreichere Franchisenehmer, die mehr verkaufen, zahlen letztlich mehr für die Nutzung des Franchisekonzeptes als solche, die weniger gelungen wirtschaften. Gerade in Südafrika, mit seiner extrem hohen Arbeitslosenquote und seinem hohen Maß an Armut insbesondere in dem nichtweißen Teil der Bevölkerung, wären Kopplungsbindungen in Franchisevereinbarungen interessant. Eine geringe Einstiegsgebühr würde den ärmeren Schichten der Bevölkerung die Möglichkeit eröffnen, selbstständig zu werden und so der Arbeitslosigkeit zu entfliehen. Der Franchisegeber könnte die durch eine geringe Einstiegsgebühr eventuell verursachten Verluste durch den zwingen vorgeschriebenen Verkauf von Waren an den Franchisenehmer ausgleichen. Dies würde gleichzeitig dazu führen, dass der Franchisegeber ein Interesse daran hat, dass seine Franchisenehmer sich wirtschaftlich etablieren können, da er nur so von dem Gewinn aus dem Verkauf der von ihm gelieferten Waren profitieren kann. Dies könnte verhindern, dass Franchising missbräuchlich genutzt wird, um Gewinne über eine hohe Nutzungsgebühr zu erzielen, den Franchisenehmer jedoch im Folgenden nicht weiter zu unterstützen.

Eine weitere Möglichkeit, die Hürden, die bei Preisdiskriminierungen bestehen, zu umgehen, bieten Kopplungen im feststehenden Verhältnis (sogenannte *fixed proportion tie-ins*), wenn auch im geringeren Maße als *variable proportion ties*. Preisdiskriminierungen können durch das Anbieten im Block (sogenannte *block booking*) erreicht werden.[1336] Auch dies soll durch ein kurzes Beispiel verdeutlicht werden. Kino X ist bereit, für Film A 1000 Euro zu zahlen, für Film B jedoch nur 600 Euro. Kino Y hingegen würde für Film A nur 500 Euro zahlen, für Film B hingegen 1000 Euro. Der Großverleiher könnte nun die Filme nur en bloc als Paket für 1500 Euro

---

1334 Sutherland/Kemp, Competition Law of SA, S. 6/35 mit Verweis auf: *Eastman Kodak Co. v. Image Technical Services Inc.*, 504 U.S. 451 (1992) [473 f.].

1335 Sutherland/Kemp, Competition Law of SA, S. 6/35 Beispiele aus dem U.S.-Recht nennend: *Siegel v. Chicken Deligh* 448 F.2d 43 (9th circuit, 1971) [47 f.]; *Queen City Pizza Inc. v. Domino's Pizza Inc.* 124 F.3d 430 (3rd circuit, 1997); *Kypta v. McDonald's Corp.* 671 F.2d 1282 (11th circuit, 1982); *Krehl v. Baskin-Robbins Ice Cream Co.* 4 F.2d 1348 (9th circuit, 1982); Siehe hierzu auch: Martinek, in: Martinek/Semler/Habermeier/Flohr (Hrsg.), Vertriebsrecht, § 2, Rn. 124.

1336 Stigler, The Organization of Industry, 166 ff.; Sutherland/Kemp, Competition Law of SA, S. 6/35.

(Kino X und Y zahlen also zusammen 3000 Euro) zum Verleih anbieten. Dadurch würde er mehr Gewinn machen, als wenn er Film A nur an Kino X und Film B nur an Kino Y verleihen würde (insgesamt: 2000 Euro). Es wäre auch vorteilhafter für ihn, als beide Filme separat jeweils an Kino X und Y zu dem durch die Gesamtnachfrage bestimmten Preis zu verleihen. Dann nämlich könnte er Film A nur für 500 Euro verleihen, da Kino Y nicht bereit ist mehr zu zahlen. Das gleich gilt umgekehrt für Film B (600 Euro), so dass er insgesamt nur 2200 Euro einnehmen würde.[1337] Dies wird auch als *simulated price discrimination* bezeichnet.[1338]

2. Erleichtern von Kampfpreisen

Kopplungsbindungen erleichtern oder fördern schädigendes Preisdumping. In Südafrika ist Preisdumping nach Sec. 8 Buchst. d (iv) Competition Act zwar verboten, aber ein Unternehmen könnte versuchen, es über Kopplungen indirekt durchzusetzen. Ein Produkt wird zum Marktpreis verkauft und ein zweites Produkt wird zu einem sehr geringen Preis oder sogar kostenlos mitverkauft. So könnte zum Beispiel Software kostenlos mit dem Computer mitverkauft werden, um die Stellung auf dem Markt zu festigen.[1339]

3. Vermeiden von staatlichen Preisregulierungen

Auch könnten Kopplungen genutzt werden, um Regulierungen des Preises durch den Staat zu umgehen.[1340] Ein Unternehmen, das in einem staatlich regulierten Wirtschaftszweig tätig ist und dazu gezwungen wird, Produkte unter dem nicht regulierten gewinnoptimierten Preis zu verkaufen, könnte ein nicht reguliertes Produkt mit einem staatlich reguliertem kombinieren und dafür letztlich mehr als den Marktpreis verlangen. Dies würde sowohl dem Kunden schaden, der einen zu hohen Monopolpreis zahlen müsste, als auch den Konkurrenten des nicht regulierten Produktes, die aufgrund der Monopolstellung des Unternehmens nicht mehr wettbewerbsfähig sind. Sollte umgekehrt der regulierte Preis über dem Marktniveau

---

1337 Unter der Voraussetzung, dass er keine weiteren Kosten hat. Siehe insbesondere: Stigler, Sup. Ct. Rev. 1963, 152 [152 ff.]. Siehe auch: Markovits, 76 Yale L. J. 1967, 1397 [1454]; Markovits, 58 Tex. L. Rev. 1980, 1363 [1408]; Sutherland/Kemp, Competition Law of SA, S. 6/35 f.

1338 Sutherland/Kemp, Competition Law of SA, S. 6/36.

1339 Sutherland/Kemp, Competition Law of SA, S. 6/36 mit Verweis auf: *Symbolic Control Inc. v. IBM Corp.* 643 F.2d 1339 (9th circuit, 1980) [1341].

1340 Areeda, Antitrust Analysis, 737 f.; Sutherland/Kemp, Competition Law of SA, S. 6/36. Siehe auch: *Litton Systems Inc. v. American Telephone and Telegraph Co.* 700 F.2d 785 (2nd Circuit, 1983) [790 f.]; *Cantor v. Detroit Edison Co.* 428 U.S. 579 (1976); Fuhr, 28 Antitrust Bull. 1983, 669 [669 ff.].

liegen, könnte das Unternehmen das Produkt an ein anderes koppeln und letzteres für einen geringeren Preis verkaufen, um so Kunden anzuziehen.[1341]

3. Teil: Die Behandlung von Kopplungsbindungen in Europa

Die in Art. 101 Abs. 1 AEUV aufgezählten Regelbeispiele nennen in Buchst. e ausdrücklich, „die an den Abschluss von Verträgen geknüpfte Bedingung, dass die Vertragspartner zusätzliche Leistungen annehmen, die weder sachlich noch nach Handelsbrauch in Beziehung zum Vertragsgegenstand stehen". Von entscheidender Bedeutung ist folglich, ob für die Kopplung ein sachlicher oder handelsüblicher Zusammenhang besteht.[1342]

Bislang gibt es nur wenig Rechtsprechung zu Art. 101 Abs. 1 Buchst. e AEUV, daher ist auf die Entscheidungspraxis zu Art. 102 Buchst. d AEUV zurückzugreifen, der dem Wortlaut nach identisch mit der Regelung in Art. 101 AEUV ist.[1343] Die Vorschrift bezweckt den Schutz des Abnehmers vor einer obligatorischen Abnahme von Gütern oder Dienstleistungen, an denen er entweder nicht interessiert ist oder die er von einem anderen Anbieter beziehen möchte.[1344] Einen engen wirtschaftlichen Zusammenhang wird man zumindest in den Fällen annehmen können, in denen der Franchisenehmer auch Werbe- und Verpackungsmaterialen oder auch Zubehör und Ersatzteilen abnehmen muss.[1345] Andererseits kann die Verbindung von Warenverkäufen mit der obligatorischen Inanspruchnahme von Instandhaltungs- und Reparaturleistungen oder Personalschulungen eine aufgedrängte Kopplung darstellen, soweit ein sachlicher oder handelsüblicher Zusammenhang fehlt.[1346] Sollten Kopplungsprodukt und gekoppeltes Produkt ein untrennbares, integriertes System bilden, dann ist die Kopplungsbindung wettbewerbsrechtlich unbedenklich. Dies

---

1341 Sutherland/Kemp, Competition Law of SA, S. 6/36. Siehe auch: *Litton Systems Inc. v. American Telephone and Telegraph Co.* 700 F.2d 785 (2nd Circuit, 1983) [790 f.]; *Cantor v. Detroit Edison Co.* 428 U.S. 579 (1976); Fuhr, 28 Antitrust Bull. 1983, 669 [669 ff.].

1342 Kirchhoff, in: Wiedemann (Hrsg.), Kartellrecht, § 12, Rn. 4.

1343 Hengst, in: Langen/Bunte (Hrsg.), KartellR Kommentar, Bd. 2, Art. 101 Kartellverbot, Rn. 287; Kirchhoff, in: Wiedemann (Hrsg.), Kartellrecht, § 12, Rn. 4.

1344 Bulst, in: Langen/Bunte (Hrsg.), KartellR Kommentar, Bd. 2, Art. 102, Rn. 219; Woker, 18 SA Merc LJ 2006, 107 [114].

1345 Martinek, in: Martinek/Semler/Habermeier/Flohr (Hrsg.), Vertriebsrecht, § 2, Rn. 124; Martinek, Franchising, 441.

1346 De Bronett, in: Wiedemann (Hrsg.), Kartellrecht, § 22, Rn. 81; Martinek, in: Martinek/Semler/Habermeier/Flohr (Hrsg.), Vertriebsrecht, § 2, Rn. 124; EuG, 06.10.1994, Rs. T-83/91, „Tetra Pak", Slg. 1994 S. II-755, Rn. 135; bestätigt durch EuGH, 14.11.1996, Rs. C-333/94 P, „Tetra Pak", Slg. 1996 S. I-5951; KOME, 08.12.1977, (78/68/EWG – Hugin/Lipton), Abl. 27.01.1978 L 22/23; aus anderen Gründen aufgehoben durch: EuGH, 31.05.1979, Rs. 22/78, „Hugin", Slg 1979 S. 1869.

ist der Fall bei der Kopplung von Waren oder Dienstleistung mit Lizenzen, die zur Herstellung der geschützten Produkte erforderlich sind. Der Gesundheitsschutz ebenso wie andere öffentliche Interessen rechtfertigen in der Regel keine Kopplungsbindungen.[1347]

Kopplungsbindungen sind nach der Vertikal-GVO grundsätzlich freigestellt, solange der Marktanteil des Anbieters weder beim Kopplungsprodukt noch beim gekoppelten Produkt 30 % übersteigt und auch der Abnehmer nicht mehr als 30 % Marktanteil auf dem vorgelagerten Markt innehat.[1348] Sollte diese Schwelle überschritten werden, kommt nur eine Einzelfreistellung nach Art. 101 Abs. 3 AEUV in Betracht. Bei der hierbei vorgenommen Abwägung ist die Stellung des Franchisegebers auf dem Kopplungsmarkt von maßgeblicher Bedeutung. Dabei ist auch die Stellung seiner Wettbewerber auf diesem Markt zu betrachten. Sind diese hinreichend zahlreich und stark, so hat der Abnehmer ausreichend Alternativen, von denen er seine Ware ohne das gekoppelte Produkt beziehen kann und damit besteht keine Gefahr für den Wettbewerb.[1349]

Der Franchisegeber kann die nach Art. 101 Abs. 3 AEUV erforderlichen Effizienzgewinne vor allem durch gemeinsame Herstellung und Vertrieb geltend machen.[1350] Eine Weitergabe der Einsparungen an den Verbraucher muss jedoch nachgewiesen werden. Effizienzgewinne sind dann nicht von Bedeutung und eine Freistellung damit ausgeschlossen, wenn der Franchisenehmer in der Lage ist, das gekoppelte Produkt oder ein gleichwertiges von anderen Anbietern zu günstigeren Konditionen zu erwerben.[1351]

1347 De Bronett, in: Wiedemann (Hrsg.), Kartellrecht, § 22, Rn. 82; EuG, 06.10.1994, Rs. T-83/91, „Tetra Pak“, Slg. 1994 S. II-755, Rn. 83; bestätigt durch EuGH, 14.11.1996, Rs. C-333/94 P, „Tetra Pak“, Slg. 1996 S. I-5951.

1348 Mitt. Komm., LL für vert. Beschränkungen (2010/C 130/01), ABl. EU C 130/1, Rn. 218; Ellger, in: Immenga/Mestmäcker (Hrsg.), WettbewerbsR Kommentar Bd. 1 EU/Teil 1, Art. 101 Abs. 3 AEUV, Rn. 541; Kirchhoff, in: Wiedemann (Hrsg.), Kartellrecht, § 12, Rn. 7; Petsche/Lager, in: Liebscher/Flohr/Petsche (Hrsg.), Handbuch der EU-GVO, § 7, Rn. 195.

1349 Mitt. Komm., LL für vert. Beschränkungen (2010/C 130/01), ABl. EU C 130/1, Rn. 220; Kirchhoff, in: Wiedemann (Hrsg.), Kartellrecht, § 12, Rn. 7; Petsche/Lager, in: Liebscher/Flohr/Petsche (Hrsg.), Handbuch der EU-GVO, § 7, Rn. 196.

1350 Bulst, in: Langen/Bunte (Hrsg.), KartellR Kommentar, Bd. 2, Art. 102, Rn. 239; Mitt. Komm., LL für vert. Beschränkungen (2010/C 130/01), ABl. EU C 130/1, Rn. 222; Ellger, in: Immenga/Mestmäcker (Hrsg.), WettbewerbsR Kommentar Bd. 1 EU/Teil 1, Art. 101 Abs. 3 AEUV, Rn. 541; Kirchhoff, in: Wiedemann (Hrsg.), Kartellrecht, § 12, Rn. 8; Petsche/Lager, in: Liebscher/Flohr/Petsche (Hrsg.), Handbuch der EU-GVO, § 7, Rn. 195.

1351 Mitt. Komm., LL für vert. Beschränkungen (2010/C 130/01), ABl. EU C 130/1, Rn. 222; Kirchhoff, in: Wiedemann (Hrsg.), Kartellrecht, § 12, Rn. 8; Ellger, in: Immenga/Mestmäcker (Hrsg.), WettbewerbsR Kommentar Bd. 1 EU/Teil 1, Art. 101 Abs. 3 AEUV, Rn. 541.

Für Franchisesysteme ist von besonderer Relevanz, dass die Geltendmachung von Effizienzgewinnen des Weiteren dann möglich ist, wenn die Kopplungsbindung der Aufrechterhaltung der Einheitlichkeit und Qualität, also der Einhaltung gewisser Produktstandards, dient. Hierbei muss jedoch nachgewiesen werden, dass die Einhaltung vorgegebener Qualitätsnormen nicht durch Bezug bei anderen Herstellern bzw. Lieferanten, als dem Franchisegeber oder als den von ihm empfohlenen Anbietern, möglich ist. Die Vorgabe zur Einhaltung gewisser Qualitätsstandards fällt nach Ansicht der Europäischen Kommission schon nicht unter das Kartellverbot des Art. 101 Abs. 1 AEUV. Sollte die Vorgabe gewisser Mindestqualitätsanforderungen nicht möglich sein, können auch Kopplungsbindungen, die dem Franchisenehmer den Anbieter, bei dem er seine Produkte zu beziehen hat, vorschreiben, nicht unter das Kartellverbot fallen. Sie werden vor allem dann nicht von Art. 101 Abs. 1 AEUV erfasst, wenn der Franchisegeber keinen finanziellen Vorteil aus seiner Vorgabe bezüglich des Anbieters zieht.[1352]

4. Teil: Die Behandlung von Kopplungsbindungen in Südafrika

A. Die Regelung im *Competition Act*

Nach den Vorschriften des *Competition Act* wird die Wirksamkeit von Kopplungsvereinbarungen anhand der *rule of reason*, also anhand einer Abwägung der oben genannten Auswirkungen, beurteilt. Sie unterliegen damit keinem *per se* Verbot. Zur Behandlung von Kopplungsbindungen unter Sec. 5 Competition Act gibt es keinerlei Entscheidungspraxis, so dass der Umgang mit ihnen bislang nicht geklärt ist.

Allerdings fallen Kopplungsbindungen auch unter die Missbrauchsaufsicht, nach Sec. 8 Buchst. d (iii) Competition Act. Danach ist es, ähnlich wie nach Art. 102 AEUV, einem marktbeherrschenden Unternehmen untersagt, Waren oder Dienstleistungen unter der Bedingung zu verkaufen, dass der Abnehmer weitere Waren oder Dienstleistungen erwirbt, die in keinerlei Zusammenhang zum Vertragsgegenstand stehen, solange er keinen wettbewerbsfördernden Vorteil geltend machen kann. Zu Sec. 8 Buchst. d (iii) Competition Act gibt es zwar Rechtsprechung, allerdings ist diese kaum ausgebildet. Dennoch ist es denkbar, zur Beurteilung von Kopplungsbindungen unter Sec. 5 Abs. 1 Competition Act auf die ausführlichere Regelung zur Missbrauchskontrolle und die hierzu, wenn auch nur im geringen Maße, vorhandene Entscheidungspraxis zurückzugreifen. Diese kann zumindest als Orientierungshilfe dienen.

Es ist auf jeden Fall sinnvoll, auch im Rahmen der Sec. 5 Abs. 1 Competition Act zu prüfen, ob ein Zusammenhang zwischen Kopplung und Vertragsgegenstand besteht. Wann ein solcher vorliegt, ist jedoch mangels Rechtsprechung nicht klar.

1352 Mitt. Komm., LL für vert. Beschränkungen (2010/C 130/01), ABl. EU C 130/1, Rn. 222; Kirchhoff, in: Wiedemann (Hrsg.), Kartellrecht, § 12, Rn. 8.

Aufgrund des Wortlauts der Vorschrift, der der Formulierung in Art. 102 AEUV ähnelt, ist ein Rückgriff auf die Entscheidungspraxis der Europäischen Union denkbar und auch empfehlenswert. Wie oben bereits erläutert, fordert diese einen sachlichen oder handelsüblichen Zusammenhang. Ein solcher wird etwa bei Werbe- und Verpackungsmaterialen, Zubehör und Ersatzteilen sowie bei der Kopplung mit Lizenzen, die zur Produktion der geschützten Güter erforderlich sind, angenommen.[1353]

Bei einer Kopplungsbindung sollte, wie es auch die südafrikanische Literatur fordert, die Marktmacht in Bezug auf das Kopplungsprodukt überprüft werden, denn ohne diese sind Kopplungsbindungen meist nicht schädlich für den Wettbewerb.[1354] Danach sollte geprüft werden, ob die konkrete Vereinbarung wettbewerbsbeschränkende Auswirkungen hat. Teilweise wird vorgebracht, dass eine Vermutung der Wettbewerbsschädlichkeit greift und die Partei, die die Klausel verwendet, die Beweislast für wettbewerbsfördernde Vorteile der Vereinbarung trägt.[1355] Dem treten *Sutherland* und *Kemp* jedoch richtigerweise entgegen.[1356] Nicht jede Kopplungsbindung ist wettbewerbsschädlich. Daher liegt die Pflicht zum Nachweis wettbewerbsschädigender Auswirkung zunächst bei der Wettbewerbsbehörde. Nur wenn andere spezifische Tatsachen hinzukommen, die zeigen, dass die Kopplung wettbewerbsbeschränkend ist, verschiebt sich die Beweislast. Dies wäre etwa dann der Fall, wenn die Umstände deutlich machen, dass die Kopplung zur Marktabschottung oder Kollusion führt. Bei Marktabschottung und bei einer nur wahrscheinlichen, nicht jedoch sicheren Kollusion kann jedoch eine Abwägung aufgrund positiver Auswirkungen auf den Wettbewerb durchaus zu Gunsten der die Kopplung verwendenden Partei stattfinden. Sollte eine Kollusion jedoch nachgewiesen werden, so kann auch das Vorbringen von wettbewerbsfördernden Aspekten das Verbot nicht mehr abwenden.[1357]

Das *Competition Tribunal* geht im Rahmen der Missbrauchskontrolle nach Sec. 8 Competition Act davon aus, dass eine Vereinbarung dann nicht erlaubt ist, wenn sie nachweislich dem Verbraucherwohl schadet oder wenn sie zu einer erheblichen („substantial or significant“) Marktabschottung führt.[1358] Des Weiteren

---

1353 Siehe hierzu 3. Teil dieses Kapitel mit Verweis auf: De Bronett, in: Wiedemann (Hrsg.), Kartellrecht, § 22, Rn. 82; EuG, 06.10.1994, Rs. T-83/91, „Tetra Pak“, Slg. 1994 S. II-755, Rn. 82; bestätigt durch EuGH, 14.11.1996, Rs. C-333/94 P, „Tetra Pak“, Slg. 1996 S. I-5951; Martinek, in: Martinek/Semler/Habermeier/Flohr (Hrsg.), Vertriebsrecht, § 2, Rn. 124; Martinek, Franchising, 441.

1354 Unterhalter, in: Brassey (Hrsg.), Competition Law, 179; Sutherland/Kemp, Competition Law of SA, S. 6/36 f. mit Verweis auf die (jedoch vergleichsweise strengere) U.S.-Rechtsprechung: *Jefferson Parish Hosp. Dist. v. Hyde* 466 U.S. 2 (1984) 7 [16]; *United States Steel Corp. v. Fortner Enterprises Inc.* 429 U.S. 610 (1977) [621 f.]; *Technical Resource Services Inc. v. Dornier Medical Systems Inc.* 134 F.3d 1458 (11th circuit, 1998).

1355 Siehe hierzu: Sutherland/Kemp, Competition Law of SA, S. 6/37.

1356 Sutherland/Kemp, Competition Law of SA, S. 6/37.

1357 Sutherland/Kemp, Competition Law of SA, S. 6/37 f.

1358 *Commission v. South African Airways (Pty) Ltd* (18/CR/Mar01), 28.07.2005, Rn. 132.

soll auch bei Vorliegen wettbewerbsfördernder Vorteile eine Kopplungsbindung dann unzulässig sein, wenn es eine weniger schädliche Möglichkeit gibt, das gleiche Ziel zu erreichen.[1359] Eine Übertragung dieser Rechtsprechung auf Sec. 5 Competition Act erscheint durchaus sinnvoll. Die Autoren *Sutherland* und *Kemp* vertreten zudem die Ansicht, dass im Falle von Preisdifferenzierungen zurückhaltend mit einem Verbot der Vereinbarung umgegangen werden sollte, da diese häufig auch Vorteile mit sich bringen. Die Beweislast solle daher die Behörde tragen.[1360] Dient die Kopplungsbindung der Aufrechterhaltung der Einheitlichkeit und der Qualität des Franchisesystems, dann ist von ihrer Zulässigkeit in der Regel auszugehen.[1361]

Werden Kopplungsbindungen zum Umgehen von staatlichen Preisregulierungen genutzt, so ist dies an sich nicht wettbewerbsschädlich; denn es wird lediglich die Strategie hinter der Regulierung ausgehebelt. Allerdings ist es nicht Aufgabe des Wettbewerbsrechts, Preisregulierungen zu fördern.[1362]

Auch bei Kopplungsbindungen wird folglich wieder vornehmlich auf die Marktmacht der Parteien abgestellt. Teilweise wird vertreten, dass Kopplungsvereinbarungen in den meisten Fällen erst bei einem Verbot nach den Regelungen zum Missbrauch einer marktbeherrschenden Stellung auch dem Verbot nach Sec. 5 Competition Act unterfallen.[1363] Auch die *Competition Commission* geht in ihrer *Franchising Notice* allein auf die Missbrauchskontrolle näher ein.[1364] Dies zeigt eine Tendenz im südafrikanischen Recht, Kopplungsbeschränkungen großzügig zu betrachten. Diese permissive Haltung könnte dazu geführt haben, eine Sonderregelung für sie im *Consumer Protection Act* zu treffen.

B. Die neue Betrachtung von Kopplungsbindungen durch Sec. 13 CPA

Sec. 5 Abs. 1 Competition Act berücksichtigt nicht speziell die Besonderheiten des Franchisings. Sec. 13 CPA sieht nunmehr eine spezielle Regelung von Kopplungsbindungen in Franchisevereinbarungen vor. Das *Department of Trade and Industry* sah kleine Unternehmen, insbesondere Franchisenehmer, als besonders schützenswert an, weswegen sie durch das Verbraucherschutzgesetz Schutz vor missbräuchlichen Vertragsklauseln erfahren sollten.[1365] Das Vorliegen von Marktmacht auf Seiten des Franchisegebers, wie es unter Sec. 5 Competition Act vermutlich notwendig wäre, ist für das Eingreifen von Sec. 13 CPA nicht erforderlich.

1359 *Commission v. South African Airways (Pty) Ltd* (18/CR/Mar01), 28.07.2005, Rn. 245 ff., insb. 252; Siehe hierzu auch: Sutherland/Kemp, Competition Law of SA, S. 7/91.
1360 Sieh zu oben gesagten: Sutherland/Kemp, Competition Law of SA, S. 6/37 f.
1361 Competition Commission, Franchising Notice, Rn. 4.24.
1362 Sutherland/Kemp, Competition Law of SA, S. 6/38.
1363 So wohl: Unterhalter, in: Brassey (Hrsg.), Competition Law, 179.
1364 Competition Commission, Franchising Notice, Rn. 4.23 f.
1365 DTI, Draft Green Paper on the Consumer Policy Framework 09/04, S. 25.

I. Sec. 13 Abs. 1 CPA

Sec. 13 Abs. 1 CPA lautet wie folgt:

> *„A supplier must not require, as a condition of offering to supply or supplying any goods or services, or as a condition of entering into an agreement or transaction, that the consumer must-*
>
> *(a) purchase any other particular goods or services from that supplier;*
> *(b) enter into an additional agreement or transaction with the same supplier or a designated third party; or*
> *(c) agree to purchase any particular goods or services from a designated third party,"*

Sec. 13 Abs. 1 CPA normiert das Verbot von Kopplungsvereinbarungen. In Sec. 13 Abs. 1 Buchst. i–iii CPA sind drei alternative Ausnahmen von diesem Verbot niedergelegt. Die Beweislast, dass zumindest eine dieser drei Ausnahmen greift, liegt dabei beim Franchisegeber.

1. Buchst. i: Abwägung zwischen Effizienzgewinn und Beschränkung der Handlungsfreiheit

Die erste Ausnahme greift, wenn der Anbieter nachweisen kann, dass der Vorteil, den der Verbraucher (sprich der Franchisenehmer)[1366] durch die Bündelung hat, im Verhältnis zu der Einschränkung seines Wahlrechts überwiegt (Buchst. i). Erforderlich ist folglich eine Abwägung zwischen dem Effizienzgewinn des Franchisenehmers auf der einen Seite und dem Verlust seiner Autonomie auf der anderen. Effizienzgewinne werden vor allem durch gemeinsame Herstellung und gemeinsamen Vertrieb ermöglicht.

Sinn von Sec. 13 CPA ist es, dem Franchisenehmer die Möglichkeit zu geben, die für ihn sinnvollsten und günstigsten Waren oder Dienstleistungen selbst auszuwählen. Sollte der Franchisegeber dies jedoch für seine Franchisenehmer übernehmen, so ist darin nicht immer ein Verstoß gegen Sec. 13 CPA zu sehen. Diese Vorschrift verbietet gerade nicht alle Formen von Kopplungsbindungen. Für den Franchisenehmer vorteilhafte Kopplungsbindungen sollen weiterhin erlaubt sein.

Eine Auswahl von Waren oder Dienstleistungen durch den Franchisegeber kann gerade für Existenzgründer von Vorteil sein, die sich am Markt nicht auskennen und daher auch nicht wissen, wo sie die für sie nützlichen Waren und Dienstleistungen am günstigsten beziehen können. Auch kann es eine Zeit- und damit auch Kostenersparnis bedeuten und somit zweckmäßiger sein, wenn der Systemkopf anstelle jedes einzelnen Franchisenehmers die Auswahl trifft und Preise vergleicht. Bei einer Bestellung durch den Franchisegeber sind auch preissenkende Größenvorteile denkbar.[1367]

1366 Anders wohl: Honey, Pitfalls and Difficulties with the CPA.
1367 Zu letzterem auch: Woker, The Franchise Relationship, 76.

Die finanziellen Auswirkungen der Kopplungsbindung für den Franchisegeber selbst werden in den Ausnahmeregelungen der Sec. 13 Abs. 1 und 2 CPA leider nicht ausdrücklich berücksichtigt, obwohl eine Berücksichtigung sinnvoll wäre. Vor Erlass des *Consumer Protection Act* war es ein häufiger Kritikpunkt, dass der Franchisegeber seine Gewinne nicht an den Franchisenehmer weitergibt.[1368] Denkbar ist es jedoch, im Rahmen der Ausnahme nach Sec. 13 Abs. 1 Buchst. i CPA zu prüfen, ob dem Franchisegeber durch die Kopplungsbindung ein finanzieller Vorteil erwächst, auch wenn es sich bei der Ausnahme letztlich um eine Abwägung der Vor- und Nachteile des Franchisenehmers handelt. Sollte dem Franchisegeber kein solcher Vorteil entstehen, so wäre eine Zulässigkeit der Bindung über diese Ausnahme denkbar.[1369]

2. Buchst. ii: Wirtschaftlicher Nutzen für die Verbraucher

Des Weiteren greift das Verbot nicht (Buchst. ii), wenn der Franchisegeber den Nachweis erbringen kann, dass die Bündelung dieser Waren oder Dienstleistungen zu einem wirtschaftlichen Nutzen für Verbraucher führt. Ähnlich wie bei der ersten Ausnahme muss auch hier folglich ein Vorteil nachgewiesen werden. Allerdings ist im Falle des Nachweises eines wirtschaftlichen Vorteils für die Verbraucher keine weitere Abwägung notwendig.

Die zweite Ausnahme unterscheidet sich von der ersten auch dadurch, dass die erste Ausnahme von Vorteilen für „den Verbraucher" spricht, während bei der zweiten von Vorteilen für „Verbraucher" gesprochen wird. Das lässt darauf schließen, dass die Ausnahme vom Verbot der Kopplungsbindungen nach Buchst. ii nur greift, wenn die Kopplungsbindung von wirtschaftlichem Nutzen für die Verbraucher im Allgemeinen und nicht unbedingt den Franchisenehmer ist, wobei sie natürlich auch für diesen von Vorteil sein kann.[1370] In einem Franchisesystem würde das bedeuten, dass die Kunden des Franchisenehmers, also die Endverbraucher, einen wirtschaftlichen Nutzen von der Kopplungsbindung haben müssen, das heißt die Kostenersparnis des Franchisenehmers müsste zumindest teilweise an den Verbraucher weitergegeben worden sein. Denkbar wäre auch eine größere Produktvielfalt für den Endverbraucher.

Diese Ausdeutung ist konform mit den wettbewerbsrechtlichen Leitlinien der Europäischen Kommission, die eine Einzelfreistellung vom Kartellverbot nach Art. 101 Abs. 3 AEUV nur bei zumindest teilweiser Weitergabe der Kostenreduktion

---

1368 *Cancun Trading No 24 CC v. Seven-Eleven Corporation* SA (Pty) Ltd. (18/IR/Dec99). Siehe auch: Woker, The Franchise Relationship, 76.

1369 Auch im Europäischen Wettbewerbsrecht sind Kopplungsbindungen, die nicht von finanziellem Vorteil für den Franchisegeber sind, zulässig. Sie sind schon nicht vom Kartellverbot des Art. 101 Abs. 1 AEUV erfasst. Siehe: Mitt. Komm., LL für vert. Beschränkungen (2010/C 130/01), ABl. EU C 130/1, Rn. 222; Kirchhoff, in: Wiedemann (Hrsg.), Kartellrecht, § 12, Rn. 8.

1370 Anders wohl: Honey, Pitfalls and Difficulties with the CPA.

an den Verbraucher zulassen.[1371] Während dort jedoch eine „angemessene Beteiligung der Verbraucher" notwendig ist, reicht nach dem Wortlaut von Sec. 13 Abs. 1 Buchst. ii CPA irgendein wirtschaftlicher Vorteil für die Verbraucher aus. Die Ausnahmeregelung ist folglich dem Wortlaut nach sehr weit und sollte eng ausgelegt werden, so dass gerade nicht jeder Vorteil für den Verbraucher zur Zulässigkeit der Kopplungsbindung führt.[1372]

Ähnlich wie in der europäischen Rechtsordnung im Bereich des Wettbewerbsrechts, sollten bestehende Vorteile für die Verbraucher dann nicht relevant sein, wenn es dem Franchisenehmer möglich ist, das gekoppelte Produkt oder ein gleichwertiges von anderen Anbietern als dem Franchisegeber oder den von diesem benannten Anbietern zu günstigeren Konditionen zu erwerben;[1373] denn bei Weitergabe der noch günstigeren Konditionen wären die Einsparungen für den Endverbraucher letztlich größer.

3. Buchst. iii: Verkauf der Waren separat und zu individuellen Preisen

Kopplungsbindungen sind schließlich auch erlaubt (Buchst. iii), wenn die gekoppelten Waren oder Dienstleistungen auch separat und zu individuellen Preisen verkauft werden. Diese dritte Ausnahme vom generellen Verbot von Kopplungsvereinbarungen greift folglich, wenn dem Franchisenehmer ein Preisvergleich ermöglicht und ihm gezeigt wird, inwieweit eine Kopplung für ihn von Vorteil oder auch Nachteil ist.

Alle drei Ausnahmen, ebenso wie die vierte in Absatz 2 geregelte Ausnahme, müssen nicht kumulativ, sondern lediglich alternativ vorliegen. Dies erlaubt dem Franchisegeber einen weiten Handlungsspielraum. Insbesondere die Ausnahme in Buchst. iii ist leicht umzusetzen. Das Auszeichnen mit individuellen Preisen bedeutet jedoch nicht, dass sich die Kopplungsbindung für den Franchisenehmer nicht nachteilig auswirken kann und missbräuchlich verwendet wird. Allerdings macht das Auspreisen eine mögliche Ausbeutung für den Franchisenehmer leichter erkennbar.

II. Sec. 13 Abs. 2 CPA

Sec. 13 Abs. 2 CPA lautet wie folgt:

> *„Except to the extent that any other law provides otherwise, in any transaction between a franchisee and franchisor in terms of their franchise agreement, it is a defence to an*

1371 Mitt. Komm., LL für vert. Beschränkungen (2010/C 130/01), ABl. EU C 130/1, Rn. 222.

1372 Auch Honey, Pitfalls and Difficulties with the CPA, kritisiert die Regelung als sehr weit. Er spricht von „very broad and all encompassing terms". Er empfiehlt dem Franchisegeber daher „to prepare broad and all encompassing justifications under the heading of convenience to the consumer and economic benefit of the consumer."

1373 Mitt. Komm., LL für vert. Beschränkungen (2010/C 130/01), ABl. EU C 130/1, Rn. 222; Kirchhoff, in: Wiedemann (Hrsg.), Kartellrecht, § 12, Rn. 8; Ellger, in: Immenga/Mestmäcker (Hrsg.), WettbewerbsR Kommentar Bd. 1 EU/Teil 1, Art. 101 Abs. 3 AEUV, Rn. 541.

allegation that the franchisor, as supplier to the franchisee, has contravened this section if any goods or services that the franchisee was required to purchase from or at the direction of the franchisor are reasonably related to the branded products or services that are the subject of the franchise agreement."

1. *Anwendungsbereich*

Im Gegensatz zu Sec. 13 Abs. 1 CPA, der allgemein von Lieferanten und Verbraucher spricht, ist der Anwendungsbereich des Absatzes 2 der Vorschrift auf Franchisegeber und Franchisenehmer beschränkt. Da Franchisegeber Lieferanten sind und Franchisenehmer gemäß Sec. 1 CPA unter den Begriff des Verbrauchers subsumiert werden, gelten für sie beide Absätze. Verbraucher hingegen können sich nur auf Absatz 1 der Vorschrift berufen.

2. *Die Auslegung von Sec. 13 Abs. 2 CPA*

Der südafrikanische Autor *Gouws* hat sich als Erster und, soweit ersichtlich, auch als Einziger näher mit der Auslegung von Sec. 13 CPA auseinandergesetzt.[1374] Er sieht in Sec. 13 Abs. 2 CPA die Regelung des Verbots einer Alleinbezugsbindung.[1375] Dem ist allerdings nicht zuzustimmen. Sec. 13 Abs. 2 CPA regelt vielmehr eine Verteidigungsmöglichkeit des Franchisegebers wider die Behauptung, gegen das Verbot von Kopplungsbindungen aus Absatz 1 verstoßen zu haben. *Gouws* stützt sich vermutlich auf die Formulierung „any goods or services that the franchisee was required to purchase from or at the direction of the franchisor". Allerdings sprechen Wortlaut und auch Kontext eindeutig gegen eine solche Auslegung. Absatz 2 spricht ausdrücklich von einer Verteidigungsmöglichkeit bei Verstoß gegen Absatz 1: „it is a defence to an allegation that the franchisor ... has contravened this section". „This section" meint dabei Sec. 13 CPA und damit Absatz 1 der Vorschrift. Ein weiteres Verbot wird gerade nicht normiert. Der Grund, warum diese Ausnahmevorschrift nicht als weiteres Ausnahmebeispiel in Absatz 1 genannt wird, ist der, dass Absatz 2 im Gegensatz zu Absatz 1 nur auf Franchisegeber und Franchisenehmer und nicht auf Anbieter und Verbraucher im Allgemeinen anwendbar ist. Diese Verteidigungsmöglichkeit sollte daher nicht allen Anbietern zustehen, sondern allein dem Franchisegeber.

1374 Gouws, De Rebus Dezember 2010, 30 [30 ff.].

1375 Gouws, De Rebus Dezember 2010, 30 [32]: „Section 13(2) forbids the franchisor to require the franchisee to purchase any other particular goods or services from that franchisor, or to agree to purchase any particular goods or services from a designated third party. For these reason subs (2) brings about a prohibition against exclusive dealing arrangements. Moreover, subs (2) does not make the supply of goods or services conditional on the conclusion of another agreement. This is the quintessential difference between a 'tying' arrangement and an exclusive dealing arrangement."

3. *Die Auslegung von „reasonably related"*

Das Verbot von Kopplungsbindungen greift nicht, wenn das gekoppelte Produkt „reasonably related" zum Kopplungsprodukt ist, wenn zwischen ihnen also ein angemessener Zusammenhang besteht. Die Beweislast liegt dabei beim Franchisegeber. Das Verbraucherschutzgesetz definiert oder erläutert jedoch nicht, wann ein solcher angemessener Zusammenhang vorliegen könnte.[1376] Es gibt auch keine Gesetzesbegründung, die Hinweise geben könnte. Es wird daher Aufgabe der Gerichte sein, diesen Begriff auszulegen. Bislang gibt es hierzu jedoch noch keinerlei Entscheidungspraxis. Teilweise wird vertreten, dass zwischen Kern- und Nebenprodukten unterschieden werden muss. Kernprodukte oder -dienstleistungen sind solche, die man mit dem Franchise in Verbindung bringt, wie etwa die wichtigsten oder auch franchisespezifische Produkte oder Dienstleistungen. Nur bei diesen soll ein „angemessener Zusammenhang" bestehen.[1377]

a. Aufrechterhaltung der Einheitlichkeit des Franchisesystems

Im europäischen Wettbewerbsbeschränkungsrecht wird in Art. 101 Abs. 1 Buchst. e AEUV ein sachlicher oder handelsüblicher Zusammenhang gefordert. Die Regelungen im europäischen und südafrikanischen Recht sind sich daher ähnlich. Von einem angemessenen Zusammenhang dürfte im südafrikanischen Recht, ähnlich wie im europäischen Wettbewerbsrecht beim Franchising,[1378] auszugehen sein, wenn die Kopplungsbindung der Aufrechterhaltung des Rufs, der Qualität und der Einheitlichkeit des Franchisenetzwerkes dient; die Kopplungsbindung folglich zur Einhaltung gewisser Produktstandards gedacht ist.[1379] In den USA wird dies auch als „business justification" bezeichnet.[1380] Diese Lesart würde auch mit dem bisher von der *Competition Commission* vertretenen Ansatz zu Sec. 5 Competition Act konform gehen, wonach eine Kopplungsbindung dann erlaubt sein soll, wenn sie die Qualität und den Goodwill des Franchisenetzwerkes schützt.[1381]

1376 Siehe hierzu auch: Honey, The Consumer Protection Act Poses Significant Challenges to Weaker Franchisors.

1377 Honey, The Consumer Protection Act Poses Significant Challenges to Weaker Franchisors.

1378 Siehe hierzu: Mitt. Komm., LL für vert. Beschränkungen (2010/C 130/01), ABl. EU C 130/1, Rn. 222; Kirchhoff, in: Wiedemann (Hrsg.), Kartellrecht, § 12, Rn. 8.

1379 Woker, The Franchise Relationship, 76.

1380 Siehe: *Eastman Kodak Co. v. Image Technical Services Inc.*, 504 U.S. 451 (1992) [483 ff.]; *Metrix Warehouse Inc. v. Daimler Benz Aktiengesellschaft* 828 F.2d 1033 (4th Circuit, 1987) [1040]; *Siegel v. Chicken Delight Inc.* 448 F.2d 43 (9th Circuit 1971) [51]. Siehe auch: Woker, 18 SA Merc LJ 2006, 107 [114].

1381 Competition Commission, Franchising Notice, Rn. 4.24. Siehe hierzu auch: Woker, 18 SA Merc LJ 2006, 107 [114].

b. Kritik an der Formulierung

Es stellt sich allerdings die Frage, warum der Gesetzgeber Sec. 13 Abs. 2 CPA nicht in diese Richtung präzisiert hat und stattdessen nur allgemein das Merkmal „reasonably related" aufgenommen hat. Im Gegensatz zur europäischen Regelung, die auf alle Vertriebsverträge anwendbar ist, handelt es sich bei Sec. 13 Abs. 2 CPA um eine spezielle Vorschrift, die allein bei Beteiligten an einem Franchisesystem greift. Eine genauere Formulierung wäre daher durchaus denkbar gewesen.[1382] Natürlich enthalten Gesetze häufig unbestimmte Rechtsbegriffe sowie Abwägungen. Ein Gesetz soll gerade für eine Vielzahl von Fällen gelten und muss damit zwangsläufig offen formuliert sein. Die derzeitige Regelung ist flexibel und der Auslegung zugänglich; sie verwundert jedoch vor dem Hintergrund, dass der Gesetzgeber dem Franchisenehmer einen besseren Schutz gewähren, ihn besser über seine Rechte aufklären und ihm auch die Angst davor nehmen wollte, zu klagen.[1383] In Anbetracht dessen wäre zumindest eine Gesetzesbegründung empfehlenswert, in der der Gesetzgeber seine Beweggründe und die Bezugnahme auf Gesetze und Rechtsprechung in anderen Rechtsordnungen darlegt. Auch wären Interpretationshilfen bezüglich des unbestimmten Rechtsbegriffs „reasonably related" und im Hinblick auf die Gewichtung im Rahmen der Abwägungen nach Sec. 13 Abs. 1 Buchst. i und ii CPA sinnvoll gewesen. Gerade in Anbetracht des eher gering ausgebildeten Schrifttums wäre eine Erläuterung der Hintergründe des Gesetzes nützlich, insbesondere um den Franchisenehmer besser über seine Rechte aufzuklären und ihm die Möglichkeit zu geben, sich besser zu schützen.

c. Mindestqualitätsvorgaben als weniger eingreifendes Mittel

Die Rechtfertigung einer Kopplungsbindung mit der Unverzichtbarkeit von Qualitätskontrollen und der unbedingten Einheitlichkeit der Produkte zur Aufrechterhaltung eines einheitlichen Images ist jedoch dann nicht möglich, wenn die Einhaltung von Produktstandards auch mittels Vorgaben im Franchisevertrag durch Mindestqualitätsanforderungen möglich ist.[1384] Allein wenn solche Vorgaben nicht möglich sein sollten, etwa wenn es zu schwierig oder auch zu kompliziert ist, alle Spezifikationen festzulegen[1385]

1382 Auch: Honey, The Consumer Protection Act Poses Significant Challenges to Weaker Franchisors, kritisiert die Regelung als unklar.

1383 DTI, Draft Green Paper on the Consumer Policy Framework 09/04, S. 25, 41.

1384 So Woker, 18 SA Merc LJ 2006, 107 [114] zu Sec. 5 Competition Act mit Verweis auf die U.S.-Rechtsprechung: *Metrix Warehouse, Inc. v. Daimler Benz Aktiengesellschaft* 828 F.2d 1033 (4th Circuit, 1987) [1040]; *Siegel v. Chicken Delight Inc.* 448 F.2d 43 (9th Circuit, 1971) [51 f.]. Mitt. Komm., LL für vert. Beschränkungen (2010/C 130/01), ABl. EU C 130/1, Rn. 222; Kirchhoff, in: Wiedemann (Hrsg.), Kartellrecht, § 12, Rn. 8.

1385 So Woker, 18 SA Merc LJ 2006, 107 [115] zu Sec. 5 Competition Act mit Verweis auf: *Mozart Co. v. Mercedes-Benz of North America Inc.* 833 F.2d 1342 (9th Circuit, 1987) [1349 ff.]. Siehe auch: *Susser v. Carvel Corp.* 332 F.2d 505 (2nd Circuit, 1964) [520]; *Siegel v. Chicken Delight Inc.* 448 F.2d 43 (9th Circuit, 1971) [51].

oder auch wenn sie Geschäftsgeheimnisse betreffen,[1386] dann sind Kopplungsbindungen erlaubt.[1387]

Das Konzept von Franchising basiert gerade auf einer gemeinsamen Identität, die auf der Einheitlichkeit der Produkte und Qualität beruht. Diese kann oft nur durch den Verkauf der gleichen Produkte erreicht werden, so dass Mindestqualitätsvorgaben nicht immer ausreichen werden. Daher werden auf Grundlage von Sec. 13 Abs. 2 CPA viele Kopplungsbindungen erlaubt sein.

III. Alleinige Regelung von Kopplungsbindung

Es stellt sich die Frage, warum nur Kopplungsbindungen einer neuen Spezialregelung für Franchisevereinbarungen unterworfen wurden. Alle anderen denkbaren Beschränkungen, insbesondere Alleinbezugsbindungen, denen Kopplungsbindungen sogar zugeordnet werden, und die in Franchisesystemen am häufigsten auftreten, erfahren keine Neuregelung. Das Grünbuch des *Department of Trade and Industry* zum *Consumer Protection Act* gibt hierzu keinen Aufschluss. Es spricht nur davon, dass kleine Unternehmen und insbesondere Franchisenehmer vor missbräuchlichen Vertragsklauseln besser geschützt werden müssen.[1388] Warum jetzt ausgerechnet Kopplungsbindungen besonders geregelt wurden, bleibt unklar.

Der Grund hierfür könnte darin liegen, dass sie in Franchisevereinbarungen eine wichtige Rolle spielen und häufig vorkommen.[1389] Denkbar ist es auch, dass sie in der Vergangenheit von Franchisegebern häufig und vor allem missbräuchlich genutzt wurden, um dem Franchisenehmer Zahlungspflichten aufzuerlegen, die einzig der Gewinnmaximierung für den Franchisegeber dienten und die der Franchisenehmer bei Abschluss des Franchisevertrages nicht überblicken und dann später eventuell auch nicht bedienen konnte.[1390] Südafrika hat eine relativ hohe Analphabetenquote und weist auch eine geringe Bildung gerade unter dem nichtweißen Teil der Bevölkerung auf; beides Hinterlassenschaften der Apartheidpolitik des letzten Jahrhunderts.

1386 So Woker, The Franchise Relationship, 76; Woker, 18 SA Merc LJ 2006, 107 [115] zu Sec. 5 Competition Act mit Verweis auf: *Krehl v. Baskin-Robbins Ice Cream Co.* 664 F.2d 1348 (9th Circuit, 1982) [1353 f.]; *Siegel v. Chicken Delight Inc.* 448 F.2d 43 (9th Circuit, 1971) [51 f.]; *KFC Corp. v. Marion-Kay Co. Inc.* 620 F. Supp 1160 (1985) [1171 f.]: Das Gericht entschied, dass von KFC nicht verlangt werden kann, seinen Gewürzmarkt anderen als den zugelassenen Anbietern zu öffnen, so dass diese seine Franchisenehmer beliefern können, da dies dazu führen würde, dass KFC seine Geschäftsgeheimnisse preisgeben müsste.

1387 So Woker, 18 SA Merc LJ 2006, 107 [115]. Siehe hierzu auch: Mitt. Komm., LL für vert. Beschränkungen (2010/C 130/01), ABl. EU C 130/1, Rn. 222; Kirchhoff, in: Wiedemann (Hrsg.), Kartellrecht, § 12, Rn. 8.

1388 DTI, Draft Green Paper on the Consumer Policy Framework 09/04, S. 25.

1389 Martinek, Franchising, 440 f.; Loewenheim, Warenzeichen und Wettbewerbsbeschränkungen, 111.

1390 So andeutungsweise: Parker/Illetschko, Pioneering changes in the franchise sector of South Africa, 21.

Franchising wird von der Politik als Existenzgründermodell gerade für diesen Teil der Bevölkerung beworben, um der hohen Arbeitslosenquote und der Armut entgegenzuwirken. Franchisenehmer in Südafrika haben häufig keine Erfahrung im Wirtschafts- und Geschäftsleben, sodass Franchisegeber und Franchisenehmer in einem Ungleichgewicht zueinander stehen, was sich auch in den Verträgen zwischen ihnen widerspiegelt.[1391] Vor diesem Hintergrund verwundert es nicht, dass viele Franchisenehmer ihre Fähigkeiten ebenso wie ihre Finanzierungsmöglichkeiten überschätzen, versteckte Kosten nicht überblicken können und durch Fehlkalkulationen dann in den Bankrott getrieben werden.[1392] Außerdem können Kopplungsbindungen, anders als Bezugsbindungen, dazu genutzt werden, dem Franchisenehmer als gekoppeltes Produkt Waren oder Dienstleistungen aufzudrängen, die dieser überhaupt nicht benötigt und nicht oder nur schwer weiterverkaufen kann.[1393]

IV. Finanzierung von Franchisesystemen

Die Neuregelung von Kopplungsbindungen im *Consumer Protection Act* könnte zu Problemen für bestehende, aber auch künftige Franchisesysteme führen. Sollte ein Franchisegeber sein Franchisesystem so aufgebaut haben, dass er keine oder kaum eine Franchisegebühr verlangt und stattdessen sein System über den Verkauf von Produkten an den Franchisenehmer finanziert, so könnte dieses System nunmehr nach der Neuregelung nicht mehr erlaubt sein. Verträge, die vor dem 31. März 2011 geschlossen wurden, fallen nicht unter den *Consumer Protection Act*[1394] und sind daher zulässig, auch wenn sie Kopplungsbindungen enthalten, die nach Sec. 13 Abs. 1 CPA verboten sind. Nach diesem Datum abgeschlossene Franchiseverträge müssen hingegen den Anforderungen des *Consumer Protection Act* entsprechen, so dass die Franchisegeber ihre Verträge und dementsprechend auch den Aufbau ihrer Systeme dem anpassen müssen.

Kopplungsbindungen mögen missbräuchlich genutzt worden sein, um Franchisenehmer mit einer niedrigen Franchisegebühr anzulocken und diesen dann jedoch hohe versteckte Kosten über Kopplungsbindungen aufzuerlegen. Allerdings hat ein System, in dem die Eintrittsgebühr niedrig angesetzt ist und diese geringe Gebühr durch den Verkauf von Produkten zu eventuell auch über dem Wettbewerbsniveau

1391 Woker, 17 SA Merc LJ 2005, 49 [51].

1392 Siehe: Parker/Illetschko, Pioneering changes in the franchise sector of South Africa, 21.

1393 So andeutungsweise: Parker/Illetschko, Pioneering changes in the franchise sector of South Africa, 17.

1394 Siehe hierzu den Anhang 2 Punkt 2 sowie die GenN 917 in GG 33581 vom 23.09.2010, wonach die Einführung des Gesetzes vom 24.10.2010 auf den 01.04.2011 verschoben wurde. Siehe hierzu, allerdings ohne nähere Erläuterung, auch: Woker, The Franchise Relationship, 8.

liegenden Preisen ausgeglichen wird, auch Vorteile.[1395] Gerade Existenzgründern aus den ärmeren Schichten Südafrikas, die nur ein geringes Startkapital haben, erlaubt ein solches System überhaupt, Franchisenehmer zu werden.[1396] Außerdem hat diese Art der Finanzierung den Vorteil, dass der Franchisegeber ein Interesse daran hat, dass sich seine Franchisenehmer auf dem Markt etablieren und gute Verkaufszahlen vorweisen können. Denn je mehr der Franchisenehmer verkauft, desto größer ist auch das Volumen, das er bei seinem Franchisegeber bezieht. Dieses System stellt die konstante Unterstützung des Franchisegebers durch den Franchisenehmer sicher, da der Erfolg des Franchisenehmers mittelbar auch den Gewinn des Franchisegebers steigert.

V. Das Verhältnis des Consumer Protection Act *zum* Competition Act

Die Marktanteile der am Franchisevertrag Beteiligten, insbesondere die des Franchisegebers, spielen bei der Beurteilung der Wirksamkeit von Kopplungsbindung im Rahmen von Sec. 13 CPA keine Rolle.[1397] Grundsätzlich treten Kopplungsbindungen nur bei Marktmacht des Franchisegebers auf, da sie bei ausreichend starker Konkurrenz kaum durchsetzbar wären.[1398] Auch weitere wettbewerbsrechtliche Aspekte wie der eventuelle Marktausschluss von Konkurrenten, Marktabschottungseffekte oder auch Beeinträchtigung des markeninternen Wettbewerbs werden hier nicht berücksichtigt. Natürlich dient Sec. 13 CPA vornehmlich dem Schutz des Franchisenehmers. Dennoch, auch wenn die Verortung der Regelung im Verbraucherschutzgesetz auf etwas anderes hindeutet, so kann der Regelung ein wettbewerbsrechtlicher Bezug nicht abgesprochen werden. Daher stellt sich die Frage nach dem Verhältnis der Sec. 13 CPA zu Sec. 5 Competition Act.

1. Anwendbarkeit des Competition Act *auf andere vertikale Beschränkungen*

Aufgrund der neuen franchise-spezifischen Bestimmung im *Consumer Protection Act* wäre es denkbar, dass die Regelungen des *Competition Act* nunmehr nicht mehr auf Franchisevereinbarungen anwendbar sind. Unproblematisch ist die Anwendung des

---

1395 Siehe hierzu auch: Sutherland/Kemp, Competition Law of SA, S. 6/35, der Beispiele aus dem U.S.-Recht nennt: *Siegel v. Chicken Deligh* 448 F.2d 43 (9th circuit, 1971) [47 f.]; *Queen City Pizza Inc. v. Domino's Pizza Inc.* 124 F.3d 430 (3rd circuit, 1997); *Kypta v. McDonald's Corp.* 671 F.2d 1282 (11th circuit, 1982); *Krehl v. Baskin-Robbins Ice Cream Co.* 4 F.2d 1348 (9th circuit, 1982); Siehe hierzu auch: Martinek, in: Martinek/Semler/Habermeier/Flohr (Hrsg.), Vertriebsrecht, § 2, Rn. 124.

1396 Siehe hierzu schon: Kapitel 5, 2. Teil, B. Siehe auch: So andeutungsweise: Parker/Illetschko, Pioneering changes in the franchise sector of South Africa, 22.

1397 So auch: Woker, The Franchise Relationship, 76.

1398 Competition Commission, Franchising Notice, Rn. 4.22; Kirchhoff, in: Wiedemann (Hrsg.), Kartellrecht, § 12, Rn. 2; Bronnet, in: Wiedemann (Hrsg.), Kartellrecht, § 22, Rn. 79 ff.; Mitt. Komm., LL für vert. Beschränkungen (2010/C 130/01), ABl. EU C 130/1, Rn. 220; Petsche/Lager, in: Liebscher/Flohr/Petsche (Hrsg.), Handbuch der EU-GVO, § 7, Rn. 196.

Competition Act auf andere vertikale Beschränkungen, wie etwa Preis-, Vertriebs- und Bezugsbindungen, da die Neuregelung im *Consumer Protection Act* nur Kopplungsbindungen betrifft.[1399]

2. Vorrang des Consumer Protection Act *als jüngeres Gesetz*

Denkbar wäre, dass die Beurteilung von Kopplungsbindungen sich nunmehr aufgrund des Prinzips *lex posterior derogat legi priori* allein nach dem neuen *Consumer Protection Act* richtet.

Dies würde jedoch bedeuten, dass eine Kopplungsbindung, die beispielsweise zu einem Marktausschluss anderer Wettbewerber führt und dem Franchisegeber zu einer Monopolstellung auf dem Markt verhilft, gemäß Sec. 13 Abs. 1 Buchst. iii CPA erlaubt wäre, solange die gekoppelten Waren oder Dienstleistungen auch separat und zu individuellen Preisen verkauft würden.

3. Vorrang des Competition Act *als spezielleres Gesetz*

Sec. 3 Abs. 1 Competition Act sieht eine Anwendung des *Competition Act* auf sämtliche wirtschaftlichen Aktivitäten in der Republik Südafrika vor.[1400] Das Gesetz enthält jedoch keine Regelung, was passiert, wenn ein anderes Gesetz eine Maßnahme erlaubt, die als wettbewerbswidrig anzusehen ist.[1401] Vermutlich greift hier das Prinzip *lex specialis derogat legi generali*, danach würde der *Competition Act* das allgemeinere Verbraucherschutzgesetz grundsätzlich und unabhängig davon, dass es später erlassen wurde, verdrängen, es sei denn, es war gerade die Absicht des Gesetzgebers bei Erlass des Verbraucherschutzgesetz die Regelung im *Competition Act* abzulösen.

Dafür würde sprechen, dass die Formulierung von Sec. 13 CPA eng an die in Wettbewerbsbeschränkungsrechten anderer Rechtsordnung angelehnt ist. Sec. 13 Abs. 2 CPA orientiert sich an der europäischen Formulierung in Art. 101 AEUV, die ebenso von einem „(sachlichen und handelsüblichen) Zusammenhang" spricht. Die Vorschrift ähnelt auch der Regelung in den USA zu Kopplungsbindungen in Franchisesystemen. Sowohl das europäische als auch das amerikanische Recht sehen den Schutz von Goodwill- und Warenzeichen ebenso wie die Aufrechterhaltung der Einheitlichkeit und Qualität des Franchisenetzwerkes als zulässige Begründung für eine Kopplungsbindung an,[1402] ziehen jedoch die Vorgabe von

---

1399 So auch: Gouws, De Rebus Dezember 2010, 30 [32].

1400 Sec. 3 Abs. 1 Competition Act: „This Act applies to all economic activity within, or having an effect within, the Republic, ..." (Die nun folgenden Ausnahmen sind vorliegend nicht einschlägig).

1401 OECD Studie, Competition Law and Policy in South Africa, 51.

1402 Mitt. Komm., LL für vert. Beschränkungen (2010/C 130/01), ABl. EU C 130/1, Rn. 222; Kirchhoff, in: Wiedemann (Hrsg.), Kartellrecht, § 12, Rn. 8; *Eastman Kodak Co. v. Image Technical Services Inc.*, 504 U.S. 451 (1992) [483 ff.]; *Metrix Warehouse Inc. v. Daimler Benz Aktiengesellschaft* 828 F.2d 1033 (4th Circuit, 1987) [1040]; *Siegel*

Mindestqualitätsanforderungen vor.[1403] Der südafrikanische Gesetzgeber hat sich bei Erlass des Verbraucherschutzgesetzes wahrscheinlich an der amerikanischen und europäischen Rechtsprechung orientiert.

Für eine Verdrängung von Sec. 5 Competition Act durch die Neuregelung spricht auch, dass genau die in Sec. 13 CPA niedergelegten Ausnahmen voraussichtlich auch in der sehr offen formulierten Sec. 5 Competition Act Berücksichtigung gefunden hätten. Die Abwägung nach Sec. 13 Abs. 1 Buchst. i CPA zwischen der Einschränkung der Handlungsfreiheit des Franchisenehmers auf der einen Seite und Effizienzgewinnen auf der anderen Seite wäre im Rahmen der *rule of reason* genauso möglich gewesen und es ist auch sehr wahrscheinlich, dass die Wettbewerbsrichter diese Punkte auch berücksichtigt hätten. Ebenso dürfte auch die zweite Ausnahme, die sich auf finanzielle Vorteil für die Verbraucher bezieht, im Rahmen der *rule of reason* Abwägung eine große Rolle gespielt haben. Es ist auch denkbar, dass die Wettbewerbseinrichtungen berücksichtigt hätten, wenn die gekoppelten Waren oder Dienstleistungen separat und zu individuellen Preisen verkauft worden wären und den Franchisenehmer daher eine Vergleichsmöglichkeit zugestanden hätte.

Auch kann davon ausgegangen werden, dass im Rahmen der *rule of reason* Prüfung ebenso die Notwendigkeit von Kopplungsbindung zur Aufrechterhaltung der Einheitlichkeit des Franchisenetzwerks bedacht worden wäre. Ähnlich wie in Sec. 13 Abs. 2 CPA wäre höchstwahrscheinlich, zwar kein angemessener Zusammenhang, aber irgendein Zusammenhang zwischen gekoppeltem Produkt und Vertragsgegenstand in Anlehnung an die Regelung der Missbrauchskontrolle in Sec. 8 Buchst. d (iii) Competition Act geprüft worden.[1404]

Insbesondere die zweite Ausnahme in Sec. 13 Abs. 1 CPA deutet auf eine wettbewerbsrechtliche Ausrichtung der Norm hin. Danach ist eine Kopplungsbindung erlaubt, wenn sie einen wirtschaftlichen Vorteil für die Verbraucher aufweist. Die Sicherung des Verbraucherwohls (durch die Förderung des Wettbewerbs auf dem Markt) ist gerade Hauptaufgabe des Wettbewerbsbeschränkungsrechts. Bei der Beurteilung der Wirksamkeit einer Vertragsklausel zwischen Franchisegeber und

---

v. Chicken Delight Inc. 448 F.2d 43 (9th Circuit1971) [51]. So auch: Competition Commission, Franchising Notice, Rn. 4.24; Woker, The Franchise Relationship, 76.

1403 *Krehl v. Baskin-Robbins Ice Cream Co.* 664 F.2d 1348 (9th Circuit, 1982) [1353 f.]; *Siegel v. Chicken Delight Inc.* 448 F.2d 43 (9th Circuit, 1971) [51 f.]; *KFC Corp. v. Marion-Kay Co. Inc.* 620 F. Supp 1160 (1985) [1171 f.]; *Mozart Co. v. Mercedes-Benz of North America Inc.* 833 F.2d 1342 (9th Circuit, 1987) [1349 ff.]; *Susser v. Carvel Corp.* 332 F.2d 505 (2nd Circuit, 1964) [520]; *Metrix Warehouse, Inc. v. Daimler Benz Aktiengesellschaft* 828 F.2d 1033 (4th Circuit, 1987) [1040]; Mitt. Komm., LL für vert. Beschränkungen (2010/C 130/01), ABl. EU C 130/1, Rn. 222; Kirchhoff, in: Wiedemann (Hrsg.), Kartellrecht, § 12, Rn. 8. So auch: Woker, 18 SA Merc LJ 2006, 107 [114] zu Sec. 5 Competition Act.

1404 Nach Sec. 8 Buchst. d (iii) Competition Act sind Kopplungsbindungen verboten, die „unrelated to the object of the contract“ sind.

Franchisenehmer aus zivil- oder handelsrechtlicher Sicht spielt der Nutzen, den der Verbraucher von der Bestimmung hat, jedoch keine Rolle.

Auf der anderen Seite würde man eine solche wettbewerbsrechtlich relevante Vorschrift eher nicht im Verbraucherschutzgesetz vermuten. Hierbei ist jedoch zu beachten, dass zunächst ein eigenes Franchisegesetz geplant war, hiervon jedoch letztlich Abstand genommen wurde.[1405] Eine wettbewerbsrechtliche Sonderregelung in einem Franchisegesetz hätte zwar auch seltsam angemutet, weil es sich eben nur um die Regelung einer einzigen vertikalen Beschränkung handelt; die Norm wäre dort jedoch eher am Platz gewesen, als in einem Verbraucherschutzgesetz.

Sollte Sec. 13 CPA die Regelung im Competition Act ablösen, würde dies jedoch bedeuten, dass bei der Beurteilung einer Kopplungsbindung Marktmacht des Franchisegebers, Beeinträchtigung des markeninternen Wettbewerbs, Marktabschottungseffekte sowie andere wettbewerbsrechtliche Aspekte nicht mehr berücksichtigt würden. Auch müssen die Ausnahmeregelungen vom generellen Verbot von Kopplungsbindungen nicht kumulativ, sondern lediglich alternativ vorliegen. Die dritte Ausnahme in Sec. 13 Abs. 1 Buchst. iii CPA würde dem Franchisegeber aus wettbewerbsrechtlicher Sicht jedoch einen zu weiten Handlungsspielraum zugestehen. Denn danach sind Kopplungsbindungen erlaubt, solange ein Verkauf der gekoppelten Waren oder Dienstleistungen auch separat und zu individuellen Preisen stattfindet. Vor allem diese Ausnahme macht die Intention des Gesetzgebers deutlich, dass Sec. 13 CPA die Regelungen im *Competition Act* nicht ablösen sollte

4. Konkurrierende Anwendbarkeit der beiden Gesetze

Auch die Gesetzesänderung im *Competition Act* im Jahr 2000 spricht gegen einen Vorrang des *Consumer Protection Act.* Vor dem Jahr 2000 gab es eine Regelung im *Competition Act,* wonach das Wettbewerbsgesetz nicht auf Maßnahmen anwendbar war, die der Anwendung eines anderen Gesetzes unterlagen oder aufgrund eines anderen Gesetzes erlaubt waren.[1406] Danach hätte Sec. 13 CPA Vorrang vor den Regelungen im *Competition Act* gehabt. Die Aufhebung dieser Regelung zeigt, dass dies gerade nicht mehr gewollt ist. Daher ist von einer konkurrierenden Anwendbarkeit beider Gesetze auszugehen.[1407] Dies lässt sich auch auf Sec. 3 Abs. 1a Buchst. a Competition Act stützen, der von einer konkurrierenden Anwendbarkeit im Falle von Regulierungsbehörden ausgeht.[1408] Hierfür spricht des Weiteren die Regelung in Sec. 99 Buchst. g CPA, wonach die *National Consumer Commission* für den Vollzug des *Consumer Protection Act* zuständig ist und daher bei etwaigen Bedenken bezüglich Marktanteilen oder

1405 Woker, 17 SA Merc LJ 2005, 49 [49]; Woker, The Franchise Relationship, 4.
1406 OECD Studie, Competition Law and Policy in South Africa, 51.
1407 Davon geht wohl auch Woker aus: Woker, The Franchise Relationship, 75 ff., 219 ff.
1408 Siehe hierzu auch: OECD Studie, Competition Law and Policy in South Africa, 51.

wettbewerbswidrigen Verhaltensweisen, die eventuell dem Verbot des *Competition Act* unterfallen, an die *Competition Commission* verweisen muss.[1409]

VI. Zuständigkeit der Behörden

Gleich daran anschließend stellt sich die Frage, welche Behörde nunmehr zuständig für die Beurteilung von Kopplungsbindungen in Franchisevereinbarungen ist. Bezüglich der Beurteilung anderer vertikaler Beschränkungen ist die *Competition Commission* unproblematisch gemäß Sec. 21 Abs. 1 Buchst. c Competition Act zuständig. Fraglich ist, ob dies auch weiterhin für die Untersuchung von Kopplungsbindungen gilt. Es ist denkbar, dass die Neuregelung im *Consumer Protection Act* diese aus dem Zuständigkeitsbereich der *Competition Commission* herausnimmt.

Gemäß Sec. 69 Buchst. c (iv) i. V. m. Sec. 71 CPA kann der Franchisenehmer eine Beschwerde bei der *National Consumer Commission*[1410] einreichen.[1411] Allerdings gibt es hier einige Ungereimtheiten, da Sec. 71 Abs. 1 CPA einen Verweis auf nicht existierende Absätze in Sec. 69 CPA enthält. Dennoch kann davon ausgegangen werden, dass eine Beschwerde des Franchisenehmers auf Grundlage dieser Normenkette möglich ist. Die *National Consumer Commission* ist für den Vollzug des *Consumer Protection Act* durch Untersuchung und Beurteilung von verbotenen Verhaltensweisen zuständig[1412] und kann daher nach Sec. 71 Abs. 2 CPA auch auf eigene Initiative tätig werden.

Zur Beurteilung von Kopplungsbindungen in Franchisevereinbarungen wären danach zwei unterschiedliche Behörden, die *Competition Commission* und die *National Consumer Commission*, zuständig. Der Franchisenehmer kann seine Beschwerde bei beiden Behörden einreichen. Diese beurteilen sie nach dem jeweiligen Gesetz, für dessen Vollzug sie zuständig sind. Sollte an die *National Consumer Commission* mit der Beurteilung einer Kopplungsbindung herangetreten werden, so trifft diese gemäß Sec. 99 Buchst. g CPA eine Pflicht, wonach sie bei etwaigen Bedenken bezüglich Marktanteilen oder wettbewerbswidrigen Verhaltensweisen, die eventuell dem Verbot des *Competition Act* unterfallen, an die *Competition Commission* verweisen muss.[1413] Beide Behörden sollten, in diesem Bereich eng zusammenarbeiten, so wie es auch im Grünbuch des *Department of Trade and Industry* vorgesehen ist.[1414]

1409 Sec. 99 Buchst. g CPA: „The Commission is responsible to enforce this Act by referring to the Competition Commission any concerns regarding market share, anti-competitive behaviour or conduct that may be prohibited in terms of the Competition Act, 1998 (Act 89 of 1998)".

1410 Die *Commission* wurde durch Sec. 85 CPA gegründet.

1411 Siehe hierzu auch: van Eeden, in: Joubert/Faris (Hrsg.), LAWSA, Rn. 235.

1412 Sec. 99 Buchst. d CPA.

1413 Sec. 99 Buchst. g CPA: „The Commission is responsible to enforce this Act by referring to the Competition Commission any concerns regarding market share, anti-competitive behaviour or conduct that may be prohibited in terms of the Competition Act, 1998 (Act 89 of 1998)".

1414 DTI, Draft Green Paper on the Consumer Policy Framework 09/04, S. 46.

VII. *Generelles Verbot bei Verstoß gegen Sec. 13 CPA*

Gemäß Sec. 51 Abs. 1 Buchst. b (i) i. V. m. Sec. 51 Abs. 3 CPA sind Vereinbarungen, die gegen Sec. 13 Abs. 1 CPA verstoßen nichtig und dies gemäß Sec. 115 CPA *ex tunc*, also von Anfang an. Es gilt demnach im Gegensatz zur Regelung im *Competition Act*,[1415] in dem ein Verbot nur durch eines der Wettbewerbsgerichte ausgesprochen werden kann, ein generelles Verbot. Von diesem Verbot kann die *National Consumer Commission* keine Ausnahme gewähren, einzig das *National Consumer Tribunal* oder ein anderes zuständiges Gericht[1416] entscheidet über die Zulässigkeit der Beschränkung.[1417]

VIII. *Kritik an Sec. 13 CPA als rein franchiserechtliche Regelung*

In allen anderen Rechtsordnungen, aber auch nach Ansicht der südafrikanischen *Competition Commission* sind Kopplungsbindungen vornehmlich ein wettbewerbsrechtliches Problem, das nur bei Marktmacht des Franchisegebers auftritt, da sie bei ausreichend starker Konkurrenz kaum durchsetzbar wären.[1418] Da Sec. 13 CPA allein franchiserechtliche Bedeutung hat und keine wettbewerbsrechtlichen Auswirkungen regeln soll, wäre es möglich gewesen, die Wirksamkeit von Kopplungsbindungen anhand ihrer „Fairness" gemäß Sec. 48 CPA zu beurteilen. Sec. 13 CPA zeigt einmal mehr die Intention des südafrikanischen Gesetzgebers den Franchisenehmer nicht als selbstständigen Unternehmer anzusehen und ihm gleich einem Verbraucher einen übermäßigen Schutz zu gewähren.[1419]

5. Teil: Schlussbemerkungen

Südafrikas Entwicklung in den letzten Jahren im Wettbewerbsrecht und in der Wettbewerbspolitik ist beachtlich. Die Reform des *Competition Act* war ein wichtiger Bestandteil des friedlichen Umschwungs in Südafrika, der in den 90er Jahren begann, aber auch heute noch nicht abgeschlossen ist. Die Wirtschaft unter dem Apartheidregime war geprägt durch Autarkie, staatliche Planung und Protektionismus sowie hohe Konzentrationen auf dem Markt. Das neue demokratische System sah ein neues Wettbewerbsrecht als Möglichkeit an, die Ungleichheiten und Fehler des alten Systems zu beheben. Das Gesetz sollte ein modernes sein, orientiert an den Gesetzen von

1415 Sec. 65 Abs. 1 Competition Act. Siehe hierzu: Kapitel 3, 1. Teil, A. VII.

1416 Beispielsweise das regional zuständige Gericht.

1417 Siehe Sec. 72, 73, 75, 76, insbesondere 99 CPA.

1418 Competition Commission, Franchising Notice, Rn. 4.22; Kirchhoff, in: Wiedemann (Hrsg.), Kartellrecht, § 12, Rn. 2; Bronnet, in: Wiedemann (Hrsg.), Kartellrecht, § 22, Rn. 79 ff.; Mitt. Komm., LL für vert. Beschränkungen (2010/C 130/01), ABl. EU C 130/1, Rn. 220; Petsche/Lager, in: Liebscher/Flohr/Petsche (Hrsg.), Handbuch der EU-GVO, § 7, Rn. 196.

1419 Siehe hierzu die Ausführungen in Kapitel 2.

Industrienationen, und gleichzeitig ein Gesetz, das auch die Notwendigkeiten eines Entwicklungslandes berücksichtigt.

Der *Competition Act* und die Wettbewerbspolitik akzeptieren die Logik des freien und wirksamen Wettbewerbs, die Bedeutung von Schutzrechten, die Notwendigkeit von größerer Wirtschaftlichkeit und besserer internationaler Wettbewerbsfähigkeit. Sie dienen der Sicherung der optimalen Ressourcenallokation und des Transparenzprinzips sowie der Erleichterung des Markzutritts und dies in dem entwicklungspolitischen Kontext, strukturelle Ungleichgewichte und vergangene wirtschaftliche Ungerechtigkeiten ausgleichen zu wollen.

Bislang hat Südafrika den Spagat zwischen den Interessen von Verbrauchern, Arbeitern sowie Unternehmensgründern auf der einen Seite und die Fähigkeit von Großunternehmen, international zu agieren auf der anderen Seite, gut gemeistert. Allerdings sollte auch in Zukunft sichergestellt werden, dass die auf das Gemeinwohl gerichteten Ziele des *Competition Acts* und insbesondere *Black Economic Empowerment* nicht politisiert und instrumentalisiert werden, um wettbewerbsschädliches Verhalten zu rechtfertigen.

Die südafrikanischen Wettbewerbsinstitutionen hatten ihren Fokus in der Anfangszeit auf Fusionen gelegt und dabei die Beurteilung von Wettbewerbsbeschränkungen vernachlässigt. Dies hat sich in den letzten Jahren zwar geändert, allerdings machen Zusammenschlüsse weiterhin einen Großteil der Arbeit der Einrichtungen aus. Durch den erfolgreichen Umgang mit Zusammenschlüssen in den letzten Jahren konnten sich die *Competition Commission* und die Wettbewerbsgerichte eine Reputation als unabhängige Einrichtungen aufbauen, die in der Lage sind sich gegen große Konzerne und ihre juristischen Finessen zu behaupten.

Trotz der Zunahme der Fälle betreffend das Wettbewerbsbeschränkungsrecht muss die Einhaltung der Wettbewerbsvorschriften besser überwacht werden. Dies bedeutet auch, dass ein Bewusstsein bezüglich der Auswirkungen von Wettbewerbsbeschränkungen unter den Verbraucher und der breiten Bevölkerung aufgebaut wird. Bislang herrscht in Südafrika eine Kultur der Teilnahmslosigkeit unter den Verbrauchern. Verbraucherschutzorganisationen sind noch schwach ausgebildet, so dass sich große Unternehmen selten ernsthaften Protesten ausgesetzt sehen. Verbraucher spielen jedoch eine wichtige Rolle auf dem Markt. Sie profitieren nicht nur vom dort herrschenden Wettbewerb, sondern können ihn auch fördern. Der Staat, aber auch die Wirtschaft sollten sich dafür einsetzen, dass den Verbrauchern bewusst wird, welche Bedeutung das Wettbewerbsrecht und die Wettbewerbspolitik für sie hat und welche Rolle sie bei der effektiven Durchsetzung des Wettbewerbsrechts einnehmen können.

Südafrikas Recht liegt ein Mischsystem zugrunde, das Elemente des *Common Law* mit dem des kontinentaleuropäischen Rechtskreises kombiniert. Der *Competition Act* enthält zwar auch detailliertere Vorschriften, dennoch ist er stark an das *U.S. Antitrust Law* angelehnt. Gerade die Regelung in Sec. 5 Competition Act betreffend vertikale Wettbewerbsbeschränkungen ist sehr knapp gehalten und unterstellt vertikale Beschränkungen bis auf Mindestpreisbindungen, die *per se* verboten sind, einer *rule of reason* Abwägung. Die Ausbildung des Rechts wird größtenteils der Rechtsprechung überlassen. Das südafrikanische Wettbewerbsrecht nimmt daher erst langsam Gestalt an. Das europäische Wettbewerbsbeschränkungsrecht mit seinem generellen Verbot und dem System der Legalausnahme, geregelt in Art. 101 AEUV und den Gruppenfreistellungsverordnungen, ist deutlich detaillierter. Zusätzliche Rechtssicherheit bieten die umfassenden Leitlinien der Europäischen Kommission bezüglich der Behandlung vertikaler Beschränkungen. Trotz der grundlegenden systematischen Unterschiede findet in beiden Rechtsordnungen eine ähnliche Abwägung der wettbewerbsfördernden und wettbewerbshindernden Auswirkungen vertikaler Beschränkungen statt, so dass das EU-Recht zur Beurteilung von vertikalen Beschränkung, zur Auslegung und zur Klärung von Rechtsfragen in Südafrika herangezogen werden kann und auch herangezogen werden sollte. In den bislang ergangenen Urteilen haben die Richter dies auch vielfach getan. Die Übernahme des europäischen und auch amerikanischen Rechts erfolgte dabei jedoch nicht blind, vielmehr wurde es an die spezielle Situation in Südafrika als Entwicklungsland angepasst. Umgekehrt ist das südafrikanische Recht für die Fortbildung des Europäischen Rechts bislang kaum interessant. Wenn sich in Zukunft ein umfassendes Richterrecht gebildet hat, kann sich dies jedoch ändern. Insbesondere der Umgang mit den bestehenden Ungleichheiten, der Balanceakt zwischen sozialen und wirtschaftlichen Erwägungen, der bislang gut gelungen ist, könnte in Zukunft als Beispiel und Orientierungshilfe für die Entwicklung des europäischen Rechts dienen; denn auch die Wirtschaft Europas ist von großen Gefällen geprägt.

Aber jetzt schon ist Südafrika definitiv ein Vorbild für andere Entwicklungsländer. Südafrikas Wirtschaft ist zwar weiterhin von hohen Konzentrationen geprägt und auch der Prozess der Umwandlung von einer Zentralverwaltungswirtschaft in eine freie Marktwirtschaft ist noch nicht abgeschlossen. Dennoch kann die wettbewerbsrechtliche Entwicklung Südafrikas in den letzten Jahren als Erfolg bezeichnet werden. Der Erlass eines modernen, an dem Recht von Industrienationen angelehnten Wettbewerbsgesetzes, das auch die Besonderheiten des Landes berücksichtigt, ohne dabei jedoch das Hauptziel, die Förderung des Wettbewerbs, aus den Augen zu verlieren, war und ist der richtige Weg, um Südafrikas wirtschaftliche Entwicklung national und international voranzutreiben.

In Wirtschaften wie Südafrika, die von einem Übergang von starker staatlicher Protektion zu einer freien Marktwirtschaft geprägt sind, ist das Einschlagen eines solchen Mittelwegs der richtige Weg. Wettbewerb sollte aufgebaut und in der Gesellschaft verwurzelt werden. Die Marktöffnung sollte gefördert und erhalten werden, der Wettbewerber nicht geschützt, aber unterstützt werden. Unternehmen ohne Marktmacht sollte der Anreiz geboten werden, neue Märkte zu erschließen, ihre Marktstellung zu festigen und zu erweitern sowie Neuerungen einzuführen.

Bislang müssen Unternehmen bei der *Competition Commission* eine „exemption", also eine Freistellung, beantragen. Dies ist teuer für die Parteien und bedeutet einen hohen Arbeitsaufwand für die Wettbewerbsbehörde. Daher sollte die *Commission* Gruppenfreistellungen erlassen. Diese würden auch die sehr unbestimmte Sec. 5 Competition Act näher konkretisieren und viele Rechtsunsicherheiten bezüglich des Anwendungsbereichs und der Auslegung der Vorschrift beseitigen. Die nur gering ausgebildete Rechtsprechung konnte diesbezüglich bislang nur wenig Abhilfe schaffen.

Eine nähere Erläuterung des Sec. 5 Competition Act, würde kleineren Unternehmen, wie Franchiseunternehmen, die sich keinen juristischen Rat leisten können, ihre Rechte verdeutlichen und dadurch die Hemmschwelle senken, gegen Wettbewerbsbeschränkungen größerer Unternehmen vorzugehen, anstatt sie, wie es bislang der Fall ist, zu akzeptieren. Die Förderung kleiner und mittelständischer Unternehmen ist in Südafrika aufgrund der vielfach immer noch bestehenden Marktkonzentrationen besonders wichtig. Die Wettbewerbsinstitutionen sollten die Hürden für kleinere Unternehmen gegen Wettbewerbsbeschränkungen großer Konkurrenten vorzugehen nicht zu hoch ansetzen und insbesondere an die Erfüllung des Merkmals der Spürbarkeit („substantially") in Sec. 5 Competition Act nicht zu hohe Anforderungen stellen. Auch ist der in Sec. 5 Competition Act geforderte Nachweis von tatsächlich bestehenden negativen Auswirkungen einer Maßnahme auf den Wettbewerb schwierig zu erbringen, hier sollte das Bezwecken einer Wettbewerbsbeschränkung ausreichen.

Während der *Competition Act* ein modernes Gesetz darstellt, das sich an den Gesetzen von Industrienationen orientiert, hat der südafrikanische Gesetzgeber mit Erlass des *Consumer Protection Act* und der darin erfolgten Gleichstellung von Franchisenehmern mit Verbrauchern weltweit einen Sonderweg eingeschlagen, der scharf zu kritisieren ist. Ein Franchisenehmer ist Unternehmer. Die Beziehung mit seinem Franchisegeber ist daher als Handelsbeziehung einzustufen. Aufgrund seiner Unternehmerstellung können nicht nur gewisse betriebswirtschaftliche Grundkenntnisse von ihm erwartet werden, auch ist er für seine Handlungen und die Verträge, die er abschließt, verantwortlich. Der *Consumer Protection Act* ist zu weitgehend und unterstützt und schützt Franchisenehmer, die nicht in der Lage sind ein Geschäft zu führen. In Südafrika wurde das Konzept des Franchisings vielfach missbraucht. Allerdings ist nicht jedes Scheitern auf eine Ausbeutung durch den Franchisegeber zurückzuführen. In ein erprobtes Konzept einzusteigen, bedeutet nicht, dass man automatisch Erfolg hat. Franchising ist kein Selbstläufer. Nicht nur muss das Konzept passen, auch muss ein Franchisenehmer Führungskompetenz, Arbeitseifer und betriebswirtschaftliches Verständnis mitbringen.

Allein eine Gleichstellung des Existenzgründers mit dem Verbraucher ist denkbar und auch sinnvoll. Diesem den Schutz des *Consumer Protection Act* zukommen zu lassen, kann damit gerechtfertigt werden, dass ein Existenzgründer noch keinerlei Erfahrung in der Wirtschafts- und Geschäftswelt hat. Allerdings sollten auch bei diesem die Normen des Verbraucherschutzgesetzes immer vor dem Hintergrund interpretiert und angewandt werden, dass er als Selbstständiger ein eigenes Geschäft eröffnen möchte und in der Folge als Geschäftsmann gegenüber seinen Kunden, dem Franchisegeber und anderen Handelspartner auftreten wird. Daher sollten Analphabetismus und fehlende Bildung auch bei Existenzgründern, anders als vom *Consumer Protection Act* derzeit vorgesehen, bei der Beurteilung der Wirksamkeit des Vertrages keine Rolle spielen. Die „Fairness"-Prüfung des Vertrages an sich ist jedoch für Existenzgründer angemessen. Auch die Anwendung anderer Regelungen des *Consumer Protection Act* auf den Franchisenehmer wie insbesondere die vorvertragliche Aufklärung, die Regelung zur Preistransparenz, die Haftung des

Franchisegebers für fehlerhafte Angaben und das Sachmängelrecht ist als sinnvoll zu erachten.

In diesem Zusammenhang ist der Politik jedoch zu raten, noch einmal zu überdenken, ob eine Bewerbung des Franchisings als einfacher und sicherer Weg aus der Arbeitslosigkeit und Armut, nicht eingeschränkt werden müsste. Franchising fördert Wirtschaftswachstum, durch Schaffung von Arbeitsplätzen und Kompetenzentwicklung.[1420] Auch erlaubt es die Entwicklung von kleinen Unternehmen, die wichtig sind für Südafrikas Wirtschaft und es hat sich in den letzten Jahren als wichtiges Mittel entpuppt *Black Economic Empowerment* voranzutreiben.[1421] Nicht jeder ist jedoch geeignet oder hat die Bildung, ein Unternehmen zu führen. Der oft angeführte Missbrauch von Franchisenehmern ist auch häufig auf deren Naivität zurückzuführen. Die Ambitionen der Politik, Franchising als Mittel gegen Armut zu verkaufen, sind kritisch zu sehen, wenn dies bedeutet, dass man einen selbstständigen Unternehmer einem Verbraucher gleichstellen muss. Allein bei einem Existenzgründer ist dies zu rechtfertigen.

Die Situation Südafrikas erinnert stark an die in Deutschland nach dem Zweiten Weltkrieg zur Zeit des Wiederaufbaus. In dieser Zeit stieg die Anzahl der Handelsvertreter rasant an.[1422] Dabei waren Menschen der unterschiedlichsten Schichten vertreten, von denen nur 20 % jedoch eine kaufmännische Ausbildung besaßen.[1423] Vielen erlaubte der Beruf des Handelsvertreters in den schwierigen Jahren der Nachkriegszeit den Aufbau einer Existenz. Zur Stärkung des *Black Economic Empowerment* wäre die Förderung eines Berufsbildes wie das eines Handelsvertreters besser geeignet. Der Handelsvertreter ist selbstständiger Gewerbetreibender, der im fremden Namen und auf fremde Rechnung Geschäfte vermittelt oder abschließt und dafür eine Provision erhält. Im Verhältnis zum Franchisenehmer hat er zwar weniger Freiheiten, dafür sind jedoch auch die Risiken niedriger. Der Beruf eines Handelsvertreters setzt außerdem geringere Investitionen und betriebswirtschaftliche Kenntnisse voraus und ist damit für bildungsferne Schichten besser geeignet als Franchising.

1420 Woker, 18 SA Merc LJ 2006, 107 [119]; OECD Studie, Competition Law and Policy in South Africa, 47.

1421 Woker, 18 SA Merc LJ 2006, 107 [119]. Beinahe die Hälfte der Franchisegeschäfte befindet sich in der Hand der nichtweißen, vormals diskriminierten und benachteiligten Bevölkerungskreise.

1422 Siehe hierzu die Zahlen im Artikel von: Döring, Handelsvertreter – gefährdeter Beruf, Die Zeit vom 18.06.1953 Nr. 25. Danach hat sich die Anzahl der Handelsvertreter im Vergleich zu Vorkriegszeiten in Norddeutschland verdoppelt. In vier Jahren gab es in Deutschland insgesamt über 15.000 Neuanmeldungen, gleichzeitig schieden jedoch fast 6.000 wieder aus.

1423 Döring, Handelsvertreter – gefährdeter Beruf, Die Zeit vom 18.06.1953 Nr. 25 nennt hier: Student, Arbeiter, Assistent, Schichtführer, Polizeimeister a. D.

Literaturverzeichnis

A

Ackermann, Thomas: Die neuen EG-Wettbewerbsregeln für vertikale Beschränkungen – Ein Wegweiser durch die geplante Gruppenfreistellungsverordnung und die geplanten Leitlinien der Kommission, EuZW 1999, S. 741–746.

– Die Zukunft vertikaler Vertriebsvereinbarungen im EG-Kartellrecht, EuZW 1997, S. 271–275.

– Art. 85 Abs. 1 EGV und die rule of reason, Zur Konzeption der Verhinderung, Einschränkung oder Verfälschung des Wettbewerbs, Köln 1997.

Adams, John: Franchising and Antitrust in the United Kingdom and European Community, The Antitrust Bulletin 1981, S. 815–838.

Aghion, Philippe/Braun, Matias/Fedderke, Johannes: Competition and Productivity Growth in South Africa, CID Working Papers No. 132, Center for International Development at Harvard University, Cambridge (Massachusetts) 2006.

Ahlert, Dieter: 'The Liberation of the Value Chain from Cartel-Law Restraints' – The Risks and Opportunities of Deregulation, ZVertriebsR 2012, S. 207–218.

– Heterogenität in der Kooperationslandschaft, in: Ahlert, Dieter/Ahlert. Martin (Hrsg.), Handbuch Franchising und Cooperation – Das Management kooperativer Unternehmensnetzwerke, Frankfurt am Main 2010, S. 17–28.

– Distributionspolitik, Stuttgart 1985.

Ahlert, Dieter (Hrsg.): Vertragliche Vertriebssysteme zwischen Industrie und Handel – Grundzüge einer betriebswirtschaftlichen, rechtlichen und volkswirtschaftlichen Beurteilung, Wiesbaden 1981, zit. nach Bearbeiter.

Ahlert, Dieter/Ahlert, Martin (Hrsg.): Handbuch Franchising und Cooperation – Das Management kooperativer Unternehmensnetzwerke, Frankfurt am Main 2010, zit. nach Bearbeiter.

– Netzgeführte Marken – Markenmanagement in Unternehmensnetzwerken, in: Ahlert, Dieter/Ahlert. Martin (Hrsg.), Handbuch Franchising und Cooperation – Das Management kooperativer Unternehmensnetzwerke, Frankfurt am Main 2010, S. 361–381.

Ahlert, Dieter/Ahlert, MartinWetter, Benjamin/Woisetschläger, David: Franchising – Erfolgsgarant für Existenzgründungen?, F&C Studie 9, Internationales Centrum für Franchising und Cooperation, Münster 2005.

Ahlert, Dieter/Evanschitzky, Heiner: Dienstleistungsnetzwerke – Management, Erfolgsfaktoren und Benchmarks im internationalen Vergleich, Berlin 2003.

Ahlert, Dieter/Kenning, Peter/Olbrich, Rainer/Schröder, Hendrik (Hrsg.): Vertikale Preis- und Markenpflege im Kreuzfeuer des Kartellrechts, Wiesbaden 2012.

– Vielfalt durch Gestaltungsfreiheit im Wettbewerb – ein ökonomisches Manifest zur Deregulierung der Konsumgüterdistribution, München 2012, zit. nach Bearbeiter.

Ahlert, Dieter/Schefer, Benjamin: Vertikale Preis- und Markenpflege auf dem Prüfstand der (De-) Regulierung – Stranguliert das Kartellrecht den Wettbewerb als Entdeckungsverfahren, in: Ahlert, Dieter/Kenning, Peter/Olbrich, Rainer/Schröder, Hendrik (Hrsg.), Vertikale Preis- und Markenpflege im Kreuzfeuer des Kartellrechts, Wiesbaden 2012, S. 7–68.

Alberts, Riaan Willem: Die Betekenis van die Openbare Belang vir die Regulering van Mededinging, 2 SA Tydskrif vir Handelsreg/South African Mercantile Law Journal 1990, S. 285–304.

Allen, Brenner/Singleton, E. Susan: The Rapid Evolution of Resale Price Maintenance – Regulation in the United States and United Kingdom, International Law News Winter 2014, Vol. 43 No. 1, abrufbar unter: http://www.americanbar.org/publications/international_law_news/2014/winter/the_rapid_evolution_resale_price_maintenance_regulation_the_united_states_and_united_kingdom.html (zuletzt aufgerufen am: 11.06.2014).

Areeda, Phillip: Antitrust Analysis – Problems, Text, Cases, 3. Auflage, Boston 1981.

Axster, Oliver: Das „Alles-oder-Nichts-Prinzip“ der EG-Gruppenfreistellungsverordnungen, WuW 1995, S. 615–622.

B

Bah, Ibrahim/Mbano, Maekiso: A Situation Analysis of Competition in the Pulp and Paper Product Sector, TIPS 1999 Annual Forum at Glenburn Lodge, Muldersdrift, 19–22 September 1999, Artikel aus 2004, veröffentlicht auf Lexis-Nexis Südafrika.

Ball, Wolfgang: Höchstrichterliche Rechtsprechung zum Franchiserecht in Deutschland, in: Schulze, Reiner (Hrsg.) Franchising im Europäischen Privatrecht, Baden-Baden 2001, S. 23–32.

Basedow, Jürgen: Konsumentenwohlfahrt und Effizienz – Neue Leitbilder der Wettbewerbspolitik?, WuW 2007, S. 712–715.

– Zielkonflikte und Zielhierarchien im Vertrag über die Europäische Gemeinschaft, in: Due, Ole/Lutter, Marcus/Schwarze, Jürgen (Hrsg.), Festschrift für Ulrich Everling Band I, Baden-Baden 1995.

Bayreuther, Frank: Die Reform der EG-Wettbewerbspolitik gegenüber vertikalen Wettbewerbsbeschränkungen, EWS 2000, S. 106–115.

Bechtold, Rainer: GWB, Kartellgesetz, Gesetz gegen Wettbewerbsbeschränkungen, Kommentar, 7. Auflage, München 2013.

– EG-Gruppenfreistellungsverordnungen – eine Zwischenbilanz, EWS 2011, S. 49–55.

Bechtold, Rainer/Bosch, Wolfgang/Brinker, Ingo/Hirsbrunner, Simon: EG-Kartellrecht, Kommentar, 2. Auflage, München 2009.

Behr, Volker: Der Franchisevertrag – Eine Untersuchung zum Recht der USA mit vergleichenden Hinweisen zum deutschen Recht, Frankfurt am Main 1976.

Bekker, Elizabeth: Monopolies – Review of the Role of the Competition Board, Johannesburg 1992.

– Monopolies and the Role of the Competition Board, Tydskrif vir die Suid-Afrikaanse Reg/Journal of South African Law 1992, S. 618–644.

Bellamy, Christopher/Child, Graham: Roth, Peter/Rose, Vivien (Hrsg.), European Community Law of Competition, 6. Auflage, Oxford 2008.

Bidlingmaier, Johannes: Marketing Bd. 2, 1973 Reinbek bei Hamburg.

Biedenkopf, Kurt: Vertragliche Wettbewerbsbeschränkung und Wirtschaftsverfassung – Die Ausschließlichkeitsbindung als Beispiel, Heidelberg 1958.

Blair, Roger/Boylston Herndon, Jill/Lopatka, John: Resale Price Maintenance and the Private Antitrust Plaintiff, 83 Washington University Law Quarterly 2005, S. 657–723.

Blair, Roger/Esquibel, Amanda: Maximum Resale Price Restraints in Franchising, 65 Antitrust Law Journal (1996–1997), S. 157–180.

Blair, Roger/Kaserman, David: Vertical Integration, Tying, and Alternative Vertical Control Mechanisms, 20 Connecticut Law Review 1988, S. 523–568.

Blaurock, Uwe: Vertikale Wettbewerbsbeschränkungen, in: Schwarze, Jürgen (Hrsg.), Neuere Entwicklungen auf dem Gebiet des europäischen Wettbewerbsrechts, Schriftenreihe Europäisches Recht, Politik und Wirtschaft, Baden-Baden 1999, S. 71–78.

Bodewig, Theo: Der Ausgleichsanspruch des Franchisenehmers nach Beendigung des Vertragsverhältnisses, BB 1997, S. 637–644.

Böhner, Reinhard: Vier Maximen zur ungefragten und gefragten Aufklärungspflicht bei Franchiseverträgen: Vertragszweck, Vertragsrisiko, Due Diligence und Beweislast, BB 2011, S. 2248–2255.

– Schadensersatzpflicht des Franchisegebers aus Verschulden bei Vertragsschluss, NJW 1994, S. 635–636.

– Recht zur außerordentlichen Kündigung des McDonald's-Franchisevertrags, NJW 1985, S. 2811–2812.

Böni, Franz: Das Verhältnis von EU-Kartellrecht zum US Antitrust Law am Beispiel ausgewählter vertikaler Beschränkungen – Rockzipfel oder Emanzipation?, WuW 2012, S. 699–710.

du Bois, François: Introduction: History, System and Sources, in: van der Merwe, C.G./du Plessis, Jacques (Hrsg.), Introduction to the Law of South Africa, den Haag 2004.

Borchert, Manfred/Grossekettler, Heinz: Preis- und Wettbewerbstheorie, Stuttgart 1985.

Bork, Robert: The Antitrust Paradox – A policy at War with Itself, New York 1978.

– The Rule of Reason and the Per Se Concept: Price Fixing and Market Division, 75 The Yale Law Journal 1966, S. 373–475.

Bortolotti: Franchising Contracts in Italian Law, in: Schulze, Reiner (Hrsg.) Franchising im Europäischen Privatrecht, Baden-Baden 2001, S. 113–123.

Bowman, Ward: Tying Arrangements and the Leverage Problem, 67 The Yale Law Journal 1957, S. 19–36.

Bräutigam, Peter: Außervertragliche Schadensersatzhaftung der Mitglieder von Franchise-Systemen, WM 1994, S. 1189–1197.

Brassey, Martin (Hrsg.)/Campbell, John/Legh, Robert/Simkins, Charles/Unterhalter, David/Wilson, Jerome: Competition Law, Lansdowne 2002, zit. nach Bearbeiter.

Brassey, Martin: Introduction, in: Brassey, Martin (Hrsg.), Competition Law, Lansdowne 2002, S. 1–57.

Braun, Frank: Aufklärungspflichten des Franchisegebers bei den Vertragsverhandlungen, NJW 1995, S. 504–505.

Brodersen, Torben: Entwicklung und Zukunftsperspektiven des Franchisings; in Ahlert, Dieter/Ahlert, Martin (Hrsg.), Handbuch Franchising und Cooperation – Das Management kooperativer Unternehmensnetzwerke, Frankfurt am Main 2010, S. 109–132.

Bröll, Claudia: Die Jugend treibt es auf die Straße, Artikel in der Frankfurter Allgemeinen Zeitung vom 05.09.2011, abrufbar unter: www.faz.net/aktuell/wirtschaft/wirtschaftspolitik/suedafrika-die-jugend-treibt-es-auf-die-strasse-11131289.html (zuletzt aufgerufen am: 11.09.2014).

Brooks, Pierre: Defining a "Market" in South African Competition Law, Artikel aus 2002, veröffentlicht auf Lexis-Nexis Südafrika.

– Redefining the Objectives of South African Competition Law, 34 Comparative and International Law Journal of Southern Africa 2001, S. 295–309.

Brown, Harold: Franchising: Realities and Remedies, Band 1, New York 1981.

Büchting, Hans-Ulrich/Heussen, Benno (Hrsg.): Beck'sches Rechtsanwalts-Handbuch, 10. Auflage, München 2011, zit. nach Bearbeiter.

Bueren, Eckart: Der „New economic approach" der Kommission für horizontale und vertikale Wettbewerbsbeschränkungen, WRP 2004, S. 567–575.

Bundeskartellamt: Vorläufige Bewertung von Verhaltensweisen in Verhandlungen zwischen Herstellern von Markenartikeln, Großhändlern und Einzelhandelsunternehmen zum Zwecke der Konkretisierung der Kooperationspflichten, 11. Beschlussabteilung, Brief vom 13.04.2010, WuW 2010, S. 786–791.

C

Callery, Craig: Should the European Union embrace or exorcise Leegin's "rule of reason"?, European Competition Law Review 2011, S. 42–49.

Calliess, Christian/Ruffert, Matthias (Hrsg.): EUV/AEUV – Das Verfassungsrecht der Europäischen Union mit Europäischer Grundrechtecharta, Kommentar, 4. Auflage, München 2011, zit. nach Bearbeiter.

Campbell, John: Restrictive Horizontal Practices, in: Brassey, Martin (Hrsg.), Competition Law, Lansdowne 2002, S. 129–163.

Campbell, Nicky/Logan, Stephen/Bregmann, Roy (Hrsg.): Consumer Protection Guide for Lawyers, Law Society of South Africa, 2011, abrufbar unter: http://www.lssa.org.za/upload/Consumer%20Protection%20Guide%20for%20Lawyers(2).pdf (zuletzt aufgerufen am: 07.08.2014).

Carim, Xavier: The Trade Dimensions of Industrial Policy, 35 Trade and Industry Monitor (Newsletter of Trade and Industrial Policy Strategies (TIPS)) 2005, S. 10–14.

Chabane, Neo: An Evaluation of the Influence of BEE on the Application of Competition Policy in South Africa, CSID Research Project, Artikel aus 2004, veröffentlicht auf Lexis-Nexis Südafrika.

Chetty, Vani/Hartzenburg, Trudi/Le Pere, Garth: Competition Law and Policy in South Africa: Case studies, performance and implications, CUTS 7-Up Project – Phase II Country Report, IGD Occasional Paper No. 43, Braamfontein 2004.

Christie, R. H./Bradfiel G. B.: Christie's – The law of Contract in South Africa, 5. Auflage, Durban 2011.

de Cockborne, Jean-Eric: Franchising and European Community Competition Law; in: Joerges, Christian (Ed.), Franchising and the Law – Theoretical and Comparative Approaches in Europe and the United States; Das Recht des Franchising – Konzeptionelle, rechtsvergleichende und europarechtliche Analysen, Baden-Baden 1991, S. 281–314.

Cohen, Tim: An Outsider's view of the Curious Link between National Competitiveness and The Profumo Affair, Artikel aus 2001, veröffentlicht auf Lexis-Nexis Südafrika.

Comanor, William: Vertical Price-Fixing, Vertical Market Restrictions, and the New Antitrust Policy, 98 Harvard Law Review 1985, S. 983–1002.

Combs, James/Ketchen, David: Why Do Firms Use Franchising as an Entrepreneurial Strategy?: A Meta-Analysis, 29 Journal of Management 2003, S. 443–465.

Combs, James/Michael, Steven/Castrogiovanni, Gary: Franchising: A Review and Avenues to Greater Theoretical Diversity, 30 Journal of Management 2004, S. 907–931.

Competition Commission/Competition Tribunal: Unleashing Rivalry, Ten Years of Enforcement by the South African Competition Authorities, 1999–2009, Pretoria 2009, teilw. zit. nach Bearbeiter.

Crossick, Stanley: The Pronuptia Case and its Effect on EEC Franchising Law, International Business Lawyer 1985, S. 294–296.

Cummings, Jay/Ruhter, Wayne: The Northern Pacific Case, 22 The Journal of Law and Economics 1979, S. 329–350.

CUTS – Centre for International Trade, Economics & Environment/Institut für Global Dialogue: Competition Policy and Law in South Africa – A Key Component in New Economic Governance, Jaipur (Indien) 2002.

D

Dabbah, Maher: EC and UK Competition Law – Commentary, Cases and Materials, Cambridge 2004.

Dalton, M. C.: The Passing of Roman-Dutch Law in British Guiana, *South African Law Journal* 36 (1919) S. 4–17.

Dauses, Manfred: Handbuch des EU-Wirtschaftsrechts, 30. Ergänzungslieferung, München 2012, zit. nach Bearbeiter.

Davis, Gisela: EuGH: Wettbewerbswidrigkeit einer Buchpreisbindungsvereinbarung und Ablehnung einer Einzelfreistellung, Anmerkung zu: EuGH, Urt. v. 17.01.1995, Rs. C-20/92 P (The Publishers Association), EuZW 1995, S. 185–185.

Diaz, Odavia Bueno: Franchising in European Contract Law – A Comparison between the Main Obligations of the Contracting Parties in the Principles of European Law on Commercial Agency, Franchise and Distribution Contracts (PEL CAFDC), French and Spanish Law, München 2008.

Dini, Tamara: Nationwide settles damage claim for SAA's abuse of dominance, online-Artikel vom 19.02.2008, abrufbar unter: http://www.bowman.co.za/News-Blog/Blog/NATIONWIDE-SETTLES-DAMAGES-CLAIM-FOR-SAA-S-ABUSE-OF-DOMINANCE-TAMARA-DINI (zuletzt aufgerufen am: 15.08.2014).

Döring, K.: Handelsvertreter – gefährdeter Beruf, erschienen in: Die Zeit vom 18.06.1953 Nr. 25.

Vom Dorp, Eberhard: Haftung des Franchisegebers aus c.i.c. – Tendenzwende zur Rentabilitätsgarantie, WiB 1995, S. 285–286.

Doty, Ashley: Leegin v PSKS: New Standards, New Challenges, Berkeley Technology Law Journal 23 (2008), S. 655–684.

Duong Dinh, Hai-Van/Gehrmann, Katharina/Ahlert, Martin: Franchising – Ein Überblick, in: Ahlert, Dieter/Ahlert. Martin (Hrsg.), Handbuch Franchising und Cooperation – Das Management kooperativer Unternehmensnetzwerke, Frankfurt am Main 2010, S. 29–58.

E

Eckert, Jörn: Die analoge Anwendung des Ausgleichsanspruchs nach § 89b HGB auf Vertragshändler und Franchisenehmer, WM 1991, S. 1237–1248.

van Eeden, E.: Consumer Protection, in: Joubert, W. A./Faris, J. A., The Law of South Africa, Volume 5 Part 1, 2. Auflage, Durban 2010.

Eilmansberger, Thomas: Die Adalat-Entscheidung des EuGH, ZWeR 2004, S. 285–304.

Emmerich, Volker: Kartellrecht – Ein Studienbuch, 12. Auflage, München 2012.

Enghusen, Gunnar: Rechtliche Probleme der Franchiseverträge in den Vereinigten Staaten von Amerika und in Europa unter besonderer Berücksichtigung des Kartellrechts, Berlin 1977.

F

Fagan, Eduard: Roman-Dutch Law in its South African Historical Context, in: Zimmermann, Reinhard/Visser, Daniel (Hrsg.), Southern Cross – Civil Law and Common Law in South Africa, Kenwyn 1996, S. 33–64.

Farlam, Paul/Zimmermann, Reinhard: The Republic of South Africa (Report 1), in: Palmer, Vernon, Mixed Jurisdictions Worldwide – the Third Legal Family, Cambridge 2001, S. 83–144.

Feldman, Gabriel: The Misuse of the Less Restrictive Alternative Inquiry in Rule of Reason Analysis, American University Law Review 2009, S. 561–632.

Ferrier, Didier: La Franchise en Droit Français, in: Schulze, Reiner (Hrsg.) Franchising im Europäischen Privatrecht, Baden-Baden 2001, S. 103–111.

Flohr, Eckhard: Die vorvertragliche Aufklärung beim Abschluss von Vertriebsverträgen, ZVertriebsR 2013, S. 71–79.

– Der Franchise-Vertrag – Rechtliche Grundlagen und Hinweise zur Vertragsgestaltung, ZAP Fach 6 2012, S. 473–496.

– Ausgleichsanspruch des Franchise-Nehmers bei Vertragsbeendigung nach Handelsvertretergrundsätzen, ZAP Fach 6 2011, S. 461–464.

– Von Franchisesystemen zu Franchisenetzwerken; in Ahlert, Dieter/Ahlert. Martin (Hrsg.), Handbuch Franchising und Cooperation – Das Management kooperativer Unternehmensnetzwerke, Frankfurt am Main 2010, S. 487–508.

– Franchising – Bezugsbindungen, Einkaufsvorteile und Transparenz, BB 2009, S. 2159–2164.

– Zum Ausgleichsanspruch des Franchisenehmers nach Handelsvertretergrundsätzen – kein Anspruch auf Überhangprovision, Kommentar zum Urteil des OLG Celle vom 19.04.2007 (11 U 297/06), BB 2007, S. 1865–1868.

– Aktuelle Tendenzen im Franchise-Recht, BB 2006, S. 389–400.

– Franchiserecht, Recklinghausen 2002.

– Franchise-Vertrag, 2. Auflage, München 2001.

– Die Anwendbarkeit des § 89b HGB auf den Ausgleichsanspruch des Franchise-Nehmers bei Beendigung des Franchise-Vertrages, DStR 1998, S. 572–576.

Flohr, Eckhard/Petsche Alexander: Franchiserecht – Deutschland und Österreich, 2. Auflage, Münster 2008, zit. nach Bearbeiter.

Flohr, Eckhard/Wauschkuhn, Ulf (Hrsg.): Vertriebsrecht – Handelsvertreterrecht, Vertragshändlerrecht, Franchiserecht, Kommissionsrecht – Kommentar, München 2014, zit. nach Bearbeiter.

Forkel, Hans: Der Franchisevertrag als Lizenz am Immaterialgut Unternehmen, ZHR 1989, S. 511–538.

Franchise Association of South Africa (FASA): Shock ruling in the 7-Eleven Case, Newsletter vom 15. April 2005, abrufbar unter: www.fasa.co.za/news/2005/Apr_05.htm (zuletzt aufgerufen am: 12.09.2014).

Frankfurter Kommentar zum Kartellrecht: Jaeger, Wolfgang/Pohlmann, Petra/Schroeder, Dirk (Hrsg.); mit Kommentierungen des EG-Kartellrechts, des GWB und einer Darstellung ausländischer Kartellrechtsordnungen, Köln, 1982/2011, zit. nach Bearbeiter.

Frenz, Walter: Handbuch Europarecht, Band 2 Europäisches Kartellrecht, Berlin 2006.

Fritsch, Michael: Marktversagen und Wirtschaftspolitik – Mikroökonomische Grundlagen staatlichen Handelns, 9. Auflage, München 2014.

Fritzemeyer, Wolfgang: Auswirkungen der EU-Gruppenfreistellungsverordnung auf die Gestaltung von Franchiseverträgen, BB 2002, S. 1658–1664.

Fritzsche, Jörg: "Notwendige" Wettbewerbsbeschränkungen im Spannungsfeld von Verbot und Freistellung nach Art. 85 EGV, ZHR 160 (1996), S. 31–58.

Fuhr, Joseph: Competition in the Terminal Equipment Market after *Carterfone*, 28 The Antitrust Bulletin 1983, S. 669–698.

Funke, Thomas/Just, Nico: Neue Wettbewerbsregeln für den Vertrieb: Die Verordnung (EU) Nr. 330/2010 für Vertikalverträge, DB 2010, S. 1389–1397.

G

Garmeier, Gerd: Wirtschaftsethische Aspekte des Franchisings: Franchising als Instrument zur Überwindung von Dilemmastrukturen, München 2009.

Gasse, Dirk: Die Bedeutung der Querschnittsklauseln für die Anwendung des Gemeinschaftskartellrechts, Frankfurt am Main 2000.

Giesler, Jan-Patrick: Franchising, in: Hans-Ulrich Büchting/Benno Heussen (Hrsg.), Beck'sches Rechtsanwaltshandbuch, 10. Auflage, München 2011.

Giesler, Jan Patrick/Nauschütt, Jürgen (Hrsg.): Franchiserecht, 2. Auflage, Köln 2007, zit. nach Bearbeiter Giovannetti, Emanuele.

Stallibrass, David: Three Cases in Search of a Theory: Resale Price Maintenance in the UK, European Competition Journal 2009, S. 641–654.

Gitter, Wolfgang: Gebrauchsüberlassungsverträge, Tübingen 1988.

Glasow, Bernhard: Vertikale Preisbindung, Wettbewerbstheorie und Wettbewerbsrecht in den USA, Deutschland und Europa – Bestandsaufnahme, Kritik und Zukunftsperspektiven, Frankfurt am Main 2000.

Goebel, Roger: The uneasy Fate of Franchising under EEC Antitrust Laws, European Law Review 1985 (10), S. 87–118.

Görge, Alfred: Die Internationalisierung von Franchise-Systemen, Göttingen 1979.

Goldman, Berthold/Lyon-Caen, Antoine/Vogel, Louis: Droit commercial européen, 5. Auflage, Paris 1994.

Goldman, Lee: The Politically Correct Corporation and the Antitrust Laws: the Proper Treatment of Noneconomic or Social Welfare Justifications under Section 1 of the Sherman Act, 13 Yale Law and Policy Review (1995), S. 137–172.

Gouws, Mornè: The Injunction against Vertical Restraints in Franchise Agreements under the Consumer Protection Act, De Rebus Dezember 2010, S. 30–32.

– A consumer's right to disclosure and information: comments on the plain language provisions of the Consumer Protection Act, 22 SA Tydskrif vir Handelsreg/South African Mercantile Law Journal 2010, S. 79–94.

Goyder, Joanna Albors-Llorens, Albertina: Goyder's EC Competition Law, 5. Auflage, Oxford 2009.

Grabitz, Eberhard/Hilf, Meinhard/Nettesheim, Martin (Begründer, Hrsg.): Das Recht der Europäischen Union, 53. Egl., München 2014, zit. nach Bearbeiter.

Griffiths, Mark: A Glorification of de minimis – the Regulation on Vertical Agreements, European Competition Law Review 2000, S. 241–247.

Grimes, Warren: Application of Competition Law to Franchising – U.S. and European Approaches Compared, International Review of Intellectual Property and Competition Law 2000, S. 247–259.

von der Groeben, Hans/Schwarze, Jürgen (Hrsg.): Kommentar zum Vertrag über die Europäische Union und zur Gründung der Europäischen Gemeinschaft, 6. Auflage, Baden-Baden 2003, zit. nach Bearbeiter.

Gross, Herbert/Skaupy, Walther: Franchising in der Praxis – Fallbeispiele und rechtliche Grundlagen, Düsseldorf 1976.

– Das Franchise-System – Neue Vertriebswege für Waren und Dienste, Düsseldorf 1968.

Günther, Eberhard: Die geistigen Grundlagen des sogenannten Josten-Entwurfs, in: Wirtschaftsordnung und Staatsverfassung, Festschrift für Franz Böhm zum 80. Geburtstag, Tübingen 1975, S. 183–204.

H

Haager, Bernd: Die Entwicklung des Franchiserechts in den Jahren 1999, 2000 und 2001, NJW 2002, S. 1463–1475.

– Neuere Entwicklungen im Franchise-Recht, WiB 1996, S. 377–380.

Hahlo, H. R./Kahn, Ellison: The South African Legal System and its Background, Kapstadt 1968.

Hanrieder, Manfred: Franchising, Planung und Praxis – Erfolgsorientiertes Arbeiten mit und in Partner-Systemen, Neuwied 1991.

Hartzenberg, Trudi: Competition Policy Review, 2008, Gutachten im Auftrag des Büros des Präsidenten, abrufbar unter: http://www.npconline.co.za/MediaLib/Downloads/Home/Tabs/Diagnostic/Economy2/Competition%20policy%20review.pdf (zuletzt aufgerufen am: 12.09.2014).

Heitzer, Bernhard: Schwerpunkte der deutschen Wettbewerbspolitik, WuW 2007, S. 854–864.

Herdzina, Klaus: Wettbewerbspolitik, Stuttgart 1984.

Hildebrand, Doris: 30 Jahre Preisbindungsverbot – Deutschland im Wandel, WRP 2004, S. 470–474.

Hölzler, Heinrich: Merger Control in the Republic of South Africa and in the Federal Republic of Germany – Some Comparisons, Modern Business Law/Moderne Besigheidsreg 1983, S. 28–33.

Hofmann, Christian: Das Leegin-Urteil des US Supreme Court als Maßstab für Europa? – Die kartellrechtliche Beurteilung von vertikalen Preisbindungsklauseln, Wertpapier-Mitteilungen 2010, S. 920–927.

Honey, Eugene: The Consumer Protection Act Poses Significant Challenges to Weaker Franchisors, online-Artikel vom 23.01.2014, abrufbar unter: http://www.adamsadams.com/index.php/media_centre/news/the_consumer_protection_act_poses_significant_challenges_to_weaker_franchis/ (zuletzt aufgerufen am 14.08.2014).

– Pitfalls and Difficulties with the CPA, online-Artikel vom 22.03.2013, abrufbar unter: http://www.adamsadams.com/index.php/media_centre/news/pitfalls_and_difficulties_with_the_cpa/ (zuletzt aufgerufen am 14.08.2014).

Hovenkamp, Herbert: The Antitrust Enterprise – Principle and Execution, Cambridge (USA) 2005.

Hovenkamp, Herbert: Federal Antitrust Policy – The Law of Competition and its Practice, 2. Auflage, St. Paul 1999.

– Antitrust's protected classes, 88 Michigan Law Review 1989–1990, S. 1–48.

Huber, Ernst: Grundgesetz und vertikale Preisbindung, Stuttgart 1968.

Hylton, Keith: Antitrust Law – Economic Theory and Common Law Evolution, Cambridge 2003.

Hylton, Keith/Salinger, Michael: Tying Law and Policy: A Decision-Theoretic Approach, 65 Antitrust Law Journal 2001 S. 469–526.

I

Imgrund, Jan: Kartellrechtliche Regulierung von Preisbindungen und Preisempfehlungen in Deutschland – Fallstricke in der betrieblichen Praxis, BB 2012, S. 787–792.

Immenga, Ulrich: Gefordertes Kartellrecht – 50 Jahre GWB, ZWeR 2008, S. 3–19.

– Europäisches Gemeinwohl und nationale Kartellrechtsverfahren, EuZW 2005, S. 353–353.

– Wettbewerbspolitik contra Industriepolitik nach Maastricht, EuZW 1994, S. 14–18.

Immenga, Ulrich/Mestmäcker, Ernst-Joachim (Hrsg.): Wettbewerbsrecht, Band 1. EU/Teil 1, Band 1. EU/Teil 2, Kommentar zum Europäischen Kartellrecht, 5. Auflage, München 2012, zit. nach Bearbeiter.

J

Jacobson, Jonathan: American Bar Association, Antitrust Law Developments, 6. Auflage, Chicago 2007.

Janssen, Jeroen: The Legal Nature of the Franchise Agreement in the Netherlands, in: Schulze, Reiner (Hrsg.) Franchising im Europäischen Privatrecht, Baden-Baden 2001, S. 93–102.

Joerges, Christian: Contract and Status in Franchising Law; in: Joerges, Christian (Ed.), Franchising and the Law – Theoretical and Comparative Approaches in Europe and the United States; Das Recht des Franchising – Konzeptionelle, rechtsvergleichende und europarechtliche Analysen, Baden-Baden 1991, S. 11–66.

Joliet, René: The Rule of Reason in Antitrust Law – American, German and Common Market Laws in Comparative Perspective, Liège 1967.

Jones, Alison/Sufrin, Brenda: EU Competition Law – Text, Cases, and Materials, 5. Auflage, Oxford 2014.

Joubert, Nereus: Die ontstaan en ontwikkeling van fransering („franchising"), Tydskrif vir die Suid-Afrikaanse Reg/Journal of South African Law 1990, S. 622–640.

– Die regsaard van die franseringskontrak, Tydskrif vir die Suid-Afrikaanse Reg/Journal of South African Law 1994, S. 241–248 und 415–431.

Joubert, W. A./Faris, J. A. (Hrsg.): The Law of South Africa, Volume 2 Part 2, 2. Auflage, Durban 2003, Volume 5 Part 1, 2. Auflage, Durban 2010, zit. nach Bearbeiter.

juris Praxiskommentar BGB: Band 2 Schuldrecht, Gesamt-Hrsg: Herberger, Maximilian/Martine, Michael/Rüßmann, Helmut/Weth, Stefan, Band-Hrsg. Junker, Markus/Beckmann, Roland Michael/Rüßmann, Helmut, 6. Auflage, Saarbrücken 2013, zit. nach Bearbeiter.

K

Kallfass, Hermann: Die Chicago School – Eine Skizze des „neuen" amerikanischen Ansatzes für die Wettbewerbspolitik, WuW 1980, S. 596–601.

Kampel, Kim: Competition Law and SMEs: Exploring the Competitor/Competition Debate in a Developing Democracy, 35 Trade and Industry Monitor (Newsletter of Trade and Industrial Policy Strategies (TIPS)) 2005, S. 20–24.

– The Role of South African Competition Law in Supporting SMEs – Can David really take on Goliath?, Artikel aus 2003, abrufbar unter: http://www.comptrib.co.za/assets/Uploads/Speeches/kim.pdf (zuletzt aufgerufen am 07.10.2014).

Kaplow, Louis: Extension of Monopoly Power through Leverage, 85 Columbia Law Review 1985, S. 515–556.

Kapp, Thomas: Wettbewerbsbeschränkung durch vertikale Vertriebsbindungen? – Eine Studie zu § 18 GWB unter Berücksichtigung der neueren Entwicklung im US-Antitrustrecht, Baden-Baden 1984.

Kartte, Wolfgang/Kulka, Michael: Vertikale Wettbewerbsbeschränkungen im deutschen und US-amerikanischen Kartellrecht, in: Festschrift für Ernst Stiefel zum 80. Geburtstag, München 1987, S. 381–401.

Kasten, Boris: Abkehr vom Per-se-Verbot vertikaler Mindest- und Festpreisvereinbarungen im U.S. Kartellrecht? – Anmerkung zu dem Verfahren Leegin Creative Leather Products Inc. V. PSKS Inc. vor dem U.S. Supreme Court, RIW 2007, S. 419–434.

– Die Leegin- Entscheidung des U.S. Supreme Court: Aufgabe des Per-se- Verbots für Mindestpreisbindungen im U.S.-Bundeskartellrecht, RIW 2007, S. 649–658.

– Vertikale (Mindest-)Preisbindungen im Licht des „more economic approach“, WuW 2007, S. 994–1007.

Kaub, Erich: Franchise-Systeme in der Gastronomie, Saarbrücken 1980.

Kaufmann, Patrick/Dant, Rajiv: Multi-Unit Franchising: Growth and Management Issues, 11 Journal of Business Venturing 1996, S. 343–358.

Kerr, A. J.: Restraint of Trade after Magna Alloys, in: Visser, Coenraad (Hrsg.), Essays in Honour of Ellison Kahn, Kapstadt 1989.

Kevekordes, Johannes: Zur EWG-Kartellrechtlichen Beurteilung von Franchise-Verträgen – Bemerkungen zu Pronuptia-Urteil des Europäischen Gerichtshofs, BB 1987, S. 74–80.

Kiethe, Kurt: Schadensersatzansprüche von Franchisenehmern gegen Franchisegeber wegen unerlaubter Preisbindung, WRP 2004, S. 1004–1011.

Kirchhoff, Wolfgang: Vertikale Höchstpreisbindung, in: Festschrift für Günter Hirsch zum 65. Geburtstag, München 2008, S. 249–260.

Klapperich, Joachim: Geschichte des Franchising, in: Flohr, Eckhard (Hrsg.), Franchising im Wandel, Gedächtnisschrift für Walther Skaupy, München 2003.

Knigge, Jürgen: Franchise-Systeme im Dienstleistungssektor, Berlin 1973.

Köhler, Helmut: Ausgleichsanspruch des Franchisenehmers: Bestehen, Bemessung, Abwälzung, NJW 1990, S. 1689–1696.

Koller, Thomas/Zirlick, Beat: Rechtliche Einordnung, vorvertragliche Phase und Durchführung des Franchisevertrages im schweizerischen Recht, in: Schulze, Reiner (Hrsg.) Franchising im Europäischen Privatrecht, Baden-Baden 2001, S. 49–84.

Kommission der Europäischen Gemeinschaften: Die Zusammenarbeit zwischen Unternehmen in der Gemeinschaft – Franchising, Brüssel 1978.

Krasser, Rudolf: Der Schutz von Preis- und Vertriebsbindungen gegenüber Außenseitern, Köln 1972.

Krattenmaker, Thomas/Salop, Steven: Anticompetitive Exclusion: Raising Rivals' Costs to Achieve Power over Price, 96 The Yale Law Journal 1986, S. 209–293.

Krusche, Petra/Fouché, Coreen/Maphisa, Kunyalala: Competition: Developing SA-Specific Law – Local Law would aid the small contestant, Artikel aus 2005, veröffentlicht auf Lexis-Nexis Südafrika.

Kusske, Kathryn: Refusal to Deal as a per se Violation of the Sherman Act: *Russell Stover* Attacks the *Colgate* Doctrine, The American University Law Review 33 (1984), S. 463–491.

L

Lachmann, Andreas: Zur Differenzierung zwischen Franchise- und Lizenzvereinbarungen im EG-Wettbewerbsrecht, EWS 1998, S. 240–245.

Langen, Eugen/Bunte, Hermann-Josef (Hrsg.): Kartellrecht, Kommentar, Band 2 Europäisches Kartellrecht, 12. Auflage, Köln 2014, zit. nach Bearbeiter.

– Kommentar zum deutschen und europäischen Kartellrecht, Band 2 Europäisches Kartellrecht, 11. Auflage, Neuwied 2010, zit. nach Bearbeiter.

Langen, Eugen/Niederleithinger, Ernst/Ritter, Lennart/Schmidt, Ulrich: Kommentar zum Kartellgesetz – Gesetz gegen Wettbewerbsbeschränkungen mit Erläuterungen für die Praxis unter Einbeziehung des EG-Kartellrechts; 6. Auflage, Neuwied 1982.

Lao, Marina: Internet Retailing and "Free Riding:" A Post-*Leegin* Antitrust Analysis, Vol. 14 Issue 9 Journal of Internet Law 2011, S. 14–24.

– *Leegin* and Resale Price Maintenance – A Model for Emulation or for Caution for the World, International Review of Intellectual Property and Competition Law 2008, S. 253–258.

Lederer, Helmut: Franchising und das Genossenschaftsgesetz – Zugleich ein Beitrag zur integrierten Genossenschaft, Nürnberg 1984.

Legh, Robert: A History of South African Competition Law, in: Brassey, Martin (Hrsg.), Competition Law, Lansdowne 2002, S. 58–88.

Lehmpfuhl, Rolf: Vertriebsbindungen – Ihre Formen, Funktionen sowie wettbewerbs- und kartellrechtliche Bedeutung, Köln 1965.

Lenzen, Rolf: Risiken des Franchise-Vertrages, RIW 1984, S. 586–588.

Lettl, Tobias: Kartellverbot nach Art. 101 AEUV, §§ 1, 2 GWB und vertikale Preisempfehlung/Preisbindung, WRP 2011, S. 710–736.

– Die neue Vertikal-GVO (EU Nr. 330/2010) – Unter Einbeziehung der Änderungen der Vertikal-Leitlinien im Hinblick auf den Internetvertrieb insbesondere in selektiven Vertriebssystemen, WRP 2010, S. 807–822.

Lewis, David: The Outgoing Chairperson of the Competition Tribunal Reflects on the Competition Authorities' Achievements, in: *Competition Commission/Competition Tribunal*, Unleashing Rivalry, Ten Years of Enforcement by the South African Competition Authorities, 1999–2009, Pretoria 2009, S. 69–69.

Liebeler, Wesley: Antitrust Law and the New Federal Trade Commission, 12 South Western University Law Review (1981), S. 166–229.

Liebscher, Christoph/Flohr, Eckhard/Petsche, Alexander (Hrsg.): Handbuch der EU-Gruppenfreistellungsverordnungen, 2. Auflage, München 2012, 1. Auflage, München 2003, zit. nach Bearbeiter.

Liebscher, Christoph/Petsche, Alexander: Franchising und der Österreichische Oberste Gerichtshof, in: Flohr, Eckhard (Hrsg.), Franchising im Wandel, Gedächtnisschrift für Walther Skaupy, München 2003.

– Franchising nach der neuen Gruppenfreistellungsverordnung (EG) Nr. 2790/99 für Vertikalvereinbarungen, EuZW 2000, S. 400–404.

Liesegang, Helmuth: Die Konkurrenzschutzpflicht des Franchisegebers, BB 1999, S. 857–860.

Lister, Bruce: The Competition Act and Franchising: Some Issues Surveyed, Juta's Business Law 10 (2002), S. 32–36.

Lockerby, Michael: Franchising after Leegin: a License to Fix Prices?, Franchise Law Journal 2007, S. 112–118.

Löffler, Joachim: Betriebsführungsverträge mit Personengesellschaften, NJW 2010, S. 2920–2923.

Loewenheim, Ulrich: Warenzeichen und Wettbewerbsbeschränkung – Eine rechtsvergleichende Untersuchung über das Verhältnis des Warenzeichenrechts zum deutschen und europäischen Kartellrecht, Bad Homburg v. d. H. 1970.

Loewenheim, Ulrich/Meessen, Karl/Riesenkampff, Alexander (Hrsg.): Kartellrecht – Kommentar, 2. Auflage, München 2009, zit. nach Bearbeiter.

Lutz, Helmuth/Broderick, Terry: Forschungs- und Entwicklungsvertrag nach EG-Kartellrecht – Formularvertrag, RIW 1986, S. 5–10.

M

Macauly, Stewart: Long-Term Continuing Relations: The American Experience Regulating Dealerships and Franchises, in: Joerges, Christian (Ed.), Franchising and the Law – Theoretical and Comparative Approaches in Europe and the United States; Das Recht des Franchising – Konzeptionelle, rechtsvergleichende und europarechtliche Analysen, Baden-Baden 1991, S. 179–237.

Mack, Manfred: Neuere Vertragssysteme in der BRD – Eine Studie zum Franchising, Bielefeld 1975.

Malec, Anita/von Bodungen, Thilo: Die neue Vertikal-GVO und ihre Auswirkungen auf die Gestaltung von Liefer- und Vertriebsverträgen, BB 2010, S. 2383–2389.

Manoim, Norman: The Incoming of the Competition Tribunal Remembers the Drafting of the Competition Act, in: *Competition Commission/Competition Tribunal*, Unleashing Rivalry, Ten Years of Enforcement by the South African Competition Authorities, 1999–2009, Pretoria 2009, S. 10–10.

Markovits, Richard: Tie-ins, Reciprocity, and the Leverage Theory, 76 The Yale Law Journal 1967, S. 1397–1472.

– Tie-Ins and Reciprocity: A Functional, Legal and Policy Analysis, 58 Texas Law Review 1980, S. 1363–1445.

Martinek, Michael: Buchrezension über: Tanya Woker – The Franchise Relationship under South African Law, ZVertriebsR 2013, S. 130–132, auch abgedruckt in: Tydskrif vir die Suid-Afrikaanse Reg/Journal of South African Law 2013, S. 390–393.

– Schwankt das Preisbindungsverbot? – Zur erneuten kartellrechtlichen und wettbewerbspolitischen Diskussion über die Preisbindung der zweiten Hand, ZVertriebsR 2013, S. 3–17.

– Moderne Vertragstypen Band II: Franchising, Know-How-Verträge, Management- und Consultingverträge, München 1992.

– Franchising im Handelsrecht, ZIP 1988, S. 1362–1379.

– Franchising – Grundlagen der zivil- und wettbewerbsrechtlichen Behandlung der vertikalen Gruppenkooperation beim Absatz von Waren und Dienstleistungen, Heidelberg 1987.

Martinek, Michael/Habermeier, Stefan: Das Chaos der EU-Gruppenfreistellungsverordnungen – Analyse, Kritik und Verbesserungsvorschläge, ZHR 158 (1994), S. 107–148.

Martinek, Michael/Semler, Franz-Jörg/Habermeier, Stefan/Flohr, Eckhard (Hrsg.): Handbuch des Vertriebsrechts, 3. Auflage, München 2010, zit. nach Bearbeiter.

Marvel, Howard: Exclusive Dealing, Journal of Law and Economics 1982, S. 1–25.

Marvel, Howard/McCafferty, Stephen: The Welfare Effects of Resale Price Maintenance, The Journal of Law and Economics 1985 (28), S. 363–379.

Marvel, Howard P./McCafferty, Stephen: Resale Price Maintenance and Quality Certification, 15 The Rand Journal of Economics 1984, S. 346–359.

Mathé, Marie-Claude: Der selektive Vertrieb nach europäischem Wettbewerbsrecht am Beispiel der Automobilbranche, RabelsZ 48 (1984) S. 721–733.

Matthießen, Volker: Arbeits- und handelsvertreterrechtliche Ansätze eines Franchisenehmerschutzes, ZIP 1988, S. 1089–1096.

Meier, Christian: Der selektive Vertrieb im EWG-Kartellrecht, Band 1: Absatzpolitik – Vertragsgestaltung – wettbewerbspolitische Grundlagen; Band 2: Kartellrechtliche Bestimmungen des EWG-Vertrages, Diessenhofen 1979.

Meiring, Ina: Franchising – An Overview of General Principles, 5 Juta's Business Law 1997, S. 62–66.

Mendelson, Lee: Introduction to and Analysis of South Africa's New Competition Law Regime, Artikel aus 2001, veröffentlicht auf Lexis-Nexis Südafrika.

van der Merwe, C. G./du Plessis, J. E./de Waal, M. J.: The Republic of South Africa (Report 2), in: Palmer, Vernon, Mixed Jurisdictions Worldwide – the Third Legal Family, Cambridge 2001, S. 145–200.

van der Merwe, Schalk/van Huyssteen, L. F./Reinecke, M. F. B./Lubbe, G. F.: Kontraktereg – Algemene Beginsels, 2. Auflage, Lansdowne 2004.

van der Merwe, L. J.: Die funnksie van die reëls ter beskerming van die handelsvryheid, Tydskrif vir die Suid-Afrikaanse Reg/Journal of South African Law 1998, S. 252–267.

Mestmäcker, Ernst-Joachim/Schweitzer, Heike: Europäisches Wettbewerbsrecht, 2. Auflage, München 2004.

Metzlaff, Karsten: Voraussetzungen für die entsprechende Anwendung eines Ausgleichsanspruchs bei Markenlizenzverträgen, ZVertriebsR 2012, S. 54–55.

Metzlaff, Karsten (Hrsg.): Praxishandbuch Franchising, München 2003, zit. nach Bearbeiter.

– Franchisesysteme und EG-Kartellrecht – neueste Entwicklungen, Betriebsberater 2000, S. 1201–1209.

Meurer, Jörg: Führung von Franchisesystemen, Führungstypen – Einflussfaktoren – Verhaltens- und Erfolgswirkungen, Wiesbaden 1997.

Meyer, Michael: Salto rückwärts im Kartellrecht? – Meistbegünstigungsklauseln nach der siebten GWB-Novelle, WRP 2004, S. 1456–1464.

Van Miert, Karel: Die Wettbewerbspolitik der neuen Kommission, WuW 1995, S. 553–560.

Möschel, Wernhard: Vertical Price Fixing: Myths and Loose Thinking, European Competition Law Review 2013, S. 233–238.

– Antitrust and Economic Analysis of Law, 140 ZgS 1984, S. 156–171.

– Recht der Wettbewerbsbeschränkungen, Köln 1983.

Mouton, D. J./Lambrechts, J. A.: Competition Policy in the Republic of South Africa, Modern Business Law/Moderne Besigheidsreg 1982, S. 58–68.

Müller-Uri, Rolf: Kartellrecht (GWB), Mit Anhang: Kartellrecht der Europäischen Gemeinschaften, Köln 1989.

Münchener Kommentar: Münchener Kommentar zum Europäischen und Deutschen Wettbewerbsrecht (Kartellrecht) – Kartellrecht, Missbrauchs- und Fusionskontrolle,

Band 1 Europäisches Wettbewerbsrecht; Hirsch, Günter/Montag, Frank/Säcker, Franz Jürgen (Hrsg.), München 2007, zit. nach Bearbeiter.

N

Nebel, Jürgen/Schulz, Albrecht/Wessels, Andrea: Das Franchisesystem – Handbuch für Franchisegeber und Franchisenehmer, Neuwied 1999.

Neethling, J.: Van Heerden, HJO/Neethling, J., Unlawful Competition, 2. Auflage, Durban 2008.

Neethling, J./Rutherford, B. R.: Competition, in: Joubert, W. A./Faris, J. A., The Law of South Africa, Volume 2 Part 2, 2. Auflage, Durban 2003.

Neumann, Carl: Franchise-Verträge und EG-Kartellrecht, RIW 1985, S. 612–616.

Niebling, Jürgen: Der Ausgleichsanspruch des Vertragshändlers, BB 1997 S. 2388–2391.

Nolte, Steffen: Reform des EG- Kartellrechts für Vertriebs- und Zulieferverträge – Beginn eines Strukturwandels in der europäischen Wettbewerbspolitik, BB 1998, S. 2429–2439.

O

OECD Studie: Competition Law and Policy in South Africa – an OECD Peer Review, 2003, abrufbar unter: http://www.oecd.org/daf/competition/prosecutionandlawenforcement/2958714.pdf (zuletzt aufgerufen am 07.10.2014).

P

Palmer, Vernon (Hrsg.): Vernon, Mixed Jurisdictions Worldwide – the Third Legal Family, Cambridge 2001, zit. nach Bearbeiter.

Parker, Eric/Illetschko, Kurt: Pioneering Changes in the Franchise Sector of South Africa, FNB Franchise Think Tank 2009; abrufbar unter folgendem Link: https://www.fnb.co.za/downloads/X2IN5/ThinkTankWhitePaper.pdf (zuletzt aufgerufen am 07.10.2014).

Pawlikowski, Thomas: Selektive Vertriebssystem – Grenzen und Möglichkeiten einer Freistellung nach Artikel 85 Absatz 3 EWGV, Berlin 1982.

Peeperkorn, Luc: Resale Price Maintenance and its Alleged Efficiencies, 4 European Competition Journal 2008, S. 201–212.

Pellisé de Urguiza, Cristina: Le Contrat de Franchise en Espagne: Classification, Phase Précontractuelle et Exécution Contractuelle, in: Schulze, Reiner (Hrsg.) Franchising im Europäischen Privatrecht, Baden-Baden 2001, S. 125–150.

Peneva-Gädeke, Kalina: Neues bulgarisches Gesetz zum Schutz des Wettbewerbs, Wirtschaft und Recht in Osteuropa 2009, S. 293–298.

Pischel, Gerhard: Preisfestsetzung nach Art. 81 EG und Novellierung des GWB, EuZW 2005, S. 459–464.

Pitofsky, Robert: In Defense of Discounters: The No-Frills Case for a *Per Se* Rule against Vertical Price Fixing, 71 The Georgetown Law Journal (1982–1983), S. 1487–1495.

du Plessis, Jaques: South Africa, in: Smits, Jan (Hrsg.) Elgar Ecyclopedia of Comparative Law, Cheltenham UK 2006, S. 667–671.

Pluta, Jörg: Deutsche Bierlieferungsverträge und Europäisches Wettbewerbsrecht – Anmerkung zum Beschluss des OLG Frankfurt vom 13.7.89, WRP 1990, S. 392–399.

Polley, Romina/Seeliger Daniela: Die neue Gruppenfreistellungsverordnung für Vertikalverträge Nr. 2790/1999 – Ihre praktische Anwendung, WRP 2000, S. 1203–1217.

Pollmüller, Heinz-Dieter: Rechtliche Aspekte Vertraglicher Vertriebssysteme, in: Ahlert (Hrsg.), Vertragliche Vertriebssysteme zwischen Industrie und Handel – Grundzüge einer betriebswirtschaftlichen, rechtlichen und volkswirtschaftlichen Beurteilung, Wiesbaden 1981, S. 125–236.

– Leitlinien der Europäischen Kommission und Gruppenfreistellungsverordnungen Nr. 2658/2000 für Spezialisierung und Nr. 2659/2000 für Forschung und Entwicklung, WRP 2001, S. 494–506.

Posner, Richard: The Next Step in the Antitrust Treatment of Restricted Distribution: Per Se Legality, 48 The University of Chicago Law Review 1981, S. 6–26.

– Exclusionary Practices and the Antitrust Laws, 41 The University of Chicago Law Review 1974, S. 506–535.

– The Chicago School of Antitrust Analysis, 127 University of Pennsylvania Law Review 1979, S. 925–948.

– Economic Analysis of Law, 2. Auflage, Boston und Toronto 1979.

Posselt, Thorsten: Der Design vertraglicher Vertriebsbeziehungen am Beispiel Franchising, ZfB 1999, S. 347–375.

Potgieter, Freek: Franchising and the Competition Board, 3 Juta's Business Law 1995, S. 185–188.

Pretorius, C.-J.: Covenants in Restraint of Trade: An Evaluation of the Positive Law, Journal of Contemporary Roman-Dutch Law/Tydskrif vir Hedendaagse Romeins-Hollandse Reg 1997 (60), S. 6–24.

Pukall, Kirstin: Neue Politik der Europäischen Kommission hinsichtlich der wettbewerbsrechtlichen Behandlung von Vertriebsvereinbarungen, Der Betrieb 1998, S. 2353–2355.

– Neue EG-Gruppenfreistellungsverordnung für Vertriebsbindungen, NJW 2000, S. 1375–1379.

Q

Quellmaltz, Jens: Die Justiziabilität des Art. 81 Abs. 3 EG und die nichtwettbewerblichen Ziele des EG-Vertrages, WRP 2004, S. 461–470.

R

Rey, Patrick/Caballero-Sanz, Francisco: The Policy Implications of the Economic Analysis of Vertical Restraints, Economic Papers Nr. 119, Brussels 1996.

Rittner, Fritz/Kulka, Michael: Wettbewerbs- und Kartellrecht – Eine systematische Darstellung des deutschen und europäischen Rechts für Studium und Praxis, 7. Auflage, Heidelberg 2008.

Roberts, Simon: The Role for Competition Policy in Economic Development? The Effects of Competition Policy in South Africa, and Selected International Comparisons, Artikel aus 2004, veröffentlicht auf Lexis-Nexis Südafrika.

Ruiters, Alistair: Drafting and Implementing the Competition Act: A Short Reflection, in: *Competition Commission/Competition Tribunal*, Unleashing Rivalry, Ten Years of Enforcement by the South African Competition Authorities, 1999–2009, Pretoria 2009, S. 8–9.

S

Sandrock, Otto: Grundbegriffe des Gesetzes gegen Wettbewerbsbeschränkungen, München 1968.

Saner, John: Agreements in Restraint of Trade in South African Law, Pretoria 2012.

Scheerer, Daniel: Rechtsfragen der Gruppenfreistellungsverordnung für vertikale Wettbewerbsbeschränkungen, Hamburg 2002.

Schenk, Hans-Otto/Wölk Andrea: Vertriebssysteme zwischen Industrie und Handel – Die Entwicklung neuer vertraglicher Vertriebssysteme zwischen Industrie und Handel in der Bundesrepublik Deutschland, Berlin 1971.

Schimansky, Annika: Die Rechtsnatur des Franchisevertrages in der deutschen Rechtswissenschaft, in: Schulze, Reiner (Hrsg.) Franchising im Europäischen Privatrecht, Baden-Baden 2001, S. 33–48.

Schmidt, Ingo: Wettbewerbspolitik und Kartellrecht – Eine interdisziplinäre Einführung, 9. Auflage, München 2012.

Schmidt, Ingo/Rittaler, Jan: Die Chicago School of Antitrust Analysis – Wettbewerbstheoretische und -politische Analyse eines Credos, Baden-Baden 1986.

Schoombee, J. T.: Agreements in Restraint of Trade: The Appellate Division Confirms New Principles, Journal of Contemporary Roman-Dutch Law/Tydskrif vir Hedendaagse Romeins-Hollandse Reg 1985 (28), S. 127–151.

Schröter, Helmuth/Jakob, Thinam/Mederer, Wolfgang (Hrsg.): Kommentar zum Europäischen Wettbewerbsrecht, Baden-Baden 2003, zit. nach Bearbeiter.

Schütz, Jörg: Gruppenfreistellungsverordnungen im System der unmittelbaren und integralen Anwendung des Artikels 81 EGV, in: Recht und Wettbewerb, Festschrift für Rainer Bechtold zum 65. Geburtstag, München 2006, S. 455–464.

Schulte, Günther: Preisbindungen in Verbundgruppen, WRP 2005, S. 1500–1504.

Schulte, Josef/Just, Christoph (Hrsg.): Kartellrecht – GWB, Kartellvergaberecht, EU-Kartellrecht – Kommentar, Köln 2012, zit. nach Bearbeiter.

Schulthess, Victor: Der Franchise-Vertrag nach schweizerischem Recht, Zürich 1975.

Schultze, Jörg-Martin/Pautke, Stephanie/Wagener, Dominique: Die Gruppenfreistellungsverordnung für vertikale Vereinbarungen, Praxiskommentar, Heidelberg 2001.

Schulz, Albrecht: Entwicklung im EU-Kartellrecht und deren Bedeutung für das Franchising; in Ahlert, Dieter/Ahlert. Martin (Hrsg.), Handbuch Franchising und Cooperation – Das Management kooperativer Unternehmensnetzwerke, Frankfurt am Main 2010, S. 509–546.

Schulze, Reiner (Hrsg.): Franchising im Europäischen Privatrecht, Baden-Baden 2001, zit. nach Bearbeiter.

Schwaderer, Melanie: Eine Frage der Abwägung: Form oder wirkungs-basierter Ansatz?, WuW 2008, S. 653–661.

Schwalbe, Ulrich: Wettbewerbsökonomische Aspekte der Preisbindung in Werschöpfungsketten, in: Ahlert, Dieter/Kenning, Peter/Olbrich, Rainer/Schröder, Hendrik (Hrsg.), Vertikale Preis- und Markenpflege im Kreuzfeuer des Kartellrechts, Wiesbaden 2012, S. 156–168.

Schwarze, Jürgen (Hrsg.) Becker, Ulrich/Hatje, Armin/Schoo, Johann (Mithrsg.): EU-Kommentar, 2. Auflage, Baden-Baden 2012, zit. nach Bearbeiter.

Schwintowski, Hans-Peter: Konzept, Funktion und Entwicklung des deutschen und europäischen Wettbewerbsrechts, ZVglRWiss 92 (1993), S. 40–75.

Semler, Franz-Jörg/Bauer, Michael: Die neue EU-Gruppenfreistellungsverordnung für vertikale Wettbewerbsbeschränkungen – Folgen für die Rechtspraxis, Der Betrieb 2000, S. 193–200.

Seres, Thomas: Problems in Decision-making – A South African Marketing Approach, Kapstadt 1978.

Simelane, Menzi: Towards a Fair and Efficient Economy for All, in: *Competition Commission/Competition Tribunal*, Unleashing Rivalry, Ten Years of Enforcement by the South African Competition Authorities, 1999–2009, Pretoria 2009, S. 70–70.

Simon, Stephan: Preisbindungen und Preisempfehlungen – Kartellrechtliche Grenzen der vertikalen Kooperation zwischen Industrie und Handel, in: Ahlert, Dieter/Kenning, Peter/Olbrich, Rainer/Schröder, Hendrik (Hrsg.), Vertikale Preis- und Markenpflege im Kreuzfeuer des Kartellrechts, Wiesbaden 2012, S. 249–256.

Singh, Divya: Magna Alloys Onwards: Restraint of Trade in the 1990s, South African Law Journal 115 (1998), S. 536–544.

Skaupy, Walther: Franchising – Handbuch für die Betriebs- und Rechtspraxis, 2. Auflage, München 1995.

– Zu den Begriffen 'Franchise', 'Franchisevereinbarungen' und 'Franchising', NJW 1992, 1785–1790.

– Aufklärungspflichten bei Vertragsverhandlungen über Franchise-Vertrag, Anmerkungen zu OLG München, Urt. v. 13.11.1987, (8 U 2207/87), BB 1988, S. 865–866.

– Der zweite „Salon International de la Franchise" in Paris, WuW 1983, S. 783–784.

– Zur Frage der Unvereinbarkeit eines Franchisevertrages mit der Gruppenfreistellungs-VO 67/67 der EG – Urteil des OLG Frankfurt vom 2. Dezember 1982, WuW 1984, S. 383–390.

– Das „Franchising" als zeitgerechte Vertriebskonzeption, DB 1982, S. 2446–2450.

– Franchising: Exporting for international partnerships, WuW 1981, S. 17–20.

– Der Franchisevertrag – ein neuer Vertragstyp, Betriebsberater 1969, S. 113–117.

Smith, Andrew: The Treatment of Collective Resale-Price Maintenance in South Africa, 6 SA Tydskrif vir Handelsreg/South African Mercantile Law Journal 1994, S. 63–80.

Sölter, Arno: Herausforderung Franchising – Chancen des Vertragsvertriebs, WuW 1982, S. 919–924.

Soltész, Ulrich: Die Zwischenstaatlichkeitsklausel(n) im Europäischen Kartell- und Beihilferecht – Parallelen, Gegensätze und Perspektiven, in: Recht und Wettbewerb, Festschrift für Rainer Bechtold zum 65. Geburtstag, München 2006, S. 501–513.

Sorensen, Olav/Søensen, Jesper: Finding the Right Mix: Franchising, Organizational Learning, and Chain Performance, Strategic Management Journal 2001, S. 713–724.

Sosnitza, Olaf/Hoffmann, Jochen: Die Zukunft der vertikalen Preisbindung im Europäischen Kartellrecht, Die Aktiengesellschaft 2008, S. 107–116.

Staudinger: Kommentar zum Bürgerlichen Gesetzbuch, Buch 2 – Recht der Schuldverhältnisse, §§ 657–704, Berlin 2006, zit.: Staudinger/Bearbeiter.

Stigler, George: The Organization of Industry, Homewood (Illinois) 1968.

– United States v. Loew's Inc.: A note on Block-Booking, The Supreme Court Review 1963, S. 152–157.

Streinz, Rudolf (Hrsg.): EUV/AEUV, Kommentar, 2. Auflage, München 2012, zit. nach Bearbeiter.

Stumpf, Herbert: Der Vertragshändlervertrag unter Einschluß des EG-Kartellrechts, 2. Auflage, Heidelberg 1979.

Sundhoff, Edmund: Über vertikale Absatzbindungen, in: Betriebswirtschaft und Marktpolitik, Festschrift für Rudolf Seÿffert zum 75. Geburtstag, Köln 1968, S. 479–507.

Sutherland, Philip/Kemp, Katherine: Competition Law of South Africa, Durban 2010.

Sydow, Jörg: Strategische Neztwerke – Evolution und Organisation, Wiesbaden 1992.

T

Teichmann, Christine: Die Verbesserung der Warenerzeugung oder -verteilung und die Förderung des technischen oder wirtschaftlichen Fortschritts nach Art. 85 Abs. 3 EWG-Vertrag – Ein Beitrag zur Freistellungspraxis der EG-Kommission, Frankfurt am Main 1994.

Telser, Lester G.: Why should Manufacturers Want Fair Trade?, 3 The Journal of Law and Economics 1960, S. 86–105.

Theron, Nicola: The Economics of Competition Policy: Merger Analysis in South Africa, Artikel aus 2002, veröffentlicht auf Lexis-Nexis Südafrika.

Theurl, Theresia: Die Kooperation von Unternehmen: Facetten der Dynamik, in: Ahlert, Dieter/Ahlert. Martin (Hrsg.), Handbuch Franchising und Cooperation – Das Management kooperativer Unternehmensnetzwerke, Frankfurt am Main 2010, S. 314–343.

Tietz, Bruno: Handbuch Franchising – Zukunftsstrategien für die Marktbearbeitung, 2. Auflage, Landsberg am Lech 1991.

Tietz, Bruno/Mathieu Günter: Das Kontraktmarketing als Kooperationsmodell – Eine Analyse für die Beziehungen zwischen Konsumgüterindustrie und Handel, Köln 1979.

Tirole, Jean: The Theory of Industrial Organization, Massachusetts 1988.

U

Ulmer, Peter: Der Vertragshändler, Tatsachen und Rechtsfragen kaufmännischer Geschäftsbesorgung beim Absatz von Markenwaren, München 1969.

United Nations – Commission on Investment, Technology and Related Financial Issues: Issues Related to Competition Law of Particular Relevance to Development – Preparations for a Handbook on Competition Legislation, Conference on Trade and Development, vom 18. November 1998, abrufbar unter: http://unctad.org/en/Docs/c2clp99d6.pdf (zuletzt aufgerufen am 07.10.2014).

Unterhalter, David: Restrictive Vertical Practices, in: Brassey, Martin (Hrsg.), Competition Law, Lansdowne 2002, S. 164–179.

V

Vaughn, Charles: Franchising – It's Nature, Scope, Advantages and Development, Toronto 1974.

Veelken, Winfried: Anmerkungen zum Grünbuch der Kommission zur EG-Wettbewerbspolitik gegenüber vertikalen Wettbewerbsbeschränkungen, ZVglRWiss 97 (1998), S. 241–285.

Velez, Mario: The Tenuous Evolution of Resale Price Maintenance, European Competition Law 2013, S. 297–302.

Vogt, Angelika: Franchising von Produktivgütern – Voraussetzungen, Beurteilungskriterien und Einsatzmöglichkeit, Darmstadt 1976.

W

Weber, Hansjörg: „Franchising" – ein neuer Vertragstyp im Handelsrecht, JA 1983, S. 347–353.

Weber, Martin: Controlling in Franchisesystemen der Konsumwirtschaft, München 2009.

Weiß, Wolfgang: Die Verteidigungsrechte im EG-Kartellverfahrensrecht, Köln 1996.

de Wet, J. C./van Wyk, A. H.: De Wet en Veats – die suid-afrikaanse Kontraktereg en Handelsreg, 4. Auflage, Durban 1978.

Whinston, Michael: Tying, Foreclosure and Exclusion, 80 The American Economic Review 1990, S. 837–859.

Whish, Richard: Competition Law, 6. Auflage, Oxford 2009.

Wiedemann, Gerhard (Hrsg.): Handbuch des Kartellrechts, 2. Auflage, München 2008, zit. nach Bearbeiter.

– Kommentar zu den Gruppenfreistellungsverordnungen des EWG-Kartellrechts, Band 1, Köln 1989.

– Auf der Such nach der verlorenen Rechtssicherheit – eine Zwischenbilanz zwei Jahre nach Inkrafttreten der EG-Kartellverfahrens-Verordnung Nr. 1/2003, in: Recht und Wettbewerb, Festschrift für Rainer Bechtold zum 65. Geburtstag, München 2006, S. 627–645.

– Erste Erfahrungen mit den EWG-Gruppenfreistellungsverordnungen, insbesondere für Patentlizenz- und Know-how-Vereinbarungen, Gewerblicher Rechtsschutz und Urheberrecht – Auslands- und internationaler Teil 1990, S. 807–817.

Wilson, Jerome: Institutions, Procedures and Remedies, in: Brassey, Martin (Hrsg.), Competition Law, Lansdowne 2002, S. 286–335.

Windbichler, Christine: Betriebsführungsverträge zur Bindung kleiner Unternehmen an große Ketten, ZIP 1987, S. 825–829.

Woker, Tanya: The Franchise Relationship under South African Law, Kapstadt 2012.

– Establishing When A franchise is Actually A Franchise – 'If it Looks Like A Duck, Smells Like A Duck and Quacks Like A Duck, it is Usually A Duck', 2 South African Mercantile Law Journal 2010, S. 12–26.

– Understanding the Relationship between Franchising and the Law of Competition, 18 South African Mercantile Law Journal 2006, S. 107–120.

– Franchising – The Need for Legislation, 17 South African Mercantile Law Journal 2005, S. 49–56.

– If it Sounds too Good to be True it Probably Is: Pyramid Schemes and other related Frauds, 15 South African Mercantile Law Journal 2003, S. 237–249.

Z

Zevgolis, Nikolaos: Resale Price Maintenance (RPM) in European Competition Law: Legal Certainty versus Economic Theory?, European Competition Law Review 2013, S. 25–32.

Zick, Tobias: Zwei Frauen gegen den Staatschef, Artikel in der Süddeutschen Zeitung vom 30.01.2014, abrufbar unter: http://www.sueddeutsche.de/politik/praesidentschaftswahl-in-suedafrika-zwei-frauen-gegen-den-staatschef-1.1875399 (zuletzt aufgerufen am: 30.01.2014).

Zimmer, Daniel/Paul, Thomas: Entwicklungstendenzen der europäischen und der deutschen Kartellrechtspraxis – Teil 1, JZ 2008, S. 611–622.

Zimmermann, Reinhard/Visser, Daniel (Hrsg.): Southern Cross – Civil Law and Common Law in South Africa, Kenwyn 1996.

Zwecker, Kai-Thorsten: Inhaltskontrolle von Franchise-Verträgen – Eine methodische Untersuchung zu den zivilrechtlichen Gestaltungsgrenzen von Franchise-Verträgen unter besonderer Berücksichtigung der institutionenökonomischen Analyse, Frankfurt am Main 2000.

Zweigert, Konrad/Kötz, Hein: Einführung in die Rechtsvergleichung auf dem Gebiete des Privatrechts, 3. Auflage, Tübingen 1996.

Sachverzeichnis

L

M

S

T

U

V

Saarbrücker Studien zum Privat- und Wirtschaftsrecht

herausgegeben von
Prof. em. Dr. Johann Paul Bauer
Prof. Dr. Dr. Dr. h.c. mult. Michael Martinek
Prof. Dr. Dr. h.c. Helmut Rüßmann

Die Schriftenreihe "Saarbrücker Studien zum Privat- und Wirtschaftsrecht" bildet in erster Linie ein Forum für rechtswissenschaftliche Doktorarbeiten der Universität des Saarlandes auf zwei juristischen Schwerpunktgebieten. Zum einen sollen Dissertationen im klassischen Privatrecht, vor allem im bürgerlichen Vermögensrecht der ersten drei Bücher des BGB und ihrer Nebengesetze vorgestellt werden. Zum anderen findet das Wirtschaftsrecht im Sinne des Wirtschaftsprivatrechts besondere Berücksichtigung, womit namentlich die Gebiete des Handelsrechts einschließlich des Bilanzrechts, des Personen- und Kapitalgesellschaftsrechts einschließlich des Konzernrechts, des Gewerblichen Rechtsschutzes sowie des Wettbewerbs- und Kartellrechts bezeichnet sind. Es versteht sich, dass nicht nur rechtsdogmatische Studien, sondern auch rechtstatsächlich, rechtspolitisch oder interdisziplinär angelegte Arbeiten in die Schriftenreihe Aufnahme finden. Denn die Rechts- und Wirtschaftswissenschaftliche Fakultät der Universität des Saarlandes vereinigt unter *einem* Dach die Fachbereiche Rechtswissenschaft und Wirtschaftswissenschaft und regt damit Studenten und Hochschullehrer in besonderer Weise zu fachübergreifender Lehre und Forschung an. Die Schriftenreihe steht aber nicht nur sehr guten und ausgezeichneten Dissertationen, sondern auch anderen "Studien" zu privat- und wirtschaftsrechtlichen Themen offen, bis hin zu Materialien und Skripten des akademischen Unterrichts. Die drei Herausgeber, die zugleich stellvertretend für ihre anderen Saarbrücker Fakultätskollegen des Privat- und Wirtschaftsrechts handeln, verbinden mit den "Saarbrücker Studien zum Privat- und Wirtschaftsrecht" den Wunsch, dass die hier veröffentlichten Arbeiten die verdiente Resonanz in der breiteren juristischen Fachöffentlichkeit finden.

Saarbrücker Studien zum Privat- und Wirtschaftsrecht

Herausgeber:
Johann Paul Bauer, Michael Martinek und Helmut Rüßmann

Band 1 Susanne Jaschinski: Die Haftung von Schwestergesellschaften im GmbH-Unterordnungskonzern. Ein Beitrag zum Konzernverfassungsrecht. 1997.

Band 2 Roman Sascha Ahnert: Die *actio individualis*. Ein Beitrag zur verfassungsrechtlichen Fundierung der Aktionärsklage bei sogenannten Aktien-Interessenverbänden. 1997.

Band 3 Torsten Peters: Der Cateringvertrag. Rechtstatsachen, Rechtsnatur und Rechtsprobleme eines modernen Dienstleistungsvertrags. 1998.

Band 4 Michael Meissner: Persönlichkeitsschutz juristischer Personen im deutschen und US-amerikanischen Recht. Eine rechtsvergleichende Untersuchung des allgemeinen Persönlichkeitsrechts juristischer Personen. 1998.

Band 5 Thomas Tegen: Joint Venture-Vertrag und Projektträgergesellschaft im amerikanischen und deutschen Recht. 1998.

Band 6 Gerhard Wolter: Treuhandrecht im Umbruch? Ein Blick nach Frankreich, Luxemburg, in die Schweiz und in den Libanon sowie auf das Haager Trust-Übereinkommen. 1999.

Band 7 Thomas Dehlfing: Das Recht der irreführenden Werbung in Deutschland, Großbritannien und Frankreich. 1999.

Band 8 Hanno Dornseifer: Börsentermingeschäfte und Börsentermingeschäftsfähigkeit. Zur börsengesetzlichen Behandlung von finanzwirtschaftlichen Festgeschäften, Options- und Optionsscheingeschäften. 1999.

Band 9 Patrick Lenz: Absatzförderung durch *zinssubventionierte* Darlehen. Eine wettbewerbs- und kartellrechtliche Studie zur Zulässigkeit von Niedrigzins-Kreditangeboten unter besonderer Berücksichtigung des Automobilmarktes. 1999.

Band 10 Mansur Pour Rafsendjani: Der Goodwill-Ausgleichsanspruch des Franchisenehmers. Ein Vergleich des deutschen, französischen und US-amerikanischen Franchiserechts. 1999.

Band 11 Jörg Hartmann: Juristische und ökonomische Regelungsprobleme des Insiderhandels. Eine rechtsvergleichende Darstellung USA – Deutschland. 1999.

Band 12 David Altmeier: Rückstellungsbilanzierung in Deutschland und Frankreich. Eine vergleichende Untersuchung der französischen Rückstellungsbilanzierung aus der Perspektive des deutschen Bilanzrechts. 1999.

Band 13 Barbara Günther: Aktivische Bilanzierungshilfen im deutschen und französischen Bilanzrecht. 1999.

Band 14 Bernhard Glasow: Vertikale Preisbindung, Wettbewerbstheorie und Wettbewerbsrecht in den USA, Deutschland und Europa. Bestandsaufnahmen, Kritik und Zukunftsperspektiven. 2000.

Band 15 Dorota Nowak-James: Der Börsenzugang für Anleger in Deutschland und Polen. Eine rechtsvergleichende Untersuchung zum deutschen Finanzkommissionsgeschäft und zum polnischen Brokerauftragsvertrag. 2000.

Band 16 Mathias Queck: Der Nießbrauch am Anteil einer offenen Handelsgesellschaft. Eine Form der (un-)mittelbaren Unternehmensbeteiligung. 2000.

Band 17 Ina Roth: Umweltbezogene Unternehmenskommunikation im deutschen und europäischen Wettbewerbsrecht. 2000.

Band 18 Jörg Preiss: Die Anwendung des markenrechtlichen Erschöpfungsgrundsatzes auf Dienstleistungsmarken. 2000.

Band 19 Kevin M. McDonald: Der Begriff der Dienstleistung im europäischen Binnenmarkt und WTO-System (GATS). 2001.

Band 20 Carolin Opgenhoff: Die europäische Fusionskontrolle zwischen Wettbewerbsrecht und Industriepolitik. 2001.

Band 21 Susanne Schäfer: Die Deliktsfähigkeit juristischer Personen. Eine rechtsvergleichende Untersuchung zur Übertragbarkeit des englischen Modells. 2001.

Band 22 Kay Diedrich: Die Interventionswirkung – Ausprägung eines einheitlichen Konzepts zivilprozessualer Bindungswirkung. 2001.

Band 23 Michael Fröhlich: Zentrale Institutionen des deutschen Urheberrechts und des französischen Droit d'auteur auf dem Prüfstand der elektronischen Netzwerke. 2001.

Band 24 Joël Benjamin Münch: Abtretungsverbote im deutschen und französischen Recht. Rechtsvergleichende Untersuchung der Übertragungshindernisse im deutschen und französischen Forderungsverkehr als Beitrag zu einer weiteren Schuldrechtsvereinheitlichung in Europa. 2001.

Band 25 Monika Prieß: Der Begriff des Sachmangels im deutschen und englischen Kaufrecht. Reformbedarf aufgrund der Verbrauchsgüterkauf-Richtlinie 1999/44/EG. 2001.

Band 26 Katharina Siegel: Produkthaftung im polnischen, tschechischen und slowenischen Recht. 2001.

Band 27 Carolin Kühne: Die gesetzliche Form der Rechtsgeschäfte im deutschen und italienischen Recht. Eine rechtsvergleichende Untersuchung. 2002.

Band 28 Nina Scherf: Die Nachschußpflicht im Gesellschaftsrecht. Eine rechtsformübergreifende Bestandsaufnahme, Analyse und Kritik. 2002.

Band 29 Marc Laukemann: Fernsehwerbung im Programm. Die zunehmende Kommerzialisierung des Fernsehprogramms im Zeitalter einer Ökonomisierung der Aufmerksamkeit als verfassungs-, wettbewerbs- und rundfunkrechtliches Problem. 2002.

Band 30 Michael Bo Jaspers: Nachträgliche Rechtswahl im internationalen Schuldvertragsrecht. Unter besonderer Berücksichtigung der Rechtspraxis in England, Frankreich, Dänemark und Deutschland. 2002.

Band 31 Christina Pernice: Die Insolvenzverschleppung durch das Geschäftsführungsorgan der kleinen Kapitalgesellschaft im deutschen, französischen und englischen Recht. Eine rechtsvergleichende Untersuchung zur Entwicklung eines europäischen Lösungsansatzes. 2002.

Band 32 Anne Christine Janert: Der sachliche und persönliche Anwendungsbereich des deutschen Verbraucherkreditrechts und des britischen Consumer Credit Act 1974. Ein Beitrag zu den Möglichkeiten und Grenzen verbraucherrechtlicher Harmonisierung in Europa. 2002.

Band 33 Annette Trost: Faktische Sitzverlegung unter Sitz- und Gründungstheorie im Vergleich. Unter besonderer Berücksichtigung ihrer gesellschafts- und zivilrechtlichen Folgewirkungen. 2003.

Band 34 Esther Cordula Hilpert: Die Gründerhaftung in der Gesellschaft mit beschränkter Haftung in Deutschland, Frankreich und England. 2003.

Band 35 Wei-ming Liao: Die Schiedsgerichtsbarkeit in Taiwan. Unter besonderer Berücksichtigung der internationalen Handelsschiedsgerichtsbarkeit und mit Hinweisen zu der Entwicklung in Deutschland. 2003.

Band 36 Stefan Stork: Sitzverlegung von Kapitalgesellschaften in der Europäischen Union. Zur Reichweite der Niederlassungsfreiheit unter Berücksichtigung der positiven und der negativen Integration. 2003.

Band 37 Marc Pfeffer: Interbrand-Kartellverbot und Intrabrand-Vereinbarungen. Die Ablösung horizontaler und vertikaler Eingriffsmerkmale im GWB zu Gunsten einer Betrachtung produktexterner und -interner Wettbewerbsfaktoren. 2003.

Band 38 Nicole Burkardt: Der arbeitsrechtliche Aufhebungsvertrag. Einvernehmliche Beendigung von Arbeitsverhältnissen unter Berücksichtigung der Rechtslage nach der Schuldrechtsreform. 2004.

Band 39 Christian Schmeling: Die Entlastung von Mitgliedern geschäftsführender Organe im Recht der Kapitalgesellschaften. Eine rechtsvergleichende Studie zum deutschen, schweizerischen und französischen Recht. 2004.

Band 40 Andreas Wolf: Wege zur virtuellen Haupt- und Gesellschafterversammlung. Eine vergleichende Untersuchung über die Einbeziehung elektronischer Medien in die Hauptversammlung einer Aktiengesellschaft und die Gesellschafterversammlung einer GmbH. 2004.

Band 41 Bianca Natalie Baldus: Der elektronisch geschlossene Vertrag mit Schiedsabrede. Zulässigkeit und anwendbares Recht in nationalen und internationalen Schiedsverfahren. 2004.

Band 42 Vania Dilek: Der Wettbewerbsschutz in Bulgarien und in der Russischen Föderation während des Übergangs vom Dirigismus zur Privatautonomie. 2004.

Band 43 Rudolf Lenders: Treuhand am Gesellschaftsanteil. Die Einbindung des Treugebers in das gesellschaftsrechtliche Organisationsgefüge. 2004.

Band 44 Weizuo Chen: Rück- und Weiterverweisung (Renvoi) in staatsvertraglichen Kollisionsnormen. 2004.

Band 45 Stefan Hahn: Neue Ansätze im Anlegerschutz durch die Ad-hoc-Publizität des § 15 WpHG. 2004.

Band 46 Pietro Graf Fringuelli: Internet TV. Filmurheberrecht im Internet. 2004.

Band 47 Caspar Frhr. v. Schnurbein: Missbrauch von Minderheitsrechten im deutschen und italienischen Aktienrecht. 2005.

Band 48 David Kereselidze: Der allgemeine Teil des Georgischen Zivilgesetzbuches von 1997. Eine rechtsvergleichende Untersuchung. 2005.

Band 49 Miguel A. García Mateos: Das neue Recht der Namensaktie. Bestandsaufnahme, Analyse und Kritik. 2005.

Band 50 Christine Eckstein-Puhl: Prozessbetrug im Schiedsverfahren. Eine Studie zu den vom erschlichenen Schiedsspruch aufgeworfenen Fragen des Aufhebungsverfahrens gemäß § 1059 ZPO. 2005.

Band 51 Steffen Paulmann: Wirksamkeit von Haftungsausschlüssen und -begrenzungen im deutsch-französischen Warengeschäftsverkehr. Unter besonderer Berücksichtigung der UNIDROIT-Principles und der Principles of European Contract Law. 2005.

Band 52 Ina Krischek: Wirtschaftsmediation als alternatives Streitbeilegungsverfahren. Gerichtsverfahren, Schiedsverfahren und Mediation im Vergleich. 2005.

Band 53 Olaf Pick: Verkehrspflichten und Handlungsfreiheit des „Schädigers". 2005.

Band 54 Thomas Paul: Die Gesellschafterfähigkeit von Gesamthandsgemeinschaften. 2005.

Band 55 Dieter Friedrich Unger: Das Recht der Kapitalaufbringung und -erhaltung bei der Aktiengesellschaft im Rechtsvergleich Deutschland, Österreich und Schweiz. Eine Analyse des Kapitalsicherungsrechts in Deutschland, Österreich und der Schweiz. 2006.

Band 56 Nicole Schröder: Perspektiven der Europäisierung des GmbH-Rechts und der Europäischen Privatgesellschaft vor dem Hintergrund der Europäischen Aktiengesellschaft. 2007.

Band 57 Ivo du Mont: Die Kombination von Rücktritt und Schadensersatz im neuen Schuldrecht. Eine ökonomische und rechtsvergleichende Analyse am Beispiel des Kaufvertrags. 2007.

Band 58 Matthias Kühn: Umweltschutz durch Privatrecht. Eine Studie zur ökologischen Analyse der privatrechtlichen Schutzrechte und des Vertragsrechts in Deutschland und England. 2007.

Band 59 Komninos Komnios: Die elektronische Signatur im deutschen und griechischen Recht. 2007.

Band 60 Matthias Kühl: Die Gewinnzusage nach § 661a BGB. Dogmatische Einordnung und rechtsvergleichende Untersuchung. 2007.

Band 61 Barbara Jeanne Attinger: Der Mittelpunkt der hauptsächlichen Interessen nach der EuInsVO – erfolgreiches Konzept oder Quelle der Rechtsunsicherheit? Eine Auseinandersetzung mit dem Zuständigkeitskriterium der Europäischen Insolvenzverordnung unter Heranziehung der Erkenntnisse der ökonomischen Analyse des Rechts. 2008.

Band 62 Dorothee Stober: Der deutsch-schweizerische Erbfall. Eine rechtsvergleichende und international-privatrechtliche Analyse. 2009.

Band 63 Daniel Marc Protz: Das zivilrechtliche Anforderungsprofil mezzaniner Strukturen der Unternehmensfinanzierung. 2009.

Band 64 Manuela Schäfer: Die Verträge zur Durchführung des Schiedsverfahrens. Analyse und Vergleich zweier Lösungsmodelle am Beispiel des deutschen und US-amerikanischen Rechtsraums. Teil I und Teil II. 2010.

Band 65 Ionut Raduletu: Der Schutz von Minderheitsaktionären nach rumänischem und deutschem Aktienrecht unter Berücksichtigung des EU-Acquis. 2010.

Band 66 Christoph Köhler: Lastschriftverfahren in der Insolvenz des Schuldners. Im Lichte der neuen BGH-Rechtsprechung. 2010.

Band 67 Stefan Weiland: *Par condicio creditorum*. Der insolvenzrechtliche Gleichbehandlungsgrundsatz und seine Durchbrechungen zugunsten öffentlich-rechtlicher Gläubiger. 2010.

Band 68 Philipp Ehring: Die Due Diligence im Spannungsverhältnis zwischen kaufrechtlichem Haftungssystem und vertraglicher Gestaltung. 2010.

Band 69 Jochen Hell: GmbH-Mantelverwendung. Haftung und Verantwortlichkeit jenseits der „wirtschaftlichen Neugründung". 2010.

Band 70 Ge Jiang: Das GmbH-Recht in China aus rechtsvergleichender Sicht. Analyse, Kritik und Verbesserungsvorschläge. 2011.

Band 71 Michael Helmut Wildscheck: Das Recht des Unternehmenskaufs in Deutschland und Frankreich unter besonderer Berücksichtigung von Garantieklauseln. Eine rechtsvergleichende Studie zur deutschen und französischen Kautelarpraxis. 2011.

Band 72 Britta Wagner: Haftungsrisiken aus Liquiditätszusagen und Patronatserklärungen in der Unternehmenskrise. 2011.

Band 73 Manuel Karb: Energiepreiskontrolle. Eine Untersuchung der Entgeltkontrolle auf den verschiedenen Energiemärkten nach Energiewirtschaftsrecht, deutschem und europäischem Wettbewerbsbeschränkungsrecht und allgemeinem Zivilrecht. 2011.

Band 74 Bernd Steffen Bertelmann: Das BGB-Zahlungsdiensterecht im Kontext der Single Euro Payments Area. Leitlinien zur richtlinienkonformen Auslegung unter vergleichender Berücksichtigung des britischen und französischen Rechts. 2011.

Band 75 Susanne Niesse: Die leistungsstörungsrechtlichen Grundstrukturen des deutschen, französischen und englischen Unternehmenskaufrechts im Vergleich. 2012.

Band 76 Zhong Ren: Wahrheitspflicht und Kooperationsmaxime im Zivilprozess in Deutschland, Japan und China. 2013.

Band 77 Giga Gabrichidze: Der Prozess der Angleichung des georgischen Wettbewerbsrechts an das Recht der Europäischen Union. 2013.

Band 78 Stephan Wachs: Flucht aus der kartellrechtlichen Bußgeldverantwortung? Unternehmensrestrukturierung und Haftungsnachfolge im deutschen und europäischen Bußgeldrecht. 2013.

Band 79 Max Jakob Rösch: Gesellschafterfremdfinanzierung, Gläubigerschutz und Gläubigerrisikoverantwortung. Die insolvenzrechtliche Sonderbehandlung der Gesellschafterfremdfinanzierung als Ausdruck von Gläubigerschutz und Gläubigerrisikoverantwortung der Gesellschafter. 2013.

Band 80 Sinan Okur: Eine kritische Untersuchung zu den Rechtsbehelfen des Käufers im alten und im neuen türkischen Warenkaufrecht. Zugleich ein Beitrag zu der Harmonisierung des türkischen Warenkaufrechts im Lichte des CISG, BGB und der europäischen Vertragsrechtsharmonisierung. 2013.

Band 81 Dagmar Julia Mathieu: Der Kampf des Rechts gegen erpresserische Aktionäre. Bestandsaufnahme, Kritik und Perspektiven. 2014.

Band 82 Matthias Michael Kappel: Der Grundschuldsicherungsvertrag als Wandlung eines Treuhandverhältnisses. Ein Beitrag zur Überwindung der Dichotomie von Sicherung und Treuhand. 2014.

Band 83 Norman Konecny: Der Verordnungsentwurf über ein Gemeinsames Europäisches Kaufrecht. Meilenstein der europäischen Integration oder Irrlicht der europäischen Politik? 2014.

Band 84 Anna Feilen: Verträge über die Lieferung herzustellender beweglicher Sachen und deren rechtliche Einordnung – eine rechtsvergleichende Untersuchung. 2015.

Band 85 Zeynep Dönmez: Das Widerrufsrecht bei Fernabsatzverträgen. Online-Verträge im türkischen und deutschen Recht. 2015.

Band 86 Martin Kienzler: Die Partnerschaftsgesellschaft mit beschränkter Berufshaftung (PartG mbB) als gesetzgeberische Zwischenstation der Liberalisierung des Gesellschaftsrechts Freier Berufe. 2015.

Band 87 Philipp J. Gergen: Rechtsfragen der Regulierung außerbörslicher derivativer Finanzinstrumente. Zur neuen Marktinfrastruktur in der Europäischen Union, den Vereinigten Staaten von Amerika und Singapur. 2015.

Band 88 Birgit Schmeyer: Franchising als wettbewerbs- und verbraucherrechtliche Regelungsaufgabe in Europa und Südafrika. 2016.

www.peterlang.com

www.ingramcontent.com/pod-product-compliance
Ingram Content Group UK Ltd.
Pitfield, Milton Keynes, MK11 3LW, UK
UKHW022104051026
15623UKWH00003B/664

9 783631 670040